Claudia Graf-Grossmann

Johannes Mario Simmel

»Mich wundert, dass ich so fröhlich bin«

Die Biografie

Besuchen Sie uns im Internet:
www.droemer-knaur.de

Originalausgabe März 2024
© 2024 Droemer Verlag
Ein Imprint der Verlagsgruppe Droemer Knaur GmbH & Co. KG, München
Alle Rechte vorbehalten. Das Werk darf – auch teilweise – nur mit
Genehmigung des Verlags wiedergegeben werden.
Die Nutzung unserer Werke für Text- und Data-Mining im Sinne
von § 44b UrhG behalten wir uns explizit vor.
Redaktion: Dr. Peter Hammans
Covergestaltung: Verlagsgruppe Droemer Knaur
Coverabbildung: nach einer Vorlage der Originalgestaltung von Ottmar Frick
Satz und Layout: Adobe InDesign im Verlag
Druck und Bindung: GGP Media GmbH, Pößneck
ISBN 978-3-426-27913-7

2 4 5 3 1

*Für Lisa Wegenstein sowie
Hannes Angerer und ihre Familien*

Man sagt, die eigentliche Biographie eines
Schriftstellers seien seine Werke.

Stefan Heym[1]

Inhalt

Vorwort
von Iris Berben
11

Prolog
13

Frühe Jahre
15

Nuss-Allee	17
Dünnes Eis	26
Anschluss, Angst, Akne	30
Hier spricht London	40

Der Hölle entronnen
47

Mich wundert, dass ich so fröhlich bin	49
Die Vier im Jeep	57
Das geheime Brot	73
Kaviar und kein Ende	83
Boxenstopp	95
Hausgott bei Droemer	107

Grenzen und Geschöpfe
115

Geteiltes Land	117
Ausbruch	121
Luft des Südens	134

Formen wie eine Rennjacht	136
Niemand ist eine Insel	141
Agenten, Weltbürger und Philosophen	145

Leidenschaften
153

Stormy Weather	155
Marc Chagall	167
Marlene	170
Herzensangelegenheiten	180
Die im Dunkeln	190

Anerkennung und Wehmut
199

Lulu	201
Clowns und Waldbrände	204
Große und kleine Leinwand	222
Iris Berben	236
Sex sells	239
Grüne Zuckerln	243
Bittersüße Aufenthalte in Wien	247

Ein Vermächtnis
263

Die letzte Brücke	265
Refugium	277
Dem Licht entgegen	283

Epilog
287

Nachwort
von Lisa Wegenstein
299

Danksagung
303

Anhang
309

Anmerkungen 309
Werkverzeichnis 320
Filmografie 323
Ausgewählte Sekundärliteratur 325
Playlist 326
Bildnachweis 328
Personenregister 329

Vorwort

Lieber Mario!

Als ich das letzte Mal zu dir sprach, war es klirrend kalt und schneite. Erinnerst du dich an den Januartag, an dem du an Lulus Seite zur Ruhe gebettet wurdest? Ich jedenfalls werde ihn nicht vergessen, auch nicht die dramatischen Umstände, unter denen ich nach Zug gereist war. In München hatte ein Schneesturm getobt, das Flugzeug konnte nicht starten; die Zeit verrann. Und ich verzweifelte fast.

In gewisser Weise passt es zu deinem Leben, dass auch am Tag deiner Beerdigung Glück und Leid nahe beieinanderlagen. Denn ich hatte es zwar geschafft, das wartende Flugzeug zu verlassen und eine andere Maschine nach Zürich zu besteigen. Ich stand vor der so kleinen Gruppe von Menschen, die sich von dir verabschieden wollten, doch dann wurde mir das Herz unglaublich schwer.

Und ein paar deiner Texte vorzutragen, die du ersonnen, erlebt, oft auch erlitten hattest, war der Versuch, deine Stimme weiterklingen zu lassen. Ich spürte so sehr, was mir ab jetzt fehlen würde.

Nie mehr würde das Telefon bei mir morgens um zwei Uhr klingeln, kein üppiger Rosenstrauß von dir würde mich in einem Hotelzimmer erwarten. Kein Brief mit einem liebevoll von Hand gezeichneten Blumenrand würde mehr seinen Weg zu mir finden. Und auch ich könnte dir nicht mehr mitteilen, was mich bewegt, freut oder ängstigt.

Dabei hätte ich dir doch noch so viel zu sagen. Dass du recht hast, zu zweifeln, aber nicht zu verzweifeln. Dass du viel und viele erreicht hast, aber es wohl nie reichen wird für einen Ungeduldigen wie dich.

Dass es Menschen gibt, die du liebst und verehrst, und diese Liebe und Verehrung sehr wohl auch an dich zurückgegeben wurden.

Es hätte dich glücklich gemacht, uns gemeinsam über eine Generation auszutauschen, die sich kraftvoll und überzeugend der Rettung unseres Planeten verschrieben hat. Die laut und fordernd für eine diverse Welt eintritt.

Wir hätten uns beide erschrocken, dass KI versucht, uns unser Handwerk zu stehlen ... alles, was du längst in deinen Romanen und Essays benannt und angeprangert hast.

Ach, Mario, wie gerne hätte ich weiterhin mit dir über das Leben mit all seinen Fragezeichen, Widersprüchen und Herausforderungen geredet, gelacht, geschimpft und manchmal auch geweint ...

Heute weine ich dir eine Träne nach.

Deine Iris

Prolog

Der heiße, trockene Wind streicht durch die Wipfel der Pinien im Park des Hotels »Cap-Eden-Roc«. Er raschelt in den Wedeln der Palmen und bläht die hellen Segel der Jachten, die vor der Halbinsel des Cap d'Antibes kreuzen.

Langsam fährt ein Sportwagen mit offenem Verdeck über den Weg zwischen dem Restaurant am Klippenrand und dem Parkausgang. Hier, im grün-goldenen Schatten der hohen Bäume, ist die Kraft des Windes gebremst; eine warme Brise trägt den würzigen Duft der Nadelbäume ins Auto.

Eine Frau sitzt am Steuer. Die linke Hand ruht lässig auf dem Steuerrad, die rechte auf dem Oberschenkel des Mannes auf dem Beifahrersitz. Dieser dreht die Lautstärke des Autoradios höher, denn der Moderator von Radio Monte-Carlo kündigt den neuesten Hit der Rolling Stones an. Die beiden Menschen wechseln lächelnd einen Blick, dann heben sie kurz die Hand, um den livrierten Hotelangestellten zu grüßen, der das Parktor bewacht.

Das Cabriolet biegt nach links ab und folgt der schmalen Küstenstraße in Richtung Juan-les-Pins und Cannes. Es gleitet an Villen vorbei, die halb verborgen in üppigen mediterranen Gärten liegen. Bougainvilleen in *Shocking Pink* klammern sich an hell getünchte Mauern; sie haben denselben Farbton wie das Seidenfoulard, das sich die Fahrerin lose um den Kopf geschlungen hat. Von Zeit zu Zeit funkelt und schimmert das Meer durch eine Lücke zwischen Bäumen und Häusern. Im leichten Dunst zeichnen sich die Hügel des Estérel-Gebirges im Westen ab.

Wer sind diese Menschen, die eben ein Mittagessen in dem legendären Restaurant genossen haben, das wie das Deck eines Luxusschiffs scheinbar schwerelos über steilen Basaltfelsen schwebt?

Was verbindet sie? Sind sie sich gerade erst nähergekommen in den Korbsesseln unter blendend weißen Sonnenschirmen und mit Blick auf das Mittelmeer, oder kennen sie sich schon länger? Was erwartet die beiden am Ende ihrer Autofahrt?

»*Where will it lead us from here? They can't say we never tried.*«[1]

Ist diese Szene real, oder befinden wir uns in einem Film, einem Roman, oder gar in einer Erinnerung?

Die Antwort kennt nur der Wind.

Frühe Jahre

Nuss-Allee

Ein kleiner Junge steht am Fenster seines Zimmers und blickt in den Garten. Er kann sich kaum losreißen vom Anblick der rosa Blüten des Apfelbaums, vom Hellgrün der jungen Blätter und von den bunten Farbtupfen im Blumenbeet. Ein neuer Garten für ihn und seine kleine Schwester! Um besser übers Fensterbrett schauen zu können, schleppt er einen Stuhl zum Fenster und klettert hinauf.

»My garden!«

»Nein, mein Garten«, korrigiert er sich gleich. So haben es ihm die Eltern erklärt. Aufgrund der häufigen Reisen nach England und der englischen Kinderbücher, die sie ihm abends vor dem Einschlafen immer vorgelesen haben, ist das Englisch des Kleinen mit dem Blondschopf und den hellen Augen besser als sein Deutsch. Er heißt Jan, hat sich diesen Namen selbst ausgesucht. Er gefällt ihm besser als Johannes Mario. Seinen Vater nennt er nur Tommy.

Jan und seine Familie, die vier Jahre jüngere Schwester Eva und die Eltern Lisa und Tommy, der eigentlich Walter heißt, wohnen erst seit kurzer Zeit in dem geräumigen Gebäude in Neustift am Walde, im Haus Nummer 24 der gleichnamigen Straße. Es ist ein idyllischer Flecken Erde, ideal, um Kinder großzuziehen. Ein gutbürgerliches, gepflegtes Quartier, und doch nicht allzu teuer. Gerade richtig für eine Familie, deren Vermögen nach dem Börsencrash im Vorjahr empfindlich geschrumpft ist.

Jan hat das Fenster geöffnet und steht nun mit einem Fuß auf dem Brett, um den Apfelbaum vor ihm besser sehen zu können.

»Butzl, no, no! Komm sofort herunter vom Stuhl! Was sagt sonst die Mama? Gleich ich kriege mein Aufstoßen.«

Jan erschrickt, er hat Mila nicht kommen hören, obwohl die rundliche ältere Frau nicht eben leichtfüßig unterwegs ist. Schwer atmend steht sie nun hinter ihm, legt die Arme um seinen schmächtigen Körper und drückt ihn an sich. Das hat Jan nicht gewollt; auf keinen Fall will er sie ängstigen, die Gutmütige, Lustige, Sanfte. Die immer da ist für Jan und die kleine Eva, stets fröhlich und zuversichtlich. Doch wenn sie sich aufregt wie jetzt, schluckt sie schwer, als ob sie einen dicken Kloß im Hals hätte.

Mila Blehova hätte sich in diesem Moment nicht vorstellen können, dass sie und ihr breiter tschechischer Akzent viele Jahre später einem Millionenpublikum bekannt sein würden. Dass der kleine Jan sie in seinen Büchern unsterblich machen und ihr das Buch *Affäre Nina B.* in memoriam widmen wird:

»Sie hieß Mila Blehova, und sie stammte aus Prag. Sie hatte eine breite Entennase und ein prächtiges, falsches Gebiss und das gütigste Gesicht, das ich in meinem Leben gesehen habe. Wenn man sie erblickte, wusste man: Diese Frau hatte noch niemals eine Lüge ausgesprochen, diese Frau war unfähig, eine Gemeinheit zu begehen. Klein und gebückt, das weiße Haar straff nach hinten gekämmt, stand sie beim offenen Fenster der großen Küche und arbeitete, während sie sprach. ›So ein Unglück, so ein großes Unglück, Herr ...‹ Ein paar Tränen rollten über die faltigen Wangen. Sie wischte sie mit dem Ellbogen des rechten Armes fort. ›Müssen entschuldigen, dass ich mich so gehen lasse, aber sie ist wie mein Kind, wie mein eigenes Kind ist sie, die Nina.‹«[1]

Mila liebt Jan, ihren Butzl, und die kleine Eva innig. Und auch der gnädigen Frau ist sie treu ergeben. Wie hätte sie wohl reagiert, wenn sie damals, im Frühling 1930, gehört hätte, dass aus dem Knirps einmal einer der erfolgreichsten Autoren des deutschsprachigen Raums werden würde? Dass seine Bücher über 73 Millionen Mal verkauft und in 30 Sprachen gelesen werden würden? Dass man ihn in Südafrika, in einer Übersetzung in Afrikaans, genauso verschlingen würde wie in Portugal oder Japan? Vermutlich hätte sie gutmütig den Kopf geschüttelt und ungläubig gelacht. Denn seit sie vor drei Jahren den Dienst bei der Familie Simmel aufgenommen hat, ist das Geld knapp geworden. Bestsellerautor? Das muss ein Scherz sein.

Ja, früher, in Gaaden bei Mödling, dreißig Kilometer südwestlich von Wien, da war alles anders gewesen. Zwei »Madeln« hatten sich um die schwere Arbeit gekümmert, hatten Kohle geschleppt, die Wäsche gebügelt und die Böden gefegt. Nun übernehmen Mila und Lisa Simmel alles alleine. Sie kaufen ein, kochen für sich und die Pensionsgäste, erledigen den Haushalt, arbeiten im Garten, und Mila findet auch noch Zeit, um ihre berühmte Johannisbeermarmelade zuzubereiten. Seit Jahren plagen sie Schluckbeschwerden, die Folge einer Schilddrüsenüberfunktion, und wenn Mila schwer atmet, kriegt sie manchmal kaum Luft. Deshalb achtet die Familie darauf, sie nicht unnötig aufzuregen.

Ob sich der kleine Dialog am offenen Fenster so abgespielt hat, wissen wir nicht. Doch ist erwiesen, dass Butzl, der Junge am Fenster, sehr gerne hinausblickt und den Garten liebt. Er ist am 7. April 1924 als Johannes Mario Simmel im Rudolfinerhaus im 19. Wiener Gemeindebezirk Döbling zur Welt gekommen. Der Säugling wird hineingeboren in eine Zeit, in der sich Österreich unter Schwierigkeiten vom Ersten Weltkrieg erholt. Nur fünf Jahre zuvor ist die mächtige Donaumonarchie von den Siegermächten tief gedemütigt worden. Alles scheint verloren oder zumindest bedroht – der habsburgische Vielvölkerstaat, die Bedeutung Österreichs in Europa, das Staatsvermögen und der Frieden im Land. Der Börsencrash vom Oktober 1929 ist verheerend für die junge Demokratie. Auch Marios Eltern haben einen großen Teil ihres Vermögens eingebüßt und müssen nun den Gürtel viel enger schnallen. Deshalb haben sie dieses Haus in Neustift am Walde gemietet. Es bietet genügend Platz für die Familie und für zahlende Gäste.

Walter und Lisa, der Kaufmann und die Journalistin, sind ein modernes, liberales Paar. Sie reisen gerne, jedenfalls solange sie noch die Mittel dazu haben, leben in Österreich und in England, wo ihr Sohn Jan in London und Worcester in den West Midlands kurzzeitig die Grundschule besuchen wird. Wenn die Kinder sie nicht begleiten können, werden sie ohne viel Federlesen in einem Kinderheim untergebracht. Die Eltern sind in Konzerten, Kunstausstellungen, im Kino und Theater anzutreffen und lieben es, im eleganten Café »Imperial« des gleichnamigen Hotels zu verkehren. Die beiden jungen Menschen stammen aus Ostdeutschland: Walter Adolf wurde am 4. Januar 1890 in Schmiedeberg im schlesischen Riesengebirge geboren, das damals zu Preußen gehörte, heute in Polen liegt und Kowary heißt. Seine Eltern, der Rechtsanwalt Reinhold Simmel und seine Frau Rosa, sind konvertierte Juden. Auch ihr Sohn erhält mit zehn Jahren die evangelische Taufe. Johannes Mario Simmel vermutet später, dass die Konversion seines Großvaters vor allem berufliche Gründe hatte. Denn vor 1900 schränkte ein Numerus clausus die Zahl jüdischer Jurastudenten ein. Nach seinem Religionswechsel steht der Ausbildung zum Rechtsanwalt nichts mehr im Weg. Als Vertreter der deutschsprachigen Bevölkerung von Schmiedeberg, vielleicht mit hanseatischen Wurzeln, muss er ein angesehenes Mitglied der Gesellschaft gewesen sein. Doch er will seine Söhne zusätzlich schützen vor der immer wieder aufflackernden Willkür gegenüber Juden. Es wird ihm nicht gelingen, doch noch weiß die Familie nichts von dem Schicksal, das sie erwartet.

Von 1910 bis 1911 arbeitet Walter, der Vater des späteren Autors, als deutschsprachiger Sekretär für einen gewissen E. S. Prather in der High Street 177a in Kensington, London. Das sehr wohlwollende Zeugnis des Arbeitgebers wünscht dem jungen Mann Erfolg bei seiner Rückkehr nach Deutschland. Während des Ersten Weltkriegs leistet Walter Kriegsdienst als einfacher Soldat. Und nach Kriegsende? Johannes Mario Simmel wird den Beruf seines Vaters stets mit Holzchemiker umschreiben. Wir finden aber keine Belege für ein Studium der Chemie. Auch passt ein Studium schlecht in den uns bekannten Lebenslauf: Als der junge Mann das erwähnte Londoner Jahr bei E. S. Prather absolviert, ist er zwanzig Jahre alt. Hätte er tatsächlich Chemie studiert, wäre es wenig wahrscheinlich, dass er 1910 als Sekretär tätig war. Für ein Studium nach seiner Rückkehr nach Deutschland gibt es ebenfalls keine Belege, im Matrikelportal der 1919 gegründeten Universität Hamburg ist Walter Simmel nicht zu finden.[2] Auf amtlichen Dokumenten nennt er stets Kaufmann als Beruf, und auch seine Frau Lisa bezeichnet ihn so, als sie viel später, während des Krieges, vor Gericht über ihn aussagt. Er sei als Prokurist bei der Forstindustrie AG in der Brucknerstraße 4 in Wien tätig gewesen, bevor er sich 1924 als Holzhändler selbstständig gemacht habe. Nach erfolgreichen Jahren sei ihr Mann verarmt, sei sogar wegen Veruntreuung angeklagt worden. Er habe sich seiner Strafe zunächst durch Flucht in die Schweiz entzogen, diese aber schließlich 1929 in Wien verbüßt. Allerdings müssen ihre Worte mit Vorsicht genossen werden, denn als Lisa ihren Mann verklagt, hat sie traurige Gründe dafür.

Unbestritten ist, dass Walter regelmäßig nach England reist und ausgezeichnet Englisch spricht. Für eine Tätigkeit im Rahmen der deutschen V1- und V2-Waffen-Produktion, wie sie in gewissen Quellen aufgeführt ist, finden sich keine Belege. Es wäre auch sehr unwahrscheinlich, dass ein deutscher, emigrierter Jude nach 1939 von den Nazis als Zwangsarbeiter in die unterirdische Produktion des KZ Mittelbau-Dora zurückgeholt worden wäre. Hingegen gibt es eine Fährte zu einem späteren Einsatz bei der englischen Radartechnologie, wie wir erfahren werden.

Eine weitere Hypothese ist, dass Simmel für Royal Dutch Shell gearbeitet hat. Der spätere Schriftsteller erzählt, dass sein Vater Walter ab 1919 häufig nach Wien reiste und dort ein Büro im späteren Shell-Haus am Schwarzenbergplatz 16 bezog. Dies scheint durchaus plausibel. In den Zwanzigerjahren werden motorisierte Fahrzeuge, Autos und Flugzeuge immer beliebter, sie benötigen Benzin und Diesel. Neue und verbesserte Bohrmethoden steigern die Produktion der Erdölindustrie. Walter könnte also für

Royal Dutch Shell die Errichtung einer Niederlassung vorangetrieben haben. Dabei war das Unternehmen als Retter in der Not aufgetreten, als die Wien-Florisdorfer Mineralölfabrik nach dem Ersten Weltkrieg in eine schwere wirtschaftliche Krise geriet, weil die Rohstoffversorgung aus Galizien unterbrochen war. Royal Dutch Shell sicherte den Weiterbestand des Werkes durch die Lieferung von Rohöl aus Rumänien, wo sich der Ölmulti zuvor bereits eingekauft hatte. Dieser Handelsbeziehung folgten schließlich 1929 der vollständige Aufkauf und die Umbenennung jenes Betriebes in Aktiengesellschaft der Shell-Floridsdorfer Mineralölfabrik.[3]

Ob Walter nun für Shell oder als Holzhändler tätig war, gesichert ist, dass er einige Jahre in der Nähe des Schwarzenbergplatzes gearbeitet hat. Der Einfachheit halber wohnt er im nahe gelegenen, luxuriösen Hotel »Imperial« und mietet sich dort zeitweise sogar ein Jahresappartement.

Lisa Simmel, die Mutter des späteren Autors, ist als Elise Martha Schneider am 21. Juli 1893 in Wettin im Kreis Halle an der Saale geboren worden. Wie Walter ist auch sie evangelisch getauft. Im Gegensatz zu Walters Vorfahren scheinen Lisas Eltern schon seit Generationen dem evangelischen Glauben anzugehören, zumindest kann sie nach der Machtübernahme durch die Nationalsozialisten ihre arische Ahnentafel erbringen.

Wir wissen nicht, wo und wann sich die jungen Leute kennengelernt haben. Da Johannes Mario stets Hamburg als Herkunftsstadt seiner Eltern angeben wird, ist es plausibel, dass sie sich in der Hansestadt begegnen und ineinander verlieben. Ob am Alsterufer oder anderswo, Walter muss von der jungen Frau hingerissen gewesen sein: Ihr schmales, fein gezeichnetes Gesicht mit den hohen Wangenknochen und den leicht schräg stehenden Augen blickt interessiert und manchmal amüsiert in die Welt. Sie ist belesen, schreibt, malt und fotografiert. Man kann mit ihr über Kunst diskutieren, über fremde Länder und Kulturen, über Mode und Design. Sie liebt es, sich androgyn und unkonventionell zu kleiden, gerne auch mit Hosenanzug, Stehkragen und Krawatte. Ob sie sich dabei von Intellektuellen, Schriftstellerinnen und Filmstars wie Vita Sackville West, Virginia Woolf oder Marlene Dietrich inspirieren lässt? Um ihr Haus in Neustift am Walde als Pension zu kennzeichnen, wählt sie eine originelle Methode: Sie hängt am Gartenzaun eine weiße Tafel mit einem großen roten Punkt auf, wenn gerade ein Zimmer frei ist. Darauf schreibt sie, dass ein schönes Zimmer mit Vollpension zu vermieten sei. Passanten, so hofft sie, würden erst auf das Symbol und dann auf die Pension aufmerksam.[4] Über den kommerziellen Wert dieser Aktion lässt sich streiten, doch ist die kleine Anekdote bezeichnend für die unkonventionelle, kunstsinnige Frau.

Lisa war Walter nach dem Ersten Weltkrieg nach Wien gefolgt. Ihr Verlobter will sich in Österreich eine berufliche Zukunft aufbauen. Am 13. Mai 1920 wird in der Donaumetropole geheiratet. Das junge Paar mietet in der Kleinstadt Mödling eine Wohnung in der Villa einer Witwe, Luise von Janiczek, in der Jasomirgottstraße 4. Nach der Geburt von Johannes Mario zieht das Paar 1924 oder 1925 in eine größere Wohnung um, in ein Haus mit Garten an der Berggasse 3 in Gaaden bei Mödling.

Nicht nur Mila wird sich mit Nostalgie daran erinnern, auch der spätere Autor wird das Leben dort in bunten, schwärmerischen Farben schildern, auch wenn er damals noch ein Kleinkind ist und vieles nur aus den Erzählungen der Erwachsenen kennt. Er beschreibt einen großen Park, in dem ein Pony lebt und in dem Mila, die seit 1927 für die Familie tätig ist, Blumen pflanzt, gießt, hegt und pflegt, oft in Gesellschaft des kleinen Butzl. Das Kleinkind erlebt Einladungen seiner Eltern mit, an denen bekannte Schauspieler, Schriftsteller, Maler, Bildhauer, Regisseure, Wirtschaftsleute, Politiker und »wunderschöne Damen« teilgenommen hätten, die »süß dufteten«. Im Sommer sitzen die Gäste in Korbsesseln auf der Terrasse oder auf der Wiese hinter dem Haus, halten Weingläser in der Hand, rauchen und sprechen über neue Bücher, Theaterstücke und Gemälde, über Politik,

Wirtschaft und Medizin und über »hundert andere interessante Dinge«.

Vieles davon lässt sich nicht überprüfen, doch scheinen die ersten Lebensjahre des Jungen in dieser weltoffenen, kultivierten Umgebung unbeschwert und glücklich gewesen zu sein. Wie erwähnt, folgen nun die schwierigen Jahre, von denen Lisa knapp 20 Jahre später vor Gericht erzählen wird. Sie beginnen ungefähr mit der Geburt der kleinen Tochter Eva Susanne am 4. September 1928. Doch scheinen sich die Verhältnisse anschließend wieder zu stabilisieren, denn Lisa und Walter ziehen 1930 mit ihren beiden kleinen Kindern in das stattliche Haus in Neustift am Walde, rund dreißig Kilometer nördlich von Mödling, das noch heute existiert. Nur der wilde Wein, der es früher umrankte, ist verschwunden. Das Gebäude liegt an einer schmalen Straße, die unterhalb des Friedhofs leicht abfallend in Richtung Ortskern führt. Gleich gegenüber liegt das Spielparadies der Geschwister und ihrer Freunde: Die Nuss-Allee und die Ottinger-Wiese. Der spätere Autor beschreibt den Ort in seinen Büchern öfter, meist mit Liebe und Wehmut:

»Draußen in Neustift am Walde, im Talkessel der riesigen Weinberge, stehe ich dann auf der alten Nuss-Allee, dem Haus gegenüber, in dem ich so viele Jahre lang gelebt habe – als Kind, als Junge, als Heranwachsender. In der Zeit meiner Kindheit habe ich mit meiner jüngeren Schwester und vielen anderen Kindern die Nüsse gesammelt, die von den alten Bäumen der Allee gefallen sind.«[5]

Wer heute durch Neustift geht und den stillen Friedhof besichtigt, auf dem Lisa, ihre Tochter und ihr Schwiegersohn ruhen, kann sich sehr gut vorstellen, weshalb die Simmels sich für Neustift am Walde entschieden: Der Ort liegt idyllisch und windgeschützt in einem malerischen Tal inmitten von ausgedehnten Weingärten. Der Wienerwald und der Kahlenberg sind ganz nahe.

Die alten Häuser der Heurigen im Ortszentrum erstrahlen in lichtem Schönbrunner Gelb und gebrochenem Weiß; in den lauschigen, weinumrankten Gärten mit ihren blühenden Oleandersträuchern in mächtigen Töpfen kosten Gäste den jungen Wein. Hierher, in den Bezirk Währing, kommen seit dem 19. Jahrhundert viele wohlhabende Wiener Familien für die Sommerfrische, wenn es im Stadtzentrum zu heiß wird. Denn auf dem Lande ist die Luft weniger stickig, und aus den nahen Wäldern streift oft eine kühlende Brise durch den Ort.

Das Leben in Neustift ist angenehm und bunt. Die Familie Simmel entdeckt den Ort und die Umgebung, unternimmt Spaziergänge und Ausflüge. Das Rondell des Gasthofs am Cobenzl mit seinen Panoramafenstern ist ein beliebtes Ziel, hier trinken sie eine Limonade und genießen den atemberaubenden Blick auf Wien. Sie besuchen ihren Lieblings-Heurigen. Die katholische Mila ist magisch von der Schwarzen Madonna von Tschenstochau[6] in der kleinen Kapelle der St. Josefskirche am Kahlenberg angezogen. Sie ist eine Kopie des Bildes, das König Jan III. Sobieski bei seinem Feldzug gegen die Osmanen auf seiner Reichsfahne mitgeführt haben soll. So beschreibt es Simmel in seinem späten Werk *Träum den unmöglichen Traum*[7], in dem Kindheitserinnerungen wach werden.

Die Hügelzüge des Wienerwalds bieten unzählige Möglichkeiten für Wanderungen, zum Beispiel den Wasserleitungswanderweg, der von der Quelle im Rax-Schneeberg-Gebiet bis nach Wien führt. Die Simmels erleben mit, wie die Höhenstraße Cobenzl-Kahlenberg entsteht, und sehen wohl auch, wie arbeitslose Männer hier mit primitiven Mitteln und in quälend langsamer Bauweise Pflastersteine verlegen, Stein für Stein, Meter für Meter, damit der Arbeitsdienst möglichst lange dauert und die Männer entschädigt werden können. Die Idee stammt von Österreichs Bundeskanzler Engelbert Dollfuß, der die Eröffnung der Straße nicht mehr miterleben wird: 1934 wird er bei einem Putsch durch österreichische Nationalsozialisten ermordet. Ein schlechtes Omen, auch wenn bis zur Katastrophe des Anschlusses noch vier Jahre vergehen werden. Lisa und Walter wähnen sich in Neustift am Walde jedoch sicher und geborgen, wie Millionen andere Einwohnerinnen und Einwohner von Wien und Österreich. Sie fühlen sich geschützt durch den Staat und die Verfassung.

Dünnes Eis

Wien nach dem Ersten Weltkrieg erinnert an eine prachtvolle Frau, die nach einem Sturz aufsteht, ihre Kleider richtet und stolz den Kopf hebt. Das Leben in der Donaumetropole pulsiert, wenn auch etwas langsamer als zuvor. In Wien wohnen und treffen sich die hellsten Köpfe der Epoche. Kultur ist ein Lebenselixier. Das schillernde Boheme- und Kaffeehausleben muss den Vergleich mit anderen Kapitalen Europas nicht scheuen. Kunstschaffende finden hier begüterte und sachverständige Käufer und Liebhaber ihrer Werke, Wissenschaftler aufgeschlossene Zuhörer und Studenten. Sigmund Freud legt den Grundstein zur Psychoanalyse. Manfred Flügge formuliert es in seinem Buch *Stadt ohne Seele: Wien 1938*[8] wie folgt: »Die Stadt erzeugte einen Dunst von Leichtigkeit, Lebensfreude, Charme und Erotik, bot an der Oberfläche das Bild einer Welt, ganz in Traum gehüllt, doch die politische Atmosphäre war von Hass vergiftet, vom Nationenhass und vor allem vom Antisemitismus.«

Ob Walter Simmel die Judenfeindlichkeit wahrgenommen hat, als er sich in Wien niederlässt? Es ist anzunehmen. Antisemitismus war stets unterschwellig verbreitet, seit sich die Stadt im 19. Jahrhundert zu einem Zentrum jüdischer Kultur entwickelte. Gebildete und begüterte österreichische jüdische Familien haben wesentlich zum Antlitz und Glanz der Stadt beigetragen. Doch hatte der Erste Weltkrieg den Zustrom osteuropäischer Juden massiv verstärkt. Selbst in etablierten, assimilierten jüdischen Wiener Kreisen wird die Präsenz unzähliger verarmter, kinderreicher jüdischer Familien aus Schlesien, Böhmen, Mähren, Galizien und Ungarn mit Unbehagen wahrgenommen.

Die junge Demokratie versucht, mit der schwierigen Situation umzugehen. Bis 1934 ist Wien von den Sozialdemokraten geprägt. Die Partei stellt nicht nur den Bürgermeister, sondern auch alle Stadträte. Walter ist selber aktiver Sozialist der ersten Stunde, wobei seine deutsche Herkunft sicher eine Rolle gespielt hat. Der Sozialdemokrat Friedrich Ebert war das erste demokratisch gewählte Staatsoberhaupt der Weimarer Republik, und die Partei verfügte im deutschen Reichstag über die größte Fraktion. Als evangelisch getaufter, etablierter und erfolgreicher Geschäftsmann muss sich Walter in Österreich unverwundbar gefühlt haben. Hinzu kommt, dass die Verordnung der Bundesregierung vom 24. April 1934 über die Verfassung des Bundesstaates Österreich den Juden gleiche Rechte und Pflichten garantiert. Ein Jahr zuvor war die NSDAP in Österreich verboten worden. Damit wähnt man die nationalsozialistische Gefahr gebannt, doch setzt die Gruppe im Untergrund ihre subversive Tätigkeit fort, verübt Anschläge und Attentate auf Gesinnungsfeinde und wird immer unverblümter zur Terrororganisation, wie die feige Ermordung des Bundeskanzlers Dollfuß zeigt.

Österreich zwischen 1934 und 1938 kann nicht als funktionierende Demokratie bezeichnet werden. Historiker haben für die Staatsform dieser Jahre den Begriff »Austrofaschismus« geprägt oder sprechen von der »Dollfuß/Schuschnigg-Diktatur«. So ist zum Beispiel der Verfassungsgerichtshof abgeschafft worden, womit eine entscheidende demokratische Institution entfällt. Dadurch kann es vorkommen, dass Bürgermeister nach Belieben ersetzt werden. Der Austrofaschismus ist nicht so unverhohlen brutal und kriminell wie die nationalsozialistische Diktatur, die folgen sollte. Die autoritäre Staatsführung orientiert sich jedoch stark an den Herrschaftsvorstellungen des italienischen Verbündeten Benito Mussolini. Gesellschaftliche Spannungen bleiben nicht aus und drohen das Land bisweilen fast zu zerreißen. Hinzu kommt, dass die Folgen der verheerenden Weltwirtschaftskrise nach dem Börsencrash im Oktober 1929 auch Jahre später noch spürbar sind. Die Arbeitslosigkeit erreicht auch in Österreich Rekordwerte: 1933 ist rund ein Drittel der arbeitsfähigen Bevölkerung ohne Erwerbseinkommen. Arbeitsbeschaffungsprogramme wie der Bau der Höhenstraße sollen die allgegenwärtige Not lindern, sind aber nur ein Tropfen auf den heißen Stein.

Wie zuvor in Mödling führen Lisa und Walter auch in Neustift ein offenes, gastfreundliches Haus. Nach der Finanzkrise 1928/29 ist das Familienvermögen geschmolzen, das Haus nimmt deshalb zahlende Gäste auf.

Nun, nach Hitlers Wahl zum deutschen Kanzler, wird an diesem liberalen Tisch wohl noch öfter über Politik im Nachbarland diskutiert. Ist Adolf Hitler eine reelle Gefahr für die Demokratie oder eher eine skurrile Figur, die schon bald wieder an Bedeutung verlieren wird? Ist es für Österreich Segen oder Fluch, dass der Mann mit dem eigentümlich gestutzten Schnauzbart aus Braunau stammt und Wien gut kennt? Was bedeutet sein Aufstieg für die Juden? Im Freundeskreis ist Hitler unbeliebt. Seine Sprechweise, die Mimik und die Gesten, werden nachgeahmt und verspottet. Jan und Eva hören in ihren Zimmern, wie im Erdgeschoss hitzig debattiert und gelacht wird. Der spätere Autor wird als Erwachsener erzählen, dass viele der Menschen, die Gäste seiner Eltern waren, später Opfer des Nationalsozialismus geworden sind.

Es ist schön, im Hause Simmel aufzuwachsen. Lisa und Walter erziehen ihre Kinder liebevoll und zwanglos. Mila vergöttert die beiden sowieso. Als Erwachsener wird Mario später schildern, dass die schlimmste Strafe gewesen sei, ohne Essen ins Zimmer verbannt zu werden. Doch sei er dort so tief in seinen Büchern versunken, dass Stunden vergehen konnten und Schwester Eva im Auftrag der besorgten Eltern nach ihm schauen musste. Ein Zimmerarrest mit wenig pädagogischem Effekt also.

Jan lernt schon sehr früh lesen und schreiben. Er verschlingt deutsche und englische Jugendbücher. *Winnie the Pooh*, die englische Originalfassung von *Pu der Bär*, ist ein Favorit. Zeit seines Lebens wird der Autor für seine Liebe zum rundlichen Meister Petz geneckt. Aber er ist auch gerne draußen im Garten, wo er sich ein Baumhaus gebaut hat. Noch immer ist er fasziniert von Blumen, ihren Blüten und Düften und will als Erwachsener Gärtner werden. Der Junge besucht die Volksschule zum Teil in England, zum Teil in Neustift und erhält mit zehn Jahren Lateinunterricht. Ein Schulheft mit einer korrigierten Probe zeigt aber, dass er sich schwertut mit dieser Sprache. Vier Jahre später bescheinigt ihm das Jahreszeugnis 1937/38 der Schule an der Celtes-Gasse in Währing für alle Fächer, mit Ausnahme von Rechnen und Raumlehre, eine Eins. Jan schreibt kleine Aufsätze oder Geschichten. Erst sind es rührende kindliche Schilderungen, zum Beispiel über die Hausarbeit der Mutter (»Mutter putzt«) oder den Besuch des Knabenschießens in Zürich, wohl während einer Ferienreise mit den Eltern. Dieses Volksfest, das jeweils am zweiten Septemberwochenende auf dem Schießplatz Albisgüetli stattfindet, muss ihn beeindruckt haben. Damals waren nur Jungen zwischen dreizehn und siebzehn Jahren zugelassen, mittlerweile herrscht auch hier Gleichberechtigung zwischen den Geschlechtern.

Die Weichen scheinen gestellt für eine sorglose Jugend in einem aufgeschlossenen, bürgerlich-liberalen Umfeld. Doch das Schicksal hat anderes vor mit der Familie Simmel.

Anschluss, Angst, Akne

Das Schicksalsjahr 1938 kündigt sich durch eine Eskalation der politischen Ereignisse an. Der neue österreichische Kanzler, Kurt Schuschnigg, Nachfolger des ermordeten Dollfuß, versucht sich dem wachsenden Einfluss Deutschlands entgegenzustemmen. Doch steht er unter zweifachem Druck: In Österreich ist der Wunsch nach einem Zusammenschluss mit Deutschland in der Bevölkerung unübersehbar. Und in Berlin ziehen Adolf Hitler und seine Parteigenossen die Schlinge um den Hals von Hitlers Vaterland zu. Kurt Schuschnigg wird erst geduldet, dann gedemütigt und desavouiert. Sein Besuch bei Hitler im Berghof auf dem Obersalzberg im Februar 1938 ist gut dokumentiert, weil die Kameras der Wochenschau ihn genüsslich inszenieren: Der österreichische Kanzler wird behandelt wie ein Dienstbote, der in Ungnade gefallen ist. Er muss lange auf seine Audienz warten; der Kettenraucher wird am Rauchen gehindert. Als er Hitler schließlich im Klubsessel gegenübersitzt, wird er verspottet und bedroht. Vergeblich appelliert er an das Gewissen seines Landsmanns, warnt vor Blutvergießen und erinnert Hitler an dessen Zeit in Wien. Dieser bleibt eisern. Schuschniggs Regierung soll geschwächt und nach deutschen Gnaden zusammengestellt werden, sodass die Donaurepublik mühelos geschluckt werden kann.

Italien, das Schuschnigg auf seiner Seite wähnt, lässt ihn im Stich. Die Siegermächte des Ersten Weltkriegs blicken ebenfalls in die andere Richtung und vermeiden es, Österreich zu Hilfe zu kommen. Ein derart halbherziger internationaler Widerstand ermutigt Hitler. Er nimmt immer mehr Einfluss auf die Zusammensetzung des österreichischen Kabinetts, erzwingt die Ernennung von ihm getreuen Ministern und sorgt dafür, dass die – immer noch verbotene – NSDAP ihren Einfluss im Untergrund ausbaut. Auch in Polizei- und Armeekreisen gibt es viele Sympathisanten für die Partei, deshalb fürchten die Anhänger sich nicht vor Strafen für ihre Tätigkeit.

Lange hat Schuschnigg gehofft, er könne sein Land unbeschadet aus der Krise hinaussteuern. Als er merkt, dass ihm die Situation entgleitet, unternimmt er einen verzweifelten Befreiungsschlag und setzt sehr kurzfristig ein Volksreferendum an. Dieses soll zeigen, ob eine Mehrheit der wahlberechtigten Bevölkerung den unabhängigen Staat einem Anschluss vorzieht. Die Vorbereitungen der Abstimmung sind überstürzt, unprofessionell und hektisch. Der Kanzler spricht mit den Führern von Arbeiterorganisationen und Vertretern der jüdischen Gemeinde (die für die Befragung spendet und eine aktive Stimmbeteiligung ihrer Mitglieder zusichert). Einige Juden, die ihre Flucht bereits geplant hatten, bleiben im Land, um ihre Stimme abzugeben. Noch am 9. März 1938 ist Schuschnigg fest entschlossen, das Referendum durchzuführen. Hitler und Göring werden nervös, offenbar ist man sich in Berlin doch nicht ganz sicher über den Ausgang. Deshalb handelt Deutschland nun blitzschnell und stellt Österreich vor ein Ultimatum.

Kurt Schuschnigg versucht die Wogen zu glätten, indem er die Volksbefragung abbläst. Zu spät. Hermann Göring sendet ein weiteres Ultimatum aus Berlin und fordert den Rücktritt des Kanzlers. Bei Nichtentsprechen würden um 20 Uhr 200 000 deutsche Soldaten die Grenze zu Österreich überschreiten.

Am 11. März 1938 hält Schuschnigg eine kurze, denkwürdige Ansprache im Radio. Der Bundespräsident habe ihn beauftragt, die Bürgerinnen und Bürger darüber zu informieren, dass Österreich der Gefahr weiche und einen deutschen Einmarsch ohne Widerstand hinnehme. Er erklärt seinen Rücktritt. Wenige Minuten später hisst ein junger Mann die Hakenkreuzfahne auf dem Balkon des Kanzleramts, wie von Zauberhand erscheinen plötzlich überall Embleme der NSDAP in den Straßen. Der Kampf um die Unabhängigkeit ist verloren.

In den folgenden Tagen wird ein neues Kabinett ernannt. Der

politische Handstreich soll ja legal und legitim wirken. Dabei ziehen die Nationalsozialisten von der ersten Minute an die Fäden im Nachbarstaat. Die Republik Österreich verliert ihren eigenständigen Namen und wird nach dem Einmarsch der deutschen Truppen zu Deutschlands »Ostmark« erklärt.

Johannes Mario Simmel ist 14 Jahre alt. Ein Alter, in dem Jungen mit ihren Freunden zusammen sind, Hobbys nachgehen, Pläne für später schmieden oder sich erstmals verlieben. All dies möchte Jan auch. Doch wird der Untergang der Republik ihm und seiner Familie den Boden unter den Füßen wegziehen.

Als Erstes bedeutet dies, dass Walter, Jans geliebter Tommy, in aller Eile das Land verlassen muss. Sein evangelischer Taufschein ist wertlos geworden. Mit zwei jüdischen Elternteilen gilt er als Jude. Und als bekennender Sozialist steht er zudem ganz oben auf der Verhaftungsliste der neuen Machthaber, die das Wort sozialistisch zwar im Parteinamen tragen, für die linke Politiker aller Couleur jedoch Staatsfeinde sind.

Über die Flucht wissen wir wenig. In den ersten, chaotischen Tagen nach dem Anschluss sind die Grenzen noch nicht hermetisch geschlossen. Zum Glück verfügt Walter dank seiner Arbeit über viele Auslandskontakte und ist reisegewandt. Und er hat genügend Geld, die Ausreise ist für ihn leichter als für andere Familien. Mario wird später erzählen, sein Vater habe eine wahre Odyssee durch Italien, Portugal und Holland hinter sich gebracht. Am 11. Oktober 1938 schreibt der Vater seinem Sohn Jan eine Postkarte aus Amsterdam. Sie ist in Englisch abgefasst und mit T. unterschrieben. Tommy teilt Jan mit, dass er hoffe, innerhalb von zwei Wochen nach London reisen zu können. Er fragt beunruhigt, ob es allen gut gehe und weshalb er nichts von ihnen gehört habe. Die abenteuerliche Weiterreise gelingt über Dänemark, und Walter wird bis zu seinem Lebensende 1945 in England leben. In dem stark autobiografisch geprägten Roman *Und Jimmy ging zum Regenbogen*[9] schreibt Simmel später:

»Die Organisation Gildemeester brachte mit holländischem Geld und mutigen Helfern seit Jahren an Leib und Leben bedrohte Menschen vor den Nazis ins Ausland. Die Helfer besaßen Pässe, Visa- und Prägestempel, sie lieferten falsche Papiere über Nacht, wenn es sein musste. (…) Aber leider nur für ihn … Für Ihre Frau und Ihren Sohn können wir leider nichts tun, hatte der Mann gesagt. Pässe sind Mangelware. Ihre Frau und Ihr Sohn sind nicht absolut gefährdet. Man wird sie ständig im Auge behalten, man wird Ihre Frau verhören, ihr den Pass abnehmen und alle Post beschlagnahmen, die aus dem Ausland kommt. Aber man wird ihr zumindest vorerst nichts Schlimmes tun.«

Simmel beschreibt die Organisation Gildemeester positiver, als sie in Wirklichkeit war. Tatsächlich unterstützte sie Jüdinnen und Juden, meist bei der Flucht nach Palästina. Allerdings erhob sie enorme Gebühren und transferierte das Vermögen der Flüchtenden auf eine Bank, die später von den Nationalsozialisten geschluckt wird. Im Klartext: Leben gegen Vermögen. Das Schicksal der zurückbleibenden Familie bleibt ungewiss, so weit ist die Schilderung im Roman allerdings absolut zutreffend.

Lisa und ihre Kinder sind von einem Tag auf den anderen von geachteten Mitgliedern der Gesellschaft zu suspekten Figuren geworden. Lisa muss für ihren Mann einen neuen Taufschein ausstellen lassen, der seine mosaische Herkunft bestätigt. Ab sofort wird Walter, wie alle Juden im Deutschen Reich, von Amts wegen den zweiten Vornamen Israel verpasst bekommen, so wie auch alle Jüdinnen gesetzlich vorgeschrieben Sarah heißen müssen. Nach den Nürnberger Rassegesetzen, die nun auch für die »Ostmark« gelten, führt Lisa eine »Mischehe«, aus Jan und Eva sind »Mischlinge Ersten Grades« geworden – ein schweres Stigma. Ab Juli 1942 dürfen »Mischlinge« nicht einmal mehr eine höhere Schule besuchen.[10] Nachbarn beäugen sie misstrauisch und stellen Mutmaßungen darüber an, weshalb ihr Mann nicht mehr zu

Hause wohnt. Für die Kinder, die wohl gar nicht gewusst hatten, dass ihr Vater vor seiner Taufe Jude war, muss der Schock groß gewesen sein. Wer könnte es ihnen verdenken? Mindestens so belastend wie die soziale Ächtung: Das Geld wird knapp. Walter musste für seine Flucht große Summen bezahlen. Vermögenswerte, die er in Wien zurückgelassen hat, werden später konfisziert, sodass Walter in London erst einmal in prekären Verhältnissen lebt. Es ist ihm schlicht unmöglich, der Familie aus London genügend Geld zu schicken. Nachdem die Reserven aufgezehrt sind, muss Lisa in Wien jeden Groschen umdrehen. Walter weiß dies aus den Briefen, die er von zu Hause erhält. Natürlich werden sie von der Zensur geöffnet, doch ist nun zumindest wieder eine gewisse Kommunikation möglich. In einem Brief an seinen Sohn vom 3. Mai 1939, wieder in Englisch gehalten, dankt er ihm für sein Schreiben und bedauert sehr, dass er der Familie nichts senden kann. Wie ohnmächtig muss sich der Vater in seinem Exil gefühlt haben? Immerhin hat er nun ein Einkommen: Er darf beim englischen Radiosender BBC deutsche Texte und Kommentare aufzeichnen, die nach Kontinentaleuropa ausgestrahlt werden. Lisa wird sich jahrelang unter großer Gefahr unter einer Decke verkriechen, um die von ihrem Mann verlesenen Nachrichten um acht zu verfolgen und so seine Stimme hören zu können, wie Simmel später erzählen wird.

In diesen dunklen Monaten wandelt sich Jan zu Mario. Er legt seinen Jungennamen ab und mit ihm jede kindliche Sorglosigkeit und Unbeschwertheit. Hat ihn Walter vor der Abreise gebeten, für die Mutter und Schwester zu sorgen? Oder tut er es aus eigenem Antrieb? Auf jeden Fall fühlt er sich verantwortlich für die kleine Familie. Dabei steckt er in der Pubertät und ist voller Selbstzweifel. Die Hormone, Unsicherheit und Sorge bescheren ihm einen heftigen Akneschub. Er beginnt auch zu stottern, wofür er sich mehr schämt als für die Pickel. Die Bilder, die er in dieser Zeit zeichnet, zeigen am Boden hockende, verzweifelte, um Gnade bettelnde Gestalten. Auch Männer mit Totenkopf und

Sense. Die Bilder tragen Titel wie »Die letzten Tage der Menschheit«. Jan muss vom Werk von Karl Kraus beeindruckt gewesen sein. Andere Zeichnungen lassen beim Heranwachsenden eine Bewunderung für Käthe Kollwitz erkennen. Simmel wird die Künstlerin zeit seines Lebens sehr schätzen.

Dass Ende der Dreißigerjahre gerade solche Sujets entstehen, in düsteren Farben gemalt, ist ein Indiz für traumatische Erlebnisse nach dem Anschluss. Kein Wunder, denn Mario und Eva werden Zeugen von demütigenden Szenen: Bei den berüchtigten »Reibpartien« etwa müssen jüdische Männer und Frauen jeden Alters kniend und mit bloßen Händen, Zahnbürsten oder gar dem eigenen Schlüpfer das Straßenpflaster von antinazistischen Parolen säubern. In Wien sind diese erzwungenen Putzkolonnen oft umringt von Menschen, die schadenfroh und johlend zuschauen. Im Warschauer Getto wird der Literaturkritiker Marcel Reich-Ranicki wenige Jahre später ganz ähnliche Szenen miterleben, nur dass hier nur die deutschen Soldaten feixend zuschauen und die jüdischen Mitbewohner sich ängstlich im Hintergrund zusammendrängen.

Jan und Eva müssen schlimme Dinge gesehen haben, zerschmetterte oder verunstaltete Schaufenster jüdischer Geschäfte, spontane Hassausbrüche gegenüber Juden. Werden sie sogar selber Opfer von Übergriffen, obwohl sie als »Mischlinge Ersten Grades« keinen gelben Judenstern tragen müssen? Historiker beschreiben die ersten Monate der Naziherrschaft in der »Ostmark« mit Pogromen gegenüber der jüdischen Bevölkerung als »Hexensabbat«. Selbst den neuen Machthabern ist diese heftige Welle der Gewalt suspekt, und der *Völkische Beobachter*, das Parteiorgan der NSDAP, empfiehlt, dass der überschäumende Radikalismus in Wien einzudämmen und in geordnete Bahnen zu lenken sei. Pogrome dürfe es nicht geben. Schließlich sei Deutschland ein Rechtsstaat. Hier geschehe nichts ohne rechtliche Grundlagen.[11] Eine zynische Aussage, die aber die Befindlichkeit im Frühling 1938 gut auf den Punkt bringt.

Mario hat Angst. Lisa tröstet ihn, schreibt ihm kleine, ermutigende Briefe und versucht, ihn zu beruhigen. Dabei ist sie selber alles andere als gelassen. Sie ist nun Familienoberhaupt und für sämtliche Belange verantwortlich. Und sie muss mit ansehen, wie ihr Sohn, der mit seinen vierzehn Jahren die Tragweite der Geschehnisse nicht vollständig überblickt, mit wachsendem Groll an seinen Vater denkt. Wie könnte es anders sein, wenn ein Junge in der Schule ständig hört, dass sein geliebter Vater ein Verräter und »Saujude« sei, der die Familie im Stich gelassen habe? Auch wenn er sich nach seinem Tommy sehnt, wächst die geistige Distanz zwischen Vater und Sohn mit jedem Monat der Trennung.

Der Junge begleitet seine Mutter bei den demütigenden und beängstigenden Besuchen im Hotel Métropole im ersten Bezirk, am Franz-Josefs-Kai.

Reinhard Heydrich hatte das Luxushotel, in dem Mark Twain vierzig Jahre zuvor längere Zeit gelebt und geschrieben hatte, kurz nach dem Anschluss für die Gestapo requiriert, die jüdischen Besitzer enteignet und dort seine Leitstelle eingerichtet. Täglich mussten bis zu 500 Menschen zum Verhör antreten.[12] Stefan Zweigs *Schachnovelle* beschreibt die beklemmende Stimmung in diesem wunderschönen, nach dem Krieg abgerissenen Gebäude: die stilvollen Räume, erfüllt von Tanzmusik und dem heiteren Plaudern der Gäste. Dazu das Gewusel in den Gängen, die blank polierten Stiefel und makellos gebügelten Uniformen, die schäbigen oder eleganten Kleider der Verhörten und die Schreie der Gepeinigten und Gefolterten, die aus den Zimmern dringen. Die Willkür der Beamten ist total; niemand weiß beim Betreten des Gebäudes, ob und in welchem Zustand er es wieder verlassen wird. Die Inschrift auf dem Mahnmal, das heute am Morzinplatz steht, bringt es auf den Punkt: »Hier stand das Haus der Gestapo. Es war für die Bekenner Österreichs die Hölle.«

Mario wird jeweils auf einer Bank in der kleinen Grünanlage vor dem Gebäude sitzen, stundenlang manchmal, und sich ausmalen, was gerade mit seiner Mutter geschieht. Wird sie verhört, bedroht oder gar geschlagen? Simmels Alter Ego in dem Buch *Träume den unmöglichen Traum*, Robert Faber, erzählt:

»Das Hotel Metropol am Morzinplatz, Hauptquartier der Gestapo. Dorthin war seine Mutter zweimal wöchentlich befohlen worden, um verhört zu werden. Er hatte sie immer begleitet. Die Gestapobeamten wollten Einzelheiten über die österreichische und vor allem die deutsche Sozialdemokratische Partei erfahren, denn der Vater hatte in dieser eine große Rolle gespielt. (...) Arme Mutter, dachte Faber, sie wusste doch überhaupt nichts. Niemals hatte Vater ihr etwas gesagt, um sie nicht zu gefährden, und zudem war die deutsche Sozialdemokratie 1938 längst völlig zerschlagen. Es war, dachte Faber (...), auch bloß eine zusätzliche Qual, welche die Gestapobeamten der Mutter zugedacht hatten, denn nie wusste sie, was mit ihr im Hotel Metropol geschehen würde. Vor dem Gebäude, in einem kleinen Park, saß Faber in kurzen Hosen dann stets auf einer Bank und betete. Lieber Gott, bitte, lass die Mutter wieder herauskommen. Ich tu alles, was du willst, wenn du nur meine Mutter wieder rauskommen lässt.[13]

Das bange Warten und später der Heimweg mit der weinenden Lisa sind schlimm. Zum Glück dauert die Fahrt im Halbdunkel der nicht beleuchteten Straßenbahn, deren Fenster nach Kriegsbeginn zur Verdunkelung fast vollständig mit blauer Farbe bemalt sind, lang genug, dass sie sich wieder beruhigen können. Mila, die mit Eva zu Hause wartet, soll nicht unnötig in Angst versetzt werden. Sonst erleidet die Haushälterin einen ihrer schmerzhaften Schluckauf-Anfälle, die sich später als ein schweres Schilddrüsenleiden herausstellen werden.

Als ob die Familie nicht schon genug Sorgen hätte, erkrankt nun auch noch Eva an Diphtherie. Sie muss über Monate hinweg das Bett hüten, verliert alle Kraft und kann kaum noch gehen. Zwar wird sie genesen, doch scheint ihr Gleichgewichtsgefühl zeit ihres Lebens gestört gewesen zu sein. So schafft sie es zum Beispiel nie, Rad zu fahren. Und noch etwas anderes bleibt ihr unauslöschlich eingebrannt: Krank sein ist ein Zeichen der Schwäche. Dies ist Lisas Meinung, die sich auf ihre Tochter überträgt. Man hat sich »gefälligst zusammenzureißen«. Wir können annehmen, dass dies auch die Maxime ist, mit der sie sich selber davor bewahrt hat, den Mut zu verlieren.

Lisa gelingt es, ihrer Familie zu einem kleinen, aber einigermaßen regelmäßigen Einkommen zu verhelfen: Sie vermietet weiterhin Zimmer im Haus in Neustift, ist als Reklamezeichnerin und Fotografin tätig und erteilt gelegentlich Sprach- und Mathematik-Nachhilfeunterricht. Außerdem arbeitet sie als Lektorin bei der Wien-Film GmbH, einem stramm nationalsozialistisch eingestellten Unternehmen. Reichspropagandaminister Joseph Goebbels ordnet die Produktion von erbauenden, in der »Ostmark« wurzelnden Filmen an.[14] Der Regisseur Willi Forst gehört zum Aufsichtsrat. Seine unbeschwerten, heiteren Filme sind bei den Nazis äußerst beliebt. Forst wird nach dem Krieg ein enger Freund und Weggefährte Simmels werden. Sprechen die beiden Männer über die unkritische Haltung des Regisseurs gegenüber den damaligen Machthabern? Wir sind hier auf Vermutungen angewiesen. Zumindest liegen keine Hinweise darauf vor, dass Simmel dem Regisseur kritische Fragen gestellt hätte.

Marios Mutter arbeitet nun also im Zentrum der nationalsozialistischen Propaganda. Eine bemerkenswerte Leistung für eine Frau, die in einer »Mischehe« lebt. Wie hat sie dies geschafft, welche Opfer musste sie erbringen? Wurde die überzeugte Sozialdemokratin dazu genötigt, der NSDAP beizutreten? Sicher ist, dass Lisa nun alles daran setzen muss, um ein *low profile* zu zeigen. Dazu gehört wohl auch, dass Johannes, wie alle seine Klassenkameraden, Mitglied der Nazi-Jugendorganisation ist, zumindest so lange, wie dies »Mischlingen« möglich ist. Eva wird durch ihre Krankheit wohl gar nicht in der Verfassung gewesen sein, sich aktiv zu beteiligen. Vermutlich hat sie es bedauert: Nicht nur gehört es fast zum guten Ton, hier mitzumachen, sondern die durchaus attraktiven Ausflüge und Aktivitäten stellen auch einen gewissen Schutz dar. Der Historiker Kurt Bauer beschreibt deren Stellenwert wie folgt:

»Wichtigstes Instrument der nationalsozialistischen Indoktrination neben der Schule war die HJ. Im Alter von 10 bis 14 Jahren waren die Jungen beim Deutschen Jugendvolk und die Mädchen im Jungmädelbund organisiert. Ab 14 folgte für die Jungen die eigentliche Hitlerjugend und für die Mädchen der Bund Deutscher Mädel. Für Jugendliche war am Beitritt zur Hitlerjugend kaum ein Vorbeikommen. Wenn sie nicht mitmachten, mussten sie in vielen Bereichen mit Nachteilen rechnen, etwa in der Schule, bei der Suche nach einer Lehrstelle oder einem Arbeitsplatz, beim Beitritt zu einem Sportverein etc. Auf die Eltern übte man entsprechenden Druck aus. 1939 wurde zusätzlich die Jugenddienstpflicht eingeführt. Die jeweils neu dazukommenden Jahrgänge ab zehn Jahren waren nunmehr gesetzlich verpflichtet, Dienst in der HJ zu tun.«[15]

Für Mario und Eva wird es überlebenswichtig, nicht negativ aufzufallen. Sie tragen einen Makel, werden von Klassenkameraden als »Halbjuden« verhöhnt. Da hilft ihnen auch nicht, dass sie helle Haare und Augen haben. Egal, wie viel sie für die Schule büffeln oder wie klug, beliebt und sympathisch sie sind: In der Schule und im Bekanntenkreis haben sich die Machtverhältnisse seit dem Anschluss verschoben. Gewisse Lehrer verschwinden und kommen nicht wieder, Familien verlassen über Nacht ihre Häuser, dafür ziehen sehr schnell andere Menschen dort ein.

In ihrer Klasse der Volksschule wird Eva, wie alle ihre Kameradinnen, dazu angehalten, sich als mustergültige Arierin zu betragen. Dazu gehört, dass man Menschen meldet, die sich verdächtig benehmen. Doch die arme Kleine muss erfahren, wie schnell man damit in die Zwickmühle geraten kann. Mario erzählt den

Vorfall viele Jahre später seinem Freund Peter Huemer: Eva entdeckt abends Lisa und Mario unter einer Decke beim Hören des verbotenen Radiosenders BBC London. Eva ist ungefähr elf Jahre alt und begreift nicht, dass dies die letzte fragile Verbindung zwischen Lisa und Walter ist. Sie versteht nur, dass hier etwas streng Verbotenes geschieht. Deshalb kündigt sie der entgeisterten Mutter an, dass sie den Vorfall in der Schule melden müsse. Diese weiß nur ein verzweifeltes Mittel, um Eva zum Schweigen zu bringen: Sie verprügelt ihre Tochter und bläut ihr ein, dass sie ihre Angehörigen nicht verraten dürfe. Dieser Vorfall allein zeigt, wie es um die Gemütsverfassung der früher so liebevollen, nachsichtigen und liberalen Frau steht.

Auch in Neustift, in dem idyllischen Ort am Fuße der mächtigen Weinberge, wird die Situation immer schwieriger. Das Eis ist dünn geworden. Andernorts ist es bereits gebrochen: Mit dem fingierten Überfall auf den Sender Gleiwitz in der Nähe von Lisas Eltern und rund 260 Kilometer von Schmiedeberg, Walters Heimatort, entfernt, beginnt am 31. August 1939 der deutsche Feldzug in Richtung Osten. Der Zweite Weltkrieg ist nicht mehr aufzuhalten.

Hier spricht London

Als Walter Simmel im Herbst 1938 in London ankommt, liegt nicht nur eine schwierige Flucht hinter ihm. Auch die Zukunft ist sehr ungewiss. Die Themsestadt quillt über mit Flüchtlingen aus Deutschland und Österreich. Zwar erweisen sich Walters Englisch- und Landeskenntnisse sicherlich als Vorteil, doch Stellen in England sind rar. Zudem treffen die deutschsprachigen Emigranten auf großes Misstrauen; man befürchtet, dass sie für Nazideutschland spionieren. Und tatsächlich leben viele Spitzel der nationalsozialistischen Regierung in London und anderen europäischen Hauptstädten. Walter muss enorm vorsichtig sein, um nicht vom Regen in die Traufe zu geraten.

Da wir über keine direkten Quellen verfügen, versuchen wir, Walters Weg zu rekonstruieren: Erst einmal muss er als Ausländer eine Arbeitsgenehmigung beantragen. Dazu muss er beweisen, dass ein englisches Unternehmen ihn unbedingt braucht und diese Arbeit nicht von einem Einheimischen erledigt werden kann. Meist werden die Genehmigungen, wenn man sie denn erteilt, nur auf zeitlich befristeter Basis ausgestellt.

Der staatliche Radiosender BBC hatte bereits 1929 damit begonnen, deutschsprachige Sendungen für Schulen und Universitäten zu produzieren und auszustrahlen. Doch nach dem Scheitern von Neville Chamberlains Appeasement-Politik gegenüber Adolf Hitler erlangen für ein deutsches Publikum gezielt produzierte Sendungen auf dem Kontinent einen ganz neuen Stellenwert. Umso mehr, als auch NS-Minister Joseph Goebbels die Propaganda hemmungslos als Machtinstrument nutzt.

Im September 1938 sendet die BBC unter dem Titel »Hier spricht London« erstmals auf Mittel- und Langwelle in Richtung Deutschland. Zuerst sind es tägliche Abendnachrichten und kurze Kommentare. Um seinen Mitarbeiterbestand aufzustocken, sucht der Sender mit Inseraten in den Tageszeitungen deutschsprachige Übersetzer. Das Jahresgehalt beträgt beachtliche 450 Pfund, was weit über dem damaligen Durchschnittslohn etwa einer Krankenschwester liegt. Vike Martina Plock von der Universität Exeter hat in ihrem Buch *The BBC German Service During The Second World War*[16] eine Fülle von Informationen zusammengetragen. Daher können wir uns ausmalen, wie das Vorstellungsgespräch von Walter Simmel abgelaufen sein könnte. Denn Plock hat genau nachgezeichnet, wie es seinem späteren Kollegen Robert Ehrenzweig ergangen ist.

Ehrenzweig ist Österreicher und lebt in London als Korrespondent der Wiener Zeitung *Neue Freie Presse*. Nach dem Anschluss im März 1938 verliert Ehrenzweig, weil er Jude ist, diese Arbeit. Über einen englischen Berufskollegen bietet er der BBC seine Unterstützung an, falls sie ihre deutschsprachigen Sendungen ausbauen möchte. Er hätte wohl nicht gedacht, dass sein Angebot schnell angenommen wird: Ehrenzweig wird umgehend ins imposante Broadcasting House am Portland Place eingeladen. Weitherum sichtbar thront hier das Gebäude im Art-déco-Stil und mit fünf hohen Funkantennen (die es während des Kriegs zum leichten Ziel für gegnerische Luftangriffe machen werden). Das Innere ist geschmackvoll, ja, luxuriös gestaltet und einem englischen Landhaus nachempfunden. Dicke Teppiche bedecken den Boden, die Fenster (selbst wenn sie gar kein Tageslicht empfangen) sind mit Vorhängen geschmückt, Trockenblumensträuße sollen für Behaglichkeit sorgen.

Ehrenzweig wird in ein großes Sitzungszimmer geführt. Die Wände sind mit hellbrauner Eiche getäfelt, lange Tische aus Walnussholz nehmen die leicht geschwungene Form des Saals auf. Ohne Umschweife erklärt man Ehrenzweig, dass er Chamberlains Rede an das deutsche Volk vom 27. September 1938 übersetzen solle. Es eile; ein deutschsprachiger Sprecher warte bereits ungeduldig vor dem Mikrofon im Aufzeichnungsraum. Erst schreibt Ehrenzweig den deutschen Text von Hand auf, doch vor lauter Nervosität zittert er so sehr, dass man seine Schrift nicht lesen kann. Schließlich tippt er alles selber auf einer Schreibmaschine. Das Papier wird ihm praktisch aus den Händen gerissen, die Sendung kann beginnen.

Nach diesem etwas überstürzten Arbeitsbeginn trägt Ehrenzweig, gemeinsam mit den weiteren, neu rekrutierten Sprechern und Übersetzern, wesentlich zum Aufbau der deutschsprachigen Abteilung bei. Sie umfasst zwölf Damen und Herren, und das Programm wird schrittweise erweitert: Im Januar 1939 folgt auf die Abendnachrichten ein viertelstündiger »News Talk«. Im Zentrum stehen politische, später auch kulturelle Themen, zum Beispiel die Pressefreiheit, der Ausbau der britischen Flotte, die deutsche Expansion in Osteuropa, aber auch Londoner Architektur, der Pariser Eiffelturm oder das Tennisturnier in Wimbledon. Ziel soll es sein, den Deutschen ein positives Bild von England und seinen Absichten zu vermitteln.

Nach Kriegsbeginn kommen Aufklärung über den Kriegsverlauf und klassische Propaganda hinzu. Dies fällt England zuerst schwer, denn um 1940 erleidet die britische Armee einen Rückschlag nach dem anderen und muss mit ansehen, wie der wichtigste Verbündete, Frankreich, praktisch kampflos von den Deutschen besetzt wird. Der Tiefpunkt ist erreicht, als britische Truppenverbände in Dünkirchen von Deutschen umzingelt und auf dem Strand isoliert werden. Nazideutschland schlägt erbarmungslos zurück in diesem seltsamen Kampf um die Gunst der Hörerinnen und Hörer: Lord Haw-Haw, die Parodie eines englischen Gentlemans, blafft über den Reichsrundfunk aus Berlin in Richtung England und macht sich lustig über Premierminister Winston Churchill und sein glückloses Kriegskabinett. Zu Beginn lachen die Engländer über diesen seltsamen Lord, später werden sie seine Ironie als Subversion erkennen und sich von seinen derben Späßen abwenden.

Thomas Mann versucht, aus seinem Exil in Pacific Palisades bei Los Angeles an die Moral seiner Landsleute zu appellieren. Später werden andere prominente Deutsche im Exil sich ebenfalls für die Sache engagieren.

Langsam, aber sicher beginnt sich das Blatt zu wenden, sowohl militärisch als auch propagandistisch. Premierminister Winston Churchill ist ein Meister der Eloquenz und wird das Radio gezielt nutzen, um die Moral der eigenen Bevölkerung und der Truppen zu stärken und das Parlament auf einen gemeinsamen Kurs einzuschwören. Asa Briggs beschreibt in seinem Standardwerk über die Geschichte des Rundfunks in England auch, wie der *War of Words* zwischen 1939 und 1945 ablief.[17] Auch die Memoiren von Churchill enthalten berühmte Reden, die in die Geschichte eingegangen sind. Unvergessen ist sein Appell »We Shall Fight on the Beaches« vom 4. Juni 1940. Häufig hält Churchill seine Reden im Unterhaus und lässt sie für den Rundfunk aufzeichnen. Neben den deutschsprachigen Sendungen erhalten die französischen Botschaften eine besondere Bedeutung, dienen sie doch der Kommunikation mit der *Résistance*. David Hendy, ein englischer Historiker und emeritierter Professor an der University of Surrey, beleuchtet in seinem Buch *The BBC: A People's History* [18] das Schicksal der deutschsprachigen Mitarbeiterinnen und Mitarbeiter des Radiosenders. Äußerst anschaulich schildert er dieses Kapitel der BBC-Geschichte. Nach den Anfängen im schicken Broadcasting House, in dem auch Walter Simmel arbeitet, folgt nach einem verheerenden Bombentreffer im Dezember 1940 ein überstürzter Umzug der Abteilung ins Bush House am Londoner Strand. Dort müssen sich unzählige Menschen die engen Büroräume teilen. Obwohl die Gebäude der BBC immer wieder Zerstörungen erleiden, wird praktisch nahtlos weiter ausgestrahlt, eine logistische Meisterleistung. Eine Zeit lang wird das deutschsprachige Team ins ungeliebte Haus in Maida Vale verbannt. Die Mitarbeiter beklagen sich über unzumutbare Zustände, über schmutzige und ungeheizte Räume und über den langen, gefährlichen Arbeitsweg.

1942 sieht ein Tag im deutschen Programm wie folgt aus:[19]

04.00–05.00 GMT: Programm für Arbeiter
09.00–09.15: Nachrichten
12.00–12.30: Diverses
13.00–13.15: Diverses
14.00–14.15: Aus der freien Welt
16.00–16.15: Programm für Armeeangehörige
17.45–18.00: Programm für Matrosen
18.00–18.30: Nachrichten und Kommentar
20.00–20.20: Nachrichten und Gespräche
21.00–21.15: Österreichisches Programm
00.00–00.15: Nachrichten

Das Programm »Aus der freien Welt« ist besonders beliebt: Heiße Jazzrhythmen und Swing, die in Deutschland verboten sind, erklingen. In der Comedy Show »Kurt und Willi« liefern sich zwei Schauspieler mit breiter Berliner Schnauze ein Wortgefecht, und das Schauspiel »Der Gefreite Hirnschal«, eine bissige, auf den »böhmischen Gefreiten« Adolf Hitler gemünzte Adaption des braven Soldaten Schwejk, wird sich noch jahrelang großer Popularität erfreuen. Regelmäßig erwähnt der Sender auch die Preise von gängigen Lebensmitteln in London. Nicht ganz selbstlos, denn so soll den Deutschen, die zunehmend unter der Lebensmittelrationierung leiden, ein freies Land geschildert werden, in dem noch alles erhältlich und erschwinglich ist. Dabei nehmen es die Verantwortlichen nicht ganz so genau mit der Wahrheit, denn die Lebensmittel werden auch in England immer knapper, Mehl wird mit Sägemehl gestreckt, Milch rationiert, und die Rezepte für Kriegskuchen regen den Appetit nicht eben an.

Zu seinen Spitzenzeiten ist das Programm sehr dicht. Entsprechend wächst der Mitarbeiterstab der deutschen Abteilung. Lisa Simmel muss nach dem Krieg feststellen, dass sie nach wie vor Walters Stimme hört, obwohl dieser bereits Monate zuvor verstorben war. Dies liegt daran, dass die BBC einerseits peinlich auf Anonymität und Austauschbarkeit ihrer Sprecher achtet. Sie sollen alle ähnlich sprechen, ihre Worte gleich modulieren. Mit wenigen Ausnahmen soll und darf niemand namentlich identifiziert werden, der eigenen Sicherheit zuliebe. Und schon gar nicht darf ein jüdischer Akzent hörbar sein. Viele Sendungen werden im Voraus aufgezeichnet, vor allem natürlich solche, die sich nicht auf die Tagesaktualität beziehen.

Übrigens erfüllen die aufwendig produzierten Sendungen durchaus ihren Zweck: Nach dem Krieg wird sich herausstellen, dass viel mehr Hörerinnen und Hörer in Nazi-Europa die Sendungen hören, als der Regierung lieb sein konnte. Vor allem ab 1943, als die Deutschen Niederlage um Niederlage erleiden und die Alliierten Terrain gutmachen, erfahren viele Deutsche nur dank der BBC, wie schlimm die Situation tatsächlich ist. So wird Goebbels selbst vernichtende Schlachten wie Stalingrad 1943 kleinzureden versuchen, während aus London Klartext über Opferzahlen gesprochen wird. Auch der spätere deutsche Bundeskanzler Konrad Adenauer wird sich als Fan der BBC outen – allerdings erst, als dies nicht mehr lebensgefährlich ist.

Wir wissen nicht, wie lange Walter für die BBC gearbeitet hat. Trotz der recht guten Bezahlung hängt die Anstellung der Mitarbeiter am seidenen Faden. Ihre Arbeitsbewilligung ist temporär und innerhalb einer Woche kündbar. Es ist denkbar, dass Walter das Kriegsende außerhalb von London erleben will.

Sicher ist, dass wir seine Spuren in Westengland wiederfinden. Aus traurigem Anlass: Am 30. Januar 1945 stirbt Tommy in der Royal Infirmary des Urban District von Worcester in den West Midlands nach urologischen Problemen und einer Urämie. Als Beruf nennt die Sterbeurkunde Privatsekretär, und als letztes Domizil ist die Bromyard Road 129 in Worcester aufgeführt. Das kleine, weiße Einfamilienhaus ist auf Google Maps erkennbar und könnte durchaus schon 1945 dort gestanden haben. Wir kennen den Grund für den Umzug in Richtung Westen nicht. Hat Walter für die dortige Universität gearbeitet oder gar in geheimer Mission für das nahe gelegene Malvern Radar, wo die britische Luftwaffe ab 1942 feindliche Radartechnologie, die in Frankreich erbeutet wurde, analysiert und zu ihren Gunsten ausnutzt? In Malvern werden über Nacht 1500 Wissenschaftler und Wissenschaftlerinnen in größter Diskretion versuchen, die deutsche Radartechnologie zu knacken und zu bekämpfen. Allerdings findet sich in den Archiven kein Hinweis auf Walter Simmel.[20]

Wie auch immer: Walter wird das Kriegsende nicht mehr erleben. Mit 55 Jahren verstirbt er im englischen Exil.

Der Hölle entronnen

Mich wundert,
dass ich so fröhlich bin

Wie haben Sie es geschafft, den Krieg zu überleben, Liebster?« Monte-Carlo, Frühling 1982. Die milde Nacht bauscht die Vorhänge der Wohnung im 20. und 21. Stockwerk des *Sun Tower* im Herzen des Fürstentums Monaco. Das Stadtzentrum mit dem strahlend erleuchteten Dreigestirn Casino, Hôtel de Paris und Café de Paris liegt einen Steinwurf entfernt und zieht alle Blicke auf sich, und am Hafen schimmern die Bord- und Positionslichter der vor Anker liegenden Yachten. Doch der Schriftsteller blickt nicht nach draußen. Er sitzt in einem bequemen Lehnstuhl und telefoniert. Marlene Dietrich, die legendäre Schauspielerin und Sängerin, nennt ihn stets Liebster oder Geliebter. Seit einiger Zeit rufen sie sich an, manchmal zweimal wöchentlich, immer nachts. Und sie führen über Jahre hinweg eine Briefkorrespondenz, die nun in der Johannes Mario Simmel Collection der University of Boston bis 2079 unter Verschluss ist.

Marlene Dietrich war bei Kriegsausbruch beinahe 38 Jahre alt, blickte auf eine sehr erfolgreiche Karriere in Deutschland zurück und hatte eben in den USA an der Seite von James Stewart die Dreharbeiten für *Der große Bluff* (Destry Rides Again) von George Marshall abgeschlossen. Aus Protest nahm sie im gleichen Jahr die amerikanische Staatsbürgerschaft an und weigerte sich, die nationalsozialistische Propaganda zu unterstützen, wie dies viele Künstlerinnen und Künstler taten. Sie ergriff offen Partei gegen Nazideutschland und wird, nach dem Kriegseintritt der USA 1941, für Soldaten singen und spielen. Für diesen Mut, diese Courage wurde sie bewundert und auch geschmäht.

In dem Buch *Nachtgedanken*, das ihre Tochter Maria Riva 2005 herausgibt, schreibt Marlene Dietrich zur damaligen Entscheidung:

»Ein politisches Engagement, das gar nicht politisch war: Wegen Hitler änderte ich meine Meinung über die Nichtexistenz von Himmel und Hölle – aber natürlich nur in Bezug auf letztere. Die Hölle war die einzig angemessene Strafe für die abscheulichen Verbrechen gegen die Menschlichkeit, in den normalen wie in den nicht normalen menschlichen Sphären. Mit den zweiten Sphären meine ich die schöpferische Geistestätigkeit von Menschen. Die künstlerische Entwicklung wurde im Keim erstickt. Dieses einst führende Land (Deutschland, Anmerkung der Autorin) wurde zur Wiege bloßer technischer Errungenschaften, und aus dem Boden, der reich war an Elementen wie Phantasie, die den Geist befruchteten, statt den Magen zu füllen, wurde eine Wüste. Die großen Philosophen, Dichter, Schriftsteller und Schöpfer des Magischen, die das seltene Glück hatten, seinem Hass zu entkommen – die ewigen Juden ziehen nun anderswohin. Auch die neue Generation wird niemals ganz zur Ruhe kommen. Schatten sind lang!«[1]

Im Lauf der unzähligen Telefongespräche muss Simmel Marlene Dietrich mit Sicherheit erzählt haben, wie es seiner Mutter damals gelang, ihre Kinder heil durch die Kriegsjahre zu bringen.

»Im ersten Bezirk gab es eine wunderbare Buchhändlerin. Bei ihr trafen sich viele Verfolgte. Was wird mit Halbjuden geschehen?, fragte meine Mutter sie. Ich war damals 17 Jahre alt. Hatte das Realgymnasium an der Schopenhauerstraße besucht. Doch der Direktor wollte seine Schule unbedingt rein arisch haben. Ich war der einzige Mischling. Und kein guter Schüler. Wenn ich mich bereit erklärte, das Realgymnasium zu verlassen, würden sie mir ein halbwegs gutes Zeugnis ausstellen. Nun, sagte ihre Freundin, dann kann Ihr Sohn hinüberwechseln in die Staatslehr- und Versuchsanstalt für chemische Industrie in der Rosensteingasse 79. Die Ausbildung dauert jetzt, im Krieg, nur vier Jahre anstelle von sechs. Also wechselte ich:

Zugleich mit der Matura erhielt ich ein Diplom als Chemo-Ingenieur. Als solcher war ich geschützt und kam in eine ausgelagerte Forschungsabteilung nach Meidling.«[2]

Tatsächlich überlebt Mario buchstäblich dank seiner Berufswahl. Denn als »Mischling« wird die Situation für ihn täglich gefährlicher: Nicht nur ist er von der Gesetzeslage her nur noch unzureichend geschützt, weil Menschen mit jüdischem Elternteil als Lebewesen zweiter Kategorie angesehen werden. Das bedeutet, dass er und seine Leidensgenossen bei jeder Auseinandersetzung, bei einem Missverständnis oder auch nur bei einer Widerrede damit rechnen müssen, von einem fanatischen Lehrer, Aufseher oder Ordnungshüter bestraft zu werden.

Nach Himmlers Auschwitz-Erlass vom 16. Dezember 1942 setzt im Folgejahr eine neue Welle von Verfolgungen und Vernichtungen ein. Auf den »Mischlingsgrad« wird keine Rücksicht mehr genommen. Vor allem ungarische Juden, Sinti und Roma sowie Homosexuelle werden familienweise ins KZ Auschwitz deportiert. Doch auch »Halbjuden« werden als billige Arbeitskräfte missbraucht. Mario entgeht diesem Schicksal um Haaresbreite. Kurz nach seinem 19. Geburtstag im April 1943 wird er vom theoretischen Unterricht suspendiert, angeblich wegen »von der Gaustudentenführung vorgebrachter Beschwerden und durch sein Verhalten bedingter Zersetzung des Kameradschafts- und Gemeinschaftsgeistes der anderen Schüler«[3]. Immerhin wird man ihm im Mai 1945 bestätigen, dass er sein Studium an der Lehr- und Versuchsanstalt mit Abschluss beendet hat. Mit knapp zwanzig Jahren wird er zum Kriegsdienst verpflichtet, erst bei einer Arzneimittelfirma, dann bei Kapsch. Die Telefon- und Telegrafen-Fabriks-Aktiengesellschaft Kapsch & Söhne stellt elektrochemische Artikel her, zum Beispiel Kondensatoren, Batterien und Radio-Empfangsgeräte. Ab 1938 zählt Kapsch zu den kriegswichtigen Unternehmen und liefert Funkgeräte und Fernsprecheinrichtungen an die Wehrmacht und staatliche Stellen.[4] 1973 schildert Mario der Firmenzeitung von Hoechst, wie die Aufgabe aussah:

»Unser separates Labor war im Hinterhof eines Wiener Mietshauses verborgen. Auf der Basis von Apparaturen, die man in abgeschossenen amerikanischen Bombern gefunden hatte, versuchten wir, kleinste Stromquellen zu konstruieren, die für kurze Zeit große Energien liefern konnten. Bei dieser Arbeit ging es recht geheimnisvoll zu, und mit Sonderkurieren wurde die Verbindung zwischen Wien und Berlin aufrechterhalten. Schließlich wurde auch im Labor bekannt: Die Energiequellen sollten als Impulsgeber für die V1- und V2-Raketen dienen. Das gefiel nun weder mir sonderlich noch meinem damaligen Chef, der zwar Parteimitglied war, aber sicherlich kein Nazi. Denn wir hörten immer gemeinsam die Rundfunk-Sendungen von BBC in London.«[5]

Die Arbeit in den Chemielaboren, vor allem der Umgang mit Aktivkohle, verstärkt Marios Akne. Doch er erhält endlich ein kleines Gehalt und kann damit seine Mutter unterstützen. Denn es ist schwierig geworden, sich zu ernähren. Zwar hungert die Bevölkerung weniger als im Ersten Weltkrieg, doch vieles ist Mangelware. 1942 besteht die Wochenration pro Kopf aus einem Dreiviertellaib Brot, 30 Dekagramm Fleisch, 15 Dekagramm Fett und 12 Dekagramm Butter.[6] Glücklich schätzen können sich die Menschen mit einem Garten, und auch in Neustift bauen Lisa und Mila Gemüse und Früchte an und können so die eintönige Diät der Familie aufbessern: grüne Bohnen, in Österreich Fisolen genannt, Tomaten (Paradeiser), Karotten, Gelbe Rüben, Kohlrabi, Salat, Erdbeeren und Rote Johannisbeeren, die Ribiseln. Das alles pflanzen und ernten sie und müssen so weniger kaufen für sich und ihre Mieter.

Während Frau Simmel jeden Groschen umdreht, läuft es für die neuen Machthaber ihres Landes nicht nach Plan. Nach anfänglichen Erfolgen steckt Hitlers Eroberungsfeldzug fest. Ende 1941, nach dem japanischen Angriff auf Pearl Harbour, sind die Vereinigten Staaten von Amerika in den Krieg eingetreten, die Alliierten formieren sich und bauen den Widerstand massiv aus. Die Schlacht um Stalingrad Ende 1942 / Anfang 1943 stellt einen entscheidenden Wendepunkt für die anscheinend unbesiegbare deutsche Armee dar. An der Donau dauert es relativ lange, bis die »Ostmark«, die nun Alpen- und Donau-Reichsgaue heißt, die Folgen des Krieges spürt, doch am 13. August 1943 fallen die ersten Bomben auf Wien. Nun wird der Bau von Luftschutzkellern, der erst zaghaft begonnen hatte, vorangetrieben. Die Arbeit in den Industriebetrieben rund um Wien wird gefährlich, denn sie stellen bevorzugte Ziele der Luftangriffe dar.

»Stimmt die Geschichte mit den gebratenen Hühnern, Geliebter?« Wir wissen nicht, ob die Dietrich Mario die Frage gestellt hat, aber sie ist ganz versessen auf solche skurrilen Anekdoten. Simmel erzählt der Wiener Zeitung *Der Standard* 2001 von einem Vorfall, der sich kurz vor Kriegsende ereignet hat. Angehörige des österreichischen Widerstands hatten den Amerikanern Lichtzeichen gegeben. Die Bomber legten dann einen Teppich von der Philadelphiabrücke bis zur Station Meidling-Hauptstraße.

»Als der Alarm kam, radelte mein Chef, vorher verständigt, zum Hotel ›Meissl und Schaden‹ in der Innenstadt, und ich mit. Beim Rückweg nach dem Angriff hatte ich, zwischen Trümmern und Toten, das überwältigende Gefühl: Ich rieche gebratene Hühner! Ich wollte meinem Chef das aber nicht sagen, denn der hätte mich für verrückt gehalten. Aber schließlich sagte auch er: Ich rieche gebratene Hendln! Auf einem freien Feld hatten Menschen unerlaubt Kaninchen und Hühner gezüchtet. Eine Bombe hatte die Anlage getroffen, und alle Hühner waren in der Hitze gebraten, ihre Federn waren weg. Wir aßen sie.«

Sein Vorgesetzter bei Kapsch ist ihm wohlgesinnt. Dass er von dem geplanten Bombenangriff gewusst hat und sich rechtzeitig in Sicherheit bringt, kann als Hinweis gedeutet werden, dass er für den Widerstand tätig war. Dasselbe kann für Simmel möglich sein, wenn vielleicht auch nur indirekt. Er gehört mehreren Quellen zufolge, vermutlich ab 1944, zur Widerstandszelle »Tomsk«. So erwähnt es eine Publikation von Klaus Eisterer, *Kooperation statt Intervention und die Folgen für die Entnazifizierung*. Auch die Universität Wien beschreibt diese Widerstandszelle, deren Kontaktstelle sich ab Oktober 1944 im Keller des I. Chemischen Institutes an der Währingerstraße 39–42 befindet, und erwähnt Simmel als deren Mitglied[7]:

»Am 5. April 1945 wurden im I. Chemischen Institut die Universitätsassistenten Dr. Kurt Horeischy und Dr. Hans Vollmar erschossen. Sie hatten versucht, gemeinsam mit der chemischen Assistentin Ingeborg Dreher und dem desertierten Polizisten Maximilian Slama ein wertvolles Elektronen-Übermikroskop vor der Zerstörung durch Professor Dr. Jörn Lange zu bewahren. Zu diesem Zeitpunkt gab es in Wien lediglich zwei derartige Mikroskope, eines an der Technischen Hochschule und eines am Chemischen Institut. Horeischy, Dreher und Slama waren Teil der geheimen Widerstandsgruppe ›Tomsk‹, die sich im Keller des Instituts formiert hatte. Unter der Führung von Kurt Horeischy wurden von der Gruppe illegale Radios gebaut und Flugblätter hergestellt sowie verfolgte und regimekritische Personen im Keller versteckt gehalten, darunter auch der Autor Johannes Mario Simmel, der in seinem Roman ›Wir heißen euch hoffen‹ die damaligen Geschehnisse am Institut literarisch verarbeitet. Die Mitgliederzahl der Institutsangehörigen zur Widerstandsgruppe dürfte bei etwa 15 Personen gelegen haben. Wie geheim die Gruppe ›Tomsk‹ tatsächlich operiert hat, lässt sich heute nicht mehr eindeutig belegen. Relativ gesichert erscheint jedoch ihr Kontakt zur Widerstandsgruppe der O5.«

Tatsächlich schildert Simmel die Ereignisse im Chemischen Institut während der letzten Kriegsmonate sehr dramatisch.

»Im Tiefkeller (des Instituts, Anmerkung der Autorin) lebten zu jener Zeit aber auch Menschen, die heimlich, in der Nacht oder am Tage, während sowjetische Tiefflieger dicht über die Straßen jagten, hier eindrangen – desertierte Soldaten der Wehrmacht, entsprungene politische Gefangene, verschleppte Zwangsarbeiter aus Frankreich, Polen, der Ukraine und vielen anderen Ländern –, oft abenteuerliche Gestalten, die jetzt über Gefangenenkluft, Wehrmachtsuniform oder Overall weiße Laborkittel trugen. Sie wurden versteckt und beschützt von einer Reihe junger Menschen, Männer und Mädchen, die alle den Anordnungen des Leiters dieses geheimen Stützpunktes Chemisches Institut, Dr. Kurt Horeischy, folgten.«[8]

Vieles ist unklar, was die hektischen Ereignisse im Chemischen Institut angeht, die mit dem erwähnten Doppelmord an Horeischy und Vollmar ihren Höhepunkt erreichen. So weiß offenbar Jörn Lange, Deutscher, glühender Nazi-Verehrer und mutmaßlicher Doppelmörder, durchaus, dass sich im Tiefkeller seines Instituts Menschen aufhalten und sich dort Dinge abspielen, die mit seiner lupenreinen Parteidoktrin unvereinbar sind – und lässt es zu.

»Der Tiefkeller des Chemischen Instituts füllte sich von Tag zu Tag mehr – er war offensichtlich vielen Verzweifelten, die sich verstecken mussten, als sicherer Ort genannt worden. Die zurückgebliebenen Institutsangehörigen und die Mitglieder der Widerstandsbewegung um Horeischy behandelten die fremden Menschen wie Brüder, teilten ihr karges Essen mit ihnen, brachten Zigaretten und Nachrichten von draußen.«[9]

Simmel erlebt nicht persönlich mit, wie Jörn Lange Horeischy und Vollmar erschießt. Doch ist diese Zeit, zwischen Herbst 1944 und Frühling 1945, für den späteren Autor ohnehin ein Drahtseilakt. Die Historikerin Michaela Raggam-Blesch kommt in ihrer Abhandlung zum Thema »Mischlingsfamilien« zu dem Schluss, dass oft übersehen werde, wie gefährdet »Mischlinge« tatsächlich waren. Anhand von Beispielen schildert sie, dass vor allem jüngere Kinder, die dies am eigenen Leib erfahren haben, oft stärker traumatisiert waren als ältere, die den Gefahren als Jugendliche meist besser begegnen konnten.[10]

Simmels Vorgesetzter bei Kapsch warnt ihn: »Mischlinge« würden zunehmend für den Bau des Süd-Ost-Walls durch die Organisation Todt missbraucht. Raggam-Blesch bestätigt dies: Ab dem Herbst 1944 wurden männliche »Mischlinge« (und zum Teil auch arische Männer, die in einer »Mischehe« lebten) zur Zwangsarbeit verpflichtet. Sie vermutet gar, dass dies bewusst so geschah, um eine spätere Deportation der damit schutzlos zurückgebliebenen jüdischen Familienangehörigen vorzubereiten.[11] Hitler hatte den Bau einer Befestigungsanlage, analog des Atlantikwalls, entlang der Reichsgrenze zwischen der Ostsee und der Adria befohlen. Damit wollte er dem bedrohlichen Näherrücken der Roten Armee einen Riegel vorschieben. Die Stellung sollte aus einem fünf Meter breiten und rund dreieinhalb Meter tiefen, V-förmigen Panzergraben mit dahinterliegenden Feldstellungen und Betonfallsperren an Straßen und Eisenbahnen bestehen. Rund 300 000 Menschen kamen bei den Schanzarbeiten im Herbst und Winter 1944/45 zum Einsatz: Hitlerjugend, Notdienstverpflichtete aus der lokalen Bevölkerung, Fremdarbeiter, Kriegsgefangene und ungarische Juden. Die Arbeit ist unmenschlich, und die Zahl der Opfer für dieses letztlich nutzlose Bauwerk wird mit 33 000 beziffert.[12] Raggam-Blesch schildert das Schicksal eines älteren Mannes, Veteran des Ersten Weltkriegs, der beim Bau des Süd-Ost-Walls unter die brutale »Führung« von früheren Kriminellen gestellt wurde und sich nie mehr von den Demütigungen und Grausamkeiten erholen sollte.[13] Mario wird also gewarnt, dass er demnächst zum Notdienst an dieser Anlage verpflichtet werde. Als sein Chef erfährt, dass die Gestapo auf dem Weg ist, um den jungen Chemiker abzuholen, sagt er ihm: »Nimm ein Fahrrad und hau sofort ab.«

Simmel schafft es wieder bis zum Hotel »Meissl und Schaden«, im Volksmund »Scheissl und Maden« genannt. Das Haus gegenüber hat einen vierstöckigen Keller. Dort lebt eine ehemalige holländische Schönheitskönigin, deren Mann als Häftling in Mauthausen interniert ist. Mit vollendeter Höflichkeit, als ob es sich hier um eine Einladung zum Tee handeln würde, sagt sie: »Bitte, kommen Sie runter.«

So erlebt der Autor das Kriegsende. Seinen 21. Geburtstag im April 1945 verbringt er tief unter der Erde, mit einer sehr seltsamen Gruppe: einem Pfarrer, einem Nazi, Deserteuren, geflohenen Gefangen und Zwangsarbeitern und eben jener Schönheitskönigin. Dieses Erlebnis wird später zum Schauplatz von Simmels erstem Roman *Mich wundert, dass ich so fröhlich bin*.[14]

Die Worte verstummen, die Geschichte ist zu Ende. Auch am anderen Ende der Telefonleitung herrscht Stille. Ist Marlene Dietrich, wie so oft, während des Gesprächs eingeschlafen?

Die Vier im Jeep

»Am 21. März des Jahres 1945, gegen die Mittagsstunde, führten amerikanische Kampfflugzeuge der Basis Mittelmeer einen Luftangriff auf die Stadt Wien, dem umfangreiche Anlagen der südöstlichen Industriegebiete, aber auch mehrere Gebäude in der Stadtmitte zum Opfer fielen. (...) Kurzes und lokal begrenztes Aufsehen erregte der Fall eines Hauses auf dem Neuen Markt, nahe der Plankengasse, das nach einem Bombentreffer völlig in sich zusammengestürzt war. Da Enman wusste, dass dieses Haus einen jahrhundertealten Keller besaß, in welchen sich mehrere Menschen zu Beginn des Angriffs begeben hatten, unternahm man sofortige Versuche, diese aus ihrer Gefangenschaft zu befreien, Versuche, die jedoch zunächst vergeblich blieben. Es war unmöglich, den vor den Kellereingang gestürzten Schutt in so kurzer Zeit beiseite zu räumen, dass Hoffnung bestand, die unter der Erde Begrabenen noch lebend zu bergen. Die Verschütteten, drei Frauen verschiedenen Alters, drei Männer und ein kleines Mädchen, hatten weder unter Luftmangel noch an Hunger zu leiden gehabt, denn der Keller war groß und eine ausreichende Menge von Lebensmitteln war von den Besuchern glücklicherweise mitgebracht worden. Dennoch ereigneten sich im Kreis dieser sieben Menschen Dinge, an die keiner von ihnen dachte, als er den Luftschutzraum betrat; Dinge von tragischer und verhängnisvoller Schwere und auch wieder andere, einmalig schöne Dinge, an denen eine Seele sich aufrichten und stärken konnte.«[15]

Simmel ist tatsächlich einer der Menschen in diesem Keller. Er erlebt hautnah mit, wie Enge und Eingeschlossensein sich psychologisch auswirken können. Wie Menschen unter Druck über sich hinauswachsen oder zur Gefahr für sich und ihre Umwelt werden.

Einer der Verschütteten in Simmels Frühwerk *Mich wundert, dass ich so fröhlich bin* ist der Chemiker Walter Schröder, der in einem Laboratorium einer großen Fabrik im Süden Wiens arbeitet, die sich mit der Herstellung von radiotechnischen Apparaten beschäftigt. Eine deutliche Anspielung auf die eigene Tätigkeit bei Kapsch. Doch hier endet die Parallele, denn der besagte Schröder entpuppt sich als waschechter, fanatischer Nazi, der zudem die Pläne zu einem dunklen Militärgeheimnis mit sich führt. Simmels Alter Ego ist der geflohene Soldat Robert Faber (wir werden diesem Namen im Roman *Träum den unmöglichen Traum* wieder begegnen). Um Schröder an seinem Plan zu hindern, begeht er sogar einen Mord.

Tatsächlich ist die Heiterkeit, die Mario bisweilen erfasst, scheinbar paradox. Seine Lage ist sehr ernst. Zwar kann er dem verschütteten Keller entrinnen. Doch gilt er, seit er sich dem Zugriff der Gestapo durch Flucht entzogen hat, als Deserteur. Was dies für einen »Mischling« bedeutet, ist leicht auszumalen. Es ist vorerst undenkbar, nach Neustift zurückzukehren, auch wenn Lisa sich große Sorgen um ihren Sohn macht.

Auf Schleichwegen verlässt der junge Mann die von Luftangriffen gezeichnete Stadt. Er riecht den aufgewirbelten Staub und den Geruch von verbranntem Holz, sieht die Bombentrichter und klaffenden Lücken in den Straßen. Schließlich gelangt er zu einem kleinen Gasthof am Rande der Stadt, der umgeben ist von endlosen Weinhängen. Er trifft auf einen verständnisvollen Schankwirt, der ihm etwas Geld zusteckt und ihm sagt, wohin er fliehen soll. In seinem Roman *Träum den unmöglichen Traum*[16] beschreibt Simmel diese Episode wie folgt:

»Er war allein in der Schankstube. Vor ihm stand ein Glas Wein. Faber sah aus dem Fenster hinaus auf das Häusermeer zu seinen Füssen. Die Nacht kam. Er musste weiter.
Weiter? Wohin?
Er konnte nicht mehr denken. Eine unendliche Müdigkeit befiel ihn, während er so in dem langen, dunkler werdenden Raum saß. (…) Der Wirt kam herein und fragte, ob er Licht machen sollte.
›Nein‹, sagte Faber, ›danke.‹
(…)
›Wohin fahren Sie?‹, fragte der Wirt. Er war ein großer, untersetzter Mann mit rotem Gesicht und schwermütigen Augen. Sein wollenes Hemd war über der Brust geöffnet.
›Nach Hause‹, sagte Faber.
›Brauchen Sie Geld?‹
›Nein.‹
›Vielleicht doch.‹

›Wirklich nicht!‹
›Hier‹, meinte der andere, griff in die Tasche und legte eine Reihe von Scheinen auf den Tisch. ›Sie werden es brauchen. Jetzt müssen Sie gehen. Am besten durch den Wald. Vermeiden Sie die großen Ausfallstraßen. Dort gibt es überall Kontrollen.‹
(…)
›Warum haben Sie das für mich getan?‹, fragte er müde. Ihre Blicke begegneten sich für eine Sekunde.
›Weil Sie mir leid tun‹, erwiderte der Wirt. Er sah Faber nach, bis dessen Gestalt sich in der Dunkelheit und den aufsteigenden Bodennebeln verlor.«

Welche Details der Geschichte sind fiktiv, was ist real? Wie so oft in Simmels Werk verweben sich die Ebenen. Mario wird die dramatischen Tage im verschütteten Keller literarisch aufarbeiten. Wir begegnen hier auch dem Zitat, das Simmels Leben nach eigener Aussage recht treffend zusammenfasst und deshalb titelgebend für diese Biografie ist. Der Autor wiederum wählt diesen Buchtitel für sein 1949 beim Verlag Paul Zsolnay erschienenes Frühwerk.

»*Ich bin, ich weiß nicht, wer.*
Ich komme, ich weiß nicht, woher.
Ich gehe, ich weiß nicht, wohin.

Mich wundert, dass ich so fröhlich bin.«

Der Vierzeiler wird, in jeweils leicht veränderter Form, verschiedenen mittelalterlichen Autoren zugeschrieben, zum Beispiel Magister Martinus von Biberach oder Walther von der Vogelweide. Simmel gibt in einem Interview an, dass er den Spruch an einer deutschen Klostermauer gelesen habe. Die leise Melancholie spricht ihn an, wobei er gegen Ende seines Lebens etwas bitter hinzufügen wird, dass er eigentlich nur noch selten fröhlich sei.

Doch 1945, in der Nacht vom 7. auf den 8. Mai 1945, gibt es allen Grund zur Freude oder zumindest für Erleichterung. Mario sitzt mit seiner Mutter vor dem Rundfunkapparat, der nun nicht mehr mit einer Decke verhüllt werden muss. *»Hier ist Radio Hamburg, ein Sender der britischen Militärregierung. Der Krieg ist zu Ende.«*

Danach erklingt Beethovens Neunte Symphonie. Als im Chorfinale des vierten Satzes die Worte *Alle Menschen werden Brüder* erklingen, bricht Lisa weinend zusammen. Nicht nur der Krieg ist vorbei; auch ihre Kräfte sind verbraucht. Kein Wunder: Die Historikerin Michaela Raggam-Blesch hat bei ihren Recherchen festgestellt, dass das Schicksal von Menschen aus »Mischlingsfamilien« nach dem Krieg sehr schwierig bleibt, sehen sie sich doch mit dem Vorwurf konfrontiert, dass ihnen ja »nichts passiert sei«. Denn oft wurde ihr bis dahin prekäres Überleben gar nicht wahrgenommen. Raggam-Blesch erzählt von tragischen Schicksalen und Menschen, die sich deshalb nach dem Krieg das Leben nahmen.[17] Auch die Historikerin Linda Erker vom Institut für Zeitgeschichte der Universität Wien bestätigt, dass es Angehörigen von »Mischlingsfamilien« oft ähnlich ergeht wie den Überlebenden von jüdischen Familien: Sie stoßen trotz des furchtbaren Schicksals ihrer enteigneten, deportierten und ermordeten Angehörigen nur bedingt auf Sympathie und Mitgefühl. Selbst nach 1945 werden sie mit Antisemitismus und Anfeindung konfrontiert, ihr Leid wird oft nicht anerkannt, auch von Juden. Diejenigen, die aus dem Exil zurückkehren, müssen sich sogar anhören, sie hätten es »gut gehabt«, weil sie den Krieg nicht miterlebt hätten.[18]

Das Jüdische Museum Wien widmet dem Thema Schuld 2023 im Haus am Judenplatz eine vielschichtige Ausstellung. Dabei wird der Begriff aus allen Blickwinkeln betrachtet. Natürlich spielen dabei die Verbrechen, die an Juden während des Holocaust begangen wurden, eine wichtige Rolle, ebenso die biblischen Überlieferungen von Vergehen, zum Beispiel zwischen Kain und Abel, oder das römisch-katholische Konzept der Beichte und des

Ablasshandels. Die verdrängte Schuld von Menschen, die den Zweiten Weltkrieg erlebt haben, kommt ebenso zur Sprache wie die widersprüchlichen Schuldgefühle von Juden im Zusammenhang mit der Shoah, vor allem von Überlebenden der Konzentrations- und Vernichtungslager: »Manche KZ-Überlebende empfanden Schuld, da sie nicht in der Lage waren, die Gräueltaten zu verhindern oder ihren Lieben beizustehen. Andere fühlten sich aber aus dem Grund, nicht ermordet worden zu sein, schuldig. Das Gefühl der Schuld, das Überlebende des Holocaust erfuhren, führte zu lebenslangem Schweigen über das Erlittene, Depressionen, Angstzuständen und in einigen Fällen auch zum Suizid.«[19]

Die Überlebensschuld, auch *Survivor's Guilt* genannt, wird als psychisches Leiden geschildert, das bei Personen auftritt, die Katastrophen, Kriege oder andere traumatische Extremsituationen überlebt haben. Nach der Shoah wird sie als KZ-Syndrom oder Holocaust-Syndrom bezeichnet. Auch Menschen, die selber nicht interniert waren und das schreckliche Geschehen nur am Rande mitbekamen, können unter diesem Syndrom leiden. Gemäß den Ausstellungsmacherinnen äußert es sich in Misstrauen, Gefühlstaubheit oder in der Wahrnehmung, das ganze Leben sei ständiger Bedrohung oder Todesgefahr ausgesetzt – bis hin zu permanenter Todesangst. Und in manchen Familien überträgt sich das Trauma von der ersten auf die zweite und sogar dritte Generation.

Vermutlich spielen Schuldgefühle auch bei Lisa Simmel und ihren Kindern nach Kriegsende eine Rolle, ob eingestanden oder nicht. Dabei hat es die kleine Familie geschafft, am Leben zu bleiben. Lisas Enkel erzählen, dass sie sogar jüdische Bekannte auf der Flucht auf ihrem Dachboden versteckt hatte. Und es ist gelungen, Mario und Eva vor dem Zugriff der Gestapo zu schützen. Doch wir werden sehen, um welchen Preis dies möglich war. Vermutlich hofft Marios und Evas Mutter, dass sie und ihr Ehemann sich irgendwann wiedersehen werden, ob in England oder Wien. Es wird nicht dazu kommen. Simmel wird später erzählen, dass seine Mutter im Mai 1945 noch nicht gewusst habe, dass Walter nicht mehr lebt. Die letzten Kriegsmonate waren chaotisch, und bereits ab 1943 finden wir keine Belege mehr für eine Korrespondenz zwischen den Eheleuten. Nicht einmal Walters Tod wird Lisa mitgeteilt: Erst im Sommer 1945, rund sechs Monate später, wird ihr von einem Besatzungsoffizier die Sterbeurkunde ausgehändigt.

Hitler war der Haupturheber eines Kriegs, der zu mehr als 50 Millionen Toten führte und vielen weiteren Millionen, die unter dem Verlust ihrer Nächsten litten und dann versuchten, ihr zerstörtes Leben wieder aufzubauen.[20] Eine ganze Generation junger Männer ist von den Schlachtfeldern nicht nach Hause gekommen. Zu den sechs Millionen Juden, die systematisch verfolgt und ermordet wurden, zählen auch alle Mitglieder von Walters Familie in Schmiedeberg. Die Jüngeren werden zur Zwangsarbeit an der neuen Autobahn in Niederschlesien verpflichtet. Ältere, wie Walters Eltern, dürften schon früh in einem Konzentrationslager, vermutlich in Auschwitz, ermordet worden sein.[21] Walter in seinem Exil erfährt laut seinen Enkeln von ihrem Tod, und wir können uns vorstellen, was diese Nachricht bei ihm ausgelöst hat.

Auch in Wien sind unzählige Menschen gestorben, Häuser liegen in Trümmern, die Industrieanlagen sind weitgehend zerstört. Das Chemische Institut hat einen Bombentreffer abbekommen. Plünderer ziehen brandschatzend durch die verwaisten Häuser, auch der Stephansdom ist seit Mitte April nur noch eine rauchende Ruine. Familien sind auseinandergerissen worden, wissen nicht, wo sich ihre Angehörigen befinden, suchen in den verwüsteten Straßen nach Bekannten, nach Essen, einer Bleibe.

Und doch wird der Schriftsteller später 1945 als das glücklichste Jahr seines Lebens bezeichnen. Paradox? Nur auf den ersten Blick, denn nun beginnt eine Zeit im Leben des jungen Mannes, in der alles möglich und erreichbar scheint. Hinzu kommt, dass unmittelbar nach Kriegsende die Solidarität bei den Überlebenden immens ist: Mario wird Jahrzehnte später noch erzählen, wie die Menschen im zerbombten Wien einander Essen vorbeibrachten, wenn sie etwas auftreiben konnten, und ungefragt den Schutt vor den Häusern wegräumten. Diese – vorübergehende – Nächstenliebe beeindruckt ihn und macht ihm Hoffnung.

Nach dem Krieg ist Österreich bis 1955 von den alliierten Streitkräften besetzt. Franzosen, Briten, Amerikaner und Russen haben das Land unter sich aufgeteilt. In Wien ist erst nur die Rote Armee vor Ort, nachdem sie die Stadt erobert hat. Ab dem 1. September 1945 ist auch Wien aufgeteilt. Das Modell ist raffiniert: Jedes Mitglied der Alliierten Koalition ist für seine Bezirke zuständig. Der 1. Bezirk, die Innenstadt, wird jedoch gemeinsam verwaltet, die Alliierten wechseln sich im Monatsrhythmus ab. Die gemeinsamen Patrouillenfahrten mit den Jeeps der Amerikaner, auf denen die Wimpel der vier Länder wehen, sind in die Geschichte eingegangen, Der österreichisch-schweizerische Regisseur Leopold Lindtberg widmet ihnen 1950 sogar einen Film. *Die Vier im Jeep* schildert die Spannungen und menschlichen Probleme, die bei den Fahrten der ungleichen Verbündeten entstehen. Über fehlende Arbeit können sie sich nicht beklagen: In Wien, wie überall im Europa der Nachkriegsjahre, blüht der Schwarzmarkt. Es wird gehandelt, geschmuggelt und getrickst, was das Zeug hält. Die Wiener kennen ihre Stadt tausendmal besser als die Besatzungsmächte, die für Ordnung sorgen müssen. Die verwinkelten Gassen, die Durchgänge zwischen den Häusern durch Höfe und Keller sind praktisch unkontrollierbar. Die Alliierten richten ihre Energie darauf, die zerstörte Infrastruktur wieder aufzubauen und für Ruhe und Ordnung zu sorgen, bei kleineren Vergehen drücken sie auch mal ein Auge zu. Sie haben eine wichtige Aufgabe, sind bei der Bevölkerung aber nicht sonderlich beliebt. Die Österreicher benötigen einen Identitätsausweis und eine Reiseerlaubnis, um sich im Land bewegen und von einer Zone zur anderen fahren zu können.

Jede Besatzungsmacht versucht, die Gunst der Einheimischen zu gewinnen, mit deutschsprachigen Zeitungen, kulturellen Veranstaltungen und politischer Propaganda. Denn obwohl Russen und Amerikaner Kriegsalliierte waren, stoßen hier völlig gegensätzliche Weltanschauungen aufeinander. Liberale Marktwirtschaft gegen Planwirtschaft und Kommunismus: Schon 1945 sind die Gründe für den späteren Kalten Krieg erkennbar. Der Wettlauf um die Vorherrschaft im neuen Europa hat begonnen.

Mario und seine Familie leben im amerikanischen Sektor. Dank seiner ausgezeichneten Englischkenntnisse dauert es nicht lange, bis der junge Mann als Dolmetscher für die Amerikaner tätig ist. Mark Wayne Clark ist der jüngste Vier-Sterne-General der US-Armee. Er ist gerade 48 Jahre alt, als er US-Hochkommissar und Oberbefehlshaber der *US Forces For Austria (USFA)* wird und sein Quartier in Wien aufschlägt. Clark muss dem jungen Simmel imponiert haben: schneidig, liebenswürdig, braun gebrannt, locker und Kaugummi kauend. Dreißig Jahre später wird Mario ihm in dem Roman *Hurra, wir leben noch* ein kleines Denkmal setzen.[22]

In einem ehemaligen Möbelgeschäft an der Martinstraße, Ecke Währingstraße, richten die Amerikaner ihre *Military Police Station* ein. Sie streichen die Schaufenster armeegrün, vor dem Lokal ist rund um die Uhr ein Jeep einsatzbereit geparkt. Einer der Fahrer, Robert E. Farley, trifft im Herbst 1945 in Wien ein. Der gebürtige New Yorker ist mit seinen zwanzig Jahren etwas jünger als Simmel. Am D-Day, dem 6. Juni 1944, ist er am Utah Beach in der Normandie gelandet und nimmt mit dem *505 Military Police Battalion* am Feldzug der Alliierten in Richtung Deutschland teil, auch an der verlustreichen *Battle of the Bulge* in den Ardennen im Dezember 1944 und Januar 1945. Der junge *Private* ist in Wien oft Fahrer bei den internationalen Patrouillen und schildert seine Erlebnisse wie folgt: »Der britische MP und ich saßen vorne, denn wir sprachen dieselbe Sprache. Der Russe und Franzose saßen auf dem Rücksitz. Wir fuhren durch die Sektoren. Wenn wir dabei auf ein Problem stießen, sprach derjenige von uns, der die deutsche Sprache am besten beherrschte. Wir regelten den Verkehr und überwachten die Übergänge, meist mit Unterstützung von Motorrädern und Funkgeräten.«[23]

Im März 1946 wird Bob Farley aus der Armee entlassen, studiert Politische Wissenschaften und gründet in Florida eine Familie. Seine Erinnerungen, Briefe und Cartoons vermacht er dem Third Man Museum in Wien. Es ist nicht überliefert, ob Simmel und er eng befreundet waren, doch kannten sich die beiden jungen Männer mit Sicherheit.

General Clark ist oft unterwegs und lässt sich von seinem Dolmetscher Simmel begleiten, wenn er jemanden benötigt, der seine Aussage vor Ort übersetzt, also zum Beispiel bei Festnahmen oder Verhören.

Als die Amerikaner merken, dass ihr Dolmetscher sich auch schriftlich gewandt ausdrückt, besorgen sie ihm eine Schreibmaschine und Papier, beides Mangelware im Nachkriegswien, und richten ihm im Hinterzimmer der *MP Station* eine stille Ecke ein. Hier beginnt Mario während der Nachtdienste mit dem Verfassen der ersten eigenen Texte. Die neuen Machthaber haben Scotch nach Österreich mitgebracht, und der Whisky und Cola-Rum werden in den kommenden Jahren ein steter Begleiter in Simmels Nächten.

Die Atmosphäre in der kriegsversehrten Stadt hat sich gewandelt. Der junge Mann muss keine Angst mehr haben, als Halbjude verfolgt zu werden. Unter den Besatzern befinden sich etliche amerikanische Juden, die auch wegen ihrer Deutschkenntnisse gerne in Deutschland und Österreich eingesetzt werden. Die jungen Männer, Österreicher, Amerikaner, Franzosen, Engländer oder Russen, finden schnell Kontakt zueinander. Sie sind, wie es Mario später schildern wird, erleichtert, der Hölle entronnen zu sein. Das Leben liegt vor ihnen, und dieser Krieg wird der letzte sein, davon sind sie überzeugt. Die Amerikaner bringen Softball und Volleyball nach Österreich, Kaugummi, Nylonstrümpfe und Lippenstift. Die jungen Leute treffen sich in den uralten Cafés, den Weinstuben und den Beisln und diskutieren. Über Kunst und Bücher, über Sartre, Camus, Hemingway, Silone, Tennessee Williams und Aldous Huxley. Marios lebenslange Verehrung für Ernest Hemingway nimmt hier ihren Anfang.

Die auf der *MP Station* verfassten Kurzgeschichten verhelfen dem schreibbegabten jungen Mann zu einer Stelle bei der *Welt am Abend*, als jüngster Kulturredakteur Österreichs, wie er stolz bemerkt. Er hat viele Freunde und Bekannte bei den Wiener Kulturschaffenden. Zusammen mit Helmut Qualtinger, dem charismatischen Schauspieler, Schriftsteller und Kabarettisten, sitzt er bestimmt nächtelang im Café Gutruf, dem Lieblingslokal der Literaturszene an der Milchgasse im ersten Bezirk. Qualtinger lebt fast dort, hält Hof und schart Freunde und Bewunderer um sich.

Die beiden Männer sind Freunde, seit sie gemeinsam für den Kulturteil der *Welt am Abend* verantwortlich sind. Der Schauspieler ist berüchtigt für seinen Schabernack. Die Freundschaft mit Simmel leidet denn auch nicht unter einem üblen Streich, den ihm der notorische Witzbold spielt. Als Simmel und er wieder einmal ordentlich angesäuselt vor der Wiener Pestsäule am Graben in der Innenstadt stehen, machen sie eine Wette, wer das barocke Denkmal zuerst erklimmt. Der Autor verliert keine Zeit und klettert hoch, worauf Qualtinger kehrtmacht und die Polizei auf einen Betrunkenen aufmerksam macht, der auf der Säule herumturne ... Die ungeplante Sporteinlage beschert Simmel eine Nacht im Gefängnis – und eine Erinnerung, die er später gerne und oft erzählen wird. Man kann fast vermuten, dass er sich geehrt fühlt, dass er von Qualtinger als Opfer eines seiner legendären Scherze auserwählt worden war.

Der Optimismus der jungen Menschen kontrastiert scharf mit dem Zustand ihrer Stadt. Dabei würde ein Blick in die Ruinen genügen, um das Ausmaß der Zerstörungen und des Elends zu erkennen. Der Film *Der dritte Mann* (The Third Man) zeigt das Wien der Nachkriegszeit von einer düsteren, geradezu gespenstischen Seite. In einer Einstellung ist die Ruine des berüchtigten

Hotels Métropole, dem früheren Gestapo-Hauptquartier, zu sehen. Regisseur Carol Reed dreht im Herbst 1948 vor Ort und stößt bei der lokalen Bevölkerung auf Skepsis und Ablehnung. Die Filmequipe muss darum kämpfen, dass die Schutthaufen vor dem Dreh nicht beiseitegeräumt werden. Verständlicherweise möchten die Wiener ihre geschundene Stadt im bestmöglichen Licht zeigen, doch Reed hat andere Pläne.

Das Drehbuch von Graham Greene beschreibt die Ankunft des zweitklassigen amerikanischen Autors Holly Martins im kriegsversehrten Wien. Er ist pleite und hat von seinem Jugendfreund Harry Lime ein interessantes Arbeitsangebot erhalten. Doch als er ankommt, ist Lime soeben bei einem dubiosen Verkehrsunfall direkt vor seinem Haus ums Leben gekommen. Die internationale Polizei ist alarmiert, denn Lime steht unter Verdacht, Penicillin entwendet, verdünnt und verkauft zu haben, was zu schweren Erkrankungen bei Kindern führt.

Holly Martins verstrickt sich immer tiefer in Limes Schicksal und droht zwischen Schiebern, wahren und falschen Freunden, einer schönen Frau und der internationalen Polizei aufgerieben zu werden. Die atemberaubenden Schwarz-Weiß-Bilder lenken unseren Blick über die regennassen Pflastersteine nächtlich verwaister Straßen, lassen Schatten an Wänden tanzen und ziehen uns unaufhaltsam in den Sog der Wiener Abwasserkanäle. Im Third Man Museum in Wien können wir noch heute auf den Spuren von Harry Lime wandeln und tief eintauchen in das Wien der Kriegs- und Nachkriegsjahre.

Der junge Kulturredakteur Simmel ist vor Ort, als Carol Reed und Graham Greene nach Wien kommen, erst für die Erkundungsarbeiten, später für den Dreh. Es wird ein elektrisierender Moment sein für ihn. Graham Greenes Credo (»I just want to tell a good story«) spricht ihm aus der Seele, so möchte er schreiben. Er bewundert Orson Welles, dessen Präsenz als tot geglaubter Harry Lime den ganzen Film überstrahlt.

Marlene Dietrich hat Orson Welles gut gekannt. In einem der

unzähligen nächtlichen Telefonate mit Mario haucht sie mit ihrer unnachahmlich rauchigen Stimme in den Apparat:

»Er war der Wunderbarste! Wenn ich ihn gesehen und mit ihm gesprochen hatte, fühlte ich mich wie eine Pflanze, die soeben Wasser bekommen hat – und das ist nicht Kitsch, das ist die Wahrheit. Jeder sah es als Ehre und Auszeichnung an, umsonst für ihn zu arbeiten; die Studios gaben ihm doch immer zu wenig Geld oder gar keines. Zuletzt ließen sie ihn nicht mehr auf das Gelände. Er drehte ›Touch of Evil‹, in Deutschland hieß der Film ›Im Zeichen des Bösen‹. Na ja, und da rief er also an und fragte mich, ob ich eine Drei-Tage-Rolle übernehmen wolle. Natürlich wollte ich! Wir sind aber schon mitten in den Dreharbeiten, dich habe ich mir überhaupt erst gestern Nacht ausgedacht. So what, sagte ich. Ich hätte alles gespielt, was er sich ausdachte, egal, was. Du spielst eine mexikanische Puffmutter, sagt Orson. Du musst dunkle Haare haben, damit hast du mir in ›Golden Earrings‹ so gut gefallen. Und ich sagte, Well, dann will ich mal rüber zur Paramount gehen, die Perücke müsste noch da sein, und die Ohrringe auch, und dann zur Metro in die Kostümabteilung wegen eines Puffmutterkleids. Wir drehten in Santa Monica, wo Orson einen leeren, baufälligen Bungalow gefunden und möbliert hatte, sogar mit einem Pianola – er hatte doch so wenig Geld, Liebster! Ich ging also kostümiert zu ihm und hoffte auf seine Zustimmung, doch er wandte sich von mir ab – um sich einen Augenblick später umzudrehen. Er hatte mich nicht gleich erkannt. Nun hob er mich in die Luft und wirbelte mich herum vor Freude. Da war ich so stolz, als hätte ich einen Oscar bekommen. Und dann drehten wir, und ich glaube, dass es die beste Leistung war, die ich jemals erreichte. Orson spielte einen Kriminalbeamten, der zuletzt von seinem Freund verraten wird und ins Wasser geht, aber er hat lange zuvor seinen Beruf verraten, das Rechte, meine ich. (…) Er kommt zu mir, zur Puffmutter, die handlesen kann, und er hält mir seine Hand hin und sagt: Die Zukunft. Sag mir meine Zukunft. Und ich schaue ihn an, nicht seine Hand, und sage: Du hast keine Zukunft. Nicht mehr das kleinste Stück davon. It's all used up.«[24]

Es ist alles aufgebraucht. Was für Orson Welles' Filmfigur gegolten haben mag, trifft mit Sicherheit nicht auf Mario zu. Er ist jung, voller Energie und steckt randvoll mit Stoffen, Geschichten, Eindrücken, die verarbeitet und zu Papier gebracht werden wollen. Für die Zeitung *Neues Österreich* stellt er in der Rubrik »Kleine Nachdenkerei« eine launige Betrachtung über die neue Ausgabe der *Encyclopedia Britannica* von 1945 an: Was soll man davon halten, dass das Atom mit fünf Seiten so viel mehr Platz verdient als die Liebe mit gerade mal fünf Zeilen? Die heitere, philosophische und etwas melancholische Wortspielerei endet mit der Prophezeiung: »Das letzte Wort ist noch nicht gesprochen. Vielleicht bedeutet das allgemeine Interesse an den Atomen wirklich in einem besonderen Sinn das Ende der Welt. Indem es nämlich der Anfang einer besseren ist. Ich aber habe Sehnsucht, werte Herrschaften. Sehnsucht nach der Liebe.«[25]

Die Liebe, damals schon. Wenn es ein Wort gibt, das Simmel inflationär verwendet hat, dann ist es dieses. Und doch wirkt es bei ihm nie aufgesetzt und gesucht, sondern ganz natürlich.

Für die *Welt am Abend* schreibt Mario am 30. September 1948 eine Kritik zu dem Film *Irgendwo in Europa* von Géza von Radványi.[26] Simmels Rezension ist nicht ganz frei von Pathos, endet sie doch mit den Worten: »Radvány besitzt wie wenige Regisseure jene Eigenschaft, die, davon sind wir überzeugt, als einzige imstande ist, uns neue Wege und neue Formen in einer bedrohten Kunstform zu weisen: W a h r h a f t i g k e i t.«

Zwischen 1946 und 1950 wird der Journalist eine Vielzahl kürzerer oder längerer Texte publizieren. Für Weihnachten, Ostern oder andere Feste, kleine Episoden des Alltags, Betrachtungen aller Art. Er beweist damit, wie vielseitig, flexibel und kreativ er ist. Selbst kleinste Anekdoten verwandelt er in eine amüsante, lehrreiche, erbauende oder anrührende Geschichte. Dank dieser Eigenschaft wird er einige Jahre später zum erfolgreichen Reporter bei der großen Zeitschrift *Quick*. Einige der frühen Geschichten sind in dem Band *Zweiundzwanzig Zentimeter Zärtlichkeit* (1979) abgedruckt. Auch Mutter Lisa ist als Kulturredakteurin für die Zeitschrift *Mein Film* tätig, wohl auch, um das immer noch magere Budget der Familie aufzubessern. Zum Beispiel beschreibt sie 1948 den Dreh eines musikalischen Kurzfilms der Serie »Wien musiziert«.[27] Ihr Stil ist angenehm, lebendig und packend.

»Am helllichten Tag stehen die Drehtüren der mondänen Bar in der Spiegelgasse sperrangelweit offen. Auf der gegenüberliegenden Straßenseite bleiben die Passanten neugierig einen Augenblick stehen. Männer in blauen Overalls laden technische Requisiten ab. Hochbetrieb in der Spiegelgasse? Aber kein Barbetrieb, sondern – Sie haben es erraten – Filmbetrieb! Die Diana-Film dreht in einer Sonderabteilung ihrer Produktion hier den ersten Streifen ihrer musikalischen Kurzfilmserie »Wien musiziert«. (…) Die Blitzinterviews mit den Künstlern geben interessante Aufschlüsse. Ausnahmslos alle sind von großer musikalischer Kultiviertheit und träumen von der ›schweren Musik‹ als ihrem letzten hohen Ziel … aber das Publikum von heute will auf leichte Art unterhalten sein.«

Lisa schreibt für Zeitungen, ihrem Sohn gelingt der Sprung ins Literaturfach: 1946 werden sieben Geschichten, zusammengefasst unter dem Titel *Begegnung im Nebel*, vom Wiener Verlag Paul Zsolnay in einer Auflage von 2000 Exemplaren gedruckt. Der junge Simmel liest sich anders als die späteren Werke. Die Texte sind sorgfältig ziseliert und verraten seine Vertrautheit mit den Klassikern der Weltliteratur. Der Autor will noch nicht aufklären, nur zur Lektüre einladen. Später wird der Schriftsteller mit einer Prise Bitterkeit erzählen, dass seine frühen Bücher von Kritikern gelobt wurden, sich aber schlecht verkauften. Doch erst einmal ist er überglücklich, dass er literarisch Fuß gefasst hat und obendrein einen Vorschuss erhält. Er verdankt diesen Erfolg einem Mentor, wie wir später sehen werden.

Der Vorschuss wird sogleich verwendet, um seiner ersten großen Liebe, dem Lämmlein, eine Freude zu bereiten. Anstelle einer Widmung zitiert er seinen Lieblingsautor, den vergötterten Ernest Hemingway, mit den Sätzen »Du bist mutig. Nein, sagte sie. Aber ich möchte es gern sein« aus dessen Roman *In einem anderen Land* (A Farewell to Arms, 1929). Ein vielsagendes Zitat für einen jungen Autor, der als Halbwüchsiger eine der schlimmsten Phasen des 20. Jahrhunderts miterleben musste und hautnah erfahren hat, was Barbarei und Grausamkeit anrichten können.

Mutig wird Johannes Mario Simmel sein ganzes Leben über sein. Sein Werk lebt von couragierten Menschen, von Idealismus, Hingabe und Ausdauer. Und auch von Hoffnung, selbst wenn diese sich immer wieder als illusorisch entpuppt. Mut hat er im engsten Umfeld gesehen. Bei seiner Mutter Lisa natürlich, die verzweifelt um ihre Familie kämpft, der Gestapo die Stirn bieten muss und dennoch zeitweise zwei jüdischen Bekannten Unterschlupf in ihrem Haus gewährt, wie es ihre gleichnamige Enkelin erzählt. Oder bei seinem Vorgesetzten bei Kapsch, der ihn im richtigen Moment warnt, obwohl ihn das selbst in Gefahr bringt. Bei den Schicksalsgefährten im verschütteten Keller, die ihm beim Entkommen helfen. Auch in seiner späteren Karriere wird Simmel stets einen sechsten Sinn für mutige Männer und Frauen unter Beweis stellen und deren Geschichte erzählen.

Wer ist die Frau mit Kosenamen Lämmlein, die während Jahrzehnten eine *fatal attraction* auf den Schriftsteller ausüben wird? Er selbst beschreibt die Begegnung mit Helena Poszvek, deren Familie aus St. Petersburg stammt und die 1919 auf der Flucht der Eltern im litauischen Kaunas geboren wurde, so: »Und da war jenes sehr schöne Mädchen, das unbedingt Journalistin werden wollte und plötzlich in meinem Zimmer stand. Ich wollte sofort, als ich das Mädchen sah, etwas ganz anderes, und deshalb engagierte ich sie als Filmkritikerin. Sicherheitshalber sah ich mir den ersten Film, den sie rezensieren sollte, heimlich vorher an. Aber an ihrer Arbeit musste ich überhaupt nichts ändern – sie hatte nur eine etwas eigenwillige Art der Interpunktion. Natürlich verliebten wir uns ineinander. Das Glück dauerte ganze zwei Jahre. Dann verloren wir uns aus den Augen.«[28] Tatsächlich?

Das geheime Brot

Zwischen der *Begegnung im Nebel* und *Das geheime Brot* liegen vier Jahre. Doch ist Simmel als Autor in dieser kurzen Zeit gereift. Er löst sich von seinen großen Vorbildern und entwickelt einen eigenen Stil. In *Das geheime Brot* kreuzen sich die Wege von Menschen, die sich sonst wohl nie begegnet wären. Der Krieg hat das Leben der Protagonisten durcheinandergewirbelt. Und die schwierige Zeit nach 1945 schmiedet sie zu einer sonderbaren und anrührenden Schicksalsgemeinschaft zusammen.

Jakob Steiner irrt an einem Karfreitag durch die Gegend um Wien. Er sucht einen Strick, um sich zu erhängen, denn der Krieg hat ihm alles genommen, was ihm lieb war: Frau, Kind, Wohnung und Arbeit. Er trifft eine alte Frau, die ebenfalls einen Verlust zu beklagen hat. Aber die resolute Dame kocht Steiner erst einmal eine anständige Mahlzeit und verspricht, ihm danach eine Wäscheleine für sein Vorhaben zu leihen. Als es dann aber so weit ist und Steiner mit seinem Strick einen passenden Baum sucht, trifft er auf Aron Mamoulian, einen ehemals vermögenden, leicht exzentrischen und sehr liebenswerten Herrn, der sich eben anschickt, Eier zu stehlen für ein kleines Mädchen. Denn schließlich ist bald Ostern.

Die Handlung entwickelt sich auf überraschende Weise und mit traumwandlerischer Sicherheit. Die ungleichen Gefährten bilden gemeinsam mit dem kleinen Mädchen und seiner Mutter eine Ersatzfamilie, wenn auch keine perfekte, genau wie die Bauruine, die sie eigenhändig wieder bewohnbar machen.

»Es schneite seit vielen Tagen. Die Luft war warm und kein Windhauch regte sich. Der Schnee fiel in großen Flocken, Tag für Tag, Stunde für Stunde, mit derselben gleichmäßigen Unerschöpflichkeit und lag wie eine tiefe Beruhigung auf den Dächern der Stadt, die mehr und mehr in ihm versank. Am 24. Dezember wurde es schon gegen vier Uhr dämmerig. Viele Menschen, schwer bepackt mit geheimnisvollen Paketen, stapften durch die Straßen, und die Geschäfte schlossen früher als an gewöhnlichen Tagen. Es lag ein ganz eigenartiger Geruch in der Luft: Es weihnachtete nun schon mächtig, das musste jeder bemerken. (...) Sie schüttelte nur den Kopf, und er bemerkte plötzlich, dass sie weinte. Jakob Steiner wandte vorsichtig den Kopf und blickte in ihre Richtung. Dann hielt er den Atem an und fühlte, wie eine große Glückseligkeit ihn überkam. Er sah den alten, verdorrten Rosenstrauch, der, halb vergraben im Schnee, neben der kahlen Kastanie stand und über und über bedeckt war mit leuchtenden roten Blüten.«[29]

Dieses zweite, beim Verlag Paul Zsolnay herausgegebene Werk ist eine zauberhaft poetische Geschichte, zart und unkonventionell. Sie ist Christa gewidmet, einer Frau, die Johannes Mario Simmel um 1950 heiraten und von der er sich zwei Jahre später scheiden lassen wird. Sein Motiv wird er später als kindisch und egoistisch beschreiben: Er hat die ersten Bücher publiziert, arbeitet mit dem österreichischen Regisseur Willi Forst zusammen und findet, dass eine schöne Frau das Bild perfekt abrunden würde.

Vermutlich hat Mutter Lisa den Kontakt zwischen Forst und

ihrem Sohn hergestellt. Sie kennt den Regisseur und Sänger aus ihrer Tätigkeit bei der Wien-Film. Der 1903 geborene Forst wird auf das Schreibtalent ihres Sohnes aufmerksam und bittet ihn um Mithilfe beim Schreiben und Redigieren seiner Drehbücher. Bei dem 1952 erschienenen Film *Es geschehen noch Wunder* zeichnen Johannes Mario Simmel und Willi Forst verantwortlich fürs Drehbuch. Forst spielt in der Liebeskomödie an der Seite von Hildegard Knef auch selbst mit. Forst hofft, an den Erfolg von *Die Sünderin* von 1951 anzuknüpfen, der für damalige Verhältnisse gewagte Nacktszenen zeigte und für Knef den Durchbruch bedeutete. Doch trotz der hochkarätigen Besetzung fällt der Film durch, wird als kitschig und überspitzt ironisch eingestuft. Auch das Drehbuch wird kritisiert; es sei geschwätzig, unentschieden und zäh, meldet das *Hamburger Abendblatt*.

Doch Simmel gefällt dieser Einstieg ins Filmgeschäft, das ihm durch seine Mutter bereits vertraut ist. Es macht ihm Spaß, Bücher und Romanvorlagen zu Drehbüchern umzuformen. Er begleitet Forst häufiger nach Berlin, wo dieser eine eigene Filmgesellschaft besitzt. 1954 zeichnet Simmel, gemeinsam mit Emil Burri, für das Drehbuch des Films *Weg in die Vergangenheit* verantwortlich. Neben Forst spielen Paula Wessely und Attila Hörbiger mit, Wesselys Filmgesellschaft produziert. Dieses Mal ist es ein Melodrama, bei dem Karl Hartl Regie führt. Die Kritiken sind gnädiger, auch die hochkarätige Liste der Darsteller wird gewürdigt. Und, wichtig für Simmel: Das Drehbuch wird als differenziert eingeschätzt, mit ausgewogenen Dialogen. Ebenfalls 1954 verfasst Simmel das Drehbuch zu *Dieses Lied bleibt bei dir*. Danach werden Forst und er weniger oft zusammenarbeiten, bleiben aber bis zu Forsts Tod enge Freunde. Der Regisseur ist Marios väterlicher Freund. Und natürlich kennt auch Marlene Dietrich Willi Forst gut, war sie doch 1927 an seiner Seite in dem Stummfilm *Café Elektrik* aufgetreten. Bestimmt wird sein Name in den vielen nächtlichen Telefonaten zwischen Monte-Carlo und Paris fallen.

Die Berliner Filmwelt hat sich während des Zweiten Weltkriegs sehr verändert. Unzählige jüdische Schauspieler und Schauspielerinnen, Regisseure und Intendanten mussten das Land verlassen. Das Studio Babelsberg in Potsdam, wo in den Zwanzigerjahren Marlene Dietrichs Aufstieg begann und in den Vierzigerjahren NS-Propagandafilme entstanden, wird in der Nacht vom 14. April 1945 von der Royal Air Force getroffen. Die sowjetische Militärregierung baut es 1946 wieder auf und gliedert es in die DEFA ein. Auch in Spandau werden Filme gedreht. Hier erhält Artur Brauner 1946 die Lizenz der Amerikaner, um Filme zu drehen, und gründet die Central Cinema Company Film GmbH (kurz CCC). Russen und Amerikaner unterstützen die Filmbranche. Im Rahmen des Marshall-Plans fließen nach Kriegsende erhebliche Mittel in die Filmförderung. Nicht ganz uneigennützig wollen die USA Filme propagieren, die den Aufbau einer funktionsfähigen Ökonomie unterstützen und die Ausbreitung des Kommunismus verhindern sollen. Zwischen 1947 und 1952 entstehen so über zweihundert Filme, was die Branche enorm belebt. Berlin ist also in der Nachkriegszeit ein wahrer Hotspot für Filmschaffende.

In dieser zerbombten und kreativen Stadt kommt es Anfang der Fünfzigerjahre für den 26-jährigen Mario zu einer folgenschweren Begegnung. Lucie Gräfin von Treuberg ist vierzig Jahre alt und Mutter einer kleinen Tochter. Die ehemalige Balletttänzerin hält sich kerzengerade, ist schlank und graziös. Sie trägt einen modernen Kurzhaarschnitt, die intelligenten dunklen Augen blicken wach und mit leichter Ironie auf das Leben, und ihr breiter, sinnlicher Mund ist jederzeit zum Lachen bereit. Oder zu einem gewagten Scherz. So erzählt Simmel 1999 der *Bild am Sonntag*, nach einem Essen mit Freunden in Paris hätten Lucie und er gewettet, ob sie einen ungeschälten Pfirsich in den Mund bekomme. Nun ja, reinbekommen habe sie ihn, aber nicht mehr heraus. Ein Besuch im Krankenhaus war nötig, wo ein entsetzter junger Arzt die Frucht mit einem Skalpell ganz vorsichtig stückchenweise zerkleinert habe. Als die Frucht dann ganz entfernt war, habe Lucie den Kern ausgespuckt. Ihre ersten Worte: »Wette gewonnen!«[30]

Die Gräfin ist 1911 bürgerlich als Luise Margot Martha Brenner in Berlin geboren und kennt die Stadt wie ihre Hosentasche. Als junges Mädchen, während ihrer Ausbildung zur Tänzerin, wird sie die Geliebte des österreichischen Filmemachers Samuel (später, nach der Emigration in die USA, Billy) Wilder. Das Ende der goldenen Zwanzigerjahre und auch das Erstarken des Nationalsozialismus erlebt sie mit. Als Wilder 1933 nach Paris emigriert, folgt ihm Lucie, seine »Schickse«, und wird in das *Corps de ballet* der Opéra Garnier aufgenommen. Während Wilder den Sprung in die USA schafft, heiratet Lucie in Paris den charismatischen deutschen Dramaturgen Franz-Friedrich Graf von Treuberg, der dem *Théâtre des Ambassadeurs* vorsteht, und darf künftig den Adelstitel tragen. 1936 ziehen Franzl, wie Lucie ihn nennt, und seine Frau nach Portugal. Dort wird Franz 1941 verhaftet und von der Gestapo in Berlin eine Weile lang inhaftiert und gefoltert. 1946 wird die Tochter Michaela geboren, doch die Beziehung ihrer Eltern ist brüchig geworden. Lucie verbringt nun mehr Zeit in Berlin, wo Franz zwei Filme produziert.

Wir wissen nicht, wo Lucie und Mario einander vorgestellt wurden. Auch nicht, ob der Altersunterschied oder die Tatsache, dass Lucie Mutter ist, eine Rolle spielt. Es ist der Beginn einer jahrzehntelangen Seelenverwandtschaft, die eine Entfremdung und Scheidung ebenso übersteht wie Armut und Ungewissheit. Der Schriftsteller nennt seine Muse Lulu. Von nun an wird sie sein Leben und Werk prägen, in guten wie in schweren Tagen. 1956 heiraten die beiden in Berlin.

Dort ist nach Kriegsende auch Billy Wilder wieder öfter zu Besuch. Lucie, Mario und er lieben es, nachts durch die erst notdürftig wieder hergerichtete Stadt zu ziehen. Simmel ist betrübt, dass seine Drehbücher ungnädig kritisiert werden. Billy tröstet ihn mit den Worten: »Hör auf zu jammern, was ist schon ein

Film«, erzählt der Autor 2007 dem Journalisten Volker Weidermann. Und er erinnert sich an die köstliche Anekdote mit der Damast-Tischdecke: Wilder, Mario und Lucie wollen einen Club der Amerikaner in Berlin besuchen. Am Eingang heißt es »Keine Krauts«. Wilder lässt dies nicht auf sich sitzen und geht direkt in die Küche. Dort arbeiten nur Schwarze, die dem Regisseur und seinen Freunden einen Tisch mit Damast und dem besten Geschirr decken und ihnen ein derart gutes Essen zubereiten, wie sie es im Club nie erhalten hätten.[31]

Lucie wird als eher stille Person geschildert. Sie ist eine gute Beobachterin und eine ideale erste Leserin der Texte ihres Geliebten. Er vertraut ihrem Urteil, ihre Änderungsvorschläge werden sofort umgesetzt. Sie erlebt mit, wie Simmels Sprache sich ab 1950 ändert. Zwischen dem verträumten Frühwerk *Das geheime Brot* und den späteren Romanen liegen stilistische Welten. Mario schreibt nun direkt, unverblümt und so, dass jedermann seine Worte versteht. Er deutet nicht nur an, sondern wird explizit und sehr konkret. Er will, dass seine Geschichten gelesen werden, trägt manchmal dick auf, hat gleichsam den feinen gegen einen breiten Malerpinsel oder gar einen Spachtel ausgetauscht. Ganz bewusst entscheidet er sich dafür, die Menschen mit seiner Sprache einzufangen, festzuhalten und nicht mehr loszulassen. Er könnte, lässt er in dem Roman *Liebe ist nur ein Wort* den jungen Oliver Mansfeld sagen, anders schreiben.

»Nicht gerade wie Thomas Mann, aber doch in klassischem Deutsch und in längeren Sätzen. Bestimmt könnte ich das! Ich will Ihnen etwas verraten: So habe ich auch angefangen, so sah die erste Fassung aus! Längere Sätze. Keine Kraftausdrücke. Mehr Schmalz. Nicht dieses Gehetze. Wissen Sie was? Nach zwanzig Seiten habe ich gemerkt: Das wird kältester Kaffee. Ich kann Ihnen auch erklären, warum. Weil ich ein Halbstarker bin. Genauso einer, wie er im Buch steht: Faul, frech, schlampig. Weiß alles besser. Kenne jedes neue Buch, jede neue Platte, jedes neue Orchester. Und das alles langweilt, langweilt, langweilt mich zu Tode.«[32]

Nun, Langeweile ist vermutlich nicht der Grund, weshalb Simmel seinen Stil angepasst hat. Seit er gewissermaßen den »kalten Kaffee« der literarischen Sprache gegen Espresso oder Latte macchiato ausgetauscht hat, kommen seine Texte – kürzer, deftiger und blumiger – einfach besser beim Publikum an. Auch Filmdialoge dürfen nicht episch sein, sie müssen von den Schauspielerinnen und Schauspielern gut einstudiert und gesprochen werden können, das Publikum soll sie auf Anhieb verstehen. Selbst an die Synchronisation in andere Sprachen ist zu denken.

Die 1949 erstmals erschienene Zeitschrift *Quick* verfolgt die gleiche Strategie. Als erste Illustrierte in Deutschland nach dem Krieg will sie ein Telegramm-Magazin für den eiligen Leser sein, das »auf 64 Seiten wöchentlich in 25 verschiedenen Rubriken alles Wissenswerte aus der ganzen Welt« veröffentlicht.[33]

Ein hoher Anspruch, der gut zu den Fünfzigerjahren passt. Die Menschen möchten den Krieg möglichst schnell vergessen, nach vorne schauen, Geld verdienen, ihr Haus wieder aufbauen und ein Auto kaufen. Der lockere Stil der Amerikaner gefällt, und Publikationen wie *Life* haben großen Erfolg. Auch bei diesem amerikanischen Magazin sollen die Leser »das Leben sehen, die Welt sehen, Augenzeuge großer Ereignisse sein, die Gesichter der Armen und das Gehabe der Stolzen erblicken – Maschinen, Armeen, Menschenmassen, Schatten im Dschungel und auf der Mondoberfläche«.[34]

Die Herausgeber der *Quick* könnten diese Absicht wohl vollumfänglich unterschreiben. Man will sich und der Welt zudem beweisen, dass es in Deutschland nicht nur Nazis gab, wie Simmel später erzählen wird. Vielleicht gelingt es ihm auch deshalb, hier schnell Fuß zu fassen. Ein junger Autor mit jüdischen Wurzeln, der gerade in Österreich für seine Werke wohlwollende Kritiken erhalten hat, zudem weltmännisch ist, anglophil und vor

Energie und Schaffensdrang geradezu platzt, kommt genau zur richtigen Zeit.

Ein Blick ins *Quick*-Archiv[35] gleicht einer Zeitreise durch Nachkriegsdeutschland. 1952 wird der Roman *Drei Kameraden* von Erich Maria Remarque abgedruckt. Viele kurze und üppig bebilderte Artikel, häufig nicht signiert, vermitteln Eindrücke. Wir erfahren, dass Elly Beinhorn am Steuer ihrer Piper über die Alpen bis ins libysche Bengasi geflogen ist. Udo Wolter liefert Berichte aus dem Gerichtssaal, während Hilmar Pabel verrät, dass nicht jede Geisha eine Geisha ist. Jürgen Thorwald blickt hinter die Kulissen der deutschen Nachkriegszeit, während in Indochina ein neuer Konflikt beginnt. Modebewusste Damen studieren die neue Bademode, und die Öffentlichkeit rätselt über die Herkunft von Kaspar Hauser. »Amerika – du machst es besser« lautet nicht nur der Titel eines Artikels, sondern steht wohl auch für die damalige Gesinnung der Redaktion. Schicksalstage im Kalten Krieg werden erzählt, und Guy des Cars steuert mit *Der Unmensch und die Schöne* einen neuen Fortsetzungsroman bei. Der Koreakrieg steht gleich neben Fotos von Maria Riva, der Tochter von Marlene Dietrich, die sich vom hässlichen Entlein in einen strahlenden Filmstar verwandelt hat.

Ein Jahr später, 1953, erfahren die Leserinnen und Leser, dass Stalin gestorben ist, und sie verfolgen atemlos die spektakuläre Tauch-Expedition von Hans und Lotte Hass im Great Barrier Reef vor Australien. *Dem Quick-Leser gehört die Welt* lautet das Motto der Zeitschrift, und nach diesem hehren Anspruch scheut die Redaktion keine Mühe, um ihren Leserinnen (bei Frauen ist sie besonders beliebt) und Lesern Nachrichten aus aller Herren Länder vorzusetzen. Und zwar zeitnah, deshalb sind die Reporter ständig auf Achse.

Es ist Anfang der Fünfzigerjahre nicht möglich, Marios Texte zu identifizieren, denn die Handschrift der Journalisten ähnelt sich. Ganz bewusst wird der *Quick*-Stil gepflegt, damit das Magazin jeweils wie aus einem Guss wirkt. Bestimmt stammen viele der unsignierten Artikel von ihm, ist er doch nach eigenem Bekunden »Mädchen für alles« und steuert bisweilen zwei Drittel des Inhalts zum Heft bei. Der Zeitschrift *Merian* verrät er 1991[36], dass er in der ganzen Welt herumgejagt worden sei, zu Revolutionen, Katastrophen, ganz großen Verbrechen, zu vielen illustren Herrschaften, reich, schön, lasterhaft, zu berühmten Künstlern und zu berühmten Mördern. Er habe von mehr Elend und Tod erfahren, von mehr Krankheit und Hunger, mehr Ungerechtigkeit, Unterdrückung, Gemeinheit, Verzweiflung und Leid, als ein Menschenhirn fassen könne.

Jahrelang hüpft er von einem Flugzeug ins nächste, oft begleitet von Hanns Hubmann. Der berühmte Fotograf, der es mit seinen regimefreundlichen Bildern und Reportagen während der Naziherrschaft zu großer Beliebtheit gebracht hat, arbeitet nach Kriegsende nahtlos weiter. Es wäre interessant zu wissen, worüber die beiden Herren während ihrer ausgedehnten Reisen gesprochen haben. Hubmann hatte sehr positive Bilder von »Vorzeige-Konzentrationslagern« aufgenommen und sich willig einspannen lassen für die Propaganda der deutschen Kriegsmaschinerie, auch wenn er sich nach 1945 als unpolitischer Mensch bezeichnen wird. Wie kritisch hinterfragt Simmel wohl seine Arbeit für Goebbels? Weiß Hubmann, dass der Onkel und die Großeltern seines Kollegen Opfer des Holocaust wurden? Oder wird dieses Thema tunlich ausgeklammert, um die gute Kameradschaft nicht zu gefährden nach dem Motto »The show must go on«?

1954 stoßen wir auf einen Artikel, der zweifelsfrei Simmel zugeordnet werden kann. »Liebe, die den Kopf verdreht« ist der Beginn einer Fortsetzungsgeschichte aus seiner Feder. Sie beschreibt die Geschicke eines Heiratsschwindlers namens Conrad Hegner.

1957 kommt Prinzessin Caroline von Monaco auf die Welt, die Simmel zwanzig Jahre später persönlich kennenlernen wird. Auch er hat Positives zu vermelden; seine neue Serie »Mit Himbeergeist geht alles besser« erscheint. Im selben Jahr schildert er mit »Bela Namenlos« das ergreifende Schicksal eines traumatisierten ungarischen Kindes, dessen Familie nach dem sowjetischen Einmarsch in Ungarn 1956 verschollen ist.

Ein Jahr später wird die erste Folge der sehr erfolgreichen Serie »Die Affäre der Nina B.« abgedruckt, die später, mit leicht abgeändertem Titel *(Die Affäre Nina B.)* als Roman erscheinen und verfilmt wird. Es ist ein Kriminal- und Liebesroman, der in Nachkriegsdeutschland spielt. Der Schieber Julius Maria Brummer wohnt in einem schicken Quartier von Düsseldorf, an der Cecilienallee. In einer imposanten Villa inmitten eines Parks. Über dem Eingang des Hauses leuchten die goldenen Buchstaben J und B in Handtellergröße. Ein Ambiente, wie es zu einem skrupellosen, durch und durch widerwärtigen Mann passt, der noch dazu einen protzigen Cadillac fährt und dafür einen Chauffeur sucht – eine Stelle, die der Protagonist Robert Holden zwar bekommen wird, die ihm aber jede Menge Ärger und Scherereien, ja, sogar eine Mordanklage einbringen wird. Der Roman ist spannend und sorgt schon auf den ersten Seiten für Überraschungen: So hat Frau Brummer, die junge, hübsche Nina, deren Affäre dem Buch zu seinem Titel verhilft, eben versucht, sich das Leben zu nehmen. Nichts ist, wie es scheint, auch die treue Haushälterin Mila Blehova und der halb blinde alte Hund Puppele sorgen dafür, dass Holden in einen Strudel von Ereignissen und Gefühlen gerät, die für ihn schon bald fatal werden könnten.

Die ersten Folgen gefallen auf Anhieb, und von nun an darf sich Simmel mehr und mehr auf Serienartikel konzentrieren und wird vom Tagesgeschäft in der *Quick*-Redaktion entlastet.

Am 29. August 1959 erscheint die erste Folge von »Es muss nicht immer Kaviar sein«. Der Vorspann gibt bereits den Ton vor: »Was für ein Mann! Er hat zwei große Schwächen: die Frauen und das Kochen.« Die wöchentlichen Fortsetzungen sind liebevoll illustriert vom Zeichner Medard.

Schon die ersten Beiträge schlagen ein wie eine Bombe. Die Kombination von süffigem Text, spannendem Inhalt und Kochrezepten ist für Deutschland einmalig. Und nun nimmt, nicht nur für Thomas Lieven, sondern auch für dessen Schöpfer, ein ganz besonderes Abenteuer Fahrt auf.

Kaviar und kein Ende

In diesen Jahren scheint Simmels Energie unerschöpflich zu sein. Nicht nur schreibt er unter sieben verschiedenen Pseudonymen für die *Quick*, wo er jeweils am Morgen seine Texte tippt und fristgerecht abliefert, wenn er sich nicht gerade auf einer seiner zahlreichen und ausgedehnten Reisen befindet. Am Nachmittag verfasst er Drehbücher und springt ein, wenn ein Regisseur ihn um Hilfe bittet. Bei diesem Vorgang, im Branchenjargon »Ausputzen« genannt, wird ein unbrauchbares Drehbuch unter hohem Zeitdruck passend umgeschrieben. Am Abend schließlich entstehen dann kürzere und längere eigene Texte und Tagebucheinträge. Doch die Leistung, die sich der junge Autor permanent abverlangt, trägt ein Preisschild. Immer öfter ist es der Whisky, der ihm beim Entspannen und Konzentrieren hilft. Er merkt es zwar, doch gilt es gerade jetzt, alle Kräfte zu mobilisieren. Denn er ist auf eine Geschichte gestoßen, die sein Leben verändern und ihn über Nacht zum Bestsellerautor machen wird.

»Es begann mit fadem Dressing«. Thomas Lieven wird vom Krieg aus einer bürgerlichen Existenz als Bankier gerissen, für ihn beginnt eine abenteuerliche Reise quer durch Europa. Um Haaresbreite und auch dank außergewöhnlichen Kochkünsten entgeht Lieven den Fängen verfeindeter Geheimdienste. Unbeirrt geht Lieven seinen Weg und glaubt felsenfest an die Bedeutung von kulinarischen Details, denn letztlich »können wir Deutschen ein Wirtschaftswunder machen, aber keinen Salat«. [37]

Bei Simmel beginnt es nicht mit Salatsauce, sondern mit der Begegnung mit einem Mann, der im Zweiten Weltkrieg gegen seinen Willen zum Spielball der Geheimdienste wurde. Der Journalist erzählt im Epilog des Romans, dass er im Auftrag seines Verlags im August 1958 in die USA fliegt, um Material für einen Roman zu sammeln.

»Der Roman wurde nie geschrieben. Aber die Geschichte, die Sie eben lesen, wurde geschrieben! Die Spur nahm ihren Ausgang – wie könnte es anders sein – bei einer hinreißend schönen Frau. (…) Sie ging vor mir. Auf hohen Absätzen. In einem engen beigefarbenen Kostüm. Sie hatte blauschwarzes Haar. Eine herrliche Figur. Mit Kurven. Wie eine Rennjacht.«

Die bezaubernde Unbekannte führt den Autor … zu ihrem deutschen Mann. Und dieser wird dem Autor seine Geschichte erzählen. Fasziniert bleibt Simmels vermutlich fiktives Alter Ego aus dem Nachwort vier Monate, füllt Tonband für Tonband und widmet seine ganze Aufmerksamkeit dieser Story. Nach seiner Rückkehr nach Deutschland beginnen die Abenteuer des Thomas Lieven, wie Simmel seine Hauptfigur nennt, Form anzunehmen. Der Autor legt viel Wert darauf, die Anonymität zu wahren, und vernichtet alle Tonbänder nach Gebrauch. Denn Thomas Lieven erzählt ihm, dass er inkognito in einer Art Zeugenschutzprogramm lebe, mit neuer Identität und chirurgisch verändertem Gesicht. Denn er befürchte, sonst als ehemaliger Geheimdienstagent in Gefahr zu sein. Wie viel stimmt in dieser Geschichte, wie viel entspringt der Fantasie des Autors?

Die Abenteuer des Agenten wider Willen beruhen auf wahren Begebenheiten, doch das Beiwerk ist zu hundert Prozent Simmel. Er muss sich für jede Folge überlegen, wie er die Leserinnen und Leser bei der Stange hält. Für jede Ausgabe der Geschichte gilt: Es muss jedes Mal geliebt und gegessen werden. Mario erzählt dem *Playboy* 1975, er habe jeweils die Köche gefragt, welches Rezept an der Reihe sei, und habe das jeweilige Kapitel passend dazu geschrieben.[38]

Simmel tut alles, um seine Quelle zu schützen, doch werden die Fortsetzungsgeschichte und später der Roman indirekt dazu führen, dass die wahre Identität des mysteriösen Lieven doch noch gelüftet und seine Geschichte erzählt wird.

Szenenwechsel: Wir schreiben das Jahr 1966. In der hübschen Kleinstadt Eltville, inmitten der Weinberge des Rheingaus, sitzen sich zwei Männer auf einer Terrasse gegenüber. Das Treffen ist überraschend. Denn während vieler Jahre haben sie alles unternommen, um genau dies zu vermeiden. Mehr noch: Sie gehörten verfeindeten Nationen an und taten alles, um dem Gegenüber größtmöglichen Schaden zuzufügen.

Die Anstrengungen der Regierung Adenauer, die deutsch-französische Freundschaft zu fördern, haben ungeahnte Blüten hervorgebracht. Ehemalige Kriegsgegner treffen sich und schildern einander ihre Version der Ereignisse und ihre Erlebnisse.

In Eltville[39] schüttelt Commandant Jacques Abtey nun die Hand von Fregattenkapitän Fritz Unterberg-Gibhardt. Der Franzose, ein gebürtiger Elsässer, hatte von 1937 bis 1945 das *Deuxième Bureau* und die *Services spéciaux de la France Libre* geleitet. Sein Gegenüber gehörte während derselben Zeitspanne der deutschen Spionageabwehr an, die von Admiral Wilhelm Canaris geleitet wurde. Er wird als Major Fritz Loos in den Roman eingehen. Die Männer verbindet – und trennt – vieles: gemeinsame Erfahrungen eines leidvollen Kriegs; ein Feldzug, der im Desaster endete; die Arbeit für die Geheimdienste der beiden Länder, stets im Spannungsfeld von Politik und den wechselnden Kräfteverhältnissen innerhalb der jeweiligen Regierung. Und ganz konkret eine Vielzahl von Agentinnen und Agenten, die im Dienste ihrer Arbeitgeber spionierten.

Der Franzose hat den Anstoß zum Gespräch gegeben. Denn er hat eben ein *livre extraordinaire* gelesen, das in französischer Übersetzung erschienen ist. Es schildert die Geschichte eines Mannes, den Abtey gut kennt, wie er seinem Gegenüber erzählt:

»Die Abenteuer dieses Mannes, der alle Maßstäbe sprengte, waren wirklich sagenhaft. Ich kann dies beurteilen, denn ich war bei einigen Episoden dabei. Bis 1940 als verantwortlicher Offizier der Gegenspionage, und nach dem Waffenstillstand 1940 als Beauftragter des Intelligence Service. Der Name Thomas Lieven ist heute allen Deutschen ein Begriff. Derjenige von Hans Friedrich Müssig jedoch nicht.«[40]

Nach Erscheinen des Buchs *Es muss nicht immer Kaviar sein* 1960 rätselt die halbe Welt über die wahre Identität des sympathischen Helden. Wochenlang melden sich Menschen beim Verlag, die sich als Thomas Lieven ausgeben oder ihn zu kennen vorgeben.

Und nun lüftet also ein Mensch das Geheimnis, der es wissen muss: Jacques Abtey hat den wahren Lieven zu seinem Agenten gemacht. Damals hieß er Hans Friedrich Müssig und stammte aus Bayern.

Die beiden Herren heben die Weingläser und prosten sich zu. Sie haben die schillernde Figur nur zu gut gekannt. Sie wissen, dass der spätere Agent in den Dreißigerjahren ein Bewunderer Hitlers ist, die anfängliche Begeisterung jedoch bald abflaut und Ernüchterung Platz macht. In einem etwas kindischen Akt von Rebellion stiehlt Müssig die Kasse der lokalen Sektion der Hitlerjugend. Mithilfe eines gefälschten Passes reist er nach London und gründet eine Privatbank. Sein *Associé* ist ein Oberst im Ruhestand namens Cooksen, gemäß Abtey soll er ein Onkel des späteren Premierministers Anthony Eden sein. Allerdings entdeckt der englische Geschäftspartner, dass der Deutsche unter falscher Identität in London lebt. Müssig muss Großbritannien überstürzt verlassen und wohnt erst in Holland, wo er erneut eine Bank gründet. Auch hier fliegt er auf und flieht nach Paris. In der Seine-Stadt leben ausgezeichnete Fälscher, und der Flüchtige setzt alles daran, sich einen neuen, gültigen »echten« Pass ausfertigen zu lassen. Und tatsächlich erhält er erstklassige Papiere. Doch leider kann er sich nur kurz darüber freuen, denn der vermeintliche

Fälscher ist ein Geheimagent des *Deuxième Bureau*. Wenig später findet sich Müssig im Gefängnis der *Santé* wieder.

Simmel beschreibt in seinem Roman, was sich nun abspielt: Der elegante Thomas Lieven sitzt am 28. Mai 1939, kurz nach Mitternacht, in dem bei Feinschmeckern berühmten Lokal »Chez Pierre«, neben ihm ein schönes Mädchen mit glänzend schwarzem Haar und lustigen Puppenaugen. Mimi Chambert und Lieven lassen sich Krebsschwanzsuppe, warme Lachsbrötchen und Lendenschnitten mit Champignons schmecken, bevor Mimis Bekannter, Oberst Siméon, dazu stößt, sich setzt ... und Lieven den Appetit verdirbt: Er bedaure außerordentlich, aber der Geheimdienst wisse um Lievens gefälschte Papiere und müsse ihn ausweisen und nach Deutschland zurückschaffen. »*Es sei denn* ...«

Der wahre Oberst Siméon, Commandant Jacques Abtey, der nun so friedlich am Ufer des Rheins sitzt und mit seinem deutschen Kollegen plaudert, bestätigt, dass er Müssig mit folgenden schlichten Worten überzeugte: »Es sei denn ..., Sie lassen sich umdrehen und arbeiten für uns, für das *Deuxième Bureau*, Monsieur Müssig.«

Abtey verrät uns nicht, ob dieses folgenreiche Gespräch tatsächlich bei einem leckeren Essen stattgefunden hat oder ob es, wie so vieles in diesem Erfolgsroman, der Fantasie des Autors Johannes Mario Simmel und seiner Kollegen bei der *Quick* entsprungen ist. Das Resultat ist indessen dasselbe: Müssig erklärt sich widerwillig bereit, zum französischen Geheimagenten ausgebildet zu werden. Der pensionierte Abtey ist noch zwanzig Jahre später von seinem Fang beeindruckt: Der neue Agent ist schlau, geschickt, kultiviert, sprachbegabt und sieht obendrein unverschämt gut aus. Er ist groß und schlank und trägt seinen englischen Maßanzug mit lässiger Eleganz. Die dunklen Haare sind nach hinten gekämmt, an den Schläfen und im Nacken kräuseln sie sich leicht, das Lächeln ist einnehmend. Das Französisch wird von Abtey als akzentfrei beschrieben, er beherrsche sogar einige Slang-Ausdrücke.

Der Charme des Buchs besteht darin, dass Simmel die Abenteuer von Thomas Lieven glaubwürdig ausgeschmückt, angereichert und dramatisiert hat. Doch auch die Realität, wie sie Jacques Abtey erzählt, ist spannend genug. Zum Beispiel hat Müssig, getarnt als Bankier, mehrere Reisen zwischen Paris und Brüssel absolviert, um Frankreich zu Devisen zu verhelfen. Er gehörte einer Schmuggler- und Hehlerbande im Hafen von Marseille an, wo der Hasardeur eine Weile untertaucht. Auch der Aufenthalt im Grand Hôtel d'Estoril ist belegt, denn niemals setzt der wahre Agent, wie sein Alter Ego Thomas Lieven oder auch Johannes Mario Simmel, einen Fuß in ein Hotel, das kein Palast ist. Von der schönen Konsulin Estrella Rodriguez spricht Abtey nicht, doch tummeln sich in Lissabon während des Krieges viele Menschen, die auf eine Weiterfahrt nach Süd- oder Nordamerika warten oder im neutralen Portugal ihren mehr oder weniger legalen Geschäften nachgehen. Im Casino, an den Baccara- und Roulettetischen, sitzen sie sich gegenüber in ihren Abendroben und im Smoking, behängt mit dem letzten Familienschmuck oder mit Juwelen, die sie jüdischen Auswanderern zu beschämend niedrigen Preisen abgekauft haben, beäugen sich diskret, suchen Kontakte für eine Nacht, für Schiffspassagen oder neue Papiere.

Thomas Lieven alias Jean Leblanc wird in Portugal von der reizenden Konsulin verraten und festgenommen. Auch Müssig wird, allerdings erst in Paris, in die Fänge der Gestapo geraten. Er wird verhört und gefoltert. Voller Bewunderung stellt Jacques Abtey viele Jahre später fest, dass der Agent keine Namen nennt und dichthält. Er ist loyal gegenüber dem französischen Geheimdienst, der ihn auf so unfeine Art angeworben hat. Außerdem ist er jeder Gewalt abgeneigt und versucht, selbst in schwierigsten Zeiten so anständig wie möglich zu bleiben. Johannes Mario Simmel hat die Inspiration seines Hauptdarstellers im Roman also sehr treffend umgesetzt. Hingegen gibt es keine Hinweise darauf, ob der Verfasser des »Kaviars« je von Abteys Buch erfahren hat. Gefreut hätte es ihn bestimmt, so hohes Lob vom Commandant zu erhalten, der nach der Machtergreifung durch die Deutschen in den Untergrund abtauchen und für die Résistance tätig sein wird, und zwar an der Seite von Joséphine Baker.

Die amerikanische Sängerin und Tänzerin ist 1925 mit einer Gruppe von Musikern, darunter Sidney Bechet, nach Frankreich gekommen. Sie ist wild entschlossen, es in Europa zu Ruhm und Ansehen zu bringen, was in ihrem Heimatland wegen ihrer Hautfarbe so gut wie unmöglich ist. Schon bald sorgen ihr schlanker, honigfarbener Körper, die exotische Ausstrahlung und der Charme von Joséphine Baker für Furore im Pariser Nachtleben. Die *Revue Nègre* im Théâtre des Champs Elysées ist ein riesiger Erfolg. Damals sorgt diese heute undenkbare Bezeichnung keinesfalls für Aufsehen. Der Aufstieg der Künstlerin, die jetzt die Ehefrau des jüdischen Industriellen Jean Lyon ist, nimmt 1940 ein jähes Ende, als deutsche Truppen in Paris einmarschieren. Hitlers Meinung über Schwarze ist eindeutig: Sie sind Untermenschen. Eine Schwarze und ein Jude: Baker und Lyon sind höchst gefährdet. Da fasst Joséphine einen höchst mutigen Entschluss: Sie will sich dem Kampf gegen die Besatzer anschließen. Über einen Mittelsmann kontaktiert sie Jacques Abtey, damals ein junger, blonder, sportlicher Mann, der stellvertretender Chef der *Section allemande* des französischen Geheimdienstes ist. Dieser wird unter dem Pseudonym Jacques Hebert als Bakers Sekretär auftreten, sie auf ihren Tourneen begleiten und dabei wichtige Informationen sammeln und weiterleiten. 1941 flieht sie mit Abtey nach Algerien, tritt de Gaulles Einheiten in Nordafrika bei und wird Militärpilotin. In Lissabon übermittelt die Sängerin Informationen an den britischen Geheimdienst: Ihre Notenhefte enthalten Hinweise, die mit unsichtbarer Tinte angebracht wurden, und weitere Notizen hat sie in ihren Büstenhalter gesteckt.

Das Schicksal der Künstlerin würde Bände füllen. Ein kleines informatives Buch, *Joséphine Baker contre Hitler*[41], in dem der Autor Charles Onana das bewegte Leben der schwarzen Göttin, wie sie oft genannt wurde, schildert, schafft hier elegant Abhilfe. Bakers Leben lässt selbst Romane verblassen. Simmel wird aus seiner Bewunderung für diese mutige, verführerische und charismatische Frau nie ein Hehl machen. Ihr Lied »J'ai deux amours« wird in dem Roman *Es muss nicht immer Kaviar sein* eine kurze, aber wichtige Rolle spielen, genauso wie Joséphine selber. »Schön wie noch nie« schildert sie Mario, mit blauschwarzem Haar, samtig glänzender dunkler Haut und einem üppigen Brillantring. Der Autor wird Baker 1974 noch einmal persönlich erleben, als sie in der neu eröffneten Salle des étoiles im Sporting-Club von Monte-Carlo auftritt. Genüsslich und beeindruckt beschreibt er in *Niemand ist eine Insel* eine solche Gala:

»Die Gala der Eintausendzweihundert fand an diesem Sommerabend im Freien statt. Eintausendzweihundert der mächtigsten, genialsten, schöpferischsten, reichsten und sich um Seelen und Körper der Menschen und um die Zukunft der Schöpfung Gedanken machenden Männer und Frauen, Berühmtheiten aus allen Teilen der Erde, saßen hier, die Frauen in elegantesten und teuersten Roben, mit kostbarstem Schmuck behangen, die Männer im Smoking mit weißer oder schwarzer Jacke, in Uniform, in geistlichem Gewand: Oberhäupter von Staaten aus Ost und West, Würdenträger von Kirchen der verschiedensten Konfessionen, Könige, Angehörige alter, berühmter Adelsgeschlechter, griechische Reeder, amerikanische Bankiers, Erben gigantischer Vermögen, hohe Offiziere, Präsidenten von Luftfahrtgesellschaften, Hotelketten und Autofabriken, Botschafter, Nobelpreisträger, Bildhauer, Regisseure, Ärzte, Schriftsteller, Verleger, Zeitungsmagnaten, Architekten, Schauspieler, Geigenvirtuosen, deren Namen jeder kannte, der Oberbefehlshaber der Sechsten Amerikanischen Flotte (Mittelmeer), ein Admiral der Dritten Sowjetischen Eskadra (Mittelmeer), eine Kaiserin, Prinzessinnen, Bühnenstars, Sängerinnen. (…) Hier saßen sie, unter einem Himmel voller Sterne, unter Palmen, umgeben von exotischen Pflanzen und Sträuchern, deren Blüten betäubend dufteten, hier saßen sie an langen Tischen mit Damastdecken, edelstes Porzellan, edelste Gläser, edelstes Silber vor sich.«[42]

Joséphine Baker wird von Fürstin Gracia Patricia von Monaco großzügig unterstützt und beherbergt. Im Gegenzug springt die Künstlerin spontan ein, wenn im Sporting-Club einmal eine Sängerin ausfällt. Doch der Honeymoon ist nur von kurzer Dauer: 1975 stirbt Baker, nur 69-jährig, nach einem Schlaganfall in Paris.

Wie in den meisten seiner späteren Romane spielen auch im »Kaviar« Frauen eine wichtige Rolle. Die fiktiven Heldinnen sorgen für Glamour und Sex-Appeal. Doch sind sie nicht nur Statistinnen und Bettgefährtinnen, sondern treten überaus selbstbewusst und modern auf. Vor allem Chantal, die kesse Bandenchefin in Marseille, und Jeanne, die Inhaberin eines Edelbordells in Toulouse, die zur Résistance gehört, treten auf Augenhöhe mit Thomas Lieven auf. Und sie sorgen dafür, dass die Leserinnen und Leser das Buch einfach nicht aus der Hand legen können. Dieselbe Rolle spielen die Rezepte, die jedes Kapitel beschließen und der Handlung eine kulinarische Note geben. Simmel hat sich ein wahres Gesamtkunstwerk einfallen lassen und von seinem kreativen Recht als Autor hemmungslos Gebrauch gemacht.

Das hat auch damit zu tun, dass die Geschichte, die als Elfer-Serie in der Quick erscheinen sollte, einen sofortigen Sturm der Begeisterung entfacht. Eine spannende Agentengeschichte – mit Rezepten! Das hat es noch nie gegeben. Schließlich werden es nicht elf, sondern dreiundsechzig Fortsetzungen. Simmel muss also die Geschichte anreichern, ausschmücken und abrunden, was er mit Bravour tut.

Als das letzte Kapitel geschrieben ist, kann sich der Autor kaum mehr retten vor Komplimenten. Er hat einen Jahrhundert-Bestseller geschrieben, der später, in Buchform, über fünfzehn Millionen Mal verkauft und in unzählige Sprachen übersetzt wird. Er wird mehrmals fürs Kino und Fernsehen verfilmt. Der »Kaviar«

wird von all seinen Büchern das beliebteste sein, was den Autor später manchmal etwas traurig stimmt. Denn er hat so viel mehr zu erzählen als diese süffige Geschichte aus der schillernden Welt der Agenten mit ihren Taschenspieler-Tricks, ihrer unsichtbaren Tinte und ihrer Codesprache, die er einmal mit dem Attribut kindisch umschreibt.

Doch erst einmal freut sich Simmel darüber, dass er die ungeheuer populäre Serie abgeschlossen hat. 1960 wird sie als Buch herausgegeben, gefolgt von einem separaten Kochbuch mit Thomas Lievens Rezepten. Auch das 1959 erschienene Theaterstück *Der Schulfreund* wird sehr positiv aufgenommen. Es erhält beim Dramatikerwettbewerb des Nationaltheaters Mannheim den ersten Preis, wird international an vielen Bühnen gespielt und mit Heinz Rühmann in der Rolle des Postboten verfilmt.

1958 erscheint *Ich gestehe alles* als eines der ersten vier Bücher des Heyne Taschenbuch-Programms. Die Erfolgsstory des späteren jahrzehntelangen Marktführers im Taschenbuch nimmt damit ihren Anfang.

Der Durchbruch ist geschafft, doch Mario ist es ebenfalls. Er ist nun 36 Jahre alt, übermüdet, erschöpft, rastlos und launisch, sein Alkohol- und Tablettenkonsum ist viel zu hoch. Seit er besser verdient, trinkt er nicht mehr Cola Rum, sondern Cognac und Whisky. Der Schriftstellerin und Literaturkritikerin Elke Heidenreich erzählt er im Dezember 1994, er habe damals täglich eine Flasche zwanzigjährigen Chivas Regal getrunken. Sein Erscheinen in der Redaktion am Donnerstag, stets in Begleitung einer Flasche Whisky, ist zwar legendär und taugt immer für eine Anekdote, doch steckt eine schwere Alkoholabhängigkeit dahinter. Er weiß, wovon er schreibt, als er in *Bis zur bitteren Neige* den Kinderstar Peter Jordan in Abgründe herabsinken lässt:

»Und so hatte ich Champagner bestellt, zwei Flaschen zuerst, dann noch einmal zwei. Es ist unmöglich, nüchtern zu bleiben unter Betrunkenen, wenn man nicht glücklich ist. Also hatte auch Shirley zu trinken begonnen, weil sie diesen Abend nüchtern nicht länger ertrug, so wie ich seit vielen Jahren trank, weil ich seit vielen Jahren mein Leben nicht mehr ertragen hatte. Und so waren wir nun alle betrunken, alle drei, jeder auf seine Weise, in diesem schönen Salon mit seinen matt glänzenden kardinalroten und goldenen Seidentapeten, seinem Kristalllüster, den Appliken und alten Stichen an den Wänden. Im Angesicht von Gotthold Ephraim Lessing und dem napoleonischen Marschall Davout betranken wir uns, mit Pommery Demi-Sec 1949 betranken wir uns, in Luxus, in einem Luxushotel. Andere tranken anderswo, in Spelunken, unter Brücken, neben Galgen, in den Pilotenkanzeln einsamer Patrouillen über dem nördlichen Eismeer, Bombe für Megatote an Bord und im Sinn; tranken in Königspalästen, Botschaften, Zentralkomitees, Stahltrusts, Laboratorien, auf Jachten; tranken in Folterkellern, Redaktionen, Erdlöchern und Schützengräben; tranken Whisky, Wein und Fusel, Reisschnaps, Wodka, Kognak, arm und mächtig, reich und elend, Herrscher und Beherrschte, Jäger und Gejagte, solche, die Grauen verbreiteten und solche, denen das Grauen widerfuhr, solche, die Menschen fürchteten und solche, die gefürchtet wurden; tranken, tranken, tranken, alle aus dem gleichen Grund: weil sie nichts sehnlicher wünschten, als zu entrinnen, und doch wussten, dass es kein Entrinnen gab. Von nirgends fort. Nirgendwohin.«[43]

Diese Verzweiflung kennt auch der Autor nur zu gut. Er hält sie sich vom Leibe, indem er immer weitertrinkt und sich einbildet, er habe sein Leben trotzdem im Griff. Sein Alter Ego in dem Roman *Der Stoff, aus dem die Träume sind*, der Starreporter Walter Roland, vermittelt einen guten Einblick in Simmels Gefühlslage:

»Zuviel Arbeit, zu viele Weiber, zu viele Zigaretten, zu viel Suff. Suff vor allem. Seit Jahren konnte ich ohne Whisky einfach nicht mehr auskommen. Wenn da nicht stets eine Flasche griffbereit war, bekam ich Platzangst. Unterwegs trug ich einen großen Hüftflacon aus Silber bei mir. Ab und an nämlich wurde ich blass und fühlte mich grässlich, einfach grässlich, und ich hatte dann immer große Angst, umzukippen. Na ja, in diesen Fällen brauchte ich ein paar mächtige Schlucke, und es ging wieder. Reine Frage des Alkoholspiegels.«[44]

Gute Freunde, darunter Willi Forst, machen sich Sorgen und raten ihm dringend zu einer Auszeit und einem Entzug. Simmel braucht lange, bis er erkennt, dass sie recht haben. Den Ausschlag gibt schließlich Ehefrau Lucie, wie der Autor Elke Heidenreich erzählt: Eines Tages sei sie aus dem Keller ihres Hauses in Starnberg hochgekommen und habe gesagt: »Bist du eigentlich verrückt? Da unten stehen 300 Flaschen Whisky.«

»Ja, hab ich ihr geantwortet, und die brauch ich auch, die hab ich mir schön sorgfältig zusammengehamstert, denn jetzt mit dieser Mauer in Berlin wird's bald wieder Krieg geben und keinen Whisky mehr. Ach, sagte sie, das muss dann aber schon ein Blitzkrieg sein, mein armer Kleiner, sonst reicht's nicht. Klar, hab ich gesagt, Atombomben, das geht fix, da reichen mir noch 300 Flaschen. Und was machst du, fragte sie, wenn die aus lauter Gemeinheit keine Atombomben schmeißen und es wird ein konventioneller Krieg, der sechs Jahre dauert? Mein Gott, hab ich da einen Schreck gekriegt – meld mich an, hab ich gesagt, meld mich gleich für morgen an bei Professor Hoff in Wien.« [45]

Boxenstopp

In Monte-Carlo ist es Winter geworden. Doch tagsüber herrschen angenehme 15 Grad, und auch nachts sind die Temperaturen längst nicht so tief wie in Paris. Während Mario die bekannte Nummer wählt, denkt er zurück an den Beginn dieser seltsamen Freundschaft.[46]
»Herr Simmel? Hier spricht Marlene Dietrich.«
»Und hier ist Mao Tse-tung.«
Und er hat doch tatsächlich das Telefon aufgelegt und geseufzt. Schon wieder jemand, der ihn belästigt, er wird wohl seine Telefonnummer erneut wechseln müssen.
Erneutes Klingeln. Eine wütende Frauenstimme.
»Sagen Sie mal, Sie Flegel, was fällt Ihnen ein? Ich bin wirklich Marlene Dietrich.«
Beim dritten Anruf glaubt ihr der Autor schließlich. Und ist, wie er selber sagt, gebläht vor Stolz. Es stellt sich heraus, dass die legendäre Schauspielerin einen seiner Romane in französischer Übersetzung gelesen hat und fasziniert ist. Die Diva ist eine Vielleserin, ihr Motto lautet: »Mit einem guten Buch ist man nie allein.« Nun will sie den Schöpfer des Werks kennenlernen. Seit ihrem Unfall in Sydney 1975 hat sie sich aus dem öffentlichen Leben zurückgezogen. Der Oberschenkelhalsbruch heilt nie mehr richtig, und so verbringt die charismatische Diva ihre Tage und Nächte mehrheitlich im Bett. Nur ihre Tochter Maria und einige treue Bedienstete dürfen ihre Wohnung betreten. Dafür telefoniert Marlene stundenlang, zu jeder Tages- und Nachtzeit. Jean Gabin, ihr früherer Liebhaber, reagiert genervt und nimmt die Anrufe der *Schleuhe*, wie er sie nun abschätzig mit einem französischen Schimpfwort für Deutsche bezeichnet, nicht mehr entgegen. Dabei hat sie, obwohl der Alkohol- und Tablettenkonsum ihr schwer zu schaffen macht, noch so viel zu erzählen. Und zu fragen, denn sie interessiert sich für das Leben ihrer Gesprächs-

partner in allen Facetten. Und mit Sucht kennt sie sich aus. Bestimmt will sie wissen, wie Simmel mit dem Thema umgeht und wie er es geschafft hat, sich vom Alkohol zu lösen.

Mario hat nie einen Hehl daraus gemacht, wie schwer ihm das gefallen ist. 1960 ist er als erfolgreicher Reporter, Drehbuch- und Bestsellerautor ständig auf Achse. Er hat Schlafstörungen, nimmt Tabletten, um wach zu werden, und andere, um einzuschlafen. Der Whisky ist sein ständiger Begleiter. In dem Roman *Bis zur bitteren Neige*[47] erlebt der ehemalige Kinderstar Peter Jordan diese beklemmende Fahrt in die Hölle der Abhängigkeit. Und auch den kräftezehrenden, qualvollen und langwierigen Entzug in einer spezialisierten Klinik. Simmel beschreibt diese Therapie kenntnisreich, obwohl er sie selber zu diesem Zeitpunkt noch nicht erlebt hat. Aber er ahnt wohl, dass er dem Thema nicht länger ausweichen kann. Willi Forst empfiehlt ihm eine Wiener Anstalt, die von dem renommierten Psychiater und Neurologen Hans Hoff geleitet wird. Auf der Fahrt von München in seine Geburtsstadt leert Simmel eine ganze Flasche Whisky, seine letzte. Er hat sich nur oberflächlich mit dem befasst, was auf ihn zukommt, was vielleicht ein Glück ist.

Als Robert Faber meldet er sich nach dem Gespräch mit Prof. Hans Hoff im Genesungsheim Kalksburg in Wien-Liesing an, dem heutigen Anton Proksch Institut, und wird dort sehr freundlich empfangen. Er wird diesen Decknamen öfter verwenden, sowohl in seinem Werk als auch im wahren Leben, wenn er Wert auf Anonymität legt. Das Institut hat am 17. Januar 1961 den Betrieb aufgenommen, mit nur vier Patienten[48]. Später werden bis zu 65 Männer von 19 Mitarbeitern, darunter zwei Ärzte und vier Krankenpflegerinnen, betreut.[49] Dabei sollten für die damalige Zeit moderne Grundsätze bei der Behandlung der alkoholkranken Menschen zur Anwendung kommen. Insbesondere auf Psychotherapie wird viel Wert gelegt. Die Patienten sollen verstehen, weshalb sie trinken. Erst durch dieses Verständnis können sie bei Einhaltung der Abstinenz (und zwar der totalen Abstinenz) eine aktive Rolle spielen. Heute würde man diesen Ansatz wohl mit *Empowerment* bezeichnen. Auch Gruppentherapie spielt eine wichtige Rolle. Die Gruppe führt den einzelnen Alkoholkranken aus der Isolation heraus, in der er sich so lange befunden hat. Endlich kann und muss er seine Symptome gegenüber anderen Menschen zeigen und dazu stehen, dass er krank ist. Das gemeinsame Erlebnis baut Hemmungen ab und reduziert Angst und Spannung. Bis heute gilt dieser Grundsatz auch für Organisationen wie die Anonymen Alkoholiker, deren Motto lautet: »Du schaffst es, aber du schaffst es nicht allein.«[50]

Natürlich spielt in der Kalksburg auch die Pharmakotherapie eine wichtige Rolle. Als wirksamste Substanz kommt Chloréthiazol zum Einsatz, mit bis zu fünfzehn Kapseln täglich. Manchmal wird das Präparat auch mit Benzodiazepin-Derivaten verwendet, die angstlösend, sedierend, muskelentspannend und hypnotisch wirken.[51] Allerdings weiß man schon in den Sechzigerjahren, dass solche Präparate ihrerseits einen Suchtmechanismus auslösen können, der dem von Alkohol sehr ähnlich ist. Es gilt also, den Teufel möglichst nicht mit Beelzebub auszutreiben. Eine Gratwanderung, die bis heute für Entzugstherapien gilt.

Als der für Simmel alias Faber zuständige Arzt das Zimmer betritt, stellen die beiden Männer mit großer Freude fest, dass sie Schulfreunde sind. Kornelius Kryspin-Exner ist zwei Jahre jünger als Mario und ein äußerst angesehener Psychiater. Hofft der Autor, dass ihm dank dieses glücklichen Zufalls ein leichterer, verständnisvollerer Entzug bevorsteht? Falls ja, wird er enttäuscht. Simmel wird in sein Zimmer gebracht, und dann geschieht erst einmal – nichts. Einmal täglich schaut Kryspin-Exner vorbei, grüßt seinen Freund und verlässt den Raum wieder. Selbstverständlich ist Alkohol ab sofort tabu. Der Effekt auf den Autor ist, als ob man einen Rennwagen brutal von 200 auf 0 Stundenkilometer abbremsen würde. Simmel fühlt sich wie ein Raubtier im Käfig, ist unruhig und rastlos und kennt bald jede Ritze der Zimmerdecke und jeden Zentimeter Stoff der Vorhänge. Diese Tage müssen sich für ihn wie eine quälende Ewigkeit angefühlt haben. Die Entzugserscheinungen sind stark, das Allgemeinbefinden ist miserabel.

Dann, endlich, kann die eigentliche Kur beginnen. Es ist eine Tiefschlafkur, wie sie Anfang des 20. Jahrhunderts erstmals durchgeführt und von dem Schweizer Psychiater Jakob Klaesi in der Psychiatrischen Universitätsklinik Zürich populär gemacht wurde. Der Patient schläft natürlich nicht immer, kann aufstehen, sich rasieren, essen und trinken und, wie Simmel es schamhaft ausdrückt, auch das Gegenteil tun. Doch ist der Aktivitätslevel sehr gering, die meiste Zeit wird tatsächlich geschlafen, natürlich unter Einnahme starker Psychopharmaka. Die Kur mit dem Neuroleptikum Megaphen erweist sich vor allem bei der Behandlung sehr erregter, hyperaktiver Menschen als erfolgreich.

Die Nebenwirkungen sind jedoch erheblich: Drei der 26 Patienten, die Klaesi in Zürich mit dieser Therapie behandelt hat, sterben; andere berichten von Harnverhalt, Schluckbeschwerden sowie Sprach- und Gehstörungen.[52] Eine Untersuchung der Nebenwirkungen solcher Behandlungen in den Fünfzigerjahren an der Landesheilanstalt Marburg listet auch allergische Hautreaktionen und Störungen des vegetativen Nervensystems, schwere Verstopfung und eine Neigung zu Kollapsen auf.[53]

Peter Jordan, Simmels Romanheld, schildert seine Therapie wie folgt: »Von den ersten sechs Wochen meines Aufenthalts in Pontevivos Klinik weiß ich überhaupt nichts. Man machte zwei Megaphenkuren mit mir. Ich lag in einem künstlichen Winterschlaf. Als ich aus meinem tiefen, tiefen Schlaf erwachte, war ich so geschwächt, dass ich nicht gehen und stehen und sitzen, sondern nur liegen konnte. Ich bekam täglich stundenlange Tropfinfusionen. Mein Herz und meine Leber wurden behandelt.«

Bei Simmel dürfte die Kur ähnlich abgelaufen sein, dauert aber nur eine Woche, wie der Autor im Interview mit Elfriede Jelinek 1983 für den *Playboy* erzählt. Er bleibt noch eine Weile stationär in der Kalksburg und lernt dort Ilse Demel, die spätere Ehefrau von Kornelius Kryspin-Exner, kennen. Sie erhebt empirische Daten für ihre Dissertation. Ihr wird die Aufgabe übertragen, sich ein bisschen um den berühmten Gast zu kümmern und ihm Zeit zu widmen. Simmel kommt denn auch öfter an ihrem Arbeitsplatz vorbei und fragt jeweils schüchtern, ob sie Zeit hätte, interessiert sich für ihr Fachgebiet und will mehr über den Rorschachtest wissen. Eine lebenslange Freundschaft nimmt bei diesen freundschaftlichen Gesprächen ihren Anfang. Simmel spricht 1994 mit Elke Heidenreich darüber, wie er die Kalksburg damals erlebte:

»Ein altes Arbeiterheim, von lauter Ex-Säufern wieder neu hergerichtet, Arbeitstherapie. Jeder musste was tun, ich sollte die Bibliothek aufbauen. Da gab es noch aus Kriegszeiten zugenagelte Bücherschränke, und was war drin? Lauter beschissene Naziliteratur. (…) Ich hab aus Holz so eine Rutsche gemacht, aus dem ersten Stock in den Hof, und dann runter mit dem ganzen verfluchten Schrott, Benzin drüber und angezündet. War das eine Freude, meine ganz private Bücherverbrennung! ›Ich übergebe der Flamme diese Bücher des Joseph Goebbels! Das Buch des Adolf Hitler!‹ Ach, es war herrlich, und die anderen schmissen mit, und es brannte viel zu hoch. Am Schluss musste die Feuerwehr kommen und löschen.«[54]

Für Mario beginnt nun eine rund einjährige Psychotherapie, um den Grund der Sucht zu erfahren. Simmel sagt dazu in Gesprächen mit Journalisten nur, dass dieser privat sei und mit dem Jahr 1938 zusammenhänge, dem Jahr des Anschlusses von Österreich an Nazideutschland. Er darf dazu die Kalksburg verlassen und wohnt wieder bei seiner Mutter und Schwester in Neustift am Walde. Eva hat ihre Tätigkeit als Schauspielerin an den Nagel gehängt und ist seither erfolgreich als Moderedakteurin tätig. Unter dem Künstlernamen Eva Sylt entwirft sie auch Schnittmuster für schicke, erschwingliche Kleider, die in Wien populär sind. Noch heute erinnern sich Damen an ihre von Jackie Kennedy inspirierten, eleganten Kostüme und Kleider, die sie nach Eva Sylts Vorgaben selber nähen.

Kryspin-Exner erteilt ihm den dringenden Rat, nicht mehr journalistisch tätig zu sein. Der gnadenlose Zeitdruck mit den knappen Abgabeterminen, die vielen Reisen und permanenten alkoholischen Verlockungen würden Simmel sehr schnell wieder ins alte Fahrwasser zurückwerfen, prophezeit der Arzt. Heute würde man sagen, er solle beruflichen Stress abbauen. Er habe ohnehin viel zu lange gewartet bis zu seinem Entzug und die Augen vor der Situation verschlossen. Der Autor beherzigt die Ratschläge des Freundes, nicht nur in Bezug auf seine Gesundheit: Er wird Kornelius und Ilse, die Professorin am Institut für Psychologie der Universität Wien wird, um ihre Fachmeinung zu allen Manuskripten bitten. »Der liebe Kryspin« und »die liebe Demel« werden zu Marios einflussreichsten Bezugspersonen. Eine Weile lang wohnt Ilse im Personalhaus des Allgemeinen Krankenhauses, im sogenannten Schwesternturm. Es wird zur Tradition, dass Kornelius und Mario nach ihren Sitzungen in diese kleine *Garçonnière* kommen, wo die junge Frau in der winzigen Kochnische Tafelspitz mit Schnittlauchsauce, Apfelkren, Spinat und Erdäpfelschmarrn zubereitet. Ilse Kryspin-Exner verriet uns ihr Rezept von Marios Lieblingsgericht.

»Salzwasser mit Grünzeug (= Suppengrün), Pfefferkörnern, Rindsknochen (Ochsenschlepp ist auch sehr gut), wenn es geht einigen Markknochen und ½ Zwiebel, die auf der Herdplatte kurz angeröstet wurde, aufsetzen und einige Zeit köcheln lassen.
Immer wieder Schaum abschöpfen und dann das Fleisch dazu geben, Tafelspitz (klassisch) oder Schulterscherzl (saftiger). Ebenfalls wieder Schaum entfernen.
Will man eine gute Suppe haben, Fleisch schon ins kalte Wasser geben, soll das Fleisch optimal sein, dann erst ins kochende Wasser. Im Topf je nach Fleischmenge ca. 2 Stunden sanft garen, im

Druckkochtopf ca. 45 Minuten. Auskühlen lassen, am besten über Nacht, und dann von der Suppe die Fettschicht entfernen. Fleisch gegen die Fasern in nicht zu dicke Scheiben schneiden. Die Suppe kann mit jeder beliebigen Beilage gereicht werden, »wienerisch« und fleischlos sind Grießnockerl, Frittaten, Backerbsen oder Suppennudeln ...

- Erdäpfel kochen, wenn abgekühlt in feine Scheiben schneiden und knusprig anbraten.
- Für die Schnittlauchsauce ein ganzes frisches Ei mit tropfenweise Sonnenblumenöl aufschlagen, bis eine dickere Konsistenz entsteht, eventuell etwas in Milch Eingeweichtes (einer Semmel/Weißbrot) ausdrücken und beigeben, wenn zu dünnflüssig. Mit ein wenig Essig, Salz, weißem Pfeffer und etwas Senf abschmecken, fein geschnittenen Schnittlauch hinzufügen.
- Den Apfelkren aus geschälten, mit etwas Zitronensaft beträufelten pürierten Äpfeln (gut ist, sie vorher im Rohr weichzudünsten) und frisch geriebenem Kren herstellen, je nach Konsistenz und Geschmack etwas heiße Suppe oder einige Tropfen Öl hinzugeben sowie gegebenenfalls mit ein bisschen Zucker abschmecken.
- Am besten tiefgekühlten passierten Spinat auftauen und kurz aufkochen lassen, mit Muskatnuss, Salz und etwas Obers verfeinern.
- Fleisch auf einer tieferen Platte anrichten, mit heißer Suppe übergießen und mit dem in Scheiben geschnittenen Suppengrün (Karotten, Petersilienwurzen, Lauch, Selleriescheiben ...) anrichten. Auch hier etwas Schnittlauch drauf, sieht hübsch aus, aber Vorsicht: nicht alle mögen »das grüne Gras« auf dem Fleisch.
- Jetzt muss nur noch der Zeitplan stimmen, damit alles frisch und warm auf den Tisch kommt – nicht immer ganz einfach, wenn die Gäste diesen relativ »leger« handhaben![55]

Immer öfter kommt es auch vor, dass die Männer nicht nur Ilses Kochkünste bewundern, sondern ihr auch offengebliebene Fragen aus ihren therapeutischen Sitzungen stellen. Ob sie eine Idee zu diesem oder jenem Thema habe oder auch nur, was sie »als Frau dazu beitragen« könne. Offenbar gefallen Simmel ihre Antworten, denn er wird sie manchmal bereits im Vorfeld zu gewissen Themen konsultieren. Zu fachlichen, aber auch zu privaten wie etwa seinen Beziehungen zu Frauen. Auch diese rufen die Psychologin manchmal an, offenbar gilt sie als aufgeschlossen und verständnisvoll. Zumindest dann, wenn die Anrufe nicht mitten in der Nacht erfolgen.

Mario bewundert Ilse und sorgt mit seinen rührend anhänglichen und für ihn so charakteristischen Auftritten bisweilen für ein Schmunzeln. So nimmt er 1971 an der Promotionsfeier der jungen Frau teil, der im Festsaal der Universität Wien der Doktortitel verliehen wird. Als ihr Name aufgerufen wird, will er laut »Bravo!« rufen, besinnt sich dann aber im letzten Augenblick eines Besseren. Ilse ist froh darüber, denn solche offen gezeigten Emotionen sind damals bei einer akademischen Feier unüblich. Wie es Simmels Art entspricht, hat er für den Anlass einen riesigen Rosenstrauß gekauft. Er ist so voluminös, dass er ihn mit beiden Händen festhalten muss, ihn der frischgebackenen Doktorandin nicht überreichen und ihr schon gar nicht die Hand geben kann. Dies erheitert alle Umstehenden und Ilses Familienangehörige sehr. Der Strauß wird schließlich auf mehrere Personen aufgeteilt.

Von München oder später von Monte-Carlo aus wird Faber, wie ihn Kornelius und Ilse Kryspin-Exner weiterhin bezeichnen, regelmäßig nach Wien und später nach Innsbruck kommen. So sieht es das therapeutische Abkommen vor, und der Autor hält sich gerne daran. Er hat diese beiden Menschen ins Herz geschlossen und schätzt ihre Meinung zu einer Vielzahl von Themen. Helene Kryspin-Exner, die Mutter des Arztes, wird zu einer Art Mutterfigur, er nennt sie »Mietze«, und die beiden plaudern manchmal stundenlang, wenn der Psychiater wieder einmal verspätet nach Hause kommt. Vor seinen Besuchen treffen jeweils riesige Blumensträuße ein. In Wien bestellt Mario diese im Blumengeschäft Kramsky in Döbling. Manchmal ruft er an, um sie zu bestellen, oft schickt er auch einen Brief, beschreibt seinen Wunsch und legt einen großzügig bemessenen Geldbetrag bei, wie sich Inhaberin Sabine Krüger erinnert.

Die beiden Kryspin-Exners werden als »grüne Männchen«, so das Codewort, zu Hilfe gerufen und treten in Erscheinung, wenn ein Manuskript sich in einer Sackgasse befindet. Für den Befreiungsschlag nützt es allerdings nichts, »Außerirdische« anzurufen. Vielmehr müssen eine Strategie und ein Ausweg gefunden werden. Kornelius tut dies auf eine sehr lösungsorientierte, direkte Art. Ilse ist mehr die Zuhörende, die Fragen stellt und ihr Visà-vis dabei ermutigt, seine Gedanken auszuformulieren. Der Tod des Freundes 1985 trifft Mario sehr, zumal er praktisch zusammenfällt mit dem Abschied von Lucie. Schon während der längeren Krankheitsphase, die Kornelius' Tod vorausgeht, wird Ilse zur unverzichtbaren Stütze. Er bespricht nun viele Themen direkt mit ihr. Auf der Beerdigung seines Freundes steht Simmel ganz verloren vor dem Grab und fragt Ilse mit Tränen in den Augen: »Und was soll ich jetzt tun?« Sie ist offenbar nicht weiter überrascht von dieser egozentrischen Haltung und verspricht ihm, dass alles wie immer weiterlaufen könne. Und tatsächlich – noch am selben Abend ruft Mario sie an! Die unzähligen, fast täglichen Telefonate finden immer entweder um 9 Uhr morgens oder 21 Uhr abends statt, da die Psychotherapeutin tagsüber in der Universität arbeitet oder ihre Klienten betreut. Manuskripte werden ebenso erörtert wie so manche missliche Lebenslage.

Wie können wir uns eine Besprechung zwischen Psychiater und Autor vorstellen? Simmel schildert es 1975 der Zeitschrift *Playboy*.[56]: Der Psychiater sagt dem Autor beispielsweise: »Das ist aus einer schweren Aggression oder Neurose heraus geschrieben. Diese Reaktion ist falsch, so würde keine Person reagieren. Das ist langweilig.« So schildert Simmel die für ihn vitale Zusammenarbeit, für die er sich 1965 in *Lieb Vaterland magst ruhig sein*[57] erstmals mit einer persönlichen Zueignung für den Arzt und Freund bedankt. Kornelius Kryspin-Exner selber erinnert sich

1978 im Gespräch mit der Zeitschrift *Savoir Vivre* an bestimmte Manuskripte, die Mario ihm schickt. Zum Beispiel dasjenige von *Hurra, wir leben noch*, in dem fast siebenhundertmal das Wort Scheiße vorkommt. Der Psychiater macht den Autor darauf aufmerksam, worauf dieser eine Handvoll Wiederholungen des Kraftausdrucks streicht.

In einem anderen Manuskriptentwurf beschreibt Simmel eine Szene, in der der Held mit seiner Angebeteten vor einem Bootshaus ins eiskalte Wasser stürzt. Dabei erliegt der Mann den Reizen der Dame und bekommt trotz der Kälte eine mächtige Erektion. Kryspin-Exner macht ihn darauf aufmerksam, dass dies anatomisch schwierig ist, worauf ihm der Autor unbekümmert antwortet: Er musste mit ihr schlafen, denn sonst wäre er nachher nicht mehr zur Tür hinausgekommen. Der Arzt, schlagfertig, erwidert, dass eine Tür doch bis zu ein Meter zwanzig breit sei und ihm in seiner Praxis noch keine Penislänge von annähernd einem Meter zwanzig untergekommen sei. Das sei Mario jedoch wurscht gewesen. Er beharrte darauf, dass die Stelle mit dem medizinischen Monstrum drinblieb.[58]

Die Suchttherapie wird für Simmel zwar Erleichterung bringen, vor allem nach der begleitenden Psychotherapie. Doch wird sein Stottern, das ihn als Pubertierenden so bedrückt hat, zeitweise wiederkehren. Zeitlebens wird der Schriftsteller bisweilen Mühe haben, Worte zu formulieren, vor allem unter Stress oder wenn er nervös oder müde ist. Freunde berichten jedoch übereinstimmend, dass diese Hemmnisse und die ganze Schusseligkeit jeweils wie weggeblasen waren, sobald Simmel Feuer gefangen hatte und eine seiner zahlreichen köstlichen Geschichten erzählte.

Jahrzehnte nach dem Entzug greift Marlene Dietrich zum Telefonhörer und begrüßt ihren Freund, wie üblich, herzlich. Sie ist beeindruckt davon, dass Mario nach seinem Klinikaufenthalt, Anfang der Sechzigerjahre, nie mehr einen Tropfen Alkohol zu sich nimmt. Dass er in sämtlichen Restaurants und bei privaten Einladungen darum bittet, auch für die Zubereitung der Speisen keinen zu verwenden. Denn er glaubt fest daran, er werde sofort rückfällig, wenn er auch nur einen Löffel Sauce zu sich nehme, deren Fonds mit Weißwein eingekocht worden ist. Ab sofort sind seine Getränke Earl Grey Tea, Schweppes und Mineralwasser mit einer Scheibe Zitrone.

Eine weitreichende Entscheidung fällt zwischen 1962 und 1963: Simmel wird seine Tätigkeit als Journalist, die er während fünfzehn Jahren erst in Wien, später in München mit vollem Einsatz und großer Energie ausgeübt hat, beenden. Er verdankt dem Journalismus alles, wie er später immer wieder betonen wird: das Handwerk, den Riecher für eine gute Story, die saubere Recherche und dann das Verfassen des Textes. Punktgenau und so, dass die Leserinnen und Leser ihn verschlingen. Es ist beeindruckend, wie genau der Autor jeweils den Ton trifft: Ein Verwandter von Simmels Schulfreund Hans W. Polak, der während des Kriegs in Marseille gelebt hatte, erzählt später, Simmel habe in seinem »Kaviar« die Stimmung in der schillernden Hafenstadt sehr authentisch beschrieben. Dabei hat Simmel, soweit wir wissen, während der besagten Jahre nie einen Fuß in die Stadt gesetzt. Heute hingegen treffen wir in fast jeder Lebenssituation auf dieses Storytelling, mithilfe dessen, meist aus kommerziellen Gründen, aus einfachen Produkten Gesamtkunstwerke werden.

Dieses journalistische und kommunikative Know-how wird Simmel künftig mit Erfolg für seine Romane verwenden. Nach dem Erfolg des »Kaviars« kann er sich aussuchen, was und wo er gerne publizieren möchte. Bis jetzt hat er pro Buch jeweils ein paar hundert Mark Vorschuss erhalten, wie er Klaus D. Hartel und Peter Lanz von der Redaktion des *Playboy* 1975 erzählt[59]. Doch dann bietet ihm der junge Schweizer Verleger Armin Meier für die Buchrechte am »Kaviar« einen Vorschuss in Höhe von 20 000 D-Mark an. Simmel, noch an Zsolnay gebunden, fragt in Wien, ob man bei der Summe mithalten wolle. Paul Zsolnay habe zuerst zugestimmt und sei dann zu Besprechungen nach Los Angeles gereist. Es sei, so vermutet der Autor, wohl die teuerste Reise seines Lebens geworden. Denn nun verbessert Meier sein Angebot auf 22 000 Mark. Wieder habe Simmel fragen lassen, ob Zsolnay mitzuhalten gedenke. Dann kommt ein Telegramm aus Los Angeles: »No interest. Zsolnay«.

Obwohl er keine weiteren Bücher bei Zsolnay herausbringt, bleibt Simmel dem Wiener Verlag sein Leben lang verbunden. Verlagsleiter Herbert Ohrlinger, ein Literaturkritiker, erinnert sich: »Obwohl er Mitte der Neunziger, als ich die Leitung des Verlages übernahm, schon lange nicht mehr bei Zsolnay verlegte, erkundigte er sich von Zeit zu Zeit fast rührend über den Gang der Dinge. Zwei-, dreimal im Jahr rief er, meist am späteren Abend, an, um zu plaudern. Ich habe das nie als Neugier empfunden, sondern als ernsthaftes Interesse und, ja, Anhänglichkeit. Dass der Verlag dann wieder erblühte, freute ihn hörbar. Die Telefonate wurden im Lauf der Nullerjahre weniger.«[60]

Mit dem Schweizer Verlag hingegen wird es bei einer einmaligen Zusammenarbeit bleiben. Wir wissen nicht, ob die Kooperation mit Armin Meier für Mario nicht zufriedenstellend verlief oder ob es andere Gründe gab. Wie dem auch sei: Simmels nächstes Buch, *Lieb Vaterland magst ruhig sein*, erscheint 1965 im Bertelsmann-Verlag. Der *Quick*-Verleger ist großzügig und schickt dem Autor weiterhin einen monatlichen Scheck, damit er sorgenfrei schreiben kann.

Der neue Agent des Autors, Felix Guggenheim, wird ihm den Verlag Droemer Knaur empfehlen, dem er zuvor schon durch seine Tätigkeit für die Deutsche Buch-Gemeinschaft verbunden war und der damals noch Droemersche Verlagsanstalt Th. Knaur Nachfolger heißt und seinen Sitz in der Rauchstraße 9–11 in München-Bogenhausen hat. Der Straßenname ist hier übrigens auch Omen: Es wird viel geraucht in den Büros, den Sitzungszimmern und Gängen. Auch Mario darf hier seine geliebten Dunhill-Pfeifen anzünden, wo und wann es ihm beliebt.

Es ist plausibel, dass Simmel Guggenheim durch Erich Maria Remarque kennengelernt hat. Der Agent vertritt Remarques Interessen, nachdem sich die beiden Emigranten in den USA begegnet waren. Der umtriebige, schillernde, unternehmerisch aktive Guggenheim, 1904 in Konstanz geboren und als Jurist im Bankwesen, als Verleger und im Vorstand der Deutschen Buch-Gemeinschaft tätig, flieht 1938 vor den Nationalsozialisten und lebt ab 1940 in den USA.[61] An der Westküste engagiert er sich politisch für die emigrierten Europäer. Er ist erfolgreich als Literaturagent tätig, auch im Filmgeschäft sehr gut vernetzt und lebt feudal am 725 North Roxbury Drive im kalifornischen Beverly Hills.[62] Nach dem Zweiten Weltkrieg wird er zu einem wichtigen Vermittler und Berater im deutschen Verlagswesen, und es gelingt ihm, deutsche Autoren, wie Simmel oder Peter Bamm, in Amerika erfolgreich zu platzieren. Auch für die Deutsche Buch-Gemeinschaft wird er wieder aktiv.

Ende 1963, nach einem Jahr in Wien, zieht Simmel zurück zu Lucie nach Bayern. Ob er ihr erzählt, dass er seine frühere Flamme Helena Poszvek wiedergesehen hat? Er trifft sie und ihren jungen Yorkshireterrier-Rüden Moustique, der später einmal den Titel zum Erzählungsband *Zweiundzwanzig Zentimeter Zärtlichkeit* beisteuern wird. Doch scheint ihm die Dame die kalte Schulter zu zeigen, da sie noch anderweitig liiert ist.

Hausgott bei Droemer

Wie vor zehn Jahren bei der *Quick* wird Johannes Mario Simmel nun ebenfalls zur richtigen Zeit am richtigen Ort sein. Die Verlagsgruppe Droemer Knaur GmbH & Co. KG ist aus der 1846 gegründeten Leipziger Dampfbuchbinderei Theodor Knaur hervorgegangen. Seit 1981 gehört sie zur internationalen Verlagsgruppe Georg von Holtzbrinck und publiziert Belletristik und Sachbücher.[63]

Nach dem Zweiten Weltkrieg erhält Willy Droemer die Lizenz der US-Besatzungsmächte und beginnt damit, das Unternehmen als Publikumsverlag wieder aufzubauen. Bücher sollen bewusst günstig produziert und angeboten werden, damit im kriegsversehrten Deutschland für möglichst viele Leserinnen und Leser der Zugang zu Büchern möglich wird. Dieses demokratische Konzept dürfte Simmel überzeugt haben. Zumal man ihm den roten Teppich ausrollt. In seiner Chronik des Verlags schildert Günther Fetzer die Situation wie folgt:

»Die Schlüsseljahre für die spätere Belletristik bei Droemer sind 1962 und 1964. 1962 erscheint mit *Bis zur bitteren Neige* der erste Roman von Johannes Mario Simmel im Verlag, und zwei Jahre später gelang mit Mary McCarthys *Die Clique* der Durchbruch mit internationaler Belletristik. *Bis zur bitteren Neige* war Simmels erstes Buch im Verlag. Bis zu diesem Zeitpunkt hatte er seit 1946 in anderen Verlagen elf Bücher, darunter mehrere Kinderbücher und vor allem den Roman veröffentlicht, dessen Titel sprichwörtlich geworden ist: *Es muss nicht immer Kaviar sein*. Johannes Mario Simmel kam durch die Vermittlung des Agenten Felix Guggenheim in den Verlag. Man verspricht ihm, dass er, eben weil die belletristische Abteilung erst aufgebaut würde, gleich vom Start weg mehr gefördert würde als in einem Verlag mit einem Dutzend deutscher Roman-Autoren. *Bis zur bitteren Neige* war der Beginn einer ungeheuer erfolgreichen Zusammenarbeit zwischen Verlag und Autor. Alle zwei bis drei Jahre erschien ein neues Werk, darunter *Liebe ist nur ein Wort* (1963), *Und Jimmy ging zum Regenbogen* (1970), *Der Stoff, aus dem die Träume sind* (1971), *Niemand ist eine Insel* (1975) und *Doch mit den Clowns kamen die Tränen* (1987). Über 20 Titel veröffentlichte Simmel bis 1999 bei Droemer, zusammen mit den früheren Werken alle auch als Knaur Taschenbuch.«[64]

Ganz offensichtlich fühlt sich Simmel wohl bei Droemer und in München. Mit seiner Frau Lucie und deren Tochter Michaela wohnt er im fünfundzwanzig Kilometer von München entfernten Starnberg, in der Waldschmidtstraße 14. Die frühere Wohnung an der Seebergerstraße 8 in München-Solln, die Lucie – damals noch als Gräfin Treuberg – gemietet hatte, hat das Paar vermutlich 1959 aufgegeben. Und mit Fritz Bolle, dem langjährigen Cheflektor und Lektoratsleiter, verbindet ihn schon bald eine enge Freundschaft. Der Berliner ist 16 Jahre älter als der Autor und eine echte Berliner Schnauze, was auch Lucie gefallen haben dürfte. Er hatte ein Studium der Zoologie abbrechen müssen, weil seine Familie nach dem Schwarzen Freitag im Oktober 1929 kein Geld mehr dafür aufbringen konnte. Bolle macht eine Lehre zum Ofensetzer, absolviert sogar die Meisterprüfung, bevor er für einen Schlüsselbetrieb des V2-Programms kriegsdienstverpflichtet wird: Von 1943 bis 1945 ist Bolle in einem Außenlager, genannt Vorwerk Mitte, des Konzentrationslagers Buchenwald beschäftigt. Hier, in Lehesten, werden Triebwerke für V2-Raketen erprobt und Treibstoffe für die Rakete produziert. Dabei kommen auch KZ-Häftlinge zum Einsatz.

Wusste Simmel von der Kriegsvergangenheit seines Cheflektors? Es ist schwierig nachzuvollziehen, wie ein Mensch, der selber Angehörige in der Shoah verloren hat, mit einer solchen Kenntnis umgeht. Wie fühlt es sich an, mit jemandem eng zusammenzuarbeiten, der im Umfeld eines Konzentrationslagers gearbeitet hat und selber, bis 1930, zur NSDAP gehört hat? Spielt Verdrängung eine Rolle, will der Autor resolut nach vorne blicken und scheut davor zurück, schlafende Hunde zu wecken? Vermutlich war die Freundschaft mit Bolle stärker, einem Mann, der offenbar nicht nur ein ausgezeichneter Lektor war, sondern zudem geistreich, witzig und philosophisch interessiert.

Auch Bolle erinnert sich gerne an seine Zusammenarbeit mit dem Autor. 1978 erzählt er der *Augsburger Allgemeinen*, dass sich Simmel beim Schreiben nicht bremsen lasse.»Der Mario arbeitet ja wie besessen, doch wenn man ihm dreinredet, wird er unsicher. Aber der Lektor muss in den Autor reinkriechen können, er muss wissen, wie weit man gehen darf.« Ein Jahr später berichtet *Bild*, dass Fritz Bolle, als er in Bogenhausen einen Brief habe einwerfen wollen, von einem Auto erfasst worden sei. Er habe sich, so die hochdramatische Schilderung von Bolle selber, nicht weniger als dreimal in der Luft überschlagen und dabei laut geschrien. Zwar stellt der Notarzt im Föhringer Krankenhaus fest, dass er Glück gehabt und neben einer klaffenden Platzwunde am Kopf, einer leichten Gehirnerschütterung und Prellungen am ganzen Körper keine schweren Verletzungen davongetragen habe. Doch lässt es sich Simmel, der gerade im Hotel »Vier Jahreszeiten« wohnt, nicht nehmen, seinem Freund, der seit Kurzem einen jungen Rauhaar-Dackel namens Tobi adoptiert hat, einen Besuch im Krankenhaus abzustatten und ihm seinen persönlichen Münchner Herz-Spezialisten vorbeizuschicken. Die Zeitung beendet den kurzen Artikel lakonisch mit den gerührten Worten: »*So ist er, der Simmel.*«[65]

Bolle hat ein loses Mundwerk, und er macht in der Regel auch aus seinen Gedanken keine Mördergrube. So lässt er den Journalisten Hanns-Rainer Strobl wissen, dass er das Verlagsprogramm von Droemer ganz anders aufziehen würde. Willy Droemer, auch er ein Berliner und seinerseits nicht auf den Mund gefallen, nimmt dies offenbar gelassen und hält Bolle augenzwinkernd mangelnden Geschäftssinn vor: »Mensch, wenn ich das Programm so machen würde, wie du es wolltest, dann wäre ich schon gestern pleite.«[66]

2017, über dreißig Jahre nach Fritz Bolles Tod, holt ihn seine KZ-Vergangenheit nochmals ein: Der deutsche Historiker und Journalist Götz Aly wirft ihm posthum vor, er habe das Erscheinen eines Buchs über die Vernichtung der europäischen Juden verhindert.

Simmel wird sich nach Bolles Pensionierung 1973 sehr schwertun mit einem viel jüngeren Nachfolger. Bolle scheint ihm ein väterlicher Freund geworden zu sein. Als Herbert Neumaier, der neue Lektor, dem Autor vorgestellt wird, ist dieser erst skeptisch. Der junge Mann muss sich die Anerkennung regelrecht erkämpfen. Doch gelingt ihm das Kunststück, und der musisch interessierte Lektor, der ein besonderer Freund von Opern und Operetten ist, wird den Autor bis zum letzten Roman lektorieren und beraten. Wie schon mit Bolle wird Mario jeden neuen Roman erst mit seinem Lektor besprechen und in groben Zügen skizzieren. Anschließend erarbeitet er ein Manuskript, sendet dieses an Kornelius und Ilse Kryspin-Exner und arbeitet es nach ihren Kommentaren um, oft mehrmals. Danach schickt er es in schöner Regelmäßigkeit mit einem Eilboten an einem Freitagnachmittag zum Lektor, mit einem kleinen Begleitbrief, meist liebevoll von Hand geschrieben und mit Blumenranken verziert: »Damit du in Ruhe lesen kannst.«

Selbstverständlich erwartet Simmel bereits am Anfang der darauffolgenden Woche einen ersten Kommentar. Flexibilität und Bereitschaft zur Arbeit übers Wochenende sind also Voraussetzungen, um mit seinem Arbeitstempo Schritt zu halten.

Welche Beziehung verband Willy Droemer mit Johannes Mario Simmel? Droemer ist Berliner und gleich alt wie Lucie. Der ausgebildete Verlagsbuchhändler führt die Geschäfte nach dem Tod seines Vaters 1939 weiter.[67] Simmel mag Berliner sehr, doch ist er dem schnellen Denker und eloquenten Geschäftsmann nicht immer gewachsen.

Der Autor erinnert sich selbstironisch an den ersten Kontakt: Im November 1961 liegt Simmel mit einer Grippe im Bett, als Willy Droemer anruft und ihm kurzerhand eröffnet, dass sich das Manuskript von *Bis zur bitteren Neige* bereits im Lektorat befinde und im kommenden Frühjahr erscheinen werde. Simmel, mit vom Fieber umnebelten Kopf, versucht zu verstehen: Er hat gar keinen Vertrag mit Droemer, im Gegenteil, es bestehen noch Verpflichtungen gegenüber seinem früheren Verleger. Und woher kennt Droemer das Manuskript überhaupt? Vage erinnert er sich daran, dass sein Agent, Felix Guggenheim, es nach München geschickt hat. Der Verleger wischt seine stotternd vorgebrachten Einwände mit unnachahmlicher Grandezza beiseite; alles sei mit Guggenheim bereits besprochen und geregelt. Mario wird Willy Droemer später als »gnadenlosen Optimisten« bezeichnen. Und als Marketinggenie. Wird er Simmel doch in den kommenden Jahren nach allen Regeln der Kunst »aufbauen« und zu seiner Vorstellung eines Erfolgsautors der deutschen Gegenwart formen.

Neun Jahre lang siezen sich die Herren konsequent in dem Aberglauben, ihre Beziehung könnte unter zu viel Nähe leiden. Doch dann, auf der Frankfurter Buchmesse, am 26. September 1970 um 18:25 Uhr, springt Droemer über seinen Schatten und sagt zu Simmel: »Ich denke, wir können es riskieren. Sag Willy zu mir.« Mario wird sich später mit einem Schmunzeln daran erinnern und betonen, dass sie beide in diesem historischen Augenblick stocknüchtern gewesen seien.[68]

Willy Droemer wird das Unternehmen zu einem der wichtigsten und umsatzstärksten Verlage der Branche machen. Bei der Wahl von Simmel beweist er ein untrügliches Gespür dafür, was die Menschen in den Sechzigerjahren lesen wollen: Unterhaltung im besten Sinne, Action, Bildsachbücher, Taschenbücher. Branchenintern wird Droemer schon bald als »Goldfinger« bezeichnet, in Deutschland gilt er als der »Erfinder des Bestsellers«. Um seinen neuen Erfolgsautor gebührend ins Licht zu rücken, werden alle Register gezogen. Zum Beispiel zeichnen sich alle Simmel-Titel von Anfang an durch die charakteristische bunte Schriftlösung aus. Die Gestaltung stammt von Fritz Blankenhorn, dem Chefgrafiker des Deutschen Bücherbunds. Anlässlich von Simmels Tod wird der *Spiegel* schreiben, dass das Cover-Design seiner Romane einst so unverkennbar gewesen sei wie der Schriftzug von Coca-Cola.[69] Nur der letzte Roman, *Liebe ist die letzte Brücke*, wird moderner gestaltet: Die Typografie ist leicht verändert, und neu erscheint der Name des Autors anstelle des Titels in der charakteristischen Schreibschrift.

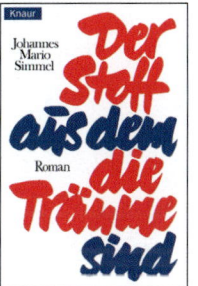
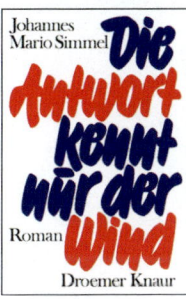

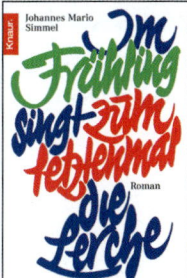

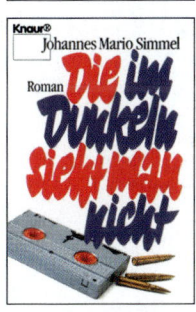
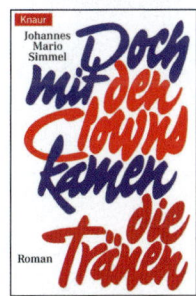

Simmels Mutter Lisa Schneider, um 1910

Simmels Vater Walter als Soldat im Ersten Weltkrieg, um 1914

Lisa Simmel, um 1920

Walter Simmel in England während des Zweiten Weltkriegs, um 1944

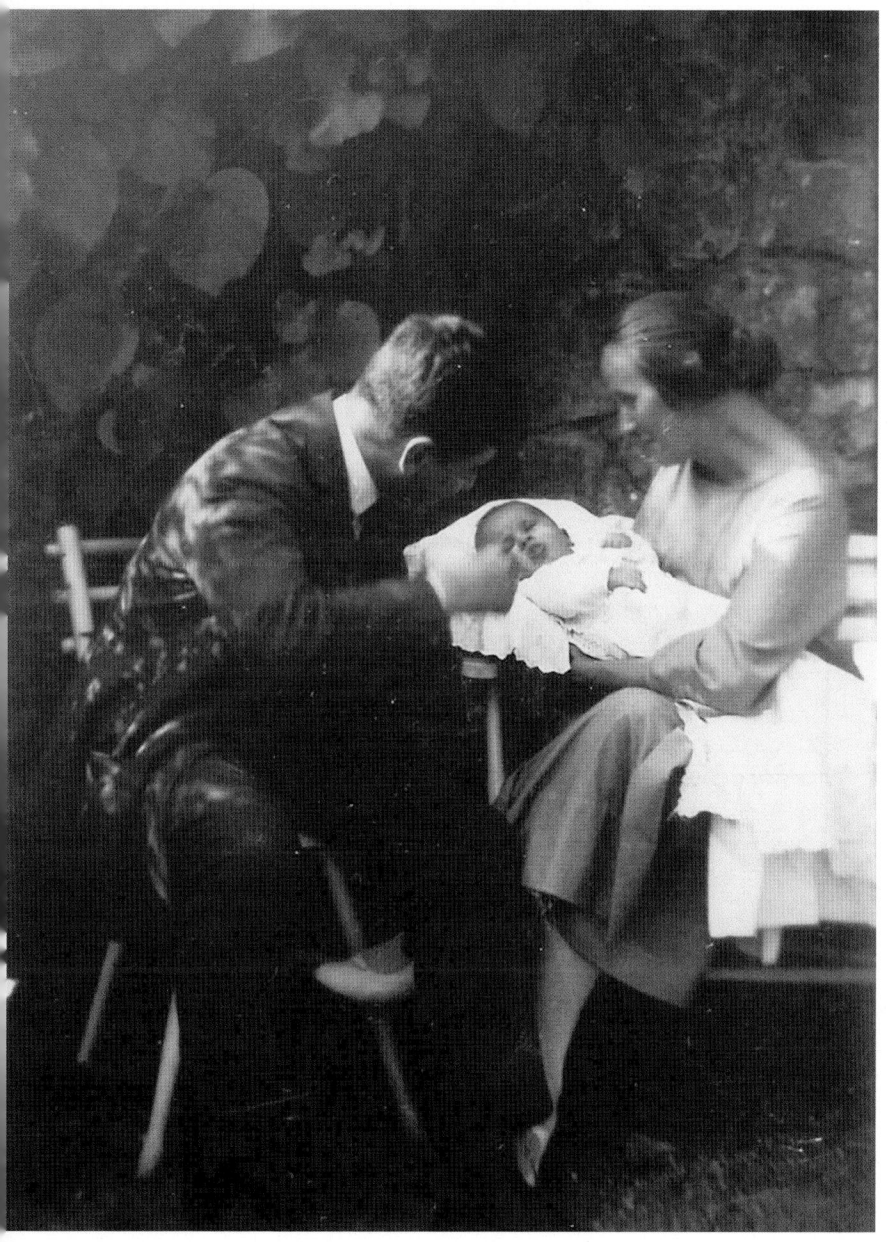
Walter und Lisa Simmel mit Baby Johannes Mario, 1924

Zahl: 3012/39.

Geburts- und Tauf-Schein

Auszug aus dem Taufbuche der Evangelischen Gemeinde Augsb. Bekenntn. in Wien-Währing.

Jahr 1924, Seite 189, Zahl 335.

Name des Taufenden	Jahr, Monat, Tag		Ort		Geschlecht			
	der Geburt	der Taufe	der Geburt	der Taufe	männlich		weiblich	
					ehelich	unehelich	ehelich	unehelich
Pfarrer Johst Luck	Eintausendneunhundert vierundzwanzig, am siebenten April. (7. IV. 1924)	13. Juli 1929.	Wien Billrothstr. 78 wohnhaft Wien 18. Barawitzkagasse 34.	Wien 18. Luther-Kirche	1			

Name des Täuflings: Johannes Mario Simmel

Eltern des Täuflings		Taufpaten
Vater	Mutter	
Walter Adolf Simmel Kaufmann, geb. in Schneidemühl, Posen jetzt Chemnitz, ev. Filialen 4.1.1890, ev. A. B. S. des Reinhold Simmel u. Rosa, geb. Haase)	Editha Martha, geb. Schneider, geboren in Stettin b/Halle a.S. 21.7.1893, ev. A. B. T. des Ferdinand Schneider u. der Editha, geb. Schwertfeger	Emilia Blehová Private 18. Barawitzkagasse 34. Hebamme: Thea Britze Rudolfinerhaus.

Urkund dessen die amtliche Fertigung.

Pfarramt der Evang. Gemeinde Augsb. Bekenntn. Wien-Währing.

Wien, am 27. Oktober 1939

[Stempel: Evangelisches Pfarramt Wien Währing]

Egon Hajek
Pfarrer.

Geburts- und Taufschein

oben: Kinderfrau und Haushälterin Mila Blehova, um 1935
unten: Karte von Johannes Mario (Jan) an Mila Blehova, um 1930

Selbstporträt, um 1930

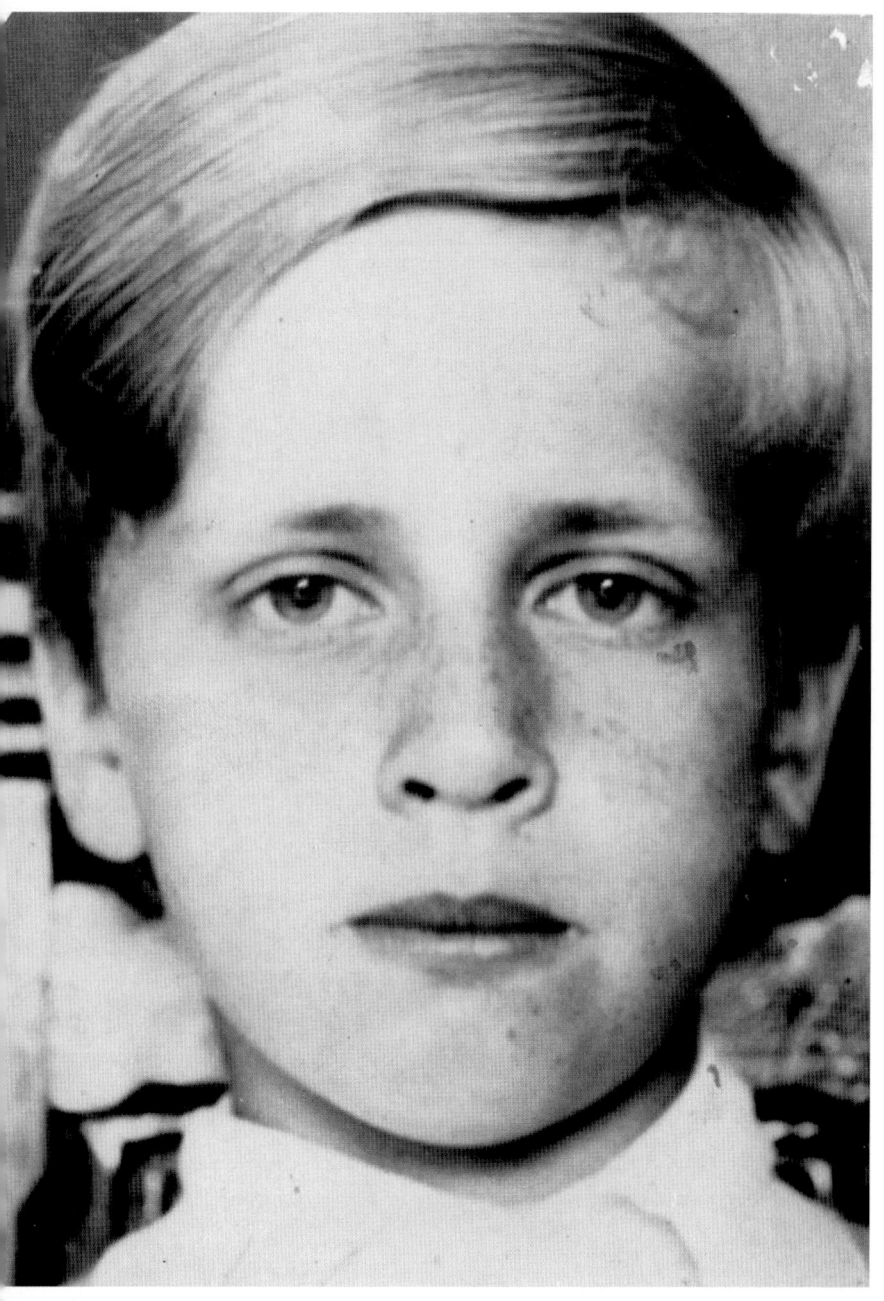

Simmel, um 1930

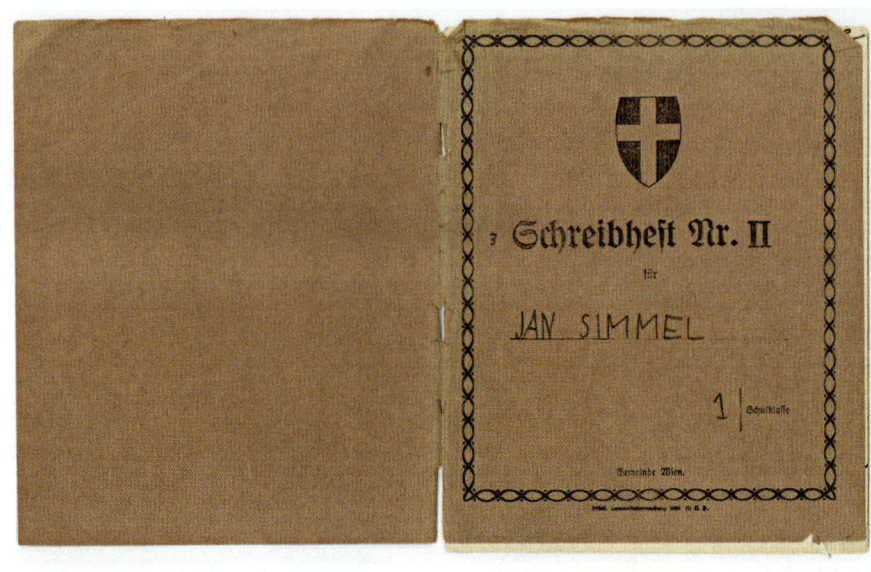

Schulheft, um 1932

Zeichnung mit Titel »Bettelnder Straßenmusikant. J.S. 4. IV. 1936«

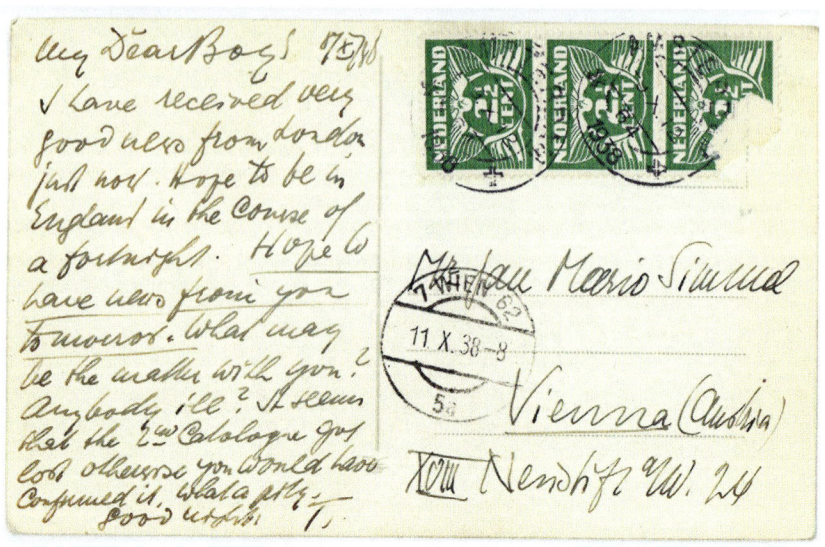

Postkarte von Walter an seinen Sohn Johannes Mario (Jan), 1938
Mein lieber Junge, ich habe sehr gute Nachrichten aus London erhalten. Ich hoffe, bis in zwei Wochen in England zu sein. Ich hoffe, morgen von euch zu hören. Was ist nur los mit euch? Ist jemand krank? Der zweite Katalog scheint verlorengegangen zu sein, sonst hättest du es mir bestätigt. Wie schade. Gute Nacht T. (Übers. der Autorin)

Walter Simmel, um 1935

Johannes Mario Simmel, um 1938

Postkarte von Walter an seinen Sohn Johannes Mario in Vienna, Germany, 1939
Mein lieber Junge, danke für deinen Brief. Ich hoffe, dass du meinen Brief erhalten hast, er hätte spätestens am vergangenen Sonntag oder Montag bei euch eintreffen sollen. Ich würde euch alle gerne in einer stattlichen Weise unterstützen, aber mein Vermögen ist auf rund drei Pfund zusammengeschmolzen, und ich habe nicht die geringste Chance, mehr zu erhalten. Falls ich etwas auftreiben kann, sende ich es euch sofort. Bussies dein T. (Übers. der Autorin)

VII 174/44

B e s c h l u ß

In Sachen
der Kläger, des minderjährigen Johannes Mario S i m m e l und der minderjährigen Eva Susanne S i m m e l, beide vertreten durch ihre Mutter und Vormünderin Elise Simmel in Wien XIX, Neustift a. Walde Nr.24, vertreten durch Dr. Paul Kaltenegger, Rechtsanwalt in Wien I, Bösendorferstr. 1,
wider
die beklagte Partei: den zur Verteidigung der ehelichen Geburt bestellten Kurator Dr. Erwin Ritter v. Spaun, Rechtsanwalt in Wien XIII, Trauttmannsdorfg. 16,
wegen Bestreitung der Ehelichkeit
hat das Reichsgericht, VII. Zivilsenat, durch den Vorsitzenden Dr. Zellner und die Reichsgerichtsräte Burmeister und Dr. Tenschert in der Sitzung vom 30. November 1944 auf die Revision der Kläger gegen das Urteil des Landgerichtes W i e n vom 23. September 1944 - 25 Cg 2/43/31 -

beschlossen:

Die Revision wird gemäß §§ 6 und 12 der 3. Vereinf VO als offensichtlich unbegründet verworfen. Die Kläger sind schuldig, der beklagten Partei binnen 14 Tagen bei Exekution an Kosten der Revisionsbeantwortung 48,44 RM zu ersetzen.

gez.: Dr. Zellner

Gerichtsbeschluss, November 1944

Scherenschnitt von Leopold Wolfgang Rochowanski, um 1935

Staatslehr- und Versuchsanstalt für chem. Industrie
Wien XVII.
Rosensteingasse Nr. 79

Zl. 112

B e s t ä t i g u n g.

Zum Zwecke der Inskription an der Universität wird nachfolgende Bestätigung ausgefertigt:

Es wird hiemit bestätigt, dass Herr Chemo-Ing. Johannes Simmel über Verfügung der Abt. II des Reichsstatthalters in Wien mit Erlass vom 20.4.1943 Zl II c - 743 - 1943 auf Grund der im Wege der Gaustudentenführung vorgebrachten Beschwerden durch sein Verhalten bedingte Zersetzung des Kameradschafts-und Gemeinschaftsgeistes der Schüler vom Besuche des theoretischen Unterrichtes suspendiert worden.ist.
hat
Genännter/mit Abschlussprüfung sein Studium an der Anstalt beendet.

Wien, am 16. Mai 1945.

Der Direktor:
i.V.

Bestätigung
Studienabschluss, 1945

Staatslehr- und Versuchsanstalt für chemische Industrie
in Wien XVII/107, Rosensteingasse 79

Ingenieur-Zeugnis

Herr ~~Fräulein~~ Johannes Simmel
geboren am 7. April 1924 in Wien, D.R.
hat an der Abteilung für Chemo-Ingenieure die Abschlußprüfung
----------------- bestanden und damit die
Befähigung als

Chemo-Ingenieur

nachgewiesen.

Über seine ~~ihre~~ Leistungen gibt das Abschlußzeugnis Auskunft.

Wien, den 25. Juni 1943

Der staatliche Prüfungsausschuß

Der Regierungsvertreter:

Der Direktor:

Ingenieurs-Zeugnis, 1943

Simmel als junger Kulturredakteur, um 1946

Robert E. Farley am Steuer des Jeeps vor der Military Police Station in Wien. Hier schrieb Simmel seine ersten Texte.

Lisa Simmel, um 1950

Goldfinger und Goldfeder müssen sich prächtig verstanden haben. Im Verlag erinnert man sich an Männerabende in kleiner Runde, an prächtige Empfänge und Abendessen bei Georg von Holtzbrinck, der die Droemersche Verlagsanstalt 1981 übernimmt und in sein großes Verlagshaus integriert. Auch mit Maria Hönigschmied freundet sich Simmel an. Sie ist eine legendäre Figur im Verlag, hat 1948 als Sekretärin von Willy Droemer zu arbeiten begonnen, wird später Prokuristin und 1976 Geschäftsführerin. Sie ist ebenso alt wie Mario, und ihre tschechische Herkunft aus Lukau, dem heutigen Luková, und ihre Sprechweise werden ihn an seine geliebte Mila erinnert haben. Auch scheinen die beiden einen ähnlichen Humor zu haben. Freunde aus Wien erinnern sich, dass Mario stets des Lobes voll war über die resolute und durchsetzungsstarke Frau Hönigschmied. In einem Artikel zu ihrem 75. Geburtstag schreibt Simmel: »Willy Droemer bezeichnete Maria als ihren mutigen Förderer, der ihr von Anbeginn jede Freiheit ließ.« Und weiter: »Forever and a day wird sie die wunderbarste Grande Dame im Reich unserer Verleger und Verlage bleiben.« An anderer Stelle verrät er ihren Spitznamen in der Branche, »Bloody Mary«, nicht ohne hinzuzufügen: »Und sie war begeistert von diesem Ehrentitel.«

München ist schon in den Sechzigerjahren eine äußerst lebensfrohe Stadt und hat die Schäden des Krieges relativ gut überwunden. Auch dank der Gelder des Marshall-Plans sind viele prächtige Gebäude und Straßenzüge wieder aufgebaut, schöner als vorher. Doch auch in Bayern, wie andernorts im Wirtschaftswunderland, zeigen sich erste gesellschaftliche Spannungen. An den Universitäten fordern die Studenten Reformen. Im Künstlerviertel Schwabing stimmen junge Musiker am 21. Juni 1962 russische Volkslieder an. Als die Polizei wegen Ruhestörung einschreitet, eskaliert die Situation. Der Tag geht als Beginn der Schwabinger Krawalle in die Geschichte ein, bei denen sich Tausende von Jugendlichen fünf Nächte lang Straßenschlachten mit der Polizei liefern. Der Rundfunk berichtet: »Wir sahen, wie Halbstarke mit ihren Bräuten randalierten, Autos anhielten, mit Stein- und Fußtritten demolierten und am Weiterfahren behinderten.«[70] Wie in den USA lebt eine neue Flower-Power-Generation ihren Drang nach Drogen, freier Liebe und Musik aus. Auch politisch ist die junge Generation kritisch.

Grenzen und Geschöpfe

Geteiltes Land

Von der Einigkeit, fast Verbrüderung zwischen den Amerikanern und Russen, die Johannes Mario Simmel nach dem Krieg in Wien so gefallen hat, ist wenig geblieben. Der Autor erlebt mit, wie die beiden Länder mit allen Mitteln um Macht und Einfluss in Europa ringen. Desillusioniert stellt er fest, wie sich schon ab 1947 der nächste Konflikt abzeichnet. Deutschland und Österreich bauen mithilfe der Amerikaner ihre Länder und Wirtschaft wieder auf. Die Auseinandersetzung mit der NS-Vergangenheit geschieht erst unter Druck und mit großem Aufwand, mit den Nürnberger Prozessen und der Überprüfung von Unternehmen und Privatpersonen in Bezug auf ihre Vergangenheit. Doch dieser Prozess wird abgekürzt durch die wachsende Bedrohung aus dem Osten.

Der Wiederaufbau der Sowjetunion, der DDR und anderer Ostblockstaaten verläuft deutlich langsamer als in Westeuropa. Die kommunistischen Regime tun sich schwer. Aus wirtschaftlichen und politischen Gründen entscheiden sich viele Menschen für die Auswanderung oder Flucht aus der Sowjetischen Besatzungszone und der DDR. 1961 wird mit dem Bau der Berliner Mauer die innerdeutsche Grenze geschlossen.

Simmel befasst sich in den Sechzigerjahren intensiv mit Berlin und dem besonderen Schicksal dieser Stadt. Er kennt die Stadt mittlerweile sehr gut, auch wegen seiner Frau Lucie, die dort Bekannte und Freunde hat und den besonderen Berliner Humor mag. Bei den Recherchen für sein Buch *Lieb Vaterland magst ruhig sein* begibt sich der unerschrockene ehemalige Reporter sogar in akute Gefahr. Er will wissen, wer beim Bau der unterirdischen Tunnel zwischen den Sektoren die Fäden zieht, und gerät prompt ins Fadenkreuz der dubiosen Geschäftsleute, die sich hier betätigen. Doch nicht nur mit ihnen hat er Probleme, sondern auch mit dem DDR-Regime. Nach der Veröffentlichung des Buches fällt

Simmel wegen seiner Kritik am Realsozialismus in Ungnade, seine Bücher stehen nach 1965 auf dem Index und dürfen in Ostdeutschland nicht mehr verkauft werden. Ein Schicksal, das der Schriftsteller mit zahlreichen anderen Autoren teilt, die zwar überzeugte Sozialdemokraten oder Kommunisten sind, es aber wagen, das Regime zu kritisieren. Das Buch beginnt mit einer beklemmenden Szene, als eine sehr dicke Frau im Einstiegsloch eines Tunnels stecken bleibt. Der Gang verläuft zwischen Ost- und Westberlin und soll in die ersehnte Freiheit führen. Doch geht bei diesen gefährlichen Fluchten längst nicht alles glatt. Nicht nur sind die Gänge teilweise einsturzgefährdet oder werden vom Grundwasser überspült. Auch oberhalb der Erde lauern an jeder Ecke Gefahren. Die zwielichtigen Bauunternehmer, die mit dem Bau der unterirdischen Fluchttunnel viel Geld verdienen, haben Kontakte zu den Behörden beider Länder, schmuggeln außer Flüchtlingen auch allerlei begehrte Waren. Bei Simmel liest sich das so:

»Am 28. Januar haben sie mit der Arbeit begonnen, drüben in der Hasenauerstraße 67, im Keller der stillgelegten Dampfwäscherei. 140 Meter entfernt von dem Loch, in dem nun die Dicke steckt. Im Französischen Sektor von Berlin. Der Hof hier, der gehört schon zum Demokratischen Sektor. Zum Russischen Sektor. Zum Sowjetsektor. Zum Hoheitsgebiet der DDR. Zwischen dem Loch im Hof und dem Keller der aufgelassenen Dampfwäscherei verläuft eine Grenze. Die Welt kennt diese Grenze unter der Bezeichnung ›Die Mauer‹. Heute hat die Mauer ihren dritten Geburtstag. Darum wurde der 13. August 1964 als Fluchttag gewählt: Weil da die Volkspolizei und die Volksarmee und der SSD alle Hände voll zu tun haben am Brandenburger Tor und in der Bernauer Straße und am Checkpoint Charley und am Kontrollpunkt Chausseestraße, überall.«[1]

Beim Besuch eines solchen Tunnels wird Mario von Unbekannten niedergeschlagen. Später begreift er, dass er Glück gehabt hat, denn die Menschen, die hier in den Sechzigerjahren als Schieber und Schmuggler tätig sind, fackeln nicht lange, wenn es gilt, unbequeme Zeugen beiseitezuräumen.

Der Roman spannt einen breiten Bogen von der Flucht der voluminösen Frau, den kleinbürgerlichen Verhältnissen im Berlin hüben wie drüben, dem Schweigen der Eltern zu den Fragen ihrer Kinder zur Vergangenheit bis hin zu Fragen der Bevölkerungsentwicklung und zum drohenden Atomkrieg. Drei Jahre bevor der Club of Rome gegründet und eine erste Konferenz über die Zukunftsfragen der Menschheit organisiert wird, spricht Simmel diese Themen bereits an und beweist einmal mehr seinen fast prophetischen Sinn für drängende Zeitfragen.

Wie sieht es in Marios Familie aus, was den Krieg und die damalige Zeit angeht? Wie kritisch hat Mario Lisas Handeln, ihre Tätigkeit bei der Wien-Film und ihre, wohl notgedrungene Kooperation mit dem NS-Regime beurteilt? Wir wissen es nicht, doch es ist zu vermuten, dass auch bei Simmels vieles ungesagt bleibt.

Nach der Rückkehr des Autors nach Starnberg sieht er seine Mutter weniger häufig. Fotos, die von ihr nach dem Krieg gemacht wurden, zeigen eine verhärmte, sehr schlanke Frau mit strengem Gesicht, schneeweißen Haaren und traurigen grauen Augen. Marios Schwester Eva wohnt noch lange bei ihrer Mutter. Sie lässt sich zur Schauspielerin ausbilden und tritt in Salzburg in *Jedermann* und im Wiener Theater in der Josefstadt auf. Auch nachdem sie ihren späteren Ehemann Rudolf Angerer kennengelernt hat, bleibt sie bei Lisa. Die Bindung zwischen Tochter und Mutter ist sehr eng, geradezu symbiotisch. Doch scheint Lisa realisiert zu haben, dass sich die Dinge ändern müssen: Sie plant, dem Paar nach seiner Heirat das Haus in Neustift zu überlassen, und hat für sich bereits eine Wohnung gefunden. Doch soll es nicht mehr so weit kommen.

Am 12. Oktober 1965 fühlt sich Lisa plötzlich unwohl, hat heftige Schmerzen in der Brust und im Oberbauch. Sie bittet Eva, ihr in der Apotheke ein Schmerzmittel zu besorgen. Als die Tochter mit dem gewünschten Medikament das Haus betritt, liegt Lisa leblos am Boden. Eine Aortaruptur hat zu einer inneren Blutung geführt, die Mutter ist wohl innerhalb weniger Minuten innerlich verblutet. Mit 72 Jahren erlischt so das Leben einer Frau, die sich ihr Schicksal bestimmt anders und einfacher vorgestellt hatte. Und die dem Leben trotzdem immer etwas Positives, Originelles und auch Schräges abgewinnen konnte. Ihrem Wunsch gemäß wird Lisa im nahe gelegenen Friedhof beigesetzt, in einem schlichten Grab und behütet von einem ungezähmten Vogelbeerbusch.

Für Mario geht mit dem Tod der Mutter ein prägendes Kapitel seines Lebens zu Ende. Das Jahr in Wien hat ihm gutgetan und ihm erlaubt, sich mit seiner Vergangenheit und Zukunft zu befassen. Er folgt dem Rat seiner Ärzte und konzentriert seine ganze Schaffenskraft auf die Romane. Obwohl er ein versierter Drehbuch-Autor ist, überlässt er die Scripts der Verfilmungen seiner Werke anderen. Es fehlt ihm die Zeit dazu, und er hätte es wohl nicht übers Herz gebracht, die nötigen Kürzungen, Vereinfachungen oder Verdichtungen seines Werks fürs Kino selber vorzunehmen.

Zwischen 1962 und 1972 wird der Autor sechs Bestseller schreiben, bereits die Startauflage umfasst jeweils mindestens 100 000 Exemplare. Er ist auf dem Höhepunkt seines Ruhms angelangt.

Ausbruch

Wieder einmal ruft Mario Marlene Dietrich an. Die beiden ungleichen Gesprächspartner sprechen nicht nur über Schauspieler, Regisseure, Filme und Bücher, sondern oft auch über Sex. Die Schauspielerin ist berühmt für ihre freizügige Lebensweise, Moralbegriffe interessieren sie nicht. Lange vor der heutigen Toleranz in solchen Fragen ist sie mehr oder weniger offen bisexuell und lustvoll polygam. So verbringt sie ihre Sommerferien vor dem Krieg mehrmals im Hotel »Cap-Eden-Roc« am Cap d'Antibes. Die Hotelchronik[2] vermerkt, dass sie 1938 und 1939 mit ihrem Ehemann, dem Regieassistenten Rudolf Sieber, dessen Geliebter Tami, ihrer Tochter Maria und ihrem Liebhaber Erich Maria Remarque erscheint und jeweils einige Wochen in Südfrankreich verbringt. Sie liest stundenlang, dekorativ ausgestreckt auf einer der bequemen Strandmatratzen des Hotels, im Schatten, um ihre legendären Beine vor der heißen Sonne zu schützen, sorgt aber dafür, dass das ganze Hotel weiß, wie makellos sie sind.

Die komfortablen Strandhütten des Hotels werden von den Gästen jeweils für die Saison gemietet. Hier ruhen sie nach dem Baden aus, lesen oder widmen sich anderen Aktivitäten. Zwischen den Holzhäuschen lässt es sich im Schatten der Pinien ganz diskret leben. Marlene hat es so eingerichtet, dass ihre Hütte gleich neben der von Joseph P. Kennedy liegt, dem amerikanischen Botschafter in England und Vater des späteren Präsidenten. Joe kreuzt vor dem Krieg jeweils mit seiner Frau Rose und allen neun Kindern im Alter zwischen sechs und dreiundzwanzig Jahren im Cap d'Antibes auf. Er hat eine der privaten Villen gemietet, verbringt jedoch die meiste Zeit im Hotelpark. Die Kennedys sorgen selbst im schicken Eden-Roc für Aufsehen. Sie sehen blendend aus, sind immer fröhlich und stets in Bewegung. Wie die Robben springen sie von den hohen Felsen ins Wasser, testen ihre neue Unterwasser-

Harpune und drehen Runde um Runde Wasserski im Schlepptau der eleganten Riva-Boote des Hotels. Joseph, der Patriarch, ist fünfzig Jahre alt, wirkt jedoch viel jünger. Auch er treibt stundenlang Sport und strotzt vor Selbstbewusstsein und Virilität. Marlene fühlt sich sogleich zu diesem Mann hingezogen, dessen politische Ideen jedoch meilenweit von ihren entfernt liegen. Kennedy unterstützt zwar Franklin D. Roosevelt, den demokratischen Präsidenten, bei seinem Wahlkampf 1936, doch als amerikanischer Botschafter in London erweist er sich als Anhänger von Neville Chamberlains Appeasement-Politik gegenüber Hitler und vertritt die Ansicht, dass dessen Aufstieg und Feldzug die USA nichts angingen. Wegen seines Defätismus und aufgrund des teilweise unverhohlenen Verständnisses für Nazideutschland gerät Joseph Kennedy nach Churchills Ernennung zum britischen Premierminister allerdings zunehmend in die Kritik.

Doch Marlene Dietrich scheint dies alles nicht zu kümmern. Eine leidenschaftliche Affäre beginnt. Natürlich lässt sie sich nicht geheim halten, die Schauspielerin gibt sich in dieser Hinsicht auch keine sonderliche Mühe, solche Details interessieren sie nicht. Rose ist wohl die Einzige, die nicht weiß oder wissen will, was sich einige Meter von ihr und den Kindern entfernt abspielt. Doch dann legt die britische Motorboot-Rennfahrerin Marion Barbara »Joe« Carstairs mit ihrem Segelschiff am Pier des Hotels an, und schon bald sind sie und die Diva ein Paar, Joe ist vergessen.

Die berühmte Schauspielerin interessiert sich auch als ältere Dame sehr für Körperliches. Ihre Telefonate mit Simmel drehen sich entsprechend oft um nicht ganz jugendfreie Themen. Und auch die kleinen Briefe und Karten, die sie ihm sendet, sind es nicht alle. Simmel wird später schmunzelnd sagen, es seien, neben langen, ernsten Briefen, auch »ziemlich schweinische« Dinge gesagt und geschrieben worden.[3] Marlene sei eben nicht nur ungeheuer gebildet, geistreich und voller Humor gewesen, sondern auch dem Sexus verbunden geblieben.

Nun will die bettlägerige Diva wissen, weshalb er seine Frau Lucie nach fast zwanzig gemeinsamen Jahren verlassen hat. Aber eigentlich kennt sie die Antwort schon oder kann sie sich denken: Der Alltag hat sich in die Beziehung eingeschlichen. Lucie ist nicht gesund, häufig müde, vielleicht machen ihr auch die Wechseljahre zu schaffen, sie muss oft das Bett hüten. Sie spürt den Altersunterschied zu dem dreizehn Jahre jüngeren Mario nun vermutlich deutlicher als früher. Während er auf dem Höhepunkt seines Erfolges steht, vor vollen Sälen liest und von attraktiven Schauspielerinnen umringt ist, die in den Verfilmungen seiner Bücher auftreten möchten, bleibt sie zu Hause in Starnberg, geht nicht mehr oft aus, zieht sich oft tagsüber nicht mehr richtig an, nimmt an Gewicht zu und ist unzufrieden. Und verzeiht ihm wohl auch weniger, wenn Mario auf seinen Reisen Abenteuer hat oder sie solche vermutet.

»Ich hatte das Gefühl, etwas verpasst zu haben«, erzählt er Marlene Dietrich. Wir wissen davon, weil er dieselbe Aussage viele Jahre später gegenüber einem Journalisten machen wird.[4] Er fühlt sich zunehmend unwohl und eingeengt in dieser Ehe. Dazu trägt wohl auch die Anwesenheit von Stieftochter Michaela bei, in der Familie Micki genannt, die eine rebellische Phase durchläuft und die hohen Erwartungen enttäuscht, die Mario in setzt. Kein Wunder: Er nimmt an, dass eine erstklassige Schulbildung in teuren Internaten zwangsläufig zu Höchstleistungen führt. Eine zweite Marie Curie habe er aus ihr machen wollen, eine Lise Meitner, gesteht er später. Dass Micki dies als Demütigung, Bevormundung oder als ein Abschieben einer unbequemen Stieftochter hat empfinden können, kommt ihm offenbar nicht in den Sinn.[5] Bei derart hohen Ansprüchen ist es fast schon logisch, dass Michaela den Weg des Protestes wählt. Sie hört zu Hause überlaut Popmusik, obwohl der Autor strikte Ruhe fordert, wenn er arbeitet. Und dies gilt jeden Morgen und Nachmittag, manchmal auch abends, sieben Tage die Woche. Wenn er nicht für ein neues Projekt recherchiert, Fakten zusammenträgt, Menschen interviewt und auf Reisen ist, zum Beispiel wegen Lesungen und Terminen mit Medienschaffenden, verbringt er mindestens acht Stunden täglich an seinem Schreibtisch, sitzt konzentriert auf seinem schönen, geschnitzten Eichenstuhl mit der hohen Lehne und widmet sich ganz seiner Tätigkeit. Er führt das Leben eines fleißigen Beamten und fährt nie in Urlaub, wie er 1980 der Schweizer Fernsehmoderatorin Heidi Abel[6] verrät. Er hat keine Hobbys außer Lesen, was er nachts tut, ist oft gereizt, ungeduldig und manchmal, nach eigenem Bekunden, gar grob, will von den Sorgen des Alltags, von den Nöten einer Heranwachsenden und vom Haushalt nichts wissen. Er liebt und verflucht seinen Beruf, hat Zweifel, dann wieder Phasen der Zuversicht. Er braucht den Zeitdruck für die Ablieferung eines Manuskriptes und fürchtet ihn dennoch. Der Autor des berühmten »Kaviars« isst nicht einmal besonders gerne, er ernährt sich, weil er ab und zu Hunger hat. Für Lucie kann dies nicht einfach gewesen sein, und ihre Bedürfnisse sind wohl oft zu kurz gekommen.

Doch finanziell steht die Familie nun auf soliden Füßen. Lucie gibt das Geld gerne aus, trägt Pelz und kauft auch ihrem Patenkind Lisa, der Tochter von Marios Schwester Eva, ein Pelzjäckchen. Vermutlich erwartet Lucie, dass das Leben nun in ruhigen, gesicherten Bahnen verläuft und der berühmte Autor an ihrer Seite würdig älter wird. Und tatsächlich deutet nach außen hin vieles darauf: Simmel ist zum arrivierten Wohlstandsbürger geworden. Er fährt ein schweres Auto, steigt bei Reisen immer in Nobelherbergen ab und wohnt sehr komfortabel am Starnberger See. Trotzdem beobachtet er Deutschland, sein eigenes Werk und sein Leben zunehmend mit kritischem Blick.

Die Wirtschaftswundernation hat sich verändert. Die vermeintliche Freiheit nach dem Zweiten Weltkrieg hat einer überbordenden Konsumeuphorie Platz gemacht. Die Vergangenheit ist vergessen, die Schatten des Dritten Reiches scheinen verblasst. Selbst Menschen, die während des Kriegs große Schuld auf sich geladen haben, werden nicht verfolgt oder profitieren von Amnestien. Das Fachwissen von Richtern, hohen Verwaltungsangestellten und Unternehmern, die aktive Parteimitglieder oder Angehörige der SS waren, ist gefragt, in gewissen Bereichen gar unerlässlich. Plötzlich werden viele Augen zugedrückt; der neue Feind heißt Kommunismus – eine Zeitstimmung, die auch in den USA vorherrscht. In diesen Jahren ist Mario trotz seines immensen Erfolgs manchmal depressiv, verzweifelt, hoffnungslos. Er erzählt später, er habe sich einmal mitten in der Nacht im dichten Nebel auf die Autobahn zwischen München und Salzburg gestellt und darauf gewartet, von einem Auto erfasst zu werden. Aber es sei weit und breit kein Auto zu sehen gewesen, sodass er wieder in seinen Opel Diplomat gestiegen und unverrichteter Dinge nach Hause gefahren sei. Es gibt für diese Aussage natürlich keine Zeugen, und es kann durchaus sein, dass sie Marios Fantasie entsprungen ist. Doch liegt die Vermutung nahe, dass er sich in jener Zeit eine solche Verzweiflungstat durchaus konkret vorgestellt hat. Was weiß oder ahnt Lucie davon? Zieht er sie ins Vertrauen über seine düsteren Gedanken, oder sind sich die beiden früher so nahen Partner fremd geworden?

Der Schriftsteller denkt öfter an die Wiener Jahre und die Erlebnisse seiner Jugend zurück. Vieles davon verarbeitet er in dem Schlüsselroman *Und Jimmy ging zum Regenbogen*. Die Geschichte eines Jungen und seiner Mutter hat auffallende Parallelen zu Jan und Lisa. Der Roman-Junge ist, wie Simmel, »Mischling Ersten Grades«, sein Vater flieht nach England und arbeitet für die BBC. Auch die Roman-Mutter kämpft wie eine Löwin ums Überleben der Familie. In ihrer Verzweiflung will sie ihren Sohn vor dem Zugriff der Nazis schützen, indem sie vorgibt, er sei nicht der Sohn ihres jüdischen Ehemannes, sondern das Ergebnis eines Seitensprunges mit einem arischen Mann. Solche Vaterschaftsklagen sind in diesen Jahren sehr verbreitet. Sie fordern allen Beteiligten viel ab, denn ein Anwalt muss gefunden und bezahlt werden, die Verfahren dauern ewig, Zeugen müssen vernommen und vermeintliche Beweise für die eheliche Untreue und die Zerrüttung der Beziehung gefunden werden. Zudem ist natürlich ein Zeugnis eines Mannes erforderlich, der vorgibt, der leibliche Vater des Kindes zu sein. Auch Lisa Simmel hat sich, um ihre Kinder zu schützen, dieser Tortur unterworfen. Die Gerichtsakten im Wiener Stadt- und Landesarchiv[7] zeigen, dass die minderjährigen Johannes Mario und Eva Susanne, vertreten durch ihre »Mutter und Vormünderin« Elise Simmel und den Rechtsanwalt Paul Kaltenegger, im Dezember 1942 eine Klage zur Bestreitung der Ehelichkeit eingereicht haben. Dabei ist Walter die beklagte Partei, er wird vom Kurator Erwin Ritter von Spaun vertreten.

Lisa sagt aus, dass ihre Ehe mit Walter von Beginn an nicht glücklich gewesen sei, dass sie ihn gar gegen den Willen ihrer Familie geheiratet habe. Sie hätten zu unterschiedliche Auffassungen vom Leben gehabt. Während sie sich als kunstsinnig und gebildet beschreibt, habe ihr Mann sich nur fürs Geschäft interessiert, sei ihr zudem untreu gewesen und hätte eine Vorliebe für »abstoßende Sexualpraktiken« gehabt. Er habe sie oft allein gelassen und zu viel Geld ausgegeben, sodass sie ihn sogar habe unterstützen müssen. Wohl auf Anraten ihres Anwalts führt Lisa viele Klischees auf, die bei den nationalsozialistischen Behörden auf offene Ohren stoßen sollen: Die gebildete, zarte Arierin stellt sich als Opfer eines zynischen, kaltherzigen und ehebrecherischen jüdischen Ehemannes dar.

Lisa gibt zu Protokoll, dass sie Leopold Rochowanski 1922 in der Nationalgalerie kennengelernt habe. Sie hätten sich gut verstanden, viele gemeinsame Interessen gehabt und seien sich immer näher gekommen. Ihre Ehe sei unglücklich gewesen, und der junge Mann habe sie getröstet, worauf es zu intimem Verkehr gekommen sei. Eine jahrelange Beziehung, die wir heute mit »On-Off« umschreiben würden, habe damals ihren Anfang genommen. Dann habe Rochowanski geheiratet, und auch die Eheleute Simmel hätten sich wieder besser verstanden. Doch habe der

Liebhaber Lisa oft in Mödling besucht, was auch die Vermieterin bestätigt. So seien sowohl Mario als auch Eva gezeugt worden. 1930 sei die junge Frau erneut schwanger geworden, dieses Mal von ihrem Ehemann, doch habe sie dieses Kind abtreiben lassen.

Als Zeugen treten, neben der Vermieterin und dem angeblichen Kindsvater, auch Mila Blehova und die Kinder auf. Sie sollen bezeugen, dass sich die Eheleute »nicht gut« waren. Und es soll auch deutlich werden, dass Walter kein guter, liebevoller Vater gewesen sei. Während Mario mit seinen achtzehn Jahren alt genug ist, um den Grund dieses Verrats zu begreifen, ist es für die vierzehnjährige Schwester schwieriger. Als sie gefragt wird, ob sie ihren Vater Walter lieb habe, bejaht sie offenbar laut und deutlich. Dies spricht für ihre Ehrlichkeit, ist aber dem Sinn der Sache nicht unbedingt dienlich.

Wir müssen davon ausgehen, dass wenig von dem stimmt, was hier einem Gerichts-Stenografen diktiert wird: Die ausführlichen, intimen und demütigenden Aussagen, die Lisa zu Protokoll geben muss, lassen ermessen, wie heikel die Argumentation für sie ist. Wie soll sie erklären, dass sie sich erst 1938 von Walter scheiden lässt, obwohl die Beziehung offenbar von Beginn an unglücklich war? Weshalb kehrt sie immer wieder zu ihrem Ehemann zurück?

Leopold Wolfgang Rochowanski, der mutige Freund in der Not, ist Schriftsteller. Die Familien Simmel und Rochowanski kennen sich gut, bis zum heutigen Tag. Dass der österreichische Schlesier sich bereit erklärt, die Vaterschaft der beiden Kinder zu übernehmen, ist bemerkenswert, denn in den 1940er-Jahren ist er selber gefährdet. Wegen seiner politischen Äußerungen wird er von den Nationalsozialisten nach dem Anschluss mit einem Publikationsverbot belegt.

Nach Einreichung der Klage und der Zeugenvernehmung werden Lisa, ihre beiden Kinder und Rochowanski nach allen Regeln der nationalsozialistischen Rassenkunde anthropologisch und erbbiologisch untersucht. Das liest sich in den Gerichtsakten dann so:

»Der Erstkläger, Johannes Mario SIMMEL, hat einen sehr langen Kopf von mittlerer Breite und mittlerer Höhe mit mesokephalem Index, hinterständigem Ohr, steiler Stirn und gewölbtem Hinterhaupt. Das Gesicht ist sehr hoch und schmal bei schmalem Untergesicht, langovalem Umriss und opisthognathem orthorrhinem und orthocheilem Vertikalprofil. Der Oberlidraum ist mäßig hoch, die Deckfalte sehr leicht, der Brauenstrich winkelig, breit und mäßig dicht. Die Nase ist hoch und von mittlerer Breite mit mäßig breiter, sehr hoher Wurzel, mäßig breitem, geradem Rücken und mäßig breiter, runder Spitze, rundbogigem Flügelrand und kielförmigem Nasenbogen. Die hohe Hautoberlippe ist fast gerade, die Mundspalte klein, die Schleimhautunterlippe breit, die niedrige Hautunterlippe konkav, das Kinn hoch. Die schlichten Haare sind braun, die Augen gelbbraun, der Körperwuchs ist groß. (...)
In ihrem rassischen Erscheinungsbild zeigen die beiden Prüflinge keine Merkmale, aus denen auf eine jüdische Abstammung geschlossen werden müsste. Daraus darf aber nicht der Schluss gezogen werden, dass sie unmöglich von einem Juden gezeugt worden sein können. Beim gesetzlichen Vater der Prüflinge treten jüdische Züge zwar deutlich, aber doch nicht in solcher Häufung zutage, dass mit großer Wahrscheinlichkeit ihr Vorhandensein bei seinen Kindern mit einer deutschblütigen Frau zu erwarten wäre.«

Leider zeigen die Blutanalysen in den Gerichtsakten, dass der Schriftsteller Rochowanski nicht der leibliche Vater der Kinder sein kann: »Die Untersuchungen erfolgten nach zwei Methoden, unter Verwendung verschiedener, durch Vorproben ausgewählter, hochwertiger, spezifischer Seren und wurden fallweise durch Absorptionsversuch überprüft. (...) Es ergab sich folgendes: Simmel Elise: Blutgruppe A1, Faktor M, Simmel Johannes und Eva, Blutgruppe 0, Faktoren MN, Rochowanski Leopold, Blutgruppe A1, Faktor M. Wenn auch Leopold Rochowanski auf Grund der

Verteilung der klassischen Blutgruppen nicht als Erzeuger der beiden Kinder auszuschließen ist, so ist dies jedoch auf Grund der Faktorenverteilung möglich. (...) Zusammenfassung: Leopold Rochowanski ist auf Grund der Faktorenverteilung als Erzeuger der beiden Kinder auszuschließen.«[8]

Die Klage wird deshalb im Herbst 1943 abgewiesen. Lässt sich Lisa dadurch entmutigen? Natürlich nicht. Es gelingt der Mutter Courage und ihrem Anwalt, den Prozess erneut aufzurollen, denn es sind neue Elemente aufgetaucht: Lisa »erinnert« sich plötzlich, dass sie rund um die Empfängniszeit von Mario und Eva neben dem Schriftsteller auch noch intime Beziehungen zu Ludwig Steinmetz, einem pensionierten Revisor der Postsparkasse, gepflegt hatte. Klugerweise haben die Klägerin und ihr Anwalt dieses Mal einen leiblichen Vater gefunden, der nicht nur ledig und kinderlos ist, sondern bereits verstorben, sodass eine nachträgliche Blutanalyse unmöglich ist.

Ein erstes – negatives – Urteil wird am 23. September 1944 gefällt. Lisa geht in Revision und schafft es, dass diese erst im Dezember 1944 definitiv abgewiesen wird. Sie hat also zwei Jahre Schonfrist für ihre Kinder erwirkt, auch wenn sie – weil sie die Unterlagen für die Anwendung des Armenrechts nicht aufbringen kann – alle Kosten des Verfahrens tragen muss.[9]

Die Historikerin Michaela Raggam-Blesch vom Institut für Zeitgeschichte der Universität Wien arbeitet an einem Habilitationsprojekt zu »Mischehefamilien«. In ihrer Publikation *Alltag unter prekärem Schutz* beschreibt sie, dass Ehen zwischen Juden und Nichtjuden, von den Nationalsozialisten als »Mischehen« bezeichnet, dem Regime stets ein Dorn im Auge gewesen seien, da sie im ideologischen Sinn »Rassenschande« bedeuteten. Zwar sind jüdische Menschen, die in solchen »Mischehen« verheiratet sind, eine Zeit lang besser vor Verfolgung geschützt, wie das Beispiel der Ehefrau des deutschen Philologen und Romanisten Victor Klemperer zeigt. Doch ist der Druck auf die Menschen, die in einer solchen Mischehe leben, immens. So wird von nicht jüdischen Frauen erwartet, dass sie sich von ihrem jüdischen Partner scheiden lassen. Viele Scheidungen erfolgen nach der Emigration des jüdischen Ehemannes, wobei nicht wenige nach dem Krieg die Scheidung für ungültig erklären und wieder als Paar zusammenleben. Diese Scheidungen verdeutlichen den Zwang, dem die nicht jüdischen Ehefrauen im NS-Regime ausgesetzt waren. Auch Lisa lässt sich 1938 von Walter »scheiden«.

Die Historikerin Michaela Raggam-Blesch sagt, dass Klagen wie diejenige von Lisa Simmel keine Einzelfälle waren. Sie könnten als Versuch gelesen werden, die Kinder so weit wie möglich zu schützen. In einigen Fällen sei solchen Einsprüchen einer jüdischen Vaterschaft tatsächlich stattgegeben worden. Da jedoch diese Anträge häufig wurden, behandelte man sie in späteren Jahren sehr rigide und entschied nur mehr in Einzelfällen zugunsten der Antragstellerinnen.[10]

Die Gerichtsakten zeigen, dass Lisa nichts unversucht lässt, um ihre Kinder der Willkür zu entziehen. Wir können den Spagat, den sie in diesen Jahren vollbringen muss, nur erahnen: Tagsüber muss sie ihre Beziehung zu ihrem Mann im Exil in den Schmutz ziehen, abends kriecht sie unter großer Gefahr unter die Decke, um seine Stimme im Rundfunk zu hören, wie Lisa Simmel Wiener Freunden erzählt. Wie geht die stolze Frau wohl damit um, dass sie in den Augen der Nachbarn als Frau mit niedriger Moral dasteht, die zur gleichen Zeit mit drei Männern ungeschützten Verkehr hatte? Wie erträgt sie die prüfenden oder gar abschätzigen Blicke, mit denen sie vor Gericht gemustert wird?

Mario selber verarbeitet die Kriegsjahre und eine solche Vaterschaftsklage in dem bereits erwähnten Werk *Und Jimmy ging zum Regenbogen*[11]. Die schöne Agentin Nora Hill, mit Haut wie Alabaster und tiefschwarzem Haar, besucht darin die Mutter Valerie Steinfeld und berichtet ihr, dass es ihrem nach London geflüchteten Ehemann gutgehe und dieser eine kleine Wohnung in der Eaton Mews South Nr. 30 gefunden habe. Und dass er, nachdem er endlich die Aufenthalts- und Arbeitsgenehmigung erhalten habe, als Nachrichtensprecher im Deutschen Dienst der BBC arbeite. Valerie ist überglücklich, auf diesem Weg von ihrem Mann Paul zu hören. Sie staunt, als die Agentin ihr in seinem Namen aufträgt, dass sie alles tun müsse, um ihr Kind Heinz zu schützen.

»Valerie war hochgefahren. Ihr Gesicht wurde grau. Die Augen flackerten wieder.
›Schützen? Ist er denn in Gefahr, der Heinz?‹
›Ja‹, sagte Nora. Ich muss nun brutal sein, dachte sie. Ich kann es ihr nicht ersparen. Deshalb bin ich ja hier. Ich kann nicht ewig darum herumreden.
›Hören Sie, Fräulein Hill, der Bub ist alles, was ich habe! Wenn ihm etwas zustößt ...‹
›Es stößt ihm nichts zu.‹
›Aber Sie sagen doch, er ist in Gefahr?‹
›In Gefahr, ja, das ist er. Aber es wird ihm nicht das Geringste passieren, wenn Sie genau tun, was ich empfehle – was Ihr Mann empfiehlt. Es handelt sich um eine reine Vorsichtsmaßnahme.‹
›Was heißt Vorsichtsmaßnahme?‹
Nora sagte leise: ›Frau Steinfeld, Ihr Mann ist doch Jude. Sie sind Arierin, wie man so sagt. Also ist Ihr Sohn ein sogenannter Mischling Ersten Grades.‹
Nora wird Valerie klarmachen, wie dünn das Eis unter den Füßen der Zurückgebliebenen in Wirklichkeit ist. Und sie wird ihr auftragen, dass sie Klage gegen ihren Ehemann einreichen soll: ›Und der Anwalt, zu dem Sie gehen sollen, heißt Forster. Otto Forster. Seine Kanzlei hat er in der Rotenturmstraße.‹«

Nora gibt Valerie genaue Instruktionen.

»›Mein Gott, können Sie das denn nicht verstehen? Ich bin wie vor den Kopf geschlagen. Sie kommen und sagen mir, ich soll einen Prozess führen ...‹

›Ihr Mann sagt das. Ihr Mann bittet Sie darum. Ihr Mann rechnet fest damit, dass Sie tun, worum er Sie bittet.‹
›Ach, aber er sitzt draußen, wir sitzen hier ... Wenn es das Falsche ist, was ich tue ... wenn ich den Heinz damit erst recht ins Unglück stürze ... Ein so braver Bub ist das ... nichts Unrechtes tut er ...‹
›Was das den Nazis egal ist!‹«[12]

Ganz offensichtlich versucht Simmel hier, ein dunkles Kapitel der Familiengeschichte literarisch aufzuarbeiten und zu verstehen, was im Kopf seiner Mutter vorgegangen sein muss. Und wohl auch seine eigenen widersprüchlichen Gefühle gegenüber dem geflohenen Vater einzuordnen. Es ist schwer vorstellbar, dass er aufgrund des Loyalitätskonflikts nachträglich keine Gewissensbisse gehabt hat. Wurde auch er ein direktes Opfer der nationalsozialistischen Erziehung und Geisteshaltung, wie es im Roman für den jungen Heinz Steinfeld beschrieben wird? Wurde auch Simmels jugendlicher Idealismus missbraucht? Wir sind auf Mutmaßungen angewiesen.

Doch die attraktive Agentin habe es tatsächlich gegeben, wird der Autor später erzählen, sie habe für Admiral Canaris gearbeitet. Leider sagt er nicht, wie dieses sonderbare Verhältnis zustande gekommen ist. Die Abwehr unter Canaris hätte wohl kaum Interesse daran gehabt, Botengänge zwischen geflohenen Juden in England und deren Familien in Österreich zu übernehmen, wenn sich dies nicht gelohnt hätte. Verfügt Simmels Vater über Informationen, die für den deutschen militärischen Nachrichtendienst interessant waren? Könnte dies ein Indiz dafür sein, dass Walter Simmel zur Spionage gezwungen wurde, um seine Familie zu schützen, zum Beispiel bei der erwähnten Radar-Anlage in Malvern bei Worcester? Oder handelt es sich hier um eine der berühmten Abenteuergeschichten, die Mario zu vorgerückter Stunde seinen Freunden erzählt? Fest steht zumindest, dass seine familiäre Tragödie, in dem es auch um Experimente mit chemischen Waffen und Substanzen geht, mit dem Roman so stark verwoben ist, dass man ihn als einen seiner Schlüsselromane bezeichnen kann. *Und Jimmy ging zum Regenbogen* erscheint 1970, ist auf Anhieb ein Bestseller und wird noch im selben Jahr von Alfred Vohrer verfilmt.

Wie müssen wir uns Simmel zum Zeitpunkt der Publikation des Werks vorstellen? Fotos, die Hilde Zemann 1970 für ein Interview mit der Zeitschrift *Epoca*[13] aufnimmt, zeigen einen übergewichtigen fünfzigjährigen Autor mit aufgedunsenem, blassem Gesicht. Auch Ehefrau Lucie ist nicht mehr die zierliche Tänzerin, die Mario vor zwanzig Jahren kennengelernt hat. Sie wirkt matronenhaft und brav. Zwar lächelt sie breit in die Kamera, doch wirkt die Heiterkeit aufgesetzt. Als feinfühlige Person spürt sie bestimmt, dass ihr Mann rastlos und unzufrieden geworden ist. In der Mitte seines Lebens angelangt, auf der Höhe seines Ruhms – und voller Selbstzweifel.

Ein banaler Flugstreik bringt das Fass zum Überlaufen. Auf dem Weg nach Rom strandet der Schriftsteller in Nizza. Er beschließt spontan, seiner früheren Geliebten aus dem zerbombten Wien, Helena Poszvek, einen Besuch abzustatten. Sie ist mittlerweile verwitwet und lebt seit zwanzig Jahren in Cannes. Wie der Autor 1982 Joachim Fuchsberger augenzwinkernd erzählen wird, ruft er sie von seinem Hotelzimmer aus an und kommt mit Blumen vorbei.[14] Er hat zwei Szenarien vorbereitet für dieses Wiedersehen mit der Frau, die seine Gedanken vor langer Zeit so sehr beschäftigt hat: Ein netter Abend und ein Wiedersehen unter Freunden, falls sie wieder geheiratet hat. Oder ein netter Abend unter vier Augen, und er bleibt gleich da. Interessant ist, dass er offenbar gar nicht damit rechnet, von Helena zurückgewiesen zu werden. Und er täuscht sich nicht: Aus dem Abend werden … zehn Jahre. Sie beginnen leidenschaftlich und enden ebenso, aber aus unterschiedlichen Gründen.

Luft des Südens

In dem Roman *Die Antwort kennt nur der Wind* wird der Versicherungsinspektor Robert Lucas nach Südfrankreich entsandt, um einen möglichen Versicherungsbetrug aufzuklären. Er kommt in Cannes an, ist für das mediterrane Klima völlig unpassend angezogen und fühlt sich deplatziert. Zumindest so lange, bis er der hinreißenden Angela begegnet. Sie wohnt im obersten Stockwerk eines Apartmenthauses mit einer riesigen umlaufenden Terrasse, die sie mit unzähligen Topfpflanzen in einen duftenden, blühenden Garten verwandelt hat. Die Begegnung mit ihr elektrisiert ihn. Sie ist groß gewachsen, geht meist barfuß, hat flammend rotes Haar und duftet »nach frischer Luft und Sonne«. Welcher Kontrast zu seiner nörgelnden deutschen Ehefrau, die ihn ungekämmt, schlecht gelaunt und im Morgenrock empfängt, wenn er nach Hause kommt. Angela bewegt sich im mondänen Milieu von Südfrankreich wie ein Fisch im Wasser, und an ihrer Seite lernt Robert das schillernde Society-Leben kennen. Er fasst seinen Entschluss, lässt sich von seiner Frau scheiden und bricht alle Brücken nach Deutschland ab.

Simmels Gefühlslage in diesen ersten, berauschenden Jahren am Mittelmeer ist konzentriert in dieses sehr autobiografische Buch eingeflossen. Es ist Agnelet gewidmet. Diesen kryptischen Hinweis können nur Insider deuten: Mario hatte Helena in ihrer ersten Zeit in Wien »Lämmlein« genannt, was auf Französisch *agnelet* bedeutet.

Angela spürt rasch, dass es Robert nicht gut geht. Sie hilft ihm dabei, sich neu zu erfinden, und führt ihn erst einmal zu einem Herrenschneider. In seiner neuen, hellen, schmal geschnittenen Hose, im leichten Hemd und in bequemen Slippers beginnt Robert, in jeder Hinsicht Ballast abzuwerfen. Welche Wohltat ist es, die steifen und viel zu warmen Anzüge, die er aus Deutschland mitgebracht hat, abzulegen. Und mit ihnen die erstickenden Verpflichtungen seines bisherigen Lebens. Alles ist neu und betörend in Cannes: die lang gezogene Bucht; das stete Rauschen des glitzernden Meeres; die gut gelaunten, tief gebräunten Menschen in ihren leichten, luftigen Kleidern; der funkelnde Schmuck von Van Cleef & Arpels, den ihm der sympathische Juwelier Jean Quemard so einfühlsam verkauft; das Essen; der Duft der Blüten, süß, schwer und betörend, den er tief einatmet, wenn er auf Angelas Terrasse steht. Angela macht einen anderen Menschen aus Robert. Sie sagt ihm: »Sie waren so ... so erledigt, als Sie zu mir kamen. Gebrochen und kaputt und gedemütigt. Aber jetzt sind Sie es nicht mehr! Jetzt sind Sie schon viel gelöster und fröhlicher.«[15]

Wie sein Alter Ego fühlt sich bald auch Mario wieder jung und zuversichtlich und blickt mit Wohlgefallen auf sein Spiegelbild in den Schaufenstern. Er ist schlanker geworden, steht wieder aufrecht da. Um die Verwandlung perfekt zu machen, lässt er sich von einem renommierten Zahnspezialisten in Cannes in monatelanger Arbeit eine Reihe prächtiger Jacketkronen verpassen. Auch für seine Arbeit ist der Ortswechsel positiv; der Schriftsteller lässt sich von der südlichen Atmosphäre inspirieren. Noch kann er den Gedanken an die Zukunft verdrängen, doch die Realität holt ihn ein.

Wie die verlassene Ehefrau Karin im Roman schätzt auch Lucie es gar nicht, über Nacht zurückgelassen zu werden, noch dazu für eine jüngere Frau. Früher hat sie Mario vieles verziehen und wollte nie so genau wissen, was er auf seinen Reisen alles treibt, doch nun bricht ein bitterer Rosenkrieg aus. Karin alias Lucie schreit, beschimpft ihren abtrünnigen Ehemann mit ordinären Worten und droht ihm.

Der Autor zieht aus dem Haus in Starnberg aus und mietet im Arabella-Haus in München eine Junggesellenwohnung. Lange kann er dort nicht bleiben, denn ein Klatschkolumnist macht seine Wohnungs- und Telefonnummer öffentlich, und der Autor wird mit Anrufen und Angeboten wohlmeinender Menschen, meist Damen, bombardiert. Er erhält so viele Blumen, dass er fast erstickt. Sein Umzug in eine weitere kleine Wohnung erfolgt denn auch sehr diskret.

Offenbar gelingt es dem Paar dennoch, eine einvernehmliche Lösung zu erzielen. Im März 1976 lassen sich Mario und Lucie in Wien scheiden. Und beenden ihre Ehe bei einem letzten gemeinsamen Mittagessen im Hotel »Imperial«, das in der Familie Simmel eine so große Rolle spielt. Dort, wo Vater Walter sein Jahresappartement hatte, wo seine Eltern ein und aus gingen und wo auch Mario selber bei seinen Aufenthalten in Wien stets wohnt, sitzen die beiden frisch Geschiedenen gemeinsam zu Tisch. Sie ahnen nicht, dass sie viele Jahre später wieder dorthin zurückkehren werden, gemeinsam und für immer.

Formen wie eine Rennjacht

Mario ist nie verlegen um Adjektive für geliebte und bewunderte Frauen. Er rühmt sich geradezu, Frauen auf den ersten Blick anzusehen, ob sie eher zur Kategorie Rehlein, Lämmlein, Hörnchen oder doch eher zu den toxischen Frauen, den *femmes fatales*, gehören. Diese gönnerhafte Einstellung mutet heute anachronistisch und befremdend an. Doch ist sie durchaus salonfähig in der Mitte des letzten Jahrhunderts.

Bei Simmel lesen sich solche genüsslich verfassten Passagen dann so:

»Die höchstens 25-jährige Stewardess schminkte sich. Sie besaß die Formen einer Rennjacht, schräge Augen, hohe Backenknochen, goldbraunen Teint und wundervolles kastanienbraunes Haar, das ihr in weichen Wellen in die schöne Stirn fiel. Sie wirkte kühl und scheu. Ein Rehlein ... Thomas kannte die Gattung. Er wusste genau, was er da vor sich hatte. Wenn so ein wandelnder Eiszapfen zu schmelzen begann, gab es kein Halten mehr.«[16]

Im Filmgeschäft, das Mario als Insider kennt, war diese Einschätzung von jungen Frauen gang und gäbe. Die meist älteren Herren, die als Produzenten, Regisseure, Drehbuchautoren oder Geldgeber an einem Film beteiligt sind, können sich ein Urteil über jedermann bilden und haben freie Hand. Zumindest glauben sie dies.

Wie sehen dies die Frauen? Sind sie tatsächlich zu vielem bereit, um eine Rolle zu erhalten? Sicher ist: Der Konkurrenzkampf ist gnadenlos. In Filmmetropolen wie Los Angeles, Berlin oder München leben unzählige talentierte Schönheiten, viele mit einer soliden Schauspielausbildung. Bei Castings drängeln sich also Hunderte hoffnungsvoller junger Menschen, warten zum Teil stundenlang auf ihren Auftritt und buhlen um die Gunst der Entscheidungsträger. Die Geschichten und Klischees zum Thema »Casting Couches« sind legendär. Ob sie der Wahrheit entsprechen, wissen meist nur die Beteiligten. Wenige Schauspielerinnen sind so offen wie Hannelore Elsner, die in ihrer Autobiografie[17] eine Szene beschreibt, in der einer der Filmproduzenten sie nach Hause begleitet. Und es bei der Fahrt belässt, weil sie so naiv und fröhlich wirke. Dabei sei es eigentlich unter den Herren der Crew ausgemacht gewesen, dass sie in dieser Nacht für ihn bestimmt sei ...

Simmel beschreibt in seinem Roman *Niemand ist eine Insel*, wie das Double der Hauptdarstellerin nach Drehproben einem der anwesenden Herren beim Abschied einen Zettel mit einer Telefonnummer zusteckt. Zumindest geht die Initiative von ihr aus, und so ist anzunehmen, dass sie weiß, was dies bedeutet. Bis zu dem Skandal um Harvey Weinstein, der im Oktober 2017 erstmals beschuldigt wird, eine große Zahl von Frauen sexuell belästigt und bedroht zu haben, waren solche Methoden zwar bekannt, wurden aber von allen Beteiligten toleriert oder totgeschwiegen. Niemand spricht gerne darüber. Die Schauspielerinnen wollen nicht den Eindruck erwecken, sie hätten sich hochgeschlafen. Und die Bosse der Filmstudios schweigen sowieso, ebenso ihre Umgebung.

Auch Mario wird seine Abenteuer mit Schauspielerinnen und Frauen, die er bei seinen Recherchen und Reisen kennengelernt hat, stets eher diskret behandeln. Oder er schmückt diese Episoden, wenn er zum Beispiel »Herrenmagazinen« Interviews gibt, so üppig aus, dass sie schon fast komisch wirken und wohl auch nicht ganz stimmen. Unbestritten ist, dass er sehr charmant sein kann, ein liebenswert tapsiger Don Juan, der von Zeitzeugen als *very flirtatious* geschildert wird. Elke Heidenreich, mit der Mario viele Jahre befreundet ist, schildert ihn als großzügig, ritterlich, sehr schüchtern, als Mann der alten Schule, empfindlich, klug und sehr belesen.[18] Er mag moderne, begabte und selbstbewusste Frauen und fördert diese auch, wie das Beispiel von Angelika Schrobsdorff zeigt. Die drei Jahre jüngere Berlinerin, die als »Halbjüdin« verfolgt wurde, also ein ähnliches Schicksal wie Simmel erleidet, kehrt 1947 mit ihrem amerikanischen Ehemann aus Bulgarien nach Deutschland zurück. Sie wird für Mario Manuskripte tippen und auch selber Kurzgeschichten schreiben. Er ermutigt sie, diese gesammelt herauszugeben, und 1961 erscheint der Band *Die Herren*[19], der damals wegen seiner Freizügigkeit für Aufsehen sorgt. Dass auch Simmel zu den Liebhabern der attraktiven Frau gezählt hat, ist durchaus denkbar. Sie entspricht genau seinem Beuteschema.

Zeit seines Lebens wird Mario Frauen lieben, verehren, geradezu auf Händen tragen und auch anständig behandeln. Außer wenn Ehefrauen in seinen Augen in Ungnade gefallen sind und in einem nächsten Roman unfreiwillig als Xanthippe auftauchen.

Bisweilen wird der Autor von Kritikern dafür verspottet, dass alle Romane sich um eine Liebesgeschichte drehen. Zwingend. Als erfolgreicher ehemaliger Journalist kennt Simmel die Macht der Gefühle. Er weiß, dass Menschen, die dem Alltag entfliehen wollen, eben gerne eintauchen in Romantik und Leidenschaft. Die Liebesgeschichte gehört zur »Verpackung«, mit der er ernste, unpopuläre und schwierige Themen so raffiniert umhüllt, dass man einen Roman stets als Ganzes wahrnimmt und liest. Es ist unmöglich, Verpackung und Inhalt zu trennen, und für dieses Resultat scheut Simmel keine Mühe. Er recherchiert akribisch und lässt sich dabei auch oft von Experten beraten. In vielen Städten der Welt hat er Bekannte, die für ihn vor Ort gewisse Dinge überprüfen. So hat sein Freund Michael Moser, der langjährige Chef-Concierge des Wiener Hotels »Imperial«, in der Peter-Jordan-Straße für Simmel nachgeschaut, ob dort Kastanienbäume wachsen. Oder er lässt über einen Bekannten prüfen, ob eine gewisse Telefonkabine in Kairo auch tatsächlich dort steht, wie er es in seinem Buch *Alle Menschen werden Brüder* beschreibt. Sein alter Freund, der Juwelier Jean Quemard, den er Anfang der Siebzigerjahre als Geschäftsführer von Van Cleef & Arpels in Cannes kennengelernt hat, wird ihm zwanzig Jahre später für *Liebe ist die letzte Brücke* noch eine wertvolle Information über Schmuck und Amulette liefern. Mario dankt ihm und seiner Frau Monique und schickt mit Sicherheit ein Exemplar des Buches mit einer Widmung an die Côte d'Azur. Kein Detail ist zu klein, um nicht kontrolliert zu werden, das hat Simmel als Reporter gelernt. Bis zu 250 000 D-Mark steckt er in die Vorabklärungen, Recherchen und Informationsbeschaffungen eines Romans.[20] Die Liebesgeschichte mildert nicht nur das häufig sperrige Thema seiner Romane, lockert die Handlung auf und sorgt für die nötige Prise Menschlichkeit. Sie gibt auch Hoffnung, denn für Mario bedeutet Liebe stets Zukunft und Glauben an eine bessere Welt. Seine Liebenden haben ihre Rituale, geben sich oft Kosenamen, haben »ihren Tisch« in einem Restaurant, »ihr Lied«, »ihren Rückzugsort«. Da die Lieder in Simmels Romanen so wichtig sind, erscheint im Anhang dieses Buches ein Link mit einer Playlist. Leserinnen und Leser können mit den

Songs musikalisch in Marios Welt eintauchen und dabei den Gedanken und Gefühlen des Autors und seiner Romanfiguren näherkommen.

Es würde zu kurz greifen, Simmels Frauenfiguren als bloße Objekte zu bezeichnen. Er hat Charaktere geschaffen, die wunderbar selbstbewusst, clever und durchsetzungsfähig sind. Die Bandenchefin Chantal im »Kaviar« ist unbestritten eine äußerst emanzipierte Frau. Auch die Inhaberinnen von Bordellen werden vom Autor meist mit Hochachtung und Respekt beschrieben. Er zeichnet Porträts von Geschäftsfrauen, Wissenschaftlerinnen, Journalistinnen und Ärztinnen. Marios Freund, der österreichische Publizist und Historiker Peter Huemer, geht sogar so weit zu sagen, dass Simmel auf seine Art ein Feminist gewesen sei. Weil er so unbedingt an starke Frauen geglaubt, ihnen vertraut und zugetraut habe, dass sie die Welt wenigstens ein bisschen besser machen können. Die Schauspielerin Iris Berben, die dem Autor sehr nahestand, kann dies bestätigen: Im Laufe ihrer unzähligen nächtlichen Telefongespräche habe sie immer wieder feststellen können, dass der Glaube an die Macht der Frauen ihn zumindest vorübergehend beruhigt und versöhnt habe. Er habe selbstbewusste Frauen geliebt und verehrt, habe dabei stets »lieber Weiber als Walzen« gehabt.[21] Man könnte hinzufügen, dass der Autor, anders als viele seiner Geschlechtsgenossen, sich von intelligenten Frauen offenbar nie eingeschüchtert fühlte und zeit seines Lebens empfänglich bleibt für die Kombination von Hirn und Herz.

1999, anlässlich des Erscheinens von *Liebe ist die letzte Brücke*, wird Mario vom *Spiegel* gefragt, was an seiner Person Frauen fasziniere: »Ich bin kein Robert Redford, natürlich nicht. (...) Aber es gibt da manches, das sie an mir mögen. Zum Beispiel gehe ich stundenlang mit ihnen einkaufen. Ich kann in Boutiquen sitzen und nach vier Stunden sagen: ›Können wir das erste Kleid noch mal sehen?‹ Ich bin immer sehr unterhaltsam und romantisch, aber ich kann auch ein guter Kumpel sein. Und das Wichtigste: Ich habe mir immer viel Zeit gelassen. Besonders bei einer Sache.«[22] Die Frauen mögen den Schriftsteller also, und er dankt es ihnen, indem er ihre Rolle in seinen Romanen stets besonders liebevoll gestaltet. Anders sieht es mit Familien aus. Albrecht Weber kommt in seiner Analyse *Das Phänomen Simmel* von 1976 zu dem Schluss, dass es bei dem Autor kein Beispiel einer intakten Familie gibt: »So die Familie vorkommt, wie die von Paul und Valerie Steinfeld in *Und Jimmy ging zum Regenbogen*, wird sie von politischen Ereignissen, von Neid und Hass zerbrochen. Ehen sind da, um gebrochen zu werden.«[23]

Auch in den späteren Werken finden sich keine Beispiele von langfristig glücklichen Beziehungen. Ist es mangelndes Interesse, eine fehlende Eignung zur Dramatisierung? Oder glaubt Mario selber nicht an ein familiäres Glück, das die Jahre überdauert? Auf jeden Fall fesseln ihn starke, unabhängige Single-Frauen deutlich mehr als Mütter und Ehefrauen, was bestimmt auch mit dem damaligen Gesellschaftsbild der biederen Hausfrau am Herd zusammenhängt.

Niemand ist eine Insel

Auch in dem 1975 erschienenen Roman *Niemand ist eine Insel* tritt eine starke Heldin auf. Doch kommt sie erst nach einer Weile ins Spiel. Zunächst wird sie überstrahlt durch die Figur der berühmten Filmschauspielerin Sylvia Moran. Ihr Kosename lautet »Hexlein«, was angesichts des kapriziösen Charakters der Diva nicht verwundert. An der Seite des zynischen Playboys Philip Kaven tauchen wir ein in die Welt einer Filmproduktion. Und in die Abgründe, die sich hinter den glatten Fassaden und gelifteten Gesichtern auftun.

Die Schauspielerin hat eine kleine Tochter, Babs. Sie ist Teil ihrer Marketingstrategie, wie man heute sagen würde: stets dabei, wenn die Scheinwerfer sich auf ihre schöne Mutter richten, ein wohlerzogenes, rundum perfektes kleines Mädchen. *The World's Greatest Little Sunshine Girl* wird sie im Roman genannt. Doch dann erkrankt die Kleine schwer an einer Meningitis mit Komplikationen. Ihr Leben hängt am seidenen Faden. Zwar kommt sie wieder auf die Beine, wird jedoch Zeit ihres Lebens hirngeschädigt sein. Sie schielt fürchterlich, erleidet spastische Anfälle und entspricht in keiner Weise dem Bild des perfekten Kindes, wie es das Showbusiness verlangt. Das darf niemand erfahren, denn Sylvia hat sich vor einigen Jahren einen Fehltritt geleistet, als sie nach einer Benefizveranstaltung zugunsten von behinderten Kindern in der Garderobe ihren ganzen Ekel vor diesen »Kretins« herausschreit. Der Ausbruch wird heimlich gefilmt, und seither wird die Schauspielerin erpresst.

Es gilt also, Babs vor den Augen der Öffentlichkeit zu verstecken. Damit die Show weitergeht, ist jedes Mittel recht. Philip Kaven wird beauftragt, sich in einer Spezialklinik in Nürnberg um Babs zu kümmern, selbstverständlich inkognito. Als Herr Norton reist er hin und her zwischen der glitzernden Welt der Filmdiva und dem bedrückenden Alltag in der unterfinanzierten Klinik. Hier der stromlinienförmige Maserati Ghibli und die Welt der Luxushotels, dort die nach Desinfektionsmittel und Kantine riechenden Gänge der Kinderklinik mit ihren kleinen Patienten und übermüdeten Ärzten. Maßgeschneiderte Anzüge einerseits, die kratzende Garnitur aus dem Kaufhaus andererseits. Kaven wird abgestoßen von dem Leid, das er sieht. Doch mit der Zeit beginnt er, sich in dieser ihm fremden Welt zurechtzufinden.

Hier tritt nun in der Person der Ärztin Ruth Reinhardt die stille Heldin des Romans in Erscheinung. Sie entspricht äußerlich in keiner Weise dem Geschmack von Philip Kaven. Zudem ist sie scheu, etwas kühl und spröde. Aber allmählich blickt er hinter die abweisende Fassade und sieht staunend ihre Hingabe, ihre Humanität.

Die spannende Handlung legt schonungslos offen, wie die Gesellschaft in den Siebzigerjahren auf behinderte Kinder reagiert: mit Abscheu, genau wie Sylvia Moran. Der Ruf nach Euthanasie erklingt häufiger, als es einem lieb sein kann, einem Leben mit schwerer Behinderung wird von vielen Menschen rundweg der Wert abgesprochen.

»›Sie sagten, in Deutschland sei man, nun, da so viel Wirbel um diese Kinder gemacht wird, anders als in Amerika beispielsweise, noch äußerst zurückhaltend mit dem Ruf nach Euthanasie – in Erinnerung an die Verbrechen der Nazis auf diesem Gebiet.‹
›Nein, Herr Norton. Das ist man nicht, so leid es mir tut – denn ich bin auch Deutsche. Eben jetzt hat man bei uns hier eine Meinungsumfrage durchgeführt.‹
›Und?‹
›Und das Ergebnis sieht so aus: Sechzig Prozent sprachen sich für die Nichtverlängerung des Lebens aus und achtunddreißig Prozent – achtunddreißig! – für die Tötung lebensunwerten Lebens. Bei der Umfrage hat man mit Absicht den unmenschlichen Begriff gewählt, den die Nazis gebraucht haben. Achtunddreißig Prozent der deutschen Bevölkerung – repräsentativ – sind für die Vernichtung von lebensunwertem Leben. Nicht einmal dreißig Jahre danach schon wieder mehr als ein Drittel!‹«[24]

Philip Kaven führt sein Leben zwischen den unterschiedlichen Welten so lange, bis ein Drama alles ändert. Ein Mord und die Ermittlungen bringen die Wahrheit ans Licht und die Karriere der Diva Sylvia Moran an ihr Ende.

In gewisser Weise ist dieser Roman Johannes Mario Simmel der liebste. Zumindest ist es der einzige, mit dem er etwas bewirkt hat, wie er nüchtern feststellen muss. Denn der Erfolg des Buchs wirft ein grelles Schlaglicht auf die unhaltbaren Zustände vieler

Kliniken und Spitäler, in denen unheilbar kranke und behinderte Kinder behandelt werden. Noch jahrelang wird der Autor Briefe erhalten, von Ärzten, Therapeutinnen, Angehörigen von Kindern, die dort betreut werden. Sie klagen über fehlende Mittel, über uralte Gebäude, die nicht richtig sauber gehalten werden können, und vor allem über die mangelnde Wertschätzung der Gesellschaft. Simmel sorgt dafür, dass solche Klagen publik werden und über die Missstände gesprochen wird.

Nach Erscheinen des Romans wird der Schriftsteller viel über seine Erfahrungen mit diesen so besonderen Kindern erzählen, die ihm ans Herz gewachsen sind. Er selbst ist dabei, als sie mit ihren Betreuern den Ausflug aufs Postamt unternehmen, den er schildert. Dort hört er zufällig anwesende Menschen Dinge über behinderte Kinder sagen, die ihm das Blut in seinen Adern gefrieren lassen. Er wird sich auch weiterhin tatkräftig und diskret für das Thema einsetzen. So unterstützt er während vieler Jahre über eine Patenschaft ein geistig behindertes Mädchen. Er leistet einen gewissen Betrag für die Unterbringung, Pflege und Erziehung. Er schickt ihren Betreuern in der deutschen Sonderschule Geld für Dinge, die das Mädchen sonst wohl kaum erhalten würde – schöne, warme Fellstiefelchen zum Beispiel. Er nimmt an Wohltätigkeits-Galas der Fürstin Gracia Patricia von Monaco teil, welche die »Reichsten der Reichen« geschickt und eloquent ermutigt, zugunsten von behinderten Kindern zu spenden. Im März 1979 werden Mario und seine Frau Helena zu einer offiziellen Audienz bei der Fürstin geladen, wie die Münchner *Abendzeitung* berichtet. Er habe ihr bei einer Teestunde das erste Buch der französischen Ausgabe von *Niemand ist eine Insel* überreicht.[25] Später wird er beeindruckt die Ruhe und heitere Gelassenheit schildern, die er im Palast vorgefunden habe. Seine Frau und er seien sehr nervös gewesen vor dem Empfang, doch hätten sie das Anwesen fast auf Wolken schwebend verlassen.

Heute verfügen behinderte Menschen, gleich welchen Alters, in vielen Ländern über eine starke Lobby. Zwar liegt immer noch vieles im Argen, doch müssen sie sich ihre Rechte nicht mehr täglich erstreiten, sind nicht mehr nur auf Spendengelder angewiesen, und ihre legitimen Anliegen werden ernst genommen. Johannes Mario Simmel hat seinen Teil dazu beigetragen, dass über solche Fragen offener diskutiert wird.

Agenten, Weltbürger und Philosophen

Wenn ich das in meinem Club erzähle ...« Diese Redewendung aus dem »Kaviar« ist in den öffentlichen Wortschatz eingegangen. Vor allem nach der Verfilmung des Stoffs fürs Fernsehen mit Siegfried Rauch in der Rolle des Thomas Lieven kennt jedes Kind den Satz. In dem liebenswerten Agenten, der auch in schwierigsten Situationen Mensch zu bleiben versucht und stets eine Schwäche für gutes Essen und schöne Frauen hat, steckt eine gehörige Portion Simmel. Auch er ist weit gereist, gewandt, spricht mehrere Sprachen fließend und fühlt sich wohl in den Palästen dieser Welt. Er hat diese Weltläufigkeit bereits bei seinen Eltern erlebt. Später, als erfolgreicher Journalist bei der *Quick* verfügt er über ein gut dotiertes Spesenbudget. Ab den Sechzigerjahren lautet seine Devise deshalb in Bezug auf Hotels: Fünf Sterne, solange es nichts Besseres gibt.

Sympathisch ist, dass Mario den herzlichen Empfang, der ihm in seinen Stammlokalen bereitet wird, nicht für selbstverständlich nimmt. Er kennt und mag die Menschen, die er dort trifft. Noch heute erinnern sie sich gerne an Simmels Besuche. Michael Moser, der, wie erwähnt, für den Schriftsteller die Recherchen an der Peter-Jordan-Straße in Wien durchführte, ist ein Freund geworden. Der Autor lässt ihn in mehreren Romanen lebendig werden, zum Beispiel als Portier Leo Lahner, der stets gut gelaunt ist und gerne lacht, in *Träume den unmöglichen Traum*.²⁶ Die beiden Herren duzen sich, kennen die jeweilige Familie des anderen, schreiben sich Neujahrskarten und schätzen sich sehr. Mario wohnt in Wien stets im »Imperial«, immer in Zimmer 215. Selbst in den Jahren, in denen Simmel seltener und schließlich gar nicht mehr nach Wien kommt, bleibt der Kontakt bestehen.

Der Autor bleibt »seinen« Hotels treu: In München ist es das »Vier Jahreszeiten«, in Hamburg das »Atlantic«, in Berlin das »Kempinski«, in Paris das »Plaza Athénée«, in Monte-Carlo das »Hôtel de Paris«, in Cannes das »Carlton« oder »Majestic« und in Zürich das »Grand Hotel Dolder«. Stets im gleichen Zimmer, das nach seinen Wünschen ausgestattet wird. Frisch gepresster Orangensaft und Mineralwasser gehören dazu, Sonnenblumen, Papier, Buntstifte, Schere und Schnellkleber für die Arbeit an den Manuskripten. Die Lieblingsschreibmaschine, eine Gabriele von Triumph, mechanisch natürlich – eine elektrische Maschine wird er nie besitzen –, bringt der Autor entweder selber mit, oder das Hotel mietet ein entsprechendes Modell. Als Linkshänder mit einer, nach eigener Aussage, unleserlichen Schrift entwirft er alle seine Texte direkt an der Schreibmaschine und lässt den überarbeiteten Entwurf von einer Sekretärin abtippen. So entstehen pro Tag rund 20 Seiten Rohtext, die nach der eigenen Überarbeitung und der Durchsicht durch den Verlagslektor dann fünf bis sechs fertige Buchseiten ergeben.

Auch in Hotels achtet er strengstens darauf, keinen Alkohol zu sich zu nehmen. In den hoteleigenen Restaurants und Bars wissen es alle Mitarbeiter. Sie achten mit Argusaugen darauf, dass auch die Speisen, die er zu sich nimmt, nicht mit Alkohol zubereitet werden.

Unbestreitbar ist das Leben in Luxushotels äußerst angenehm. Nicht nur Stammgäste werden hier wie geschätzte Mitglieder der Familie behandelt, auch bei einem ersten Besuch fühlt man sich gleich wie auf Händen getragen: Das Gepäck verschwindet wie von Zauberhand und taucht später im Zimmer auf. Der Wagen wird vom Wagenchef, dem *Voiturier*, in die Garage gefahren und pünktlich zur Abreise, frisch gereinigt und aufgetankt, wieder vorgefahren. Gute Hotels wissen stets, was ihre Gäste mögen und was nicht. Sie bieten ihnen die Illusion, bestens behütet und aufgehoben, von der Umwelt und ihren Sorgen für eine Weile abgeschirmt zu sein.

Karl H. Vanis kann darüber viel erzählen. Der in Essen geborene Deutsche hat die Hotelfachschule in Luzern besucht und war danach in Luxushäusern in England, der Schweiz, Italien und den USA tätig. Viele Jahre leitete er die Geschicke des Hôtel de Paris in Monte-Carlo.

Seine Autobiografie *Monte-Carlo et ma vie*[27] macht deutlich, was ein Gastgeber auf hohem Niveau mitbringen muss: Diskretion, Einfühlungsvermögen, Kreativität und menschliche Wärme. Selbstverständlich spielen auch der Luxus des Hauses, die Größe und der Ausblick der Zimmer oder der Komfort der Badezimmer eine Rolle. Doch ausschlaggebend sind die Beziehungen zu den Gästen, die häufig über mehrere Generationen weitergeführt werden. Die Stammgäste sind anspruchsvoll und können schwierig sein, doch auch sie schätzen es, in ihren Hotels ein Stück Zuhause wiederzufinden.

Auch Johannes Mario Simmel kann fordernd auftreten: Als im Hotel »Imperial« einmal keine Sonnenblumen aufzutreiben waren, schmücken andere gelbe Blumen sein Zimmer. Doch sie müssen umgehend entfernt werden, der Geruch ist für den Autor unerträglich.

Er revanchiert sich mit einer Wertschätzung bei den Menschen, die hier arbeiten, die echt ist und nicht geheuchelt. Er kennt viele Gesichter und gibt sich Mühe, sich die Namen zu merken. Er ist vertraut oder gar befreundet mit Concierge, Barkeeper oder Direktor. Und er ist äußerst großzügig mit seinen Trinkgeldern, gilt geradezu als König der mit unnachahmlicher Grandezza überreichten Geldscheine. Zeit seines Lebens ist er sehr freigebig. Diesen sorglosen Umgang mit dem schnöden Mammon beschreibt er in seinem Roman *Der Stoff, aus dem die Träume sind* am Beispiel seines Alter Ego Walter Roland so:

> »Ich hatte Geld wie Heu. Schmiss es raus mit beiden Händen. Hatte trotz meines Riesenhonorars immer Schulden beim Verlag, mußte immer neue Vorschüsse nehmen. Na und? Sie gaben mir das Geld doch liebend gerne, sie kamen geradezu mit aufgehobenen Armen und flehten mich an: nimm, o nimm! (Damit ich nicht zur Konkurrenz ging, die mir pro Monat mindestens ein Angebot machte).«[28]

Viele von Simmels Helden tragen diese Weltläufigkeit in sich, auch wenn die sprichwörtliche Großzügigkeit des Autors in Finanzfragen wohl auch andere Gründe hat: Er will gemocht werden, er sucht nach Anerkennung, Zuspruch, Treue, er ist oft unsicher.

Peter Huemer, der langjährige Freund, beschreibt Mario in Geldfragen als »patschert«. Der umgangssprachliche österreichische Ausdruck steht für »ungeschickt«. Vielleicht ist es eben diese Mischung aus weltmännischem Auftreten und rührender Unbeholfenheit, die den Autor so sympathisch macht.

Peter M. Polak, der Sohn von Simmels Schulfreund Hans, erinnert sich an seinen ersten Wiener Opernball. Er gehört dem Jungherrenkomitee an und darf so, gemeinsam mit den Debütantinnen des Jungdamenkomitees, den Ball in der Staatsoper eröffnen. Dabei blicken die Anwesenden wohlwollend, belustigt oder kritisch auf die 144 jungen Paare: Haben sie in der Tanzschule denn auch alles gelernt, was wichtig ist? Beherrschen sie beim Wiener Walzer die Rechts- und die heiklere Linksdrehung, ohne sich gegenseitig auf die Füße zu treten? Auf Helenas dringenden Wunsch hin haben Simmels für diese Gelegenheit eine Loge gemietet, obwohl der mondäne Anlass nicht unbedingt dem Geschmack des Autors entspricht. Zumal er, wie seine Nichte Lisa Wegenstein es ausdrückt, eher ein »Legastheniker des Tanzes« ist und beileibe kein begnadeter Linkswalzer-Tänzer. Er wagt sich praktisch nie aufs Parkett. Nun sitzt er also in seiner Loge, umgeben von seiner strahlenden Frau, Freundinnen und Freunden. Der Champagner (»Roederer Cristal«) fließt in Strömen, seine Gäste trinken auf Marios Kosten, als ob es kein Morgen gäbe, während er selber eisern an einem Mineralwasser nippt. Merkt Helena, dass sich ihr Mann unwohl fühlt? Ärgert sie sich darüber, dass er ein Spielverderber ist und nicht mit ihr tanzen will? Gut möglich, dass bei der Frau, die von Mario wegen ihrer russischen Wurzeln manchmal auch »die Romanow« oder »die Romanowa« bezeichnet wird, die Freude über den gesellschaftlichen Triumph überwiegt.

Simmel hat die Stimmung bei einem Opernball in seinem Roman *Hurra, wir leben noch* wiedergegeben:

»1965 kostete eine Loge für den Opernball im Ersten Rang offiziell 60 000 Schilling. Im ›Schleich‹ kostete sie das Dreifache. Jakob hatte, nachdem er das erfuhr, freiwillig pro Loge 180 000 Schilling bezahlt, denn er wusste, dass seine liebe, langjährige Freundin Christl Gräfin Schönfeldt, Arrangeurin aller Opernbälle, stets dafür sorgte, dass der Reinertrag dieses großen Festes denen zugute kam, die sehr alt oder sehr jung, auf alle Fälle aber sehr arm und sehr hilflos waren. (…) Seine neunzehn Gäste und er hatten bislang einundvierzig Flaschen ›Roederer Cristal‹ getrunken. Zwanzig leere weitere hatte der Kellner dazugestellt. (…) Jakobs neunzehn Gäste bewohnten allesamt Luxusappartements im nahen Hotel ›IMPERIAL‹. Freunde aus Übersee hatte er mit einer Düsenmaschine Typ Boeing 727 einfliegen lassen. Freunde aus Europa hatte eine Mystère herangebracht.«[29]

Die erwähnte Gräfin gibt es tatsächlich: Karl Böhm hatte die junge Frau 1955 als persönliche Referentin an die Wiener Staatsoper geholt und mit der Organisation des ersten Wiener Opernballs nach dem Krieg beauftragt. Sie erfüllte diese Aufgabe 25 Jahre lang und starb 2014 im Alter von 98 Jahren.

In *Hurra, wir leben noch* schildert der Autor den Werdegang eines ehemaligen Soldaten zum schwerreichen Geschäftsmann. Mit zunehmendem Wohlstand muss er lernen, dass sein geliebtes Schmalzbrot mit Griebenschmalz in »feinen Kreisen« verachtet wird und man das Wasser in den Fingerbowlen nicht trinkt. Er entwickelt sich zwar zum gewandten Gesellschaftslöwen, doch bleibt er seinen Wurzeln treu. Ein anständiger Mensch, wie Simmel sie liebt, auch wenn er in diesem Fall mit einer ordentlichen Portion Schlitzohrigkeit und Opportunismus gesegnet ist.

Es gibt auch einen anderen wiederkehrenden Typus von Persönlichkeiten in den Romanen des Erfolgsautors. Meist sind es ältere Männer, Kommissare, Richter, angesehene ehemalige Politiker. Sie sind eher still, bedächtig, und sie sehen das Leben philosophisch. Hofrat Wolfgang Groll in *Und Jimmy ging zum Regenbogen* zum Beispiel schreibt heimlich an einem Buch mit dem Titel »Neuer Mensch im Neuen Kosmos«.

»Was der Polizist erträumte, das war ein gemeinverständliches Werk, in dem, unter Fortlassung aller Details, von der Summe dessen berichtet wurde, was die moderne Astronomie, Physik, Chemie, Astrophysik, Biologie, Molekularbiologie, Psychochemie und die unzähligen anderen modernen Spezialwissenschaften zur Schaffung eines neuen Kosmos für einen neuen Menschen geleistet haben.«[30]

Unter der Glasplatte von Hofrat Grolls Schreibtisch liegt auf grünem Löschpapier das gepresste, besonders schöne Blatt eines Ginkgo-Baums. Um diesen geheimnisvollen Baum kreist Grolls ganzes Leben und Denken. Der Ginkgo-Baum kann bis dreißig Meter hoch werden. In China und Japan wird der Baum, den man für den Sitz von Geistern hält, als heilig verehrt. Johann Wolfgang von Goethe hat er, enthalten in der Sammlung *West-öst-*

licher Divan (1819), zu seinem Gedicht »Ginkgo biloba« inspiriert.

Mario ist fasziniert von Goethes Betrachtungen über diesen Baum in diesem Gedicht. Ein Liebesgedicht, doch drückt es aus, was Goethe immer wieder beschreibt: die Polarität des Universums, dieser Welt, allen Lebens, aller Formen des Existierenden.

»Immer wieder hatte Goethe über solche Polaritäten nachgesonnen: Einatmen – Ausatmen, Gesundheit – Krankheit, Unglück – Glück, Systole – Diastole, Ebbe – Flut. Tag – Nacht, Mann – Weib, Muskeln dehnen – Muskeln strecken. Erde – Himmel, Leben – Tod, Dunkel – Licht, negativ – positiv, gut – böse.«[31]

Hofrath Groll, und mit ihm sein geistiger Vater Simmel, kommen zu dem Schluss, dass man immer nur ganz kurze Zeit »unendlich glücklich« sein kann. Erst durch das Unglück nimmt man das Glück wahr, entsteht Spannung, Gefälle, entsteht die Ganzheit.

In vielen Büchern Simmels stecken solche philosophischen Überlegungen und Gedankengänge. Viele Leserinnen und Leser überfliegen sie wohl gelangweilt, auf der Suche nach der nächsten Action-Szene oder Liebesepisode. Doch lohnt es sich, seine Werke unter philosophischem Aspekt neu zu lesen. Simmel interessiert sich mit jedem Jahr mehr für Dinge jenseits des Offensichtlichen und Alltäglichen. Leider findet er nur wenige Menschen, mit denen er darüber sprechen kann. Schon gar nicht mit Helena, der strahlenden Frau an seiner Seite.

Leidenschaften

Stormy Weather

Mario und seine neue Flamme heiraten nur acht Tage nach der Scheidung von Lucie am 11. März 1976, ebenfalls in Wien und mit einem anschließenden Mittagessen im Hotel »Imperial«.

Die ersten gemeinsamen Jahre an der Côte d'Azur sind wie ein Sinnesfest: Helena liebt den neuen Simmel, den sie mitgestaltet hat, sie mag seine schicken Kleider, seine gute Laune und seine Großzügigkeit. Sie genießt es, ihn ihren Freunden und Bekannten vorzustellen. Sie sind ein ansehnliches Paar: die extrovertierte, lebenslustige und stets perfekt angezogene Frau an der Seite des erfolgreichen, distinguierten Autors. Und dann die Geschichten, die sie über ihre frühe Liebe erzählen können. Da ist Gänsehaut garantiert: Wie sie sich im Wien der Nachkriegszeit kennenlernen, wie schmerzlich ihre Trennung 1946 ist, wie Mario diese einfach nicht verkraftet, vier Jahre später zum Aussichtsrestaurant Cobenzl hochfährt, dort in der Jukebox »Stormy Weather« von Lena Horne auswählt und es der fernen Angebeteten am Telefon vorspielt. Wie sie sich wiederfinden und das perfekte Glück erleben ...

Der Autor wird später erzählen, Helena habe sich allen Ernstes in einem Film geglaubt. Sie sieht sich selber in der Rolle von Doris Day, die Arm in Arm mit ihrem Schriftstellergatten Rock Hudson die Fifth Avenue in New York herunterschlendert, während ihnen aus jeder Buchhandlung das Konterfei des erfolgreichen Gatten entgegenblickt. In diesen frühen glücklichen Jahren an der Côte d'Azur muss Simmel auch den magischen Garten von La-Roquette-sur-Siagne in der Nähe von Cannes entdeckt haben. Dieses verwunschene Haus mit Meerblick ist nicht nur ein Traum: 1990 reist der Autor mit der TV-Journalistin Rose Kern vom Sender Freies Fernsehen Salzburg nach Südfrankreich. Er zeigt ihr Orte, die ihm viel bedeuten, und erzählt von den Menschen, die hier lebten, von Chagall und Matisse, Braque und Miró. Er hatte das Haus in La-Roquette-sur-Siagne für sich und Lucie kaufen wollen, verzichtete nach ihrem Tod jedoch darauf.[1] Ein verlorenes Paradies, das er nur noch als Besucher betreten wird.

»Von dem Moment an, da sie den Wagen vor der kleinen Kirche parkten, fühlten sie sich verzaubert. Winzig klein war dieser Ort Roquette an den Ufern der schläfrig murmelnden Siagne. Hand in Hand gingen sie von der Kirche mit ihrem uralten Brunnen zu dem großen Dorfplatz, auf dem viele Platanen standen und Männer Boule spielten. (...) Sie betraten das Grundstück und standen auf einem großen Vorplatz. Luftige Durchgänge gaben den Blick ins Gelände frei. Das Haus mit seinen Mauern aus altem grauem Naturstein war im provenzalischen Stil erbaut, das Dach hatte rote Ziegel. (...) Dann standen sie auf einer blühenden Wiese vor einem leeren, großen Pool. Eidechsen huschten über seine Wände und verschwanden in den violett blühenden Bougainvilleen, welche die Mauern des Hauses fast völlig überwucherten. Erst von der Terrasse aus konnte man sehen, wie groß das Grundstück war. Kugelförmig geschnittene Büsche und hohes Gras, gelb blühender Ginster und die Kronen niederer Bäume bildeten Wellen im Sommerwind, ein Meer aus Blüten, Gräsern und Blättern.«[2]

Gut möglich, dass es ursprünglich Helena ist, die an Marios Seite nach La-Roquette fuhr oder ihm gar den Garten gezeigt hat. Sie mag Blumen und Pflanzen sehr. Auch dann, wenn die Blüten aus Edelsteinen bestehen und die Blätter aus Gelb- oder Roségold: Die schöne Helena, wie sie im Freundeskreis genannt wird, strahlt, wenn ihr Geliebter ihr Schmuck schenkt, je mehr, desto besser. Simmels gehen in den Boutiquen von Van Cleef & Arpels und Cartier in Cannes und Monte-Carlo ein und aus. Aus dieser Zeit stammt auch eine Episode, bei der das Ehepaar bei Verleger von Holtzbrinck zu einem festlichen Essen eingeladen ist. Eine Dame fragt ihren Tischnachbarn, wer denn die Frau sei und wie man nur so viel falschen Schmuck anziehen könne. Der Herr antwortet, dass die Dame Frau Simmel sei und dass »alles echt sei, meine Dame, alles echt«.

Für eine Weile leben Mario und Helena in ihrer Wohnung in Cannes. Doch die erweist sich als zu klein für die gemeinsamen Möbel und für die 15 000 Bücher des belesenen Autors. Sie halten Ausschau nach einem neuen Zuhause.

Häufig sind die beiden im nahen Monaco anzutreffen. Simmel liebt diesen Ort und die Fahrt dorthin, wie er sie in *Niemand ist eine Insel* beschreibt:

»Die Moyenne Corniche stieg und stieg. Ich war schon oft hier gewesen. Es habe heute über vierzig Grad, sagte der ruhige, besonnene und so sympathische Kommissar Drouant zu mir. Ich sah, was das bewirkte: Der Asphalt der Corniche war an vielen Stellen zu glänzenden Seen aufgeweicht. Tafeln am Straßenrand warnten. Die Chauffeure mussten höllisch achtgeben. Die Betonwände waren völlig verdeckt von den Ranken blühender Bougainvilleen. Auf den kahlen Felsen darüber leuchteten rote, gelbe und goldene, ja goldene, Blumenflecken zwischen dem tiefen Grün der Zypressenhaine. Wir waren nun schon sehr hoch. Rechts neben der Straße fiel der Fels schroff ab. Tief unter mir sah ich Blüten, Blumen, blühende Bäume, Sandstrand und das dunkelblaue Meer – Meer, Meer in die Unendlichkeit hinein, Himmel und Meer gingen ineinander über, es war ein so wundervoller Anblick, dass ich, wie jedes Mal, wenn ich hierher kam, dachte, die Erde wäre wiederum zu dem geworden, was sie, einer alten Legende zufolge, einmal gewesen sein soll – ein Paradies.«[3]

Obwohl das Fürstentum schon in den Siebzigerjahren einen starken Bauboom erlebt und die Wolkenkratzer überall in die Höhe schießen, ist Monaco ein herrlicher Ort, mit dem prächtigen Palast der Fürstenfamilie und dem eleganten Stadtzentrum. Rund um den großzügigen Platz prangt das von Charles Garnier errichtete Casino mit seinen Türmchen und Bronze-Engeln, flankiert von den gegenüberliegenden Belle-Époque-Häusern des Hôtel de Paris und Café de Paris. Alles atmet hier Wohlstand und Frieden, die Menschen sind freundlich, entspannt und von sehr mediterranem Temperament. Kriminalität gibt es keine, die Polizei tritt eher als Freund und Helfer auf. Schicke Boutiquen und Kunstgalerien warten auf Besucherinnen und Besucher. Und Monaco kennt keine Einkommens- oder Vermögenssteuern, nur eine Mehrwertsteuer sowie Abgaben auf Versicherungen und Alkohol. Eine angenehme Abwechslung für Mario, der dem deutschen Staat 1974 rund 800 000 Mark Steuern schuldet, wie er der Zeitschrift *Playboy* 1975 verrät. Er zählt damit wie Großindustrielle zur höchsten Steuerklasse. Hier, in Monte-Carlo, liefert er dem deutschen Staat über den Verlag Steuern ab, jeweils 25 Prozent der Einkünfte muss Droemer dafür einbehalten[4], doch liegt die Belastung für ihn insgesamt nun deutlich niedriger. Dafür sind die Preise für Immobilien astronomisch hoch, schon in den Siebzigerjahren. Aber der Schriftsteller hat Deutschland nicht der Steuern wegen verlassen, sondern weil er – seit seiner Jugend – davon träumte, unmittelbar am Wasser zu leben. Anfang 1975 mietet er eine Zweieinhalb-Zimmer-Wohnung im 27. Stockwerk der *Résidence Château Périgord II* in Monte-Carlo. Sie dient ihm als Büro und Bibliothek. Und wenn er auf dem Balkon steht und den Kopf hebt, sieht er nur glitzerndes, endloses Wasser. Helena bleibt vorderhand in ihrer Wohnung in Cannes.

 Zwei Jahre später werden sie in der Nähe des Hôtel de Paris auf der Straße von einem jungen Italiener angesprochen. Er muss in aller Eile seine luxuriöse zweistöckige Wohnung im 20. und 21. Stockwerk des nahen *Sun Tower* verkaufen, ob sie Interesse hätten?

 Simmel wird es später lieben, diese Anekdote zu erzählen, mit dem ihm eigenen Schalk und der nötigen Prise Dramatik. Er vermutet, dass der Italiener ein Schieber ist, der wegen einer Steuerreform in Italien dringend seinen nicht deklarierten Besitz im Ausland verkaufen muss. Obwohl das Appartement in bester Lage mit seinen zehn Zimmern sehr teuer ist, können Simmels einen – für Monte-Carlo – vorteilhaften Preis aushandeln. Ein schneller Entscheid muss gefällt werden, Mario kauft die erste gemeinsame Wohnung. Endlich Platz für seine Bücher und die Sammlung von kleinen und großen Elefanten, die sowohl er als auch Helena, unabhängig voneinander, über die Jahrzehnte zusammengetragen haben. Sie sind aus Silber, Onyx, Glas, Jade, Stroh oder gar Elfenbein, aber alle recken die Rüssel nach oben, sonst bringen sie kein Glück.

Schon bald ziehen Mario und Helena mitsamt ihrem mittlerweile blinden Yorkshireterrier Moustique in den *Sun Tower*. Der Einzug in diese sehr geräumige Wohnung auf der 20. und 21. Etage mit einer spektakulären Aussicht aufs offene Meer, über die Bucht von Monaco und die Küste bis nach Italien und Nizza, ist ein Triumph. Die neue Frau Simmel muss sich wie in einem Film vorgekommen sein, in einem Leben, das auch einer Doris Day würdig gewesen wäre. Das Haus ist architektonisch unspektakulär, ein etwas fantasieloser Wolkenkratzer. Aber er ist sehr günstig gelegen, nur einige Schritte vom Hôtel de Paris entfernt. Die Wohnungen sind luxuriös und bieten viel Raum. Das Wohnzimmer mit spektakulärem Blick in die Landschaft misst hundert Quadratmeter.[5] Ein Portier sitzt am Hauseingang, während in der Wohnung ein italienischer Butler und ein Hausmädchen nach dem Rechten sehen. Marios Auto, ein Opel Diplomat, steht in der geräumigen Tiefgarage neben Helenas Mercedes 350. 1979 wird der Opel durch einen goldfarbenen Cadillac Seville mit Rosenholz-Applikationen im Wageninnenraum und – als wichtige Errungenschaft – einer Klimaanlage ersetzt. Der Autor, der sich noch in der *Affäre Nina B.* über einen neureichen Industriellen und seinen protzigen Cadillac lustig gemacht hatte, genießt es nun sichtlich, selber Besitzer eines solch ostentativen Statussymbols zu sein. Oder verschließt er nur die Augen vor dem dandyhaften Image, das er nach außen ausstrahlt und das ihm, dem bekennenden Sozialisten, in Deutschland herbe Kritik einbringt? Simmels bauen die Wohnung um, lassen eine Klimaanlage installieren und gestalten die Räume ganz nach dem Geschmack der Hausherrin: Dicke crèmeweiße Spannteppiche dämpfen jeden Schritt, Orientteppiche strukturieren die sehr geräumigen Zimmer, die raumhohen Fenster werden mit üppigen Vorhängen, Volants und Posamenten versehen. Die Stilmöbel sind mit Plüsch und Brokat in Helenas Lieblingsfarben Lachsrosa, Graublau und Amethyst bezogen, das Bad mit einer Tapete im Leopardenmuster ausgestattet. Die Armaturen im Marmorbad sind vergoldet, selbst die Aschenbecher für ihre Zigaretten und seine Dunhill-Pfeifen sind aus Gold. Topfpalmen, Plüschtiere und Beistelltische in Elefantenform füllen die Räume. Ein Interieur wie ein üppiges Boudoir, wie es in den Siebzigerjahren in gewissen Kreisen beliebt war, auch wenn wir es heute als erstickend und überladen empfinden. Die umlaufende, 180 Quadratmeter große Terrasse mit dem spektakulären Blick auf den Hafen des Fürstentums ist mit Hollywoodschaukeln, Liegestühlen, Tischen, Sonnenschirmen und Helenas geliebten Topfpflanzen bestückt. Im unteren Stock der Duplex-Wohnung, über eine interne Treppe verbunden, hat der Autor sein Arbeitszimmer mit Bibliothek eingerichtet. Hier, so schreibt die Zeitschrift *Stern* im Frühjahr 1978, in seiner Höhle voller Bücher – eigene und die gesamte moderne deutschsprachige Literatur – fühlt sich der Mann, den seine Frau mal Bär, mal Bärchen nennt, sicher und geborgen. Die Last des Schreibdrucks erlaube es ihm, von der Frage abzusehen, was mit ihm innerlich eigentlich los sei. Auch sich hält er, wie seinen Romanhelden, nur eine Außenwelt vor. Er gesteht dem *Stern*-Journalisten, Nicolaus Neumann, dass er, um Geld zu verdienen, nicht mehr aus dieser Hektik herauskomme. Dass er, sobald ein Buch fertig ist, gleich das nächste in Angriff nehme. Seine Frau solle dies bitte nicht hören.[6]

Der Journalist ahnt wohl nicht, dass er hier unbewusst den Finger auf eine wunde Stelle legt. Denn obwohl die Zukunft so rosig und behaglich aussieht wie Simmels Leben in den Klatschspalten, beginnen erste Haarrisse die Idylle zu durchziehen. Von außen ist davon erst einmal wenig zu merken. Simmels Bücher und Filme laufen prächtig, die Honorare fließen reichlich, und Helena findet schnell Freunde im Fürstentum. Das glamouröse Leben mit seinen Galas, Konzerten und Benefiz-Veranstaltungen sagt ihr zu. Simmels lernen deutsche Freunde kennen, denn Karl H. Vanis hat einen deutsch-internationalen Club gegründet, der den kulturellen und sozialen Austausch zwischen Deutschen, Monegassen und Angehörigen anderer Nationen fördert. Die Fürstenfamilie auf ihrem Felsen ist nahbar, nimmt Teil am gesellschaftlichen Leben. Auch der Autor und seine Frau lernen Fürstin Gracia Patricia, Fürst Rainier und die drei Kinder, Caroline, Albert und Stéphanie, bald persönlich kennen. Sie sind bekannt in dem kleinen Land – so gut gar, dass der Brief eines deutschen Lesers an den Autor, der schlicht »c/o Familie Prinz, Monte-Carlo« adressiert ist, vom Sekretär des Fürsten persönlich bei Simmels abgegeben wird. Der Schriftsteller erzählt diese Anekdote schmunzelnd und sehr stolz den Reportern des *Goldenen Blattes*, die ihn im Herbst 1978 besuchen[7].

Mit freundlicher Ermutigung durch den Droemer Verlag kostet die deutsche Boulevardpresse Marios und Helenas Glück in Monaco hemmungslos aus. Eben ist das neue Buch *Hurra, wir leben noch* erschienen. Die Taufe findet, aus Dankbarkeit für den 1972 gegründeten deutschen Simmel-Fanclub, in der Buchhandlung Schütze + Wörmbcke in Düsseldorf statt. Sogar Willy Droemer ist anwesend. Als einer der ersten Autoren in Deutschland erfährt Simmel die Ehre eines solchen Clubs, der zeitweise 1300 Mitglieder in 18 Ländern umfassen wird. Sogar im fernen Australien wohnen eingefleischte deutschsprachige Simmel-Fans. Initiator und Herz des Clubs ist der Düsseldorfer Buchhändler Axel J. Bender von der Goethe-Buchhandlung, der sogar eine Clubzeitschrift herausgibt. Viel Lob für Mario, der dies natürlich genießt. Auch über eine Verfilmung von »Hurra« wird bereits gesprochen, wobei Helena auch bereits weiß, wen sie sich in der Rolle des Jakob Formann wünscht. Kein Geringerer als Tony Curtis soll es sein. Journalistinnen und Journalisten besuchen das Fürstentum, lichten das attraktive und zuvorkommende Paar von allen Seiten ab, berichten über die fabelhaften Geschenke, die der Autor seiner Angebeteten macht: Neben kostbarem Schmuck ist es zu Weihnachten 1978 ein sehr exklusiver Pelzmantel aus 90 Chinchillafellen, anthrazitfarben und leicht glockenförmig, wie die *Bild-Zeitung* bewundernd berichtet. 40 000 D-Mark soll er gekostet haben, einige Medien berichten sogar vom doppelten Preis. Stolz präsentiert Helena ihre Trophäe der Presse.[8]

Allerdings mehren sich nun auch die Stimmen, welche dieses ostentative Luxusleben als unpassend für den bekennenden Sozialisten und Moralisten Simmel empfinden. So schreibt der *Stern* in dem bereits erwähnten Artikel vom Frühjahr 1978 leicht verächtlich, der Autor betone zwar stets, dass er auch für die kleinen Leute schreibe, für Briefträger, Friseurinnen ebenso wie für Ärzte oder Anwältinnen, dass er jedoch tatsächlich vor allem an sich, sein Leben und Bankkonto denke.[9] Die Zeitschrift stellt in ihrem Artikel auch nüchtern fest, dass der Autor, der sich nach eigener Aussage über die Bosheit deutscher Rezensenten amüsiere, sich im Juli 1975 mit einem offenen Brief in allen großen Zeitungen gegen die »schmutzige und infame Inanspruchnahme meines Namens zum Zwecke des Verrisses eines Buches, mit dem ich nichts zu tun habe«, gewehrt habe.

Was war der Grund für diesen Aufschrei gewesen? Ein Kritiker in der *Stuttgarter Zeitung* hatte einen Roman des Frankfurter Schriftstellers Hans Frick negativ besprochen und dem Autor angekündigt: »Wenn das Ihre Zukunft sein soll, dann wird sie bald bei einem sozialkritisch eingefärbten Simmel enden.« Ist der Schriftsteller dünnhäutig geworden? Sehnt er sich nach mehr Anerkennung durch das Feuilleton, nach mehr Geltung als moderner, sozialkritischer deutscher Autor? Peter M. Polak, dessen Vater Hans politisch sehr ähnlich dachte wie Simmel, beschreibt dieses Dilemma: Beide Männer sind überzeugte Sozialisten, leben aber ein durchaus bürgerliches Leben, zählen zur *Gauche caviar*. Später, als Mario Stefan Heym, den unbestechlichen Verfechter eines idealen Sozialismus, persönlich kennen und schätzen lernt, wird dieser Widerspruch noch Anlass zu kontrovers geführten Gesprächen bieten.

Zu Hause in Hamburg-Uhlenhorst in der Heinrich-Hertz-Straße 2 verfolgt Lucie, Marios Ex-Frau, dieses Bilderbuchleben mit Argwohn und Bitterkeit. Sie ist tief verletzt, weil sie sich in dem Roman *Die Antwort kennt nur der Wind* in der Figur der zeternden und abgetakelten Karin wiedererkannt hat. Es ist schlimm genug, wenn sich Partner in einem Scheidungskrieg bekämpfen. Aber noch einschneidender ist es, wenn intime und unvorteilhafte Details einem Millionenpublikum in einem Buch geschildert werden, selbst in verfremdeter Form und nur für Insider erkennbar. Paradoxerweise wird Lucie ihrem Mann diese Gemeinheit später verzeihen, während er selber sich bis an sein Lebensende Vorwürfe macht.

Für die attraktive Gattin wiederum, die lachende Dritte, hätte dieses Leben bestimmt noch ewig so weitergehen können. Schade nur, dass Mario sich langsam, wenn zunächst auch unmerklich, verändert. Immer häufiger lehnt er es ab, sie zu ihren Galas zu begleiten. Er möchte zu Hause lesen. Oder schreiben. Oder über politische Ereignisse und philosophische Thesen diskutieren. Er liest viel Zeitung und verschlingt Bücher, doch wenn er Helena eine Geschichte erzählen möchte, fragt sie stets: »Ist sie lang?«

»Lämmchen« hat die naive Vorstellung, dass sich Romane locker, fast von alleine schreiben. Eine Weile verfügt der Autor über genügend Material und kann daraus schöpfen. Doch dann wäre es an der Zeit, Stoff für ein neues Buch zu sammeln, zu recherchieren und anschließend zu schreiben. Die Auswüchse des internationalen Drogenhandels beschäftigen ihn, er will hier in bewährter Manier zu graben beginnen und dann über dem Manuskript sitzen. Monate- und jahrelang. Lucie hätte ihrer Nachfolgerin sagen können, dass ihr Mann dann absolute Ruhe und Konzentration braucht und förmlich versinkt in seinem Stoff. Als Mario dies nun tatsächlich tut, erleidet Helena den Schreck ihres Lebens. So hat sie sich das nicht vorgestellt. Bestimmt gibt sie sich Mühe, eine verständnisvolle Schriftstellergattin zu sein, versucht lustlos in einem Buch zu blättern, ihr Mann empfiehlt ihr die eine oder andere Lektüre und hofft wohl auch, dass seine eigenen Werke sie interessieren. Doch als er merkt, dass die für sie ausgewählten Bücher ein Jahr später immer noch unangetastet am selben Ort liegen, beginnt er an dieser Ehe und der vermeintlichen Wahlverwandtschaft zu zweifeln. Da Mario keinen Tropfen Alkohol trinkt, seine Frau jedoch einem Glas Champagner – oder auch einer Flasche oder zwei – nie abgeneigt ist, kann es auch sein, dass dieser Umstand sie zunehmend trennt. Ihre einst innige Beziehung im Gleichschritt ist zu einem Hinken geworden. Hinzu kommt, dass der Kontakt mit Schwester Eva, früher so herzlich, sich nach der Scheidung von Lucie abgekühlt hat. Sie ist solidarisch mit ihrer Ex-Schwägerin, wohl auch eifersüchtig auf Helena und ihren Einfluss auf Mario. Nie besucht sie das Paar in Monte-Carlo, auch ihre Kinder dürfen nicht an die Côte d'Azur reisen, was sie vermutlich bedauern. Der Autor ist also in seinem luxuriösen Penthouse zunehmend isoliert.

Lucie hatte jeweils eine frühe Fassung des Manuskriptes gelesen und Mario gleich mitgeteilt, wenn sie etwas störte oder nicht stimmig fand. Er schrieb es dann jeweils um und zeigte ihr die überarbeitete Fassung. Und sie durfte stets den Schlusspunkt eines Romans in die Maschine tippen, was ihr Mann als Talisman betrachtete. Nun fehlen ihm diese Stimme, der Rat und das Ritual. Er fasst sich ein Herz und ruft Lucie vom Hauptpostamt von Monaco aus an. Er gesteht ihr, dass er einen riesigen Fehler gemacht habe. Die Antwort ist kühl. Sie habe gelesen, auf welch großem Fuß er da unten lebe. Er solle mal schön dort bleiben. Ernüchternd. Immerhin hat sie eingewilligt, einen Blick ins Manuskript von *Hurra, wir leben noch* zu werfen. Vermutlich hat sie es nicht besonders gemocht. Das Buch erscheint 1978 und ist Helena gewidmet. Es wird das letzte Mal sein, dass er dies tut. Der Stil des Buchs verrät seine Geistesverfassung; es ist alles andere als subtil, vielmehr reißerisch, deftig und gespickt mit nicht jugendfreien Details.

Weihnachten 1978 ist bittersüß für das Paar. Frau Simmel freut sich über ihren Chinchillamantel und möchte ihn gerne gebührend ausführen und bewundern lassen. Auch die extrovertierte Frau empfindet ihr Leben in Monaco zunehmend als goldenen Käfig: luxuriös und bequem – aber einsam. Der Schriftsteller findet immer neue Ausreden, um nicht ausgehen zu müssen, während sie darauf brennt. In den nächsten vier Jahren wird gestritten, gedroht, Versöhnungen und Zerwürfnisse häufen sich.

Anfang März 1983 meldet die *Abendzeitung*, dass Mario vor wenigen Tagen aus der gemeinsamen Wohnung in Monte-Carlo ausgezogen sei.[10] Helena befindet sich allein im Urlaub in Kitzbühel, als er sie anruft und ihr sagt, dass die Beziehung zu Ende sei. Die Verlassene erzählt später der *Bild der Frau* und der *Quick*[11], dass sie trotz hohem Fieber gleich nach München gerast und von dort nach Nizza geflogen sei. Im Fürstentum hätte sie jedoch eine leere Wohnung vorgefunden. Das ist wohl etwas übertrieben, denn der Autor hat nur seine Bücher, Kleider, den Schreibtisch und seinen Arbeitsstuhl mitgenommen, alles andere wird später der Noch-Ehefrau zugesprochen oder verkauft.

Ein Scheidungskrieg bricht aus, der noch bitterer ist als damals der mit Lucie. Der monatelange Zermürbungskampf hat alle Attribute eines Dramas und wird von Helenas Seite hauptsächlich über die Boulevardpresse ausgetragen. Die Verlassene fühlt sich unverstanden, verraten, gedemütigt. Sie hätte alles getan für ihren Mann, habe ihm das Leben angenehm und schön gestaltet und habe gar nicht gewusst, dass er nicht glücklich sei. Brühwarm erzählt die Redselige, was ihr durch den Kopf geht. Sie schimpft, beschreibt eingehend ihre Depressionen, droht öffentlich mit Selbstmord, falls er nicht zurückkehre, und schildert ihre Sicht auf die Dinge, während Mario beharrlich und diskret schweigt. Helena versteht nicht, weshalb ihre Beziehung sich plötzlich abgekühlt hat, sie habe doch eine gute Figur, da könne sich kein Mann beklagen. Nostalgisch erinnert sie an die frühen Tage, als der Autor sie jeweils zu einem Abendessen in ein Lokal eingeladen und verheißungsvoll angekündigt habe: »Gehen wir schmusen«. Da hätte sie stets gewusst, dass es ein schöner Abend wird. Dass vor ihrem Teller eine Orchideenrispe liegt oder ein üppiger Rosenstrauß auf dem Tisch steht. Doch nun sei sie seit zwei Jahren wie ein Schatten durch die Wohnung gelaufen. Sie, die ihren Hang zum Luxus so ostentativ zur Schau gestellt hat, schildert sich nun als sparsame Ehefrau, die selbst Pellkartoffeln, die sie nicht gegessen hat, in Silberpapier eingewickelt in den Kühlschrank gelegt habe. Und für ihren Aufenthalt in Bayern habe sie ihm für einen Monat das Essen vorgekocht, lauter Lieblingsgerichte, Gulasch, Paprikaschoten, Eintöpfe, Hähnchen und Bratwürste.[12]

Es geht also um Liebe, Verrat und natürlich auch um Geld, Schmuck und Prestige. Die Regenbogenpresse stürzt sich mit Wonne auf den Scheidungskampf. Nun rächt es sich, dass die beiden Turteltäubchen ihr Glück vor wenigen Jahren so öffentlich zelebrierten. *Stormy Weather*: Der Song, der sie einst verband, ist allzu real geworden. Die beiden Noch-Ehepartner machen sich, wie Mario es ausdrückt, das Leben zur Hölle. Es ist nachvollziehbar, dass Helena ihren Vorzeigegatten nicht kampflos aufgibt. Der Autor willigt schließlich in alle Forderungen ein, verkauft die Wohnung in Monte-Carlo, überlässt ihr nach eigenen Aussagen den Großteil seines Vermögens sowie sämtliche Geschenke, Schmuck und Pelze. Im Oktober 1983 ist die Scheidung rechtskräftig. Simmel zahlt seiner Ex-Frau drei Jahre lang Unterhalt, insgesamt rund eine Million Mark.

Vom Verkauf der Penthouse-Wohnung soll sie 1,5 Millionen Mark erhalten, wie Marios Anwalt Hermann Gaigg den Medien mitteilt. Der erfahrene und lebenskluge Jurist hat dem Autor manch guten Ratschlag erteilt. Peter M. Polak erzählt, dass Mario bei einem gemeinsamen Mittagessen vor Ärger über den Scheidungskrieg außer sich gewesen sei. Gaigg habe nur trocken bemerkt: »Wenn ich Ihnen beim Suppe essen zuschaue, sollten Sie es lieber hinter sich bringen. Machen Sie danach ein Buch draus, und es kommt alles, was die Scheidung kostet, vielfach herein.«[13] Und so geschieht es schließlich auch, was für Simmels Fähigkeit spricht, auf andere zu hören.

Die frisch geschiedene Helena zieht zurück nach Cannes, in ihre Wohnung in der *Résidence Albert I.*, als sichtbar gebrochene, abgemagerte Frau, die wohl auch unter Alkohol- und Tablettensucht leidet. 1987 erkrankt sie an Krebs, wenige Jahre nach der Scheidung stirbt sie. Der Autor hat die kleine Wohnung in München, die er nach dem Auszug aus Monte-Carlo gemietet hat, mittlerweile verlassen und sich in Zug, in der Schweiz, neu eingerichtet. Erst einmal nur umgeben von seinen Büchern – und den Trümmern seiner Existenz.

Marc Chagall

Etwas oberhalb von Nizza, im Stadtteil Cimiez, steht ein modernistischer Bau inmitten eines großzügigen Parks. André Hermant, ein früherer Mitarbeiter von Le Corbusier, hat hier ein schlichtes, heiteres und lichtdurchflutetes Gebäude mit klaren Linien errichtet. Genau so, wie Marc Chagall es sich gewünscht hatte.

Der berühmte weißrussische Künstler lebt seit seiner Rückkehr aus dem Exil in den USA wieder in Europa. Im Künstlerdorf Vence haben er und seine Frau Valentina sich ein Haus gekauft.

Aus Dankbarkeit gegenüber dem französischen Staat vermacht ihm der Künstler seinen Zyklus *Le Message Biblique*. Der damalige Kulturminister, André Malraux, setzt alle Hebel in Bewegung, um dieses eindrückliche und voluminöse Geschenk, das aus 17 großformatigen Bildern besteht, würdig unterzubringen. 1973 wird das neue Museum in Nizza in Anwesenheit des Künstlers feierlich eröffnet. Es bietet, neben dem berühmten Zyklus, auch Platz für ein Auditorium mit imposanten Kirchenfenstern, Gravuren, Lithografien, für ein Wandmosaik und weitere Werke des Künstlers. Die Eröffnung ist das gesellschaftliche Ereignis des Jahres, nicht nur in Südfrankreich, sondern auch weit darüber hinaus. Wir wissen nicht, ob Johannes Mario Simmel, der in diesen Jahren die Côte d'Azur für sich entdeckt, teilnimmt oder den Ort erst später kennenlernt.

Fest steht: Für Mario sind dieser Ort und dieses Werk überwältigend. Die Heiterkeit und Melancholie der Werke Chagalls, die Fülle von Symbolen und Allegorien, Anspielungen auf das Leben in seinem Heimatort Witebsk ebenso wie Zirkus- und Bibelszenen sprechen ihn sogleich an. Er teilt mit dem viel älteren russischen Juden die leidvolle Erfahrung der Shoah, der Kriegsjahre, der Entbehrungen und des Kampfs ums Überleben. Der Autor beginnt, Lithografien von Chagall zu erwerben. Bei der Scheidung kämpft er wie ein Löwe um diese Werke, zumal Helena vermutlich eher an ihrem materiellen Wert interessiert ist. Immer wieder besucht Simmel das Museum, sitzt im Park, schließt die Augen und hört den Vögeln zu, die in den Olivenbäumen, Zypressen, Pinien und Grüneichen leben. Die pulsierende Großstadt scheint weit weg, im friedlichen Garten herrscht heitere Ruhe. Auf Chagalls Wunsch dominieren die kühlen Töne von weißen und blauen Blüten, wobei der blaue Agapanthus jeweils pünktlich zum Geburtstag des Künstlers am 24. Juni blüht.

Marc Chagall und seine Werke werden von nun an Teil von Marios Leben sein. Nach der Scheidung beginnt für den Autor eine Phase der Einsamkeit, der Introspektion, auch der Neuerfindung. Er hatte, als er Deutschland verließ, viele Freundschaften verloren, zumindest sieht es in dieser Zeit danach aus. An der Côte d'Azur sind praktisch alle Bekannten Menschen, die er über Helena kennengelernt hat. Sie wenden sich nun von ihm ab. In Monte-Carlo war es stets die strahlende Frau gewesen, die mit ihrer Offenheit und ihrem Charme für das gesellschaftliche Leben der Simmels sorgte.

Der Hotelier Karl H. Vanis erzählt, dass er den Autor mehrmals als Gast zu Lesungen in den *Club Allemand International* von Monaco einlud, erst gemeinsam mit Helena, später allein. Er erscheint auch tatsächlich, doch ist er so scheu, dass es ihm sichtlich unwohl ist inmitten der illustren internationalen Gäste. Sein Französisch ist passabel, doch ein wenig eingerostet, weil die Eheleute sich meist auf Deutsch unterhielten. Es ist paradox: Der Schriftsteller wohnt nur einige Schritte entfernt vom lebhaften Zentrum von Monte-Carlo, von Konzerten, Shows, Zirkusveranstaltungen und festlichen Anlässen mit Gästen aus aller Welt und der internationalen Einwohnerschaft des Fürstentums, doch ist er einsamer als ein Eremit. Karl H. Vanis möchte dazu beitragen, dass der berühmte Schriftsteller gebührend gewürdigt wird. So organisiert er im Oktober 1990, als Simmel bereits in der Schweiz wohnt, ein festliches Herbst-Diner für den Autor. Seine Tischnachbarin im Restaurant »Le Vistaero« im Vista Palace Hotel ist Ann-Marie Prinzessin von Bismarck, und Mario liest aus *Die Erde bleibt noch lange jung* und *Zweiundzwanzig Zentimeter Zärtlichkeit*. Allerdings, so erwähnt Vanis, sei der Funken zwischen Autor und Publikum nicht übergesprungen, und schon bald seien die ersten Damen sanft eingenickt.

Simmel und Monaco. Erst ein *Coup de foudre* für diesen so besonderen Kleinstaat. Dann jedoch ein goldener Käfig für einen Mann, der hier nie Wurzeln geschlagen hat. Doch zwei Dinge nimmt er mit aus diesen Jahren im Süden: die Liebe zum glitzernden, weiten Meer und zu den Werken von Marc Chagall.

Marlene

Und dann rief ich Sie an, Liebster.« Tatsächlich beginnen die Telefonate zwischen Mario und der Dietrich just in diesen, für Simmel so trüben Jahren um 1979. Die langen nächtlichen Gespräche werden zum Anker in seinem Leben. Die Nächte sind stets schwierig für den Schriftsteller. Bis an sein Lebensende werden in den schlaflosen Stunden düstere Gedanken Einzug halten. Der engagierte Zeitgenosse ist bedrückt über sein Leben und vor allem über die Tagesaktualitäten. Krieg, Umweltzerstörung, Verletzung der Menschenrechte, Ausländerfeindlichkeit, Exzesse des Kapitalismus ... alles, wogegen er kämpft, erweist sich als stärker als die Macht der Worte.

Mit der berühmten Diva hingegen vergehen die Stunden wie im Flug. Wenn sie von den wilden Zwanzigerjahren in Berlin spricht, denkt er auch an Lucie, an Billy Wilder. Sie gluckst, wenn sie sich daran erinnert, wie sie ihre Augen in diesen frühen Jahren mithilfe von Kerzenruß in *Smoky Eyes* verwandelte, weil kein anderes Make-up aufzutreiben war. Wie sie als Zwanzigjährige in Stummfilmen auftrat und jung Mutter wurde. Wie der *Blaue Engel* zehn Jahre später für ihren Durchbruch sorgte und sie trotzdem findet, dass ihre Arbeit damals nicht viel taugte: »Fragen Sie mich nicht über die Zwanzigerjahre. Ich war in den Zwanzigerjahren überhaupt nichts«, wird sie Maximilian Schell in einem Interview für *Die Zeit* vom 25. März 1983 erzählen. Der viele Jahre jüngere Wiener Schauspieler und seine Schwester Maria waren mit ihrer Familie 1938 nach Zürich geflohen, woher der Vater der Geschwister stammte.

»Die sind auch gegangen, als die Nazis übernahmen. Nicht wie Willi Forst, der sich ganz gut mit Hitlers Filmheinis arrangierte.«

Vermutlich hat ihr Simmel widersprochen, den Regisseur und Schauspieler Forst in Schutz genommen. Wobei Marlene Dietrich recht hat: Forst hat während der ganzen Kriegsjahre fröhliche, heitere Filme gedreht, mit Prädikaten der NS-Prüfstelle. Nach dem Krieg wird er dies als stillen Protest in der Nazizeit darstellen, was nicht alle überzeugt.

Andere sind mutiger ... oder haben keine Wahl: Die Schauspielerin Lilli Palmer verlässt Berlin und ihre ersten Theaterengagements, weil immer mehr Braunhemden die Arbeit von jüdischen Kulturschaffenden stören. Sie reist erst nach Paris und London, bevor sie mit ihrem englischen Mann Rex Harrison nach Hollywood zieht. Dietrich, auch sie Preußin vom Scheitel bis zur Sohle, begleitet den Regisseur des *Blauen Engel*, Josef von Sternberg, ohne Not aus freien Stücken in die Vereinigten Staaten. Sie erhält einen der begehrten Siebenjahresverträge bei der Paramount und tritt an der Seite der berühmtesten Schauspieler jener Zeit auf: Gary Cooper, Cary Grant, Orson Welles, James Stewart. Wie wird sie im Heimatland angefeindet für diesen »Landesverrat«! Und erst recht, als Marlene Dietrich im Juni 1939 die deutsche Staatsbürgerschaft ablegt und Amerikanerin wird. Eine Provokation des »Blauen Engels« sondergleichen.

Deutschlands Kulturlandschaft erleidet in diesen Jahren einen gewaltigen Aderlass. Das Zürcher Schauspielhaus zum Beispiel, bis 1938 ein Privattheater, wird durch Emigranten aus Nazideutschland wie Leopold Lindtberg und Therese Giehse aufgewertet und erlebt während des Kriegs eine Blütezeit.

Auch Robert Siodmak, gebürtiger Dresdner, wandert kurz vor Kriegsbeginn in die Staaten aus. Er wird, wie Dietrich, für die Paramount tätig sein, später auch für die 20th Century Fox und Universal. Doch empfindet er seine Arbeit zunächst als unbefriedigenden Brotjob, bis er schließlich im amerikanischen Filmgeschäft Fuß fasst und mit Burt Lancaster, Ava Gardner und Tony Curtis dreht. Mit Siodmak und seiner Frau Bebbs ist Simmel schon lange befreundet. Erst schreibt Mario Drehbücher für den Regisseur oder hilft beim Umschreiben von Drehbüchern mit. Später wird Siodmak *Der Schulfreund* und *Die Affäre Nina B.* verfilmen.

»Stimmt die Geschichte, die die Hildegard erzählt, wie Sie ihr vom Fenster aus zugewinkt haben?«, könnte der Autor seine Gesprächspartnerin gefragt haben. Und vermutlich lacht die Diva. Hildegard Knef und sie kennen sich seit 1948, lernen sich in Hollywood kennen. Während Dietrich aus politischen Gründen hier wohnt, erhofft sich die Knef eine Karriere. Die beiden Frauen sind sich sympathisch und schreiben sich kurze Briefe, Marlene nennt Hildegard in einem Brief von 1975 »dearest Hildekind«.

Hilde erzählt ihrem (und Simmels) Lektor beim Droemer Verlag, Herbert Neumaier, dass sie die Ältere viele Jahre später in Paris gerne wiedergesehen hätte. Sie wohnt im Hôtel Plaza Athénée, gleich gegenüber von Dietrichs Wohnung in der Avenue Montaigne 12, ruft an. Die Dietrich bittet sie zum Fenster und sagt, sie solle auf das Haus gleich gegenüber schauen. Und tatsächlich sieht Hildegard, wie sich im vierten Stock ein Vorhang leicht bewegt, eine schmale, weiße Hand hervorkommt und winkt.

Eine weitere gemeinsame Freundin ist Romy Schneider. Der Autor hat die charismatische junge Österreicherin 1957 kennengelernt, als Romy mit Horst Buchholz unter der Regie von Josef von Báky *Robinson soll nicht sterben* dreht. Das Drehbuch stammt von Emil Burri und Johannes Mario Simmel. Norma Bosquet, seit 1977 Dietrichs Sekretärin, erzählt der Boulevardzeitung *BZ* 2002, dass Marlene jeweils Arzneimittel en gros eingekauft und gute Freunde und Freundinnen großzügig damit versorgt habe. So habe sie einmal Romy Schneider mit einer Packung Amphetaminen wieder auf die Beine geholfen. Um die Droge an Romys Lebensgefährten vorbeizuschmuggeln, habe sie einen Band ihrer Memoiren ausgehöhlt, die Schachtel hineingelegt und dann, als Geschenk verpackt, an Romy geschickt.[14]

Wir können uns vorstellen, wie sehr Mario und Marlene über solche Anekdoten lachen, obwohl diese anscheinend lustige Episode sicherlich zu Romys späterer Tablettensucht beigetragen hat. Vielleicht erzählt die Dietrich dem Schriftsteller auch die rührende Geschichte mit den Halsketten?

2007 gibt der französische Schauspieler Jean-Claude Brialy, der beide Diven gut gekannt hat, dem *Spiegel* ein Interview. Er erzählt, dass Romy ihn bei einem Abendessen plötzlich fragte, ob er Neuigkeiten von Marlene habe. Brialy erwiderte, dass er sie gesehen habe, dass es ihr gut gehe und sie nach Romy gefragt habe. Romy erwiderte: »Wie schön«, sprang auf und wollte ihr schreiben, sofort. Sie bat um Papier und kritzelte in aller Eile in ihrer schwer lesbaren Schrift acht Seiten voll. Dann trug sie ihrem Chauffeur auf, den Brief unverzüglich an der Avenue Montaigne abzugeben. Brialy machte sie darauf aufmerksam, dass es mitten in der Nacht sei, doch die junge Frau war nicht zu bremsen. Sie nahm die Goldkette von Boucheron ab, die sie gerade um den Hals trug, legte sie in den Umschlag und gab den Brief ihrem Chauffeur. Eine halbe Stunde später kam er mit einer Antwort von Dietrich zurück: ein Brief mit zwei Ketten. Brialy ist noch viele Jahre später gerührt über die Freundschaft zwischen diesen beiden wunderbaren, ebenso begabten wie schwierigen Frauen.[15]

Nicht nur Marlene Dietrich, auch Simmel kann ein begnadeter Geschichtenerzähler sein, wenn er in der richtigen Stimmung ist. Nicht immer sind sie so lustig wie der Medikamentenschmuggel der Dietrich. Zum Beispiel kam es bei der ersten Verfilmung des »Kaviars« mit O. W. Fischer 1961 zu einem Unfall, als bei Außenaufnahmen eine Mauer einstürzt. Nicht nur deshalb, auch wegen der insgesamt originalgetreueren Verfilmung gefällt Mario die ZDF-Fernsehserie mit Siegfried Rauch von 1977 besser.

Marlene Dietrich hat den Sprung vom Film zum Fernsehen nie vollzogen, im Gegensatz zu ihrer Kollegin Nadja Tiller, die 1961 an der Seite von Pierre Brasseur in der *Affäre Nina B.* spielt. Schon 1969 wirkt sie in ersten TV-Produktionen mit und wird 1977 im »Kaviar« eine herrlich überkandidelte Konsulin Estrella Rodriguez darstellen. Doch verfolgt die Leseratte Dietrich genau, was rund um sie herum geschieht. Neben ihrem Bett liegen Klatschzeitschriften Seite an Seite mit Büchern von Erich Maria Remarque, Stefan Zweig oder Heinrich Heine. Und sie hat stets Papier und Stift zur Hand, um ihre Gedanken zu notieren, die viel später von ihrer Tochter herausgegeben werden.[16] Sie verschlingt Simmels Werke; der Verlag hat ihr sämtliche Werke zukommen lassen. Als hellwache Zeitgenossin hat sie zu vielen Themen eine dezidierte Meinung und streut gerne Anekdoten ein über Dinge, die sie mit Ronald Reagan oder Jacques Chirac besprochen hat. Auch das Hotel »Cap-Eden-Roc« ist wohl ein unerschöpfliches und erheiterndes Thema für die beiden Gesprächspartner am Telefon, die das Haus gut kennen. Marlene erzählt von den Vorkriegsjahren, als es noch ein Geheimtipp war. Nach dem Abzug der amerikanischen Truppen, die das Hotel im Krieg requiriert hatten, kehren viele der früheren Gäste ins Hotel zurück. Die Kennedys sind wieder hier, wechseln aber nach 1960 die Strandhütte, damit ihre drei Politikersöhne mehr Privatsphäre haben. Wir wissen nicht, ob die Schauspielerin Joseph Kennedy wiedergesehen hat. Dafür haben nun andere Hollywood-Stars das Hotel für sich entdeckt. Rita Hayworth lernt hier den Prinzen Ali Khan kennen. Als 1946 in Cannes erstmals ein Filmfestival organisiert wird, verwandelt sich das Cap im Mai jeweils in ein Bienenhaus von bekannten Schauspielerinnen und Schauspielern, Regisseuren, Filmproduzenten und Journalisten aus aller Welt. Die Gäste treffen entweder auf schicken Booten auf dem Seeweg ein, wandeln entlang der Anlegepiers und steigen über die Terrassen zum Hotel hoch. Oder sie lassen sich mit Limousinen vorbeibringen oder gar mit dem Helikopter absetzen. Rauschende Partys werden gefeiert. Yves Montand gibt eine improvisierte Stepp-Einlage auf der Terrasse, Audrey Hepburn nippt am Pool einen Drink. Grace Kelly, Gary Grant und die Filmcrew von Alfred Hitchcock feiern den Erfolg von *Über den Dächern von Nizza*.

Auch die Künstler der Vorkriegsjahre sind bald wieder da: Pablo Picasso kommt 1946 an der Seite seiner neuen Frau Françoise Gilot in Antibes an, Marc Chagall verbringt jeweils den August im Hotel. Er fährt in einem schwarzen Citroën DS vor, den ihm sein Freund Georges Pompidou geliehen hat, bezieht seine bevorzugte Strandhütte und malt wie ein Besessener, trinkt nur frischen Erdbeersaft. Er nimmt die Staffelei auch mit ins Restaurant und genießt das Aufsehen, das er dabei erregt. Jeweils am Abend sammelt seine Frau sorgfältig alle verstreuten Skizzen ein, die damals schon sehr wertvoll sind.[17] Die Frankfurter Schirn Kunsthalle zeigt im Winter 2022/23 Werke aus dieser Schaffensphase des Künstlers. Die farbenfrohe Palette der früheren Jahre wird zunehmend dunkler und spiegelt den Albtraum des Antisemitismus wider, dem Chagall durch die Emigration in die USA entfloh, aber auch die Schrecken des Krieges, die er von der anderen Seite des Atlantiks mitverfolgt.[18]

Marlene Dietrich erzählt mit ihrem Berliner Akzent, wie sie die braveren Gäste, vor allem die Amerikaner, mit ihren gewagten Auftritten schockierte. Wie sie ihren ehemaligen Geliebten Jean Gabin anruft und dieser sie schließlich, entnervt, mit einer Salve französischer Kraftausdrücke zum Schweigen bringt. Wenn er nicht gleich vorbeigekommen wäre und es zwischen dem feurigen Paar ein Handgemenge gegeben hätte. Gabin wird ihr zeitlebens fehlen, wie auch diese erschütternden Zeilen demonstrieren:

»Ich friere.
Da ist niemand,
Der mir ein wenig Liebe,
ein wenig Wärme gibt,
Mir durch die wenigen Tage hilft,
Die mir noch bleiben.
Ich friere.«[19]

Kälte im Körper und im Herzen spielt auch in einem ergreifenden Gedicht eine Rolle, das Dietrich ihrem lebenslangen Vertrauten Erich Maria Remarque widmet:

»Auf einmal kalt – Das macht mir Angst,
Vor Verrat,

Obwohl kein Grund besteht,
An dir zu zweifeln. Doch wer liebt,
Braucht keinen Grund zum Zweifeln (...).«[20]

Die Diva bleibt ihm bis an dessen Lebensende – Remarque stirbt 1970 – verbunden, wie die vier Gedichte zeigen, die in *Nachtgedanken*[21] abgedruckt sind. Auch Simmel schätzt den Kollegen seit den frühen Berliner Jahren. Und es ist durchaus denkbar, dass er bei Gelegenheit direkt involviert ist in dessen schriftstellerische Tätigkeit, wie eine interessante Geschichte aus den späten Fünfzigerjahren zeigt. Mario selbst hat seiner Familie erzählt, dass er Remarque dabei geholfen habe, seinen letzten Roman fertigzustellen. Was ist dran an dieser Geschichte?

1958 lebt der berühmte Verfasser von *Im Westen nichts Neues* in der Schweiz. Um den Jahreswechsel 1958/59 herum fährt Simmel nach Porto Ronco im Tessin. Sechs Monate später erscheint Remarques Fortsetzungsroman *Geborgtes Leben. Roman einer Liebe* in der Hamburger Illustrierten *Kristall*. Und wird vom literarischen Feuilleton vernichtend kritisiert, weil das Blatt zum konservativen Springer-Verlag gehört und dort – zeitgleich mit *Geborgtes Leben* – Texte des ehemaligen SS-Obersturmbannführers und Pressechefs des NS-Außenministers Ribbentrop, Paul Carrell, erscheinen. Die Bildungselite wundert sich: Wie kann der bewunderte Remarque nur so tief sinken?

Und wir fragen uns: Welche Rolle hat Simmel bei dieser unglücklichen Veröffentlichung gespielt? Thomas F. Schneider schreibt im Nachwort der Neuausgabe von *Geborgtes Leben* (unter dem Titel *Der Himmel kennt keine Günstlinge*[22]), dass Mitte der 1990er Jahre eine Erinnerung von Simmel aufgetaucht sei. Darin habe er sich über die Umstände der Publikation geäußert: Ende 1958 habe im Tessin ein Treffen zwischen Remarque und dem Chefredakteur von *Kristall*, Joachim Pierre Pabst, stattgefunden. Der Vertragsabschluss sei ein »Rettungsversuch« für die defizitäre Illustrierte gewesen. Der renommierte Schriftsteller habe ein außergewöhnlich hohes Honorar ausgehandelt, sich damit »letztendlich lustig gemacht« über die Avancen des Springer-Konzerns und all jene Autoren gewissermaßen entschädigt, die zuvor von Springer ausgebeutet worden waren. Mit dieser Aussage sei gleichzeitig der Text desavouiert und bewusst zu einem Auftragswerk ohne jegliche künstlerische Substanz degradiert worden.

Diese Erinnerung von Simmel legt den Schluss nahe, dass er beim erwähnten Treffen mit dem Verleger dabei war. Hat er auch beim Verfassen der Texte mitgeholfen? Einige Indizien deuten darauf hin: Remarque reicht bereits nach sechs Monaten die ersten Kapitel ein, was für den Autor ein ungewöhnlich kurzer Zeitraum ist. Die Schauplätze sind mondän, die Geschichte spielt im Milieu des internationalen Autorennsports, in Rom, Venedig, Paris und Monte-Carlo. Simmel ist schon in den Fünfzigerjahren weltgewandt und hat schon oft Geschichten und Drehbüchern, die feststeckten, den richtigen Dreh verpasst. Es ist also durchaus denkbar, dass er mitgeschrieben oder zumindest Ideen beigesteuert hat, wie er es auch seiner Familie erzählt. Zwar handelt es sich bei diesem Roman nicht um das letzte Werk von Remarque, doch bei Simmel kommt es öfter vor, dass mehrere Versionen einer Geschichte im Umlauf sind.

Spricht er mit Marlene Dietrich über die Anekdote? Weiß sie vielleicht mehr? Vermutlich schon, denn ihr früherer Liebhaber Remarque hat bereits 1939 Skizzen erstellt, die als Vorlage für einen Film mit Dietrich dienen sollen. Nun, zwanzig Jahre später, tauchen wesentliche dramaturgische Elemente in den neuen Texten auf. Der Stoff der Fortsetzungsgeschichte erscheint 1961, von Remarque grundlegend überarbeitet, unter einem neuen Titel: *Der Himmel kennt keine Günstlinge*. 2018 bringt der Verlag Kiepenheuer & Witsch eine Neuausgabe heraus: die Fassung der Erstausgabe, mit Materialien und dem erwähnten Nachwort von Thomas F. Schneider.[23] Schneider kommt zu dem Schluss, dass das Buch, obwohl sehr kontrovers aufgenommen, gewissermaßen eine Quintessenz des Denkens von Erich Maria Remarque darstelle: philosophisch tiefgründig und zugleich literarisch leicht auf einer spielerischen Oberfläche. Sydney Pollack wird das Buch 1977 sehr frei interpretieren und es unter dem Titel *Bobby Deerfield* verfilmen, mit Al Pacino und Marthe Keller in den Hauptrollen. Ob Marlene sich den Streifen wohl ansieht und sich überlegt, wie sie selber die Rolle der schönen und todkranken Lillian gestaltet hätte? Obwohl sie durchaus kollegial sein kann, neigt sie dazu, Remarque als ihr Eigentum anzusehen. Vielleicht hätte sie die freie Anpassung genauso in der Luft zerfetzt, wie sie auch die Heirat des Autors mit Paulette Goddard nicht gelten lässt. Remarques Braut bezeichnet sie nur mit »the bitch«.[24]

Ungefähr fünf Jahre lang werden Mario und Marlene häufig und sehr regelmäßig miteinander telefonieren. Im Filmmuseum Berlin ist ihr weißes Bakelit-Telefon ausgestellt: abgeschrammt, notdürftig repariert, von Dauergebrauch kündend und zugleich nostalgisch sentimental. Wie die *Welt* im September 2003 schreibt, war es für Dietrich eine Obsession, ständig und überall mit Freunden, Kollegen, Liebhabern zu sprechen, Ratschläge zu erteilen und deren Kummer zu lauschen.[25] Der Artikel erwähnt, dass die Schauspielerin rund um die Welt Menschen hatte, die sie anrufen konnte, alle Nummern standen in kleinen Adressbüchern. Mit rotem und blauem Kugelschreiber schrieb Dietrich die Durchwahlnummern auf, immer in klaren, starken Druckbuchstaben. Selbst im Telefonbuch schlägt sich das Preußische der Dietrich nieder.

Über das Ende dieser telefonischen Liaison bestehen verschiedene Versionen. Wie Herbert Neumaier, Simmels langjähriger Lektor, erzählt, beendet eine Lappalie die jahrelange telefonische Freundschaft zwischen Monte-Carlo und Paris: Der Schriftsteller plant einen Besuch in Paris und will Marlene besuchen. Sie jedoch lehnt ab, empfindet den Vorschlag als Zumutung und wird seine Anrufe nicht mehr akzeptieren. Der Autor selber erzählt, dass die Diva sich diskret zurückgezogen habe, als er wieder mit

Lucie zusammenzieht. Oder, in einer anderen Schilderung, die Dietrich sei verärgert gewesen, dass er den Großteil seiner Zeit nun Lucie widmet. Einmal erzählt er gar, dass er, kurz vor Lulus Tod, ständig in Kleidern geschlafen habe, damit er sofort losfahren konnte, wenn sich ihr Zustand verschlechterte. Unmittelbar nach Lulus Tod habe ihm der Arzt eine Beruhigungsspritze gegeben. Simmel sei in die Wohnung zurückgekehrt – und das Telefon klingelte. Benommen habe er abgehoben, und eine vertraute Stimme habe gefragt: »Na, ist sie tot? Ich gratuliere Ihnen, mein Geliebter, jetzt haben Sie Ihre Freiheit wieder!« Er habe aufgelegt, und von da an hätten sie nie mehr miteinander gesprochen. Wie so oft ähneln sich Marios Geschichten, sind aber nie ganz identisch.

Wie auch immer: Die Telefonate nehmen ein abruptes Ende. In ihren *Nachtgedanken* notiert die Diva, etwas spöttisch:

»Beim Simmel
Klingt
Die Klingel
Das heißt:
›Ununterbrochen
Genug gesprochen.‹
›Ich rieche Kochen.‹
›Es ist mir
Lieber
Frau Sieber
Rufe später –‹
Call you later
Alligator!«[26]

Gegen Ende ihres langen Lebens wird die Dietrich immer paranoider, schirmt sich noch ängstlicher gegen die Außenwelt ab. Als es einem Paparazzo 1991 gelingt, sich nach der Bestechung eines Hausangestellten Zutritt zu Dietrichs Wohnung zu verschaffen und die alte Frau schlafend zu fotografieren, wird sie darüber nie hinwegkommen. Gemeinsam mit ihrer Tochter und ihrem Enkel gelingt es ihr zwar, die deutsche Illustrierte am Abdruck der Fotos zu hindern. Aber sie ist so aufgebracht, dass sie kurz danach einen Schlaganfall erleidet. Am 6. Mai 1992 schließt die Diva im Alter von neunzig Jahren für immer die Augen.

Herzensangelegenheiten

Die Einsamkeit nach der Scheidung von Helena hat zwar viele Nachteile. Doch endlich hat Mario wieder Zeit, um sich vertieft mit Themen zu befassen, die ihm wichtig sind.

Die Achtzigerjahre gelten allgemein als vorwärtsgewandt, fortschrittsfreundlich und optimistisch. Der Erdölschock ist verdaut, der Motor der Weltwirtschaft brummt. 1981 stellt IBM den ersten Personal Computer vor, und Technikfreaks entdecken Spielkonsolen von Atari. In Europa herrscht seit vierzig Jahren Frieden. Die Befürchtungen eines Dritten Weltkriegs haben sich nicht bewahrheitet, das Gleichgewicht des Schreckens zwischen den USA und der Sowjetunion scheint stabil.

Dafür werden nun die Folgen des Wirtschaftswachstums für die Umwelt immer deutlicher sichtbar. Ab 1980 beginnt der Begriff des Waldsterbens die Runde zu machen: Großflächige Waldstücke in Mittel-, Nord- und Osteuropa weisen Schäden auf. Die Kronen lichten sich, die Wurzelbereiche sind geschwächt. In Deutschland kommt es zu einer emotional aufgeladenen Debatte: Zwar kann keine einzelne Ursache, die das Waldsterben auslöst, gefunden werden. Doch scheint die Luftverschmutzung zentral zu sein. Bäume reagieren auf Verunreinigungen und auf den sauren Regen. 1983 beschließt der Deutsche Bundestag wirksame Maßnahmen zur Luftreinhaltung, zum Beispiel den Einbau von

Rauchgasentschwefelungsanlagen in Kraftwerken. Auch werden erstmals Abgasgrenzwerte für Autos definiert, der Katalysator beginnt Einzug zu halten.

Am 3. Dezember 1984 entweichen im indischen Bhopal aufgrund menschlichen Versagens mehrere Tonnen giftiger Stoffe in die Umwelt. Tausende von Menschen und Tieren sterben an den unmittelbaren Folgen der bisher schlimmsten Chemiekatastrophe. Zwei Jahre später, am 1. November 1986, ereignet sich im Industriegebiet Schweizerhalle bei Basel in der Schweiz ein Großbrand, bei dem mit Pflanzenschutzmitteln belastetes Löschwasser in den Rhein gelangt. Die in Richtung Basel driftende, stinkende Rauchwolke weckt bei der Bevölkerung Ängste. Zwar sterben zum Glück keine Menschen, doch führt diese Leckage zu einem verheerenden Fischsterben. Bereits im April 1986 war es, ebenfalls aufgrund menschlichen Fehlverhaltens, im Block 4 des graphitmoderierten Kernkraftwerks Tschernobyl nahe der ukrainischen Stadt Prypjat zu einer Kernschmelze gekommen. Das verstrahlte Gelände muss geräumt werden. In Europa dürfen monatelang keine Lebensmittel mehr verzehrt werden, die dem verstrahlten Regen ausgesetzt waren, und im kontaminierten Umfeld von Tschernobyl erkranken Menschen an Schilddrüsenkrebs.

Diese stark diskutierten, medial präsenten Großereignisse führen dazu, dass die Industrie insgesamt kritischer angesehen wird. Ein neues Umweltbewusstsein beginnt sich zu bilden. In ganz Europa entstehen grüne Parteien und Umweltorganisationen. Eine Entwicklung, die zwar nicht direkt mit Simmels schriftstellerischem Engagement zusammenhängt, ihm aber gefällt.

Ein anderes großes gesellschaftliches Problem sind Drogen: Seit der Flower-Power-Bewegung 1968 nimmt der Konsum von illegalen Substanzen, vor allem Heroin und LSD, zu. Erste kleine Drogenszenen bilden sich in den Großstädten. Sie wachsen jedoch rasch, denn die Abhängigen sind gesellschaftlich isoliert, stehen unter großem Druck, müssen sich immer wieder Stoff besorgen. Bahnhof Zoo, Platzspitzareal Zürich – die Liste von Orten, an denen die Drogenszene außer Kontrolle gerät, wird länger.

1980 erscheint Johannes Mario Simmels Buch *Wir heißen euch hoffen*. Es ist dem Freund und Lektor Fritz Bolle zugeeignet. Äußerst geschickt verwebt der Autor darin eine Episode, bei der ein Heroin-Süchtiger in New York nach einer Überdosis tot aufgefunden wird, und eine Postsendung aus dem Jahr 1950, die zwanzig Jahre später in einem Flugzeugwrack am Montblanc wieder auftaucht. Der Autor schildert zu Beginn des packenden Buchs, dass die beiden Zeitungsnachrichten ihn motiviert haben, seine Recherchen über die internationale Rauschgiftszene, die er seit zehn Jahren betreibt, wieder aufzunehmen. Das Buch deutet hoffnungsvoll an, dass die Entwicklung eines Präparates, das bei der Bekämpfung des Drogenelends helfen könnte, weit fortgeschritten sei.

Die Handlung beginnt mit einem Selbstmord in Wien. Was treibt den angesehenen Forscher und Nobelpreisträger Adrian Lindhout dazu, sich mit einer Walther, Kaliber 7.65, das Leben zu nehmen? Die Handlung ist raffiniert aufgebaut und führt zurück ins Wien der Nachkriegsjahre.

Der Titel des Buchs ist ein Zitat aus dem Gedicht »Symbolum«, das Johann Wolfgang von Goethe der Weimarer Loge Anna Amalia vorgetragen hat. Dessen letzte Zeilen lauten: »Hier flechten sich Kronen in ewiger Stille, die sollen mit Fülle die Tätigen Lohnen! Wir Heißen euch hoffen.« Simmel ist kein Freimaurer, doch wird er 1981 mit dem Kulturpreis der deutschen Freimaurer ausgezeichnet. Wie aus der Laudatio von Jens Oberheide hervorgeht, führte seine Nominierung im Vorfeld zu einer lebhaften Debatte. Die Meinungen seien weit auseinandergegangen und hätten sowohl begeisterte Zustimmung als auch empörte Ablehnung umfasst. Oberheide erklärt den Grund für Simmels Würdigung, die nach der Auszeichnung eines Historikers und eines Philosophen nun also einen »Gebrauchsschriftsteller« betreffe, sehr differenziert. Er erinnert daran, dass auch Gotthold Ephraim Lessing mit dem ersten bürgerlichen Trauerspiel nicht der höfischen Szene seine Referenz erwiesen habe, was ihm heftige Kritik eintrug. Er merkt an, dass ein anderer Schriftsteller deutscher Sprache *Die Leiden des jungen Werthers* geschrieben habe, die erst einmal als Kitsch gegolten hätten. Er erzählt von Rudyard Kipling, der in einem Gedicht sentimentale Erinnerungen an seine Mutterloge verarbeitet habe, was literarisch als trivial galt, aber populär war und von jedermann verstanden wurde. Er bezieht sich auf die oft geschmähte »Verpackung« von Simmels Romanen und gibt zu bedenken, dass Bertolt Brecht mit seiner Anklage gegen die bürgerliche Gesellschaft auch die Unmoral beschrieben und damit als obszön gegolten habe. Heute sei er ein Klassiker. Und zu guter Letzt führt er Hans Fallada an, der die sozialen Missstände seiner Zeit in Romanform aufgegriffen habe, was gewisse Kreise als nicht lesefreundlich empfunden hätten. Heute werde er als Chronist seiner Zeit geschätzt.[27]

Chronist seiner Zeit – dieses Attribut gefällt Simmel sehr. Überhaupt sprechen ihm dieser Preis und die Begründung der Ehrung aus dem Herzen, stärken sein Selbstvertrauen. So ist es ihm eine Genugtuung, wenn Oberheide eine Umfrage zitiert, nach der lediglich 3 Prozent der Menschen, die regelmäßig lesen, sich als literaturbeflissen bezeichnen. Dies bedeute, dass gewisse Kritiker eben nur für diese drei Prozent schrieben, was andererseits die verbleibenden 97 Prozent offenbar nicht interessiere.

1981 publiziert der Autor den zweiten Band mit Geschichten. Es hatte ihn nach eigenem Bekunden überrascht, dass sich der erste Erzählungsband, *Zweiundzwanzig Zentimeter Zärtlichkeit*, 1979 zum Bestseller entwickelt hatte. Unter dem Titel *Die Erde bleibt noch lange jung* druckt Simmel ganz unterschiedliche Geschichten aus dreißig Jahren ab. Wir kehren zurück ins zerstörte Wien und erleben mit, wie ein Artikel in Düsseldorf dazu führt, dass die krebskranken Kinder der Universitätsklinik ein anständiges Haus erhalten. Mario erinnert sich an die erste Begegnung mit Helena, dem Lämmlein, seiner *fatal attraction*, wie sie damals dastand in ihrem blauen Kleid mit dem weißen Kragen, mit ihren braunen Beinen, den schneeweißen Zähnen und lustigen Augen. Andere Storys sind frei erfunden, entzückende Miniaturen aus dem riesigen Fundus des Journalisten. Frau Pfotenhauer zum Beispiel lässt sich scheiden, da kann auch ein Märchen nichts retten. Klein-Shirleys Schwanengesang geht uns nahe. Das Küken gehört zu dem Federvieh, das im Rahmen einer Hilfsaktion für österreichische Hühnerzüchter aus den USA nach Europa transportiert wird. 70000 Jungtiere sind es insgesamt. Doch während des Flugs bricht in Europa die Maul- und Klauenseuche aus, und das Schicksal der gefiederten Bande im Laderaum der viermotorigen »Skymaster« ist mehr als unsicher.

Eine amüsante Geschichte stammt aus dem Jahr 1946. Hier hat Simmel alias Wotruba Ferdinand aus Wien der großen Dietrich eine Liebesgeschichte geschrieben, voll tiefer Gefühle und Grammatikfehler. Wotruba hat den Film *Destry reitet wieder* gesehen und »muss der gelibten Marlene einfach schreiben. Er hatte so gehofft, dass sie dem Hundianer eines schmiren würde, doch stattdessen ist der dicke Scherif erschossn worden. Am Ende des Films geht Wotruba nach Hause und fühlt sich entsetzlich verlassen. Er denkt, er muss sterben. Doch er stirbt nicht, sondern schreibt der gelibten Marlene diesen Brief. Du weihst, warum. In diesem Sinne grießt Dich dein Dir ewiger treier Wotruba Ferdinand aus Wien.«

Wir können mit Sicherheit davon ausgehen, dass der Autor seiner Gesprächspartnerin diese Geschichte dreißig Jahre später in breitestem Wienerisch vorliest und die beiden lachen, bis sie Tränen in den Augen haben.

In den Achtzigerjahren wird Mario drei gewichtige Werke publizieren. *Bitte, lasst die Blumen leben* (1983), *Die im Dunkeln sieht man nicht* (1985) und *Doch mit den Clowns kamen die Tränen* (1987). Kurz vorher, 1983, erscheint noch ein bezaubernder kleiner Band, der sich mit seinem Kleinformat und einem Bild von Auguste Renoir auf der Titelseite in jeder Hinsicht von den Romanen unterscheidet und 1998 ein zweites Mal herausgegeben wird.

Der Mann, der die Mandelbäumchen malte entführt uns nach Südfrankreich. Genauer gesagt in den Nachtzug *Train bleu* von Paris nach Cannes. Der Drehbuchautor Royan trifft per Zufall auf Mrs. Collins, eine schöne, nicht mehr ganz junge Amerikanerin. Die beiden ungleichen Nachbarn im Zug trinken Champagner, um die Zeit zu verkürzen.

Dem ersten Glas Pommery folgen etliche weitere, denn die Geschichte der mysteriösen Reisenden ist fesselnd. Sie zeigt Royan eine Karte, auf der, von Hand geschrieben, ein Gedicht von Edgar Allan Poe steht:

»*Neither the angels in heaven above*
Nor the demons deep under the sea
Shall ever dissever my soul from the soul
Of the beautiful Annabel Lee«

Weder die Engel im Himmel noch die Teufel tief unten in der See werden jemals meine Seele und die der schönen Annabel Lee auseinanderreißen, übersetzt Royan für uns. Auf der Rückseite der Karte ist ein Mandelbäumchen gemalt, in leuchtenden Wasserfarben, mit dünnen schwarzen Ästen, braunroten Blättchen und hellrosa Blüten.

Royan ist interessiert, doch auch leicht geniert über die Liebesgeschichte, die ihm hier geschildert wird. Er erfährt, dass seine Reisebekannte als junge, verheiratete Frau einen Maler aus Saint-Paul-de-Vence kennengelernt hat. Paul Mondragon hieß er, und er wird der jungen Mrs. Collins unter den Augen ihres Mannes feurig den Hof machen. Natürlich verliebt sie sich in den jungen Bohémien, der sie in einer stillen Minute in sein Atelier im Künstlerort führt. Das alte Haus ist eine wahre Fundgrube von schönen, kostbaren Dingen, Bildern und einer Sammlung von Hunderten von kleineren und größeren Elefanten. Diese Leidenschaft teilt der Protagonist offensichtlich mit seinem Schöpfer Johannes Mario Simmel.

Eine Ferienromanze nimmt ihren Anfang. Dann fahren die Eheleute Collins zurück in die USA, wo Mrs. Collins Jahr für Jahr eine Karte mit unterschiedlichen Mandelbäumchen von ihrem Künstler erhält. Nun, viele Jahre später und nach dem Tod des Ehemannes, will die Empfängerin der Karten ihren Anbeter wiedersehen.

Die Geschichte, die konventionell beginnt, verläuft ganz anders als erwartet. Denn zum allgemeinen Schrecken wird Mrs. Collins am Morgen tot im Zug aufgefunden. Nach einigem Zögern beschließt Royan, den Schöpfer der Karten an Mrs. Collins' statt aufzusuchen. Er findet auch tatsächlich das Atelier in Saint-Paul-de-Vence, doch was er dort erfährt, überrascht ihn genauso wie uns, die Leserinnen und Leser.

Diese entzückende Miniatur, die uns Johannes Mario Simmel wie eine Perle, *en passant*, serviert, ist ein kleines Meisterstück, dessen Handlung auf drei Ebenen verläuft. Romantisch und doch nicht kitschig, anrührend und doch plausibel. Stefan Heym rezensiert das Werk und sagt, er habe es nicht mehr aus der Hand legen können. Er erklärt auch gleich den Grund: Dieses Buch sei seit Langem das erste Werk, das neben einer spannenden Story keine politische oder moralische Botschaft an den Leser zu den Übeln unserer Zeit enthält, zu denen der Autor sonst Stellung bezieht.

»Es sei denn, man betrachtet den tragischen Widerspruch zwischen der Illusion der Liebe der Mrs. Collins im ersten Teil und der zynischen Realität des Lebens, die der Autor im zweiten Teil entwickelt, als das Eigentliche, was er vermitteln will. Denn im zweiten Teil wird noch einmal dieselbe Liebesgeschichte erzählt, die wir schon kennen, aber jetzt von der Witwe des Pierre Mondragon, einer schmuddeligen Person, und der Schriftsteller Royan, in dem wir mit Recht ein großes Stück Simmel vermuten, kann es nur als Gnade Gottes empfinden, dass Mrs. Collins in der Nacht im Schlafwagenabteil ihren Herzinfarkt erlitt, denn der Geliebte, zu dem sie sich auf dem Weg befand, liegt seit zwei Jahren unter der Erde von Saint-Paul-de-Vence. Also die Doppelerzählung eines tragischen Geschehens, mit Charakteren, deren Schicksale den Leser fesseln, und mit einer Handlung, deren Verzweigungen, plötzliche Wendungen und Pointen ihn erregen und entzücken. Aber dies Buch ist mehr noch, es ist die Geschichte eines wahren Falles, der sich in den frühen 80er-Jahren zutrug und den Simmel, der damals in Cannes wohnte und arbeitete, miterlebt hat und an dem ihn reizte, was er nach einem japanischen Film den Rashomon-Effekt nennt. Derselbe Vorgang wird vom Gesichtspunkt verschiedener Personen aus erzählt. Damals schrieb Simmel die Geschichte erstmals nieder. Wir können dankbar sein, dass er sie uns jetzt als Buch vorlegt. Es ist ein Meisterwerk und ein großes Lesevergnügen. Ich habe es nicht aus der Hand legen können, ich gestehe das, sondern habe es hintereinander durchgelesen, durchlesen müssen, sonst hätte ich keinen Schlaf gefunden. Das hat der Simmel so an sich, und deshalb ist er so lange von denen, die weniger gut schreiben als er, der Kolportage geziehen worden. Jetzt hat sich allmählich die Ansicht durchgesetzt, dass Simmel einer der größten lebenden deutschen Erzähler ist – und immer war – und dieses Buch ist ein neuer Beweis dafür.«[28]

Großes Lob eines geschätzten Kollegen. Doch scheint sich zu bestätigen, was Mario bereits zu Beginn seiner Karriere festgestellt hat: Wenn seine Werke von Kritikern gewürdigt werden, verkaufen sie sich schlecht. Das Büchlein findet weniger Absatz als die Romane. Herbert Neumaier, Simmels Lektor, erinnert sich, dass Journalisten jeweils ein wenig enttäuscht waren, das »Mandelbäumchen« als Geschenk zu erhalten. Für ihn ist es eines der liebsten und gelungensten Werke seines Autors. Auch Elke Heidenreich mag dieses Werk ganz besonders und findet gerade in der Novellenform große Qualitäten:

»Nanu? Ein neuer Simmel unter 600 Seiten? Kann er das noch, so wie damals nach dem Krieg, als er mit ›Das geheime Brot‹ und anderen kurzen Romanen ein so präziser Erzähler war wie Böll oder Remarque? Später uferten Simmels Bücher in gigantische Weltveränderungs-Rundumschläge aus (…). Und nun auf einmal: 120 Seiten, eine Novelle. (…) Und wir, die wir das tägliche Elend kaum noch sehen und lesen mögen und begeistert in völlig konstruierte amerikanische Liebesfilme tauchen, wir fressen ihm diese erstaunlich böse, schöne kleine Geschichte dankbar aus der Hand.«[29]

So gern Simmel selbst auch Novellen oder poetische Werke publizieren möchte: Seine Fangemeinde erwartet von ihm dicke Wälzer mit aufrüttelnden Inhalten und einer süffigen »Verpackung«. Und genau dies wird er nun wieder liefern.

Bitte, lasst die Blumen leben (1983): Ein Titel, der uns so lange pathetisch erscheint, bis wir erfahren, dass er von Kindern stammt, deren hübsche Leseecke in einer Bibliothek von Vandalen heimgesucht worden ist. Sie sind niedergeschlagen, doch dann beschließen sie, neue Blumen in Töpfen aufzustellen und sie mit dem besagten Appell zu schützen.

Der überaus spannende Plot beginnt mit einem Flugzeugabsturz nahe von Wien-Schwechat, bei dem ein bekannter Pariser Anwalt, Charles Duhamel, beinahe ums Leben kommt. Es gelingt ihm jedoch, nur leicht verletzt aus dem Wrack zu kriechen. Aus Gründen, die nur er kennt, will er, dass seine Umgebung, vor allem seine Ehefrau Yvonne, ihn tot glaubt.

In Wien hat Duhamel treue Freunde aus früheren Zeiten. Und wir ahnen es schon bald, damals war Duhamel noch kein respektabler Anwalt, sondern hatte sich in ganz anderen Milieus bewegt. Sie helfen Duhamel nun dabei, sich eine neue Identität als Peter Kent zu verschaffen. Durch einen Zufall und eine Verwechslung kreuzt sein Weg dabei denjenigen von Andrea Rosner, die in einem weißen Mercedes durch ein stilles Wohnquartier in Pötzleinsdorf im 18. Bezirk kurvt und sich hoffnungslos verfahren hat.

Die attraktive junge Frau mit braunem Haar und dunklen Augen nimmt Peter Kent in ihrem Wagen mit. Selbst in der schwierigen Lage, in der sich der Flüchtende befindet, verliebt er sich in seine Fahrerin. Sein Schicksal wird indes immer komplizierter, denn die Pariser Ehefrau von Duhamel will nicht glauben, dass ihr Mann unter den Opfern des Flugzeugabsturzes ist. Und das Letzte, was Kent in seiner delikaten Situation braucht, ist eine neue Beziehung.

Doch es ist unausweichlich, die Liebe ist stärker, wie stets bei Simmel: Andrea und Peter werden ein Paar, geben sich Kosenamen, sie ist Hörnchen, er Kater. Die verwickelte Handlung führt sie nach Hamburg, wo Andrea Bibliothekarin ist. In einer Ecke ihrer Bibliothek hat sie ein Kinderparadies eingerichtet, mit kleinen Möbeln, Spielzeug und Kisten mit vielen Büchern zum Anschauen und Lesen. Alles ist bunt und lustig, auf einer Stange sitzt ein Papagei, und in einer großen Drahtkiste hockt ein weißes Kaninchen.

Peter Kent, der eigentlich keine Kinder mag, ist seltsam fasziniert von diesem Stück heile Welt, das Andrea hier aufgebaut hat. Und das natürlich keineswegs so friedlich ist. Denn hier sind auch Kinder und Erwachsene willkommen, die anders sind. Ein kleines Mädchen ist Türkin, ein anderes körperlich behindert. Prompt werden gegen die Bibliothek Anschläge verübt, das Lokal wird verwüstet, die liebevoll gepflanzten Blumen werden zertrampelt. Während sich Kent an diesem entrückten Ort immer wohler fühlt, holt ihn seine Vergangenheit wieder ein. Denn er wurde von einem früheren Freund erkannt, wird erpresst und droht aufzufliegen. Und nun nimmt die Geschichte ein atemberaubendes Tempo auf. Immer schwieriger wird es für Kent alias Duhamel, seine neue Existenz zu schützen. Er greift zu allen Mitteln, beseitigt einen Zeugen, hat für seine Tat ein raffiniertes Alibi konstruiert. Und er hat Glück. Zumindest eine Weile lang. Doch dann brechen neue und alte Welt zusammen – vor dem Hintergrund einer wachsenden Ausländerfeindlichkeit und angesichts von Neonazis, die nur vierzig Jahre nach der Shoah wieder salonfähig werden.

Dieses wichtige Werk ist das erste, bei dem Simmel mit seinem neuen Lektor, Herbert Neumaier, zusammenarbeitet. Fritz Bolle ist 1982 gestorben, was den Autor sehr getroffen hat. Aber er wird feststellen, dass nicht nur ältere Männer gute Lektoren sind. Der kultivierte Germanist Neumaier, der seine Laufbahn als Konditor begonnen hat, und Simmel werden von 1982 bis zum Tod des Autors eng zusammenarbeiten. Neumaier ist unter anderem auch als Lektor für Lilli Palmer und Sandra Paretti tätig.

Dass dieses Werk neben der Geburtsstadt des Autors, Wien, auch in Hamburg spielt, könnte einen besonderen persönlichen Grund haben: Die Eiszeit zwischen Mario und Lucie ist vorüber; zwischen der Hafenstadt an der Elbe und Monte-Carlo sind die Beziehungen wieder enger geworden.

Die im Dunkeln

Der Schriftsteller hat es geschafft: Lucie erlaubt ihm, sie zu treffen. Nach langen Monaten, in denen er von München nach Hamburg fuhr und erfolglos versucht hat, sie wiederzusehen, willigt sie schließlich ein. In einer Bar gehen sie aufeinander zu, erst ganz langsam, dann immer schneller, und fallen sich in die Arme. Eine kinoreife Versöhnung, an die sich Mario später mit Wehmut erinnern wird.

Lucie ist mittlerweile 71 Jahre alt, ihre Gesundheit ist fragil. Sie hat schwierige Jahre hinter sich. Als betrogene und verlassene Ehefrau musste sie in den Klatschspalten der Presse Berichte über ihren Ex-Mann lesen. Penthouse in Monte-Carlo, Schmuck, Pelze, Luxusautos, Galas ... Lucie, die mit ihrem Mann die finanziell mageren Jahre zu Beginn seiner Karriere durchlebte, hat allen Grund, eine gewisse Bitterkeit zu empfinden. Nun, nach dem Ende der *fatal attraction* zwischen dem Schriftsteller und Helena, könnte Lucie triumphieren. Sie tut es nicht, doch ist sie auch nicht gleich bereit, Mario wieder bei sich aufzunehmen.

Viele Gespräche finden statt. Was möchte der geschiedene Mann in seinem Leben noch erreichen, welche Ziele setzt sich Lucie? Wo und wie möchten sie wohnen? Gemeinsam oder jeder in seiner Wohnung, seiner Stadt? Der Autor warnt Lucie: Nach der Scheidung muss er nochmals ganz von vorne anfangen. Zwar hat er weiterhin sehr viel Erfolg mit seinen Romanen, doch wie lange wird er noch die Kraft haben, ein neues Buch in Angriff zu nehmen? Er hat mit den Recherchen zu *Die im Dunkeln sieht man nicht* begonnen. Ein wichtiges Buch, das politischen Zündstoff birgt und auch die langen Schatten der Nazizeit ausleuchtet.

Der Fernsehjournalist Daniel Ross will sich das Leben nehmen. Er hat bereits die Tabletten mit einer Menge Whisky geschluckt und driftet langsam in die Bewusstlosigkeit ab, als er unsanft ins Leben zurückgeholt wird von einer Frau, die er noch nie gesehen hat. Die Politologin und Friedensaktivistin Mercedes hat einen wichtigen Grund, Daniel wachzurütteln: Sie braucht ihn, denn ihr Vater, ein ehemaliger Geheimdienstagent der Nazis, der mittlerweile in Argentinien lebt, verfügt über hochbrisante Dokumente, die er publik machen will. Dies jedoch ausschließlich über Daniel Ross, der sein Sohn sein soll. Eine wenig plausible Konstellation, doch der spätere Verlauf der Handlung entschädigt für den kitschigen Anfang.

Szenenwechsel: Am Pool eines herrschaftlichen Hauses in einem Vorort von Buenos Aires, in einem tropischen Garten mit blühenden Bäumen und duftenden Blüten, erfährt Daniel, welches Geheimnis sein Vater seit vierzig Jahren mit sich trägt. Er war während des Zweiten Weltkriegs in der deutschen Botschaft in Teheran tätig, offiziell als Mitarbeiter von Joachim von Ribbentrop im Iran. Inoffiziell jedoch hat er dafür zu sorgen, dass interessante Nachrichten direkt an von Ribbentrop weitergeleitet werden und nicht an die Abwehr von Admiral Canaris.

Am 27. November 1943 findet in Teheran jene Konferenz von Winston Churchill, Franklin D. Roosevelt und Josef Stalin statt, die in die Geschichtsbücher eingegangen ist. Unter dem Tarnnamen »Eureka« treffen sich die Regierungschefs der drei Hauptalliierten der Anti-Hitler-Koalition, um sich über das militärische und politische Vorgehen gegen Deutschland abzusprechen. Die Konferenz wird von offiziellen, ausgesuchten Presseteams mit Armeekameraleuten aus den USA und Russland begleitet, die für die Wochenschau das Großereignis festhalten.

Nun erzählt Daniel Ross' Vater ihm ein höchst brisantes Geheimnis: Am Rande der offiziellen Agenda hätte ein geheimes Treffen zwischen Stalin und Roosevelt stattgefunden, bei dem ein beidseitiges Geheimprotokoll beschlossen worden sei. Unter Umgehung von Winston Churchill hätten die beiden Machthaber nichts weniger als die Nachkriegswelt unter sich aufgeteilt. Auch dieses ultrageheime Treffen sei heimlich gefilmt worden. Der Film, den er besitze, beweise, dass die Amerikaner und Russen sich zugesichert hätten, sich nicht in die Angelegenheiten des anderen Paktpartners einzumischen.

Ein solches Geheimabkommen hat es de facto nie gegeben, doch Johannes Mario Simmel hat hier eine durchaus plausible und dramatische Handlung geschaffen. Daniel und Mercedes geraten denn auch in einen Strudel von gegenläufigen Interessen. Viele Mächte haben ein Interesse, den verschwunden geglaubten Film zu vernichten oder, im Gegenteil, eigenes politisches Kapital daraus zu schlagen.

Das Zitat von Bertolt Brechts *Dreigroschenoper*, aus dem der

Titel des Romans stammt, ist ein eindringliches Plädoyer für Presse- und Meinungsfreiheit, für Offenheit und Transparenz:

»*Denn die einen sind im Dunkeln*
Und die andern sind im Licht
Und man siehet die im Lichte
Die im Dunkeln sieht man nicht.«

Menschen im Dunkeln werden Simmel zeit seines Lebens faszinieren. Als bekennender Sozialist ist ihm das Schicksal der kleinen Leute nicht gleichgültig. Es ist zwar fraglich, ob er sich wirklich ganz konkret mit ihren Sorgen und Nöten auseinandergesetzt hat. Ob er gewusst hat, welche Gedanken seinem Butler in Monaco durch den Kopf gingen, wie viel ein Brot in Wien kostet oder wie man als kleiner Angestellter das Ende des Monats erreicht, obwohl der Geldbeutel schon nach zwei Wochen leer ist? Tatsache ist, dass sich Simmel als Anwalt von Herrn und Frau Jedermann versteht, auch wenn sein Blick sich hauptsächlich auf die Täter richtet: Nationalsozialisten, machtversessene Armeeangehörige, korrupte Politiker, unlautere Geschäftsleute und Verbrecher jeglicher Couleur. Die Opferperspektive kommt zwar seltener vor, scheint jedoch auf in der Schilderung des Schicksals ungarischer und tschechischer Flüchtlingskinder, der Opfer von Menschenhandel, Rassismus und Antisemitismus. Was sie erdulden mussten, ist jedoch für den Autor in erster Linie der Ausgangspunkt, von dem aus er den Blick anprangernd auf die Täter richtet.

Kann es sein, dass die eigene traumatische Vergangenheit während des Zweiten Weltkriegs, die Demütigungen durch die Nationalsozialisten, der traumatisierende Vaterschaftsprozess und der Verlust eines großen Teils der eigenen Familie zu diesem Ungleichgewicht geführt haben? Dass Simmel davor zurückscheut, die Opferperspektive in den Vordergrund zu rücken? Spielen, bewusst oder unbewusst, Schuldgefühl oder Befangenheit eine Rolle? Wie bereits anhand der Ausstellung »Schuld« im Jüdischen Museum Wien festgestellt, nimmt das widersprüchliche Gefühl vieler Überlebender, *Survivor's Guilt*, ganz unterschiedliche Formen an. In Bezug auf Johannes Mario Simmel beruht diese Überlegung allerdings nicht auf Fakten, kann also ganz falsch sein. Claude Lanzmann, der gleichaltrige französische Regisseur von Dokumentarfilmen (und spätere Ehemann von Simmels Freundin Angelika Schrobsdorff), hat in seinem neunstündigen Film *Shoah* von 1985 Täter, Opfer und Zeugen jeweils separat befragt und behutsam versucht, die jeweilige Perspektive dieser Menschen einzunehmen, auch wenn dies noch so schwergefallen sein muss. Marcel Reich-Ranicki wiederum hat in seiner Autobiografie schnörkellose, ergreifende Worte für den Schrecken gefunden, den er im Warschauer Getto erlebt hat:

»Wir aber waren in der Milastraße, in jener kleinen Wohnung, die heute früh von zwei Menschen offenbar in größter Eile verlassen worden war. Schweigend, beklommen, blickten wir umher. Die Betten waren nicht gemacht, der Küchentisch war nicht abgeräumt, auf einem Teller lag noch, neben zwei halbvollen Gläsern Tee, ein angebissenes Stück Brot, und es brannte noch das Licht im Waschraum. Auf einen Stuhl hatte jemand einen Rock hingeworfen, an der Lehne hing eine Bluse. Die Kleider, die Möbel, die beiden Sofakissen und der Teppich – das alles schien noch zu atmen.

Und sie, deren schön gerahmte Fotos zusammen mit einigen anderen Bildern die Kommode schmückten, sie, die hier gewohnt, hier geliebt und gelitten hatten, atmeten sie noch?«[30]

Beim Lesen dieser Zeilen stehen sie vor uns, die Menschen, in deren Wohnung Reich-Ranicki Zuflucht findet. Die wohl soeben auf dem berüchtigten Warschauer Umschlagplatz in Richtung Bahnhof und Treblinka gedrängt worden waren. Ohne dass das Wort Opfer fällt, schlüpfen wir in die Haut derer, die hier wegen ihrer Religion und weil sie zum falschen Zeitpunkt am falschen Ort geboren worden sind, auf einen Schlag alles verloren haben.

Hat auch der Zeitzeuge und spätere Literaturkritiker die Schuld der Überlebenden empfunden? Zum Beispiel, als er seinen betagten und mit dem Gettoalltag überforderten Eltern dabei hilft, den Weg in den Zug zu finden, der direkt in die Gaskammern führt? Die Autobiografie verrät nichts darüber. Reich-Ranicki wählt betont sachliche Worte, um die schrecklichen Ereignisse zu beschreiben. Vielleicht sind sie gerade deshalb so erschütternd.

Im Mai 2008 widmet das Portal literaturkritik.de[31] Saul Friedländer und seiner Geschichtsschreibung des Nationalsozialismus einen Artikel. Ein Jahr zuvor war Friedländers Werk: *Den Holocaust beschreiben. Auf dem Weg zu einer integrierten Geschichte*[32] erschienen. Fabian Kettner formuliert es so: »Saul Friedländer ist Jude und wurde verfolgt. Sein Opus magnum, ›Das Dritte Reich und die Juden‹ musste nicht viele Jahre darauf warten, ins Deutsche übersetzt zu werden, wie so manch andere Geschichte des Holocaust. (…)

Die Juden nicht nur als passives Objekt deutscher Verfolgung vorkommen zu lassen, findet sich in Ansätzen bereits in Leni Yahils hervorragender Gesamtdarstellung ›Die Shoah‹. Friedländer aber geht weiter: Aus einer Masse von Tagebüchern, Briefen und ähnlichen persönlichen Dokumenten schildert er den Holocaust aus der Sicht der Betroffenen. (…)«

Integrierte Geschichte, das bedeutet bei Friedländer, die Perspektive von Tätern und von Opfern in einer Darstellung zu vereinen. Der Holocaust bestand nicht nur aus Entscheidungen und Maßnahmen von Deutschen, sondern ebenso aus den jüdischen Wahrnehmungen und Reaktionen darauf.«[33]

Wie steht Simmel zu seinen jüdischen Wurzeln, was bedeutet ihm das Judentum? Als Sohn einer evangelischen Mutter ist er nicht von Geburt an jüdisch. Es liegen keine Hinweise darauf vor, dass der Autor ernsthaft den Übertritt zum Judentum angestrebt hat. Er isst nicht koscher und arbeitet auch am Samstag. Doch wendet sich Mario mit zunehmendem Alter immer ernsthafter der jüdischen Tradition und Weisheit zu, sucht einen geistigen, philosophischen Zugang zum Talmud und zu den jahrtausendealten Traditionen. Er scheint kein regelmäßiger Besucher von Synagogen zu sein, doch kennt er Rabbiner und schöpft nach Lucies Tod Trost aus deren Ratschlägen. Er fühlt sich seelisch zum Judentum hingeneigt. Dies sieht auch Peter M. Polak so, der Sohn von Marios Schulfreund Hans. Simmels Mutter und Schwester scheinen ähnlich zu empfinden. Evas Tochter Lisa zufolge fanden in der Familie bisweilen kleine Feste statt, die lose an den Schabbat oder andere jüdische Feiertage angelehnt waren. Auch befinden sich diverse jüdische Andenken und Antiquitäten in der Familie, so ein neunarmiger Chanukka-Leuchter. Welche Geschichte mag er haben? Haben ihn die jüdischen Flüchtlinge auf ihre gefährliche Reise nach Wien mitgenommen, als Lisa diese Menschen während des Kriegs auf ihrem Dachboden versteckt hat? Schenkten sie ihn ihrer Retterin vor der Weiterreise? Wir sind auf Vermutungen angewiesen. Fest steht, dass die kleinen Souvenirs so wichtig sind, dass sie alle Umzüge und Räumungsaktionen überstanden haben und nun liebevoll in einer Vitrine ausgestellt werden. Am 12. Juni 1988 hält Simmel eine Rede vor der Jüdischen Kultusgemeinde in München, die in dem Buch *Die Bienen sind verrückt geworden* abgedruckt ist.

»Vor langer Zeit habe ich diese Geschichte gelesen. Ein Jude, der seine geliebte Frau verloren hatte, kam zum Rabbiner und fragte: ›Rabbi, kann man Tote lebendig machen?‹ Und der Rabbi sagte: ›Ja, indem man immer an sie denkt.‹
Liebe Freunde, bis hierher hatte ich diese Rede aufgeschrieben, da rief mich ein Freund von der Deutschen Presse-Agentur an. Er war außer sich. Vor ihm, sagte er, lag eine Meldung. Im Auftrag von B'NAI BRITH hatten das Allensbacher Institut für Demoskopie und die TU Berlin eine Groß-Umfrage gestartet. Das Ergebnis: Jeder sechste Bürger der Bundesrepublik Deutsch-

land muss als antisemitisch bezeichnet werden. Darüber hinaus haben weitere sieben Prozent klare antisemitische Vorurteile. Und rund 22 Prozent der Befragten (...) halten die Juden für »mitschuldig am Judenhass und an der Judenverfolgung«. (...) Mein Freund weinte, als er mir diese Meldung vorlas. Meine Damen und Herren, ich habe auch geweint. Vor ohnmächtigem Zorn und vor ohnmächtiger Wut. (...) Natürlich haben die Spätgeborenen keine Schuld im sittlichen oder im rechtlichen Sinn. Aber eine besondere Verantwortung haben sie, die ist ihnen und noch vielen kommenden Generationen von den Vätern aufgebürdet worden. (...) Wir alle müssen immer an die Toten denken und an das Entsetzliche, das sich ereignet hat. Wir dürfen es niemals vergessen.«

Anerkennung und Wehmut

Lulu

Am 2. August 1983 meldet sich Johannes Mario Simmel bei der Einwohnerkontrolle der Schweizer Stadt Zug an. Lucie und er haben die Stadt am gleichnamigen See als ihren neuen Wohnsitz erkoren. Es ist nicht schwer zu verstehen, weshalb es ihnen hier gefällt: Die gepflegten Häuser der Altstadt und ausgedehnte Grünflächen schmiegen sich um den tiefblauen See, in der Ferne blickt man auf die schneebedeckten Berggipfel der Innerschweiz. Die Luft ist gesund und sicherlich weniger schadstoffbelastet als in einer Großstadt. Auch ist der gleichnamige Kanton wegen seiner niedrigen Steuern sehr attraktiv. Dieser Aspekt scheint durchaus eine Rolle gespielt zu haben, steht doch auch das Steuerparadies der Republik San Marino eine Weile als Wohnort zur Debatte. Doch die Entscheidung fällt dann offenbar intuitiv, als der Autor nach einer Lesung in Luzern auf dem Weg zum Flughafen in Zug vorbeifährt. In der darauffolgenden Nacht träumt er von dem Ort und sieht dies als gutes Omen.

Erst mietet Simmel am Bellevue-Weg 36b in einem Quartier, das etwas erhöht liegt und – nomen est omen – einen schönen Blick in Richtung See bietet, eine großzügige Wohnung. Sie ist bei seiner Ankunft im Hochsommer stickig heiß und praktisch leer, nur die Bücherkartons bilden einsame Berge in den Zimmern. Zusammen mit dem Schreibtisch und dem geliebten Holzstuhl mit der hohen Lehne sind sie die einzigen Habseligkeiten, die den Autor aus Monaco begleitet haben. Bis Lucies Möbel aus Hamburg eintreffen, bezieht er im nahe gelegenen Hotel Guggital ein Zimmer. Er schreibt fleißig und diszipliniert, jeden Morgen und Nachmittag. Der Besitzer des Hotels muss jeweils die Kinder, die auf dem Spielplatz herumtoben möchten, ermahnen, leise zu sein und Rücksicht zu nehmen auf den bekannten Schriftsteller.

Der Umzug in die Schweiz ist für die an Krebs erkrankte Lucie zweifellos sehr anstrengend, doch nimmt sie die Strapazen mit bewundernswerter Energie in Kauf. Was mag sie empfinden, als sie zum ersten Mal in der neuen Wohnung steht? Zunächst einmal verspürt sie wohl Erleichterung, dass der zermürbende Scheidungskrieg zu Ende ist, denn im September 1983 wird endlich die Scheidung von Helena vollzogen. Lucie beweist Toleranz. Sie wird Mario sogar versichern, dass erst die Trennung und Wiederversöhnung sie wirklich zusammengeschmiedet haben. Sicher ist, dass sich die Beziehung zwischen Simmel und Lulu, wie er sie bis an sein Lebensende nennt, geändert hat. Die Verbundenheit ist gewachsen, trotz oder vielleicht gerade wegen der schmerzhaften Zäsur, die sie erlebt haben. Der Autor wird Jahre später von einer Journalistin gefragt, ob es Mitleid mit der kranken Lucie sei, die ihn zu ihr zurückgeführt habe. Darauf erwidert Mario: »Ist Mitleid nicht konzentrierte Liebe? Die meisten Lieben kranken doch daran, dass man, ob man will oder nicht, egoistisch ist.«[1]

Lucie tut Simmel gut, sie versteht ihn ohne viele Worte und unterstützt ihn bei seiner Arbeit. Der Autor ist dankbar dafür und überglücklich, Lulu an seiner Seite zu haben. Ihr Porträt hängt an prominenter Stelle im neuen Wohnzimmer, inmitten von Marios geliebten Chagall-Lithografien. Er liest ihr jeden Wunsch von den Lippen ab; auch von allen Sorgen und Belangen des Alltags und Haushalts soll sie entlastet werden. Das Paar gibt eine Anzeige auf und sucht eine zuverlässige Haushälterin. Unter den zahlreichen Bewerberinnen befindet sich auch Frau Sieber, die der Autor in seinem Roman *Träum den unmöglichen Traum* als Anna Fehr verewigt hat. Sie gefällt ihren neuen Arbeitgebern auf Anhieb, ihr fröhliches Lachen erinnert die beiden Filmfans an Shirley MacLaine.

Es ist ein Segen, dass Frau Sieber und Lucie sich so gut verstehen.[2] Denn Lucie muss immer häufiger den Arzt aufsuchen. Sie wird in einem Wiener Krankenhaus komplett durchgecheckt. Nun weiß sie, dass sie an Darmkrebs erkrankt ist und onkologische Behandlungen und Eingriffe mit zahllosen Nebenwirkungen über sich ergehen lassen muss, zum Teil im alten Kantonsspital Zug. Von der Wohnung aus blickt der Schriftsteller auf das lang gestreckte Gebäude am See. Nachts sieht er die Lichter im Spital und fühlt sich Lulu nahe.

Die Beziehungen zu seiner Familie sind wieder viel entspannter, seit Simmel nicht mehr in Monte-Carlo wohnt. Zwischen Wien und Zug wird häufiger telefoniert. Eva hat 1965 Rudolf Angerer geheiratet, den politischen Karikaturisten der österreichischen Tageszeitung *Kurier* und Illustrator von Autoren wie Ephraim Kishon oder Helmut Qualtinger. Das Paar und seine Kinder Lisa und Hannes reisen mehrmals nach Zug, allerdings erst nach Lucies Tod, weil sie Mario nicht zusätzlich belasten wollen. Lisa erinnert sich gerne an diese Besuche. Die Familie wohnt in einem komfortablen Hotel am See. Bei Onkel Hannes, wie Simmel in der Familie genannt wird, herrscht eine großzügige, gastfreundliche und fröhliche Stimmung. Der Autor überrascht seine Familie gerne mit Kostproben seiner Arbeit und seines Savoir-vivre: Mit einem Augenzwinkern lässt Mario Kaviar servieren, der Champagner ist bereits eisgekühlt, auch wenn er selbst nur Mineralwasser oder Tonic Water trinkt. Mario ist stets sehr elegant gekleidet und behält den mediterranen Stil der Côte d'Azur bei. Helle Anzüge, Hemden oder Pullover von Lacoste, Krawatte und bequeme Leder-Slipper bestimmen sein Auftreten, er duftet dezent nach einem teuren französischen Rasierwasser. Stolz kutschiert er seine Familie mit seinem honigfarbenen Cadillac Seville herum und zeigt ihnen die Umgebung von Zug.

Wissen die beiden Liebenden, dass ihre zweite gemeinsame Zeit nur von kurzer Dauer sein wird? Ein Nachsommer, auf den kein Herbst und Winter folgen werden? Es steht zu vermuten; die Zeichen sind nicht zu übersehen: Lucie muss starke Schmerzmittel einnehmen, hat keinen Appetit mehr. Doch soll jeder Tag dieser bittersüßen Zeit unbeschwert und heiter sein. Wenn Lucie sich nicht gut fühlt, besorgen ihr Mario und Frau Sieber Videokassetten mit ihren geliebten Komödien. Hunderte von Kassetten sind es zuletzt, damit Lulu stets etwas Passendes findet. Je elender sie sich fühlt, desto wichtiger sind Komödien: *Tootsie* von Sydney Pollack, *Manche mögen's heiß* und *Das Mädchen Irma la Douce* von ihrem Freund Billy Wilder und ausnahmslos alle Filme von Woody Allen. Auch *Mein Freund Harvey* mit James Stewart ist einer ihrer Favoriten. Sie liegt dann auf ihrem Bett oder auf dem Sofa im Wohnzimmer, bequem von ihren Kissen gestützt, und lacht über den liebenswerten Kauz Elwood P. Dowd, der sich stets in Begleitung seines besten Freundes, eines über zwei Meter großen Hasen namens Harvey, durch die Stadt bewegt. Der Film hat ein Happy End, was für Lucie wohl besonders wichtig ist.

Denn sie selber muss bald einsehen, dass sie den Kampf gegen ihre Krankheit verloren hat. Oft sagt sie zu ihrem Mario, wenn dieser abends ins Bett gehen will: »Komm, setz dich zu mir. Ich habe so wenig Zeit.«[3] Dann reden sie, die ganze Nacht. Am 25. Mai 1985 stirbt Lucie im Alter von 74 Jahren. Der Nachsommer ist vorüber.

Clowns und Waldbrände

Es gibt ein Bild, auf dem Mario vor Lulus Urnengrab steht. Ganz gefasst, still, in sich gekehrt. Wir können nur ansatzweise nachfühlen, was ihm in diesem Moment durch den Kopf geht. Er hätte allen Grund, bitter zu sein: Nicht einmal drei gemeinsame Jahre waren dem Paar nach seiner Wiedervereinigung beschieden. Der Verlust wiegt umso schwerer, als im Jahr zuvor auch der langjährige Freund und Lektor Fritz Bolle verstorben ist. Kornelius Kryspin-Exner, der ihn zwanzig Jahre zuvor vom Alkohol weggebracht hatte, wird nur wenige Tage nach Lucie ebenfalls zu Grabe getragen.

Der Autor stürzt sich in die Arbeit. Mit dem Roman *Doch mit den Clowns kamen die Tränen* wird ihm das Kunststück gelingen, dass selbst das literarische Feuilleton ihn, nach Jahrzehnten der Verachtung, in seltener Einigkeit zu preisen beginnt. Wissenschaftler wiederum stehen dem Buch kritisch gegenüber. Ein vertiefter Blick lohnt sich, wegen dieser kontroversen Reaktionen und weil das Thema bis heute relevant ist.

Der Roman beginnt ... mit einem Schock. Wir wohnen einer Zirkusvorstellung bei.

»Selig sitzen Jungen und Mädchen mit ihren Vätern und Müttern in dem Riesenzelt. Sie haben gejubelt, als die schwarzen Ponys tanzten, sie haben sich gegruselt, als die Löwen brüllten, und sie waren furchtbar aufgeregt, als die wunderschönen Damen mit ihren silbernen Trikots hoch oben an Trapezen durch die Luft sausten.

Und nun die Clowns!

Komm, wir spielen Wilhelm Tell, ruft der in dem gelb-schwarzen Kostüm.

Die Kinder lachen, als der kleine, dünne Clown den Walterli spielt und einen besonders großen, besonders schönen Apfel auf seinen Kopf legt. Und sie kugeln sich, als er hinfällt und der dicke Clown ihn am Hosenboden hochzieht.«[4]

Eine gefühlte Sekunde später ist alles anders. Die Clowns öffnen einen schwarzen Koffer, entnehmen ihm etwas – und beginnen, mit zwei Maschinenpistolen in den Raum zu feuern: »Panik bricht aus. Kinder weinen, Männer brüllen, Frauen schreien. Die Maschinenpistolen feuern ohne Unterlass. Hier wird ein Kind getroffen, da eine Frau, dort noch ein Kind. Blut, so viel Blut.«

Es ist eine entsetzliche Szene, die den Schrecken vorwegzunehmen scheint, den Jahrzehnte später Attentäter des islamischen Staats verbreiten werden.

In Simmels Roman verüben die beiden falschen Clowns das Massaker aber nicht aus religiös-fanatischen Gründen, sondern haben ganz andere Motive. Wir tauchen ein in die verstörende Vision einer medizinischen Forschung ohne Ethik, getrieben von der persönlichen Profilierungssucht und Profitgier gewisser Menschen und Unternehmen. Zumindest stellt der Autor dies so dar und macht dabei aus seiner persönlichen Überzeugung kein Hehl. Norma Desmond, eine Journalistin bei der fiktiven Hamburger Allgemeinen, verliert bei dem Attentat im Zirkus ihren kleinen Sohn Pierre. In ihrer Verzweiflung stürzt sie sich in Recherchen über die Hintergründe des Massakers. Da ein bekannter Mikrobiologe, Martin Gellhorn, zu den Opfern gehört, führen ihre Nachforschungen sie zuerst ins Mikrobiologische Institut eines Hamburger Krankenhauses, in dem der Wissenschaftler tätig war. Dort lernt sie seinen Assistenten Jan Barski kennen. Er empfängt Norma Desmond äußerst abweisend und unwirsch und will sie wegen ihrer unbequemen Fragen gar der Klinik verweisen lassen. Die Journalistin nimmt die außergewöhnliche Hektik in den Fluren des Instituts wahr; ihr beruflicher Instinkt sagt ihr, dass hier etwas ganz und gar nicht richtig läuft, und ihre Neugierde ist geweckt.

Wie sich zeigt, ist die Nervosität nicht nur Folge des Verlustes eines geschätzten Kollegen. Auch ein heikles Forschungsprojekt mit Viren ist aus dem Ruder gelaufen. Barski wird Desmond schließlich zu vertrauen beginnen, eine behutsame Liebesgeschichte bahnt sich an, und die Journalistin erfährt, weshalb im Institut die Alarmglocken schrillen.

Der Roman erscheint 1987. Simmel beginnt mit seinen Recherchen rund zwei Jahre vorher. Damals ist die Sicht auf die Molekularbiologie eine andere als heute. Diese Technologie, bei der die Vorgänge in den Zellen, den kleinsten geordneten Einheiten des pflanzlichen, tierischen und menschlichen Organismus, erforscht werden, hat sich seit dem Zweiten Weltkrieg entwickelt, doch finden die Diskussionen vorwiegend in Fachkreisen statt. Das Halbwissen der Öffentlichkeit sorgt für Unbehagen und Furcht. In Simmels Roman liest sich dies so:

»›In jeder Zelle herrschen Ordnungsprinzipien, gibt es verschlüsselte Informationen, die von Generation zu Generation weitergegeben werden. Natürlich wissen Sie nun bereits, wovon ich spreche, wenn ich einen solchen Bauplan erwähne.‹
Barski sah Norma an.
›Ja‹, sagte sie, und plötzlich ging ihr Atem unruhig. ›Sie sprechen von einer ganz bestimmten chemischen Substanz, die man in jeder Zelle findet und über die seit einigen Jahren so viel gesprochen wird, weil sie die Trägerin der Erbeigenschaften ist. Die Abkürzung dieser Substanz lautet DNS, nicht wahr?‹«[5]

Barski erklärt Norma, dass DNS der chemische Träger in den Genen, den Erbeinheiten, ist. Und dass das Institut an der Entwicklung eines wirksamen Mittels gegen Brustkrebs arbeitet, was die Rekombination bestimmter Gene erfordert.

»›Rekombinieren? Sie betreiben Gen-Manipulation!‹
›Wenn Sie es unbedingt wissen wollen: Ja, wir betreiben Gen-Manipulation.‹
Es war lange Zeit still auf dem hell angestrahlten nächtlichen Hotelbalkon.«[6]

Johannes Mario Simmel hat sich für seinen Roman intensiv mit diesem Aspekt der Naturwissenschaften befasst. Namentlich scheint das Werk von Erwin Chargaff ihn stark beeinflusst zu haben. Der Wiener Chemiker, Schriftsteller und Wissenschaftler hatte seit den Vierzigerjahren einen wichtigen Beitrag zur Entschlüsselung der dreidimensionalen Struktur der DNA (deutsch als DNS bezeichnet) geliefert. 1962 erhielten James Watson und Francis Crick den Nobelpreis für die Definition der DNA in Form einer Doppelhelix. Die beiden jungen Wissenschaftler waren schillernde Persönlichkeiten, die sich bisweilen auch mit fremden Federn schmückten, weshalb sie in Fachkreisen anfänglich oft belächelt oder angefeindet wurden. Auch Chargaff nahm seine beiden Kollegen zunächst nicht ernst und bezeichnete sie nach einem Gespräch als »wissenschaftliche Clowns«.[7] Dies dürfte Simmel zu seinem Romantitel inspiriert haben. Chargaff befürchtete, dass Watson und Crick das epochale Wissen um die Entschlüsselung des Erbguts nicht mit dem gebührenden Respekt verwenden würden. 1979 publizierte er *Das Feuer des Heraklit*, in dem er zwei verhängnisvolle wissenschaftliche Entdeckungen beschreibt, die sein Leben geprägt hätten: die Spaltung des Atoms und die Aufklärung der Chemie der Vererbung. In beiden Fällen gehe es um eine »Misshandlung des Kerns: des Atomkerns und des Zellkerns«. Und in beiden Fällen habe er das Gefühl, dass die Wissenschaft eine Schranke durchschritten habe, die sie hätte scheuen sollen.[8]

Es sind also in erster Linie ethische Fragen, die hier im Raum stehen: Wie viel Fortschritt bei der Erforschung und Veränderung des Genoms darf sein, um wirksame Medikamente und Therapien zu entwickeln? Wer sorgt dafür, dass diese Entwicklung innerhalb von akzeptablen Grenzen verläuft und die Resultate nicht in falsche Hände geraten? Welche Risiken sind wir bereit einzugehen, welche nicht? Simmel und der rund zwanzig Jahre ältere Chargaff haben ohne Zweifel die Experimente vor Augen, die im Nationalsozialismus auf dem Gebiet der Eugenik betrieben wurden. Simmel erinnert sich bestimmt mit Schaudern daran, wie er und seine Schwester als Teenager »anthropologisch und erbbiologisch« vermessen, analysiert, verglichen und quasi seziert wurden, um die rassischen Merkmale der beiden Jugendlichen festzuhalten. Das Interesse am Erbgut und dessen Beeinflussung spielte beim völkischen Rassenwahn eine große Rolle. Der Schriftsteller hatte die Vereinnahmung der Wissenschaft durch die politischen Machthaber am eigenen Leib erfahren.

In dem Roman *Doch mit den Clowns kamen die Tränen* sucht das Team unter Martin Gellhorn ein Virus, das auf der Basis seines rekombinierten DNA-Moleküls im Labor weiter verändert wird, um so den Grundstein für ein Medikament gegen Brustkrebs zu legen. Doch dann steckt sich ein Mitarbeiter mit einem ohne Sorgfalt manipulierten Virus an. Sein Charakter verändert sich, er wird kindisch und aufbrausend und verliert jegliche Empathie. Später erkrankt er ernsthaft und verstirbt an den Folgen des gescheiterten Experiments.

Insgesamt ist Simmels Roman eine skeptische, düstere Vision des medizinischen Fortschritts. Er spricht auch über Retorten-Babys, Wunschkinder aus dem Reagenzglas. Bei der Beschreibung einer Fortpflanzungsklinik in Südfrankreich merken wir, dass Simmel sich sehr gut informiert hat. Die Abläufe, bei denen mit Ei- und Samenspenden und mithilfe von Leihmüttern Babys beinahe nach Maß produziert werden, stimmen. Simmel warnt davor, dass dies künftig allzu selektiv und manipulativ geschehen könnte, dass Kinder für ganz bestimmte Zwecke quasi »gezüchtet« werden wie Nutztiere oder Getreide.

Heute, 35 Jahre später, warnen die Wissenschaftsjournalisten Edda Grabar und Ulrich Bahnsen in ihrem Buch *Das Ende aller Leiden* vor genau dieser Entwicklung:

»Wirklich heikel aber wird es, wenn man Genome Editing verwendet, um das Erbgut in einem frühen Embryo zu verändern. (…) Die genetische Manipulation würde also auch an die folgenden Generationen weitergegeben werden. (…) Am 25. November 2018 veröffentlichte die MIT Technology Review exklusiv brisante Dokumente: Ein Team um den chinesischen Wissenschaftler He Jiankui an der Southern University of Science and Technology in Shenzhen hat offenbar das Erbgut von Embryos durch Genome-Editing verändert und sie der Mutter eingesetzt. (…) Wissenschaftler, Forschungsorganisationen, Politiker waren entsetzt, denn dieses Menschenexperiment gilt als absoluter Tabubruch. (…) Führt so ein Vorgehen nicht irgendwann von medizinisch begründeten Eingriffen zum Menschen-Design?«[9]

Die Motivation, den perfekten Menschen durch künstliche Befruchtung und Manipulation des Genoms zu formen, ist gegenwärtig also ebenso vorhanden wie 1987, als Simmel seinen Roman veröffentlichte. Als Reaktion auf dieses Experiment hat die WHO, die Welt-Gesundheitsorganisation, 2019 ein Expertengremium einberufen. Genetik-Experten, Neurologen, Juristen und Philosophen sollen alle Aspekte der Genom-Manipulation untersuchen, wie dies auch in den Ethikräten verschiedener Länder geschieht. So beunruhigend der Fall aus Shenzhen ist: Die Furcht der Achtzigerjahre vor einem gentechnischen Albtraum, einem modernen Frankenstein, hat sich bisher nicht bewahrheitet. Heute wird die ethische Seite der Forschung viel stärker beachtet, wodurch sich die Gefahr eines unverantwortlichen Einsatzes verringert. Trotzdem ist Vorsicht geboten, vor allem dann, wenn Eingriffe an der DNA vorgenommen werden. Denn Erwin Chargaffs Aussage ist noch heute gültig: Neue Lebensformen, wenn man sie erst einmal hergestellt hat, können nicht mehr aus der Welt geschafft werden.

Wie lässt sich der Roman aus heutiger Sicht einordnen, Jahrzehnte nachdem Simmel sich des Themas angenommen hat? Ein mit der Autorin befreundeter Molekularbiologe beurteilt Simmels Roman als bis zu einem gewissen Grad nachvollziehbar und spannend, teilweise seriös recherchiert, aber auch allzu dramatisch zugespitzt und zum Teil bewusst bedrohlich formuliert. Der Schriftsteller gibt sich auch nicht den Anschein einer ausgewogenen, objektiven Sicht. Er will warnen, anprangern, aufklären, und tut dies mit schwerer Hand. Die von ihm geschilderte Vorgehensweise, bei der ein Virus bewusst als Biowaffe konstruiert wird und durch eine entsprechende Impfung in Schach gehalten werden soll, wird als wissenschaftlich wenig plausibel eingestuft. Denn selbst wenn ein wirksamer Impfschutz vorhanden wäre: Viren verändern sich fortlaufend, wie sich während der Corona-Pandemie gezeigt hat, eignen sich also schlecht als taktische Waffe, die ihren furchtbaren Zweck zuverlässig erfüllen soll.

Der Experte empfindet Simmels Denkweise teilweise als wenig differenziert und voreingenommen, die Dialoge und Szenen unter Wissenschaftlern als realitätsfremd und bisweilen regelrecht hanebüchen. Zum Beispiel dann, wenn die potenziell hoch ansteckende Leiche des infizierten Mitarbeiters im Leichenschauhaus verwechselt oder ohne besondere Sicherheitsvorkehrungen obduziert wird. Das Umfeld in der Fortpflanzungsklinik ist akkurat beschrieben, hingegen sei die Andeutung des Einsatzes von rekombinanter Gentechnologie oder Viren in diesem Zusammenhang nicht schlüssig ausgeführt und diene mehr als Bedrohungskulisse. Das Thema des Einsatzes von Viren als Biowaffe sei zwar interessant und würde sich sehr gut für eine philosophisch-kritische Betrachtung eignen, sei hier aber nicht zu Ende gedacht worden.

Aufgabe von Romanautoren und Journalisten ist es sicherlich, den Finger dorthin zu legen, wo es schmerzt. Simmel schreibt, wenn man so will, einen Wissenschaftsthriller. Um Spannung zu erzeugen, muss er Angst machen. Fraglich ist nur, weshalb er, der von sich selber sagt, dass 80 Prozent seiner Romane wahr seien, in den »Clowns« über das Ziel hinausschießt und genau das tut, wovor er selbst warnt: Er manipuliert, indem er Ängste schürt.

Nach Erscheinen des Romans 1987 kommt der Wissenschaftshistoriker und Biologe Ernst Peter Fischer zu einem ähnlichen Fazit wie der Molekularbiologe von heute. Seiner Meinung nach springt Simmel leichtfertig mit Gentechnologie um und hat sich zu sehr von Chargaff beeinflussen lassen:

»Natürlich liegt das alles nicht völlig daneben. Zum einen besteht das genetische Material der meisten Lebensformen tatsächlich aus DNS, zum anderen setzte sich in den Fünfzigerjahren der Begriff der biologischen Information durch, als die Struktur der DNS – die berühmte Doppelhelix – durchschaut worden war. Und schließlich wurde mit dieser Erkenntnis wenigstens die Richtung klar, in der man suchen musste, um die

Weitergabe der Information zu verstehen. Simmel erzählt also keinen blühenden Unsinn, aber nach und nach nimmt beim Leser die Gewissheit zu, dass er in diesem Buch kein ›wahrheitsgetreues‹, sondern ein einseitiges Bild der Gentechnik erhält. (...) Dem Leser kommt zwar häufig das Wort Genmanipulation vor die Augen, aber er erfährt nie, wie sie denn zum Tragen kommen soll. (...) Die Frage ist erlaubt, warum Simmel Wissen und Absicht der Biologen so falsch und einseitig darstellt und dabei den Leser manipuliert, der am Ende der Lektüre die Wissenschaftler für die Teufel halten muss, die zwar (angeblich) immer das Gute wollen und dabei (natürlich) nur das Böse schaffen.«[10]

Ein ähnliches Fazit zieht Sabine Sütterlin in der *Basler Zeitung*:

»Niemand würde ernsthaft ein Virus zur Bekämpfung von Brustkrebs konstruieren wollen, noch dazu eines, das mit Herpes verwandt ist, das also naturgemäß eine potenziell schädliche Affinität zum menschlichen Organismus besitzt. Gänzlich unter literarische Freiheit ist zu buchen, dass das zum Monster gewandelte Antikrebsvirus einzelne beschreibbare Charakterzüge ausschaltet. Dass in Gentechnik-Labors unter leichtem Unterdruck gearbeitet wird, damit nichts Gefährliches entweichen kann, bei Simmel aber gleich mit Unterdruck- und Überdruckapparaturen; dass das Gemüts-Virus das Gedächtnis nicht beeinträchtigen soll, eines der Opfer aber plötzlich wichtige Lebensumstände vergessen hat – ärgerliche Unsorgfältigkeiten.«[11]

Zwar wird der Roman aufgrund der Verzerrung wissenschaftlicher Fakten kritisiert, doch spielt Simmel danach bei den Kritikerinnen und Kritikern in einer anderen Liga. Wie bereits erwähnt, mehren sich nun die Stimmen, die ihn wegen seines Sensoriums für brennende Themen und für sein Engagement loben.

In der *Frankfurter Allgemeinen Zeitung* vom 29. August 1987 schreibt Frank Schirrmacher:

»Niemals zuvor hat Simmel so vehement über den Tod nachgedacht wie in diesem Roman. Die hochdifferenzierte Welt, die er abbildet und mit apokalyptischen Zitaten des Biochemikers Erwin Chargaff verdunkelt, lastet wie ein unermessliches Gebirge auf dem Leser. Denn Simmel verkleinert die Perspektive seiner Helden dadurch, dass er mit genau kalkulierten Mitteln die Sprache der Wissenschaft mit dem naiven Geplapper von Kinderseelen konfrontiert. (...) Man soll Simmel nicht schmähen. Natürlich sind ihm die ästhetischen Errungenschaften der Kunst unseres Jahrhunderts ganz und gar gleichgültig, selbstverständlich vergisst er nie, an den Verkauf zu denken. (...) Er denkt sich aus, was passierte, wenn aus den Tagesmeldungen eine Geschichte würde. Der Erfolg seiner Bücher zeigt, wie unstillbar die Sehnsucht danach ist, die schlechteste aller möglichen Welten zu bestehen.«[12]

Matthias Greffrath bedenkt den Roman in der *Zeit* vom 30. Oktober 1987 mit Lob:

»Was Simmel macht, war in früheren Zeiten der europäischen Geistesgeschichte die Aufgabe der Kunst: Gegenstände von großem Interesse darzustellen. Nach Diderot sind das die Missstände der Gesellschaft, das unausweichliche Gesetz der Fatalität, die Folgen großer Leidenschaften, aber auch eben ›Väter, Mütter, Gatten, Frauen, Kinder‹ – und beides zusammen: das Leben einzelner Menschen, ihre alltäglichen Bedürfnisse und naturwüchsigen Wünsche mit einer Darstellung der großen Bewegungen und Anforderungen der Epoche zu verknüpfen. Das exemplarische Leben und die Deutung der Epoche – deshalb waren sie alle nicht nur Meister der Imagination und der Spannung, sondern auch Rechercheure: Balzac, Flaubert, Zola, Hugo, Tolstoi. (…) Sicherlich, wir brauchen eine neue Sprache, die all das große Unheil und all diese gebrochenen Gefühle auf neue Weise zusammenbrächte. Aber solange wir sie nicht haben, können wir alles gebrauchen. Wer hat denn schon reine Substanz anzubieten – in dieser Zeit?«[13]

Eine Woche später, am 6. November 1987, nimmt Ulrich Greiner in derselben Zeitung Bezug auf diese Rezension. Beeindruckt schildert er, dass sein Kollege Greffrath »noch gewaltigere Töne angeschlagen habe. (…) Simmel sei einer der wenigen, die das Erbe der großen realistischen Romane angetreten habe. Greffraths Podest für Simmel ist so hoch, dass des Autors umkränztes Haupt in das Firmament der Literaturgeschichte ragt.«[14]

Anfänglich herrscht in der Presse noch Skepsis: Ist Simmel im Feuilleton salonfähig geworden? Die *Stuttgarter Zeitung* argwöhnt in ihrer Kolumne zur 39. Buchmesse Frankfurt 1987 bitterböse: »Aus Stoffmangel sind ›FAZ‹ und ›Zeit‹, um ein geringes Interesse bei ihren Lesern zu erreichen, auf den Ausweg verfallen, Johannes Mario Simmel, den sie ein Vierteljahrhundert ignoriert haben, zur lesbaren Literatur zu erklären.«[15]

Bereits zehn Jahre zuvor hat der Germanist, Professor für deutsche Sprache und Literatur und Autor Albrecht Weber in seinem Buch *Das Phänomen Simmel* ein Vorurteil widerlegt, das Simmel immer wieder schmerzte – nämlich ein Trivialautor zu sein. Anhand von Vergleichen des Erzählstils etwa von Heinrich Böll, Alfred Andersch und Günter Grass zeigt er auf, dass Simmel die kompliziertere, Simultaneität ansprechende Erzähltechnik, welche die illustren Autoren erst ab Ende der Fünfzigerjahre entwickelten, bereits 1957 in *Gott schützt die Liebenden* ausgebaut hat: »Demnach war Simmel nicht nur up to date und folgte flexibel und anpassungsfähig einer Welle, einer Mode, er war ihr voraus. Solches dürfte sich allgemein über Autoren von Trivialliteratur kaum sagen lassen, solange der neue Dreh nicht Manier und Masche wird.«[16]

Für Simmel muss es eine Genugtuung gewesen sein, auch im deutschen Sprachraum zunehmend auf Anerkennung zu stoßen. Allerdings verhindert dies nicht, dass der Pessimismus bei ihm dennoch stetig anwächst. Nahen Freunden zufolge macht sich bei ihm nach den »Clowns« mehr und mehr ein düsteres Weltbild bemerkbar. Nicht nur in Bezug auf Wissenschaft und Forschung, sondern auch im Hinblick auf Politik und Wirtschaft. Er wird auch belehrender und »weiß, wie es ist«. Das ist bedauerlich, denn so entzieht sich Simmel der Diskussion und trägt nicht dazu bei, sein akribisch erworbenes Fachwissen und beachtliches Kommunikationstalent in die Suche nach Kompromissen einzubringen. Dafür müsste er sich jedoch jahrelang mit einem Thema befassen. Doch nimmt er in diesen Jahren jeweils unverzüglich das nächste Projekt in Angriff und taucht vollständig ein in den neuen Sachverhalt. Zudem ist er sich als gewiefter *Homme de Lettres* bewusst, dass man mit Grautönen und Relativierungen weniger Beachtung findet als mit radikalem Schwarz-Weiß-Denken. Wie dem auch sei: Mit schöner Regelmäßigkeit gelingt es ihm, auf Missstände hinzuweisen und das Bewusstsein seiner Leserschaft zu schärfen.

Eines lässt sich nicht bestreiten: *Doch mit den Clowns kamen die Tränen* ist für Simmel der lang ersehnte Durchbruch bei der Literaturkritik. Man spürt seine Genugtuung in jeder Zeile der Briefe, die er 1988 an seinen neuen Freund Stefan Heym richtet. Im Februar 1988 hat er ihn im Restaurant Kronenhalle in Zürich erstmals persönlich getroffen. Seine Bewunderung und Verehrung für Heym ist groß, wie die Korrespondenz im Stefan-Heym-Archiv der Universität Cambridge zeigt.[17] Die beiden Männer achten einander wegen ihrer politischen Haltung, Simmel bekennt, er habe Heyms Bücher nach dem Krieg förmlich »in sich hineingefressen«, und gesteht, dass ihm die »allgemeine Hochjubelei meines Gen-Romans« Flügel verleihe. Und er räumt ein, dass ihm dies in der Zeit nach Lucies Tod ein großer Trost war.

Man spürt, wie präsent das Thema Tod und Verlust eines geliebten Menschen in diesen Jahren ist. In den »Clowns« zieht es sich wie ein roter Faden durch die Handlung. Für Mario mit Sicherheit ein Versuch, sich über die eigenen Gefühle klar zu werden. So schreibt er beispielsweise: »Nimm das bitte nicht als plumpen Trostversuch. Es gibt keinen Trost, auch die vielbeschworene Zeit heilt nicht die Wunden, sie verdeckt sie nur. Existieren lässt sich allein mit der ständig neu zu erkämpfenden Einsicht, dass wir für den Rest der Zeit, die uns gegeben ist, mit einem amputierten Leben zurechtkommen müssen.«[18]

Simmel zitiert einen Satz, den er in dem Roman *Die leere Welt* (1927) des französischen Autors und Literaturkritikers Pierre Jean Jouve gefunden hat: »Kein großes Leben ohne eine große Verstümmelung.«

Die Handlung der »Clowns« ist jedoch nicht nur düster, sondern entführt auch in lichtere Gefilde. Hier hat sich der Verpackungskünstler Simmel wieder besonders viel Mühe gegeben. Die Journalistin Norma Desmond und der Molekularbiologe Jan Barski kommen sich, nach einer schwierigen ersten Begegnung, beim gemeinsamen Kampf gegen die Exzesse bei der DNS-Forschung näher und lernen sich lieben.

Die Suche nach Zusammenhängen führt Norma und Jan nach Nizza, eine Reminiszenz an Simmels Jahre unter der südlichen Sonne. Eine weitere findet sich versteckt bei den Namen seiner Protagonisten: Eine Sekretärin im Institut für Mikrobiologie heißt Vanis wie der Freund Karl H. Vanis und seine Frau Nina, die der Autor in Monte-Carlo kennen und schätzen gelernt hat.

»Orangenbäume. Zitronenbäume. Agaven. Platanen. Kiefern. Eukalyptus. Ganze Wände bedeckt mit Blüten der Bougainvilleen. Ginster. Wicken. Königskerzen. Nelken. Mimosen. Goldlack. Die wunderbare Luft. Das wunderbare Licht. Das Meer, weit weg, da unten.«[19] Allen Düften und Blüten des Südens zum Trotz: *Doch mit den Clowns kamen die Tränen* bleibt ein düsteres Buch, in das Simmel viel hineinpackt – vielleicht zu viel, denn jeder einzelne Aspekt hätte vollauf genügt, um die gewünschte Brisanz zu verkörpern. Wie immer lässt er sich in allen Fachfragen beraten, von Naturwissenschaftlern, Historikern, Politikern, Militärfachleuten, Konfliktforschern, Experten für Völkerrecht und Nachrichtentechnik, Journalisten und Sicherheitsspezialisten.

In Simmels nächstem Werk, *Im Frühling singt zum letztenmal die Lerche* (1990), geht es um Bäume, Blüten und die Lebewesen dieses Planeten. Der Autor schreibt es zu einer Zeit, als die Abendnachrichten fast pausenlos besorgniserregende Neuigkeiten über Umweltkatastrophen aussenden. Gerade er, der die Natur so liebt und Gärtner werden wollte, ist fassungslos und traurig über das Ausmaß der Zerstörung. Diese Leidenschaft fließt in sein aufrüttelndes Werk.

Ein alleinerziehender Vater steht im Zimmer seiner halbwüchsigen Tochter: »Auf die Frage ihres Vaters, ob sie wahnsinnig geworden sei, antwortete die achtzehnjährige Susanne Marvin, einen Stapel Blusen aus ihrem Kleiderschrank hebend und in einen offenen Koffer werfend: Ich bin vollkommen normal. Wenn einer wahnsinnig ist, dann bist du es.«[20]

Dieser heftige Dialog zwischen einer aufmüpfigen Tochter und ihrem borgnierten Vater könnte von heute stammen. Nicht unwahrscheinlich, dass junge Klimademonstranten ähnlich mit ihren Eltern gesprochen haben. Doch stammt der Satz aus dem Jahr 1990, und Simmel beweist hier einmal mehr seinen Spürsinn für Themen, die aktuell sind und bleiben.

Weshalb hängt der Haussegen bei Susanne Marvin und ihrem Vater schief? Die Tochter wirft dem Physiker, der für die Aufsichtsbehörde im hessischen Umweltministerium tätig ist, vor, dass die Öffentlichkeit über einen Störfall in einem Kernkraftwerk zu spät informiert worden sei: »Es hat niemals, zu keinem Zeitpunkt, die Gefahr eines Super-GAUs bestanden! Niemals die Gefahr einer Kernschmelze!« Doch der Versuch des Vaters, die empörte Tochter zu beruhigen, misslingt. Wenig später wird sie das Haus nach einem letzten, verächtlichen Blick verlassen.

Mit Markus Marvin ist Simmel eine facettenreiche Figur gelungen. Durch seine Augen erleben wir, wie die Sicherheit in wichtigen Industrien damals wahrgenommen wurde. Marvin steht für die staatlichen Aufsichtsbehörden in Deutschland, die Ende der Achtzigerjahre überfordert waren im Umgang mit der Sicherheit in deutschen Atomkraftwerken. Die Öffentlichkeit ist aufgeschreckt durch die Unfälle in den Reaktoranlagen von Three Mile Island und Tschernobyl. Während einer Reise in die USA soll Marvin mehr erfahren über die Sicherheitsvorkehrungen der Amerikaner.

Im Atomreservat Hanford im Bundesstaat Washington erwartet ihn ein Schock. Zwar weiß Marvin, dass hier, am Columbia River, ab 1943 das Plutonium für das Manhattan-Projekt angereichert wurde, das zwei Jahre später mit der Atombombe »Fat Man« aus Nagasaki eine Geisterstadt macht.

Doch nun, als er mit einem Ranger im Jeep herumfährt und hört, dass die radioaktive Belastung dreißig Jahre später immer noch zu Missbildungen bei Nutztieren und zu geschwollenen Schilddrüsen bei Menschen führt, ist er entsetzt.

Der Umgang mit dem hoch radioaktiven Material war in den USA bis in die Fünfzigerjahre unverantwortlich. Die Menschen, die am 16. Juli 1945 den Trinity-Test, den ersten Atomtest des Manhattan-Projekts in der Wüste von New Mexico verfolgten, trugen ... Sonnenbrillen, um sich vor dem radioaktiven Fallout zu schützen. Die Sicherheitsvorkehrungen und die Abfallentsorgung waren unzureichend und führten zu großen Umweltproblemen. Die Anlage von Hanford im Bundesstaat Washington wurde nach dem Kalten Krieg saniert und in ein ziviles Kernkraftwerk umgewandelt. Doch Böden und Luft waren nachhaltig verseucht, was die Anti-Atomkraft-Bewegungen in den USA und Europa in ihrer kompromisslosen Ablehnung der Atomkraft bestätigte.

Markus Marvin kehrt mit großen Vorbehalten nach Deutschland zurück und wird wegen seiner unbequemen Fragen von der

Aufsichtsbehörde entlassen. Er wandelt sich vom Saulus zum Paulus und schließt sich der jungen Anti-Atomkraft-Bewegung an. Auf der malerischen Insel Sylt, mit Blick auf die unberührte Küstenlandschaft und die ausgedehnten Dünen, trifft er auf Menschen, die seine Gesinnung teilen. Die Diskussionen muten an wie ein Blick in eine heutige TV-Debatte: Was können wir gegen die Klimaerwärmung tun? Wie das CO_2 in der Luft eindämmen, das kräftig zur Erderwärmung beiträgt? Weshalb werden weiter Kohlekraftwerke gebaut? Kann man den Betreibern von Atomanlagen trauen?

Die Meinung der AKW-Gegner steht fest: Zu hoch ist für sie die Gefahr einer Umweltverschmutzung durch den Austritt von radioaktiv verseuchtem Wasser und Luft bei der Produktion und der Entsorgung der Abfälle.

Doch dies ist nicht die einzige Sorge der Umweltschützer in Simmels Roman: Chemieunfälle in Indien, Italien und in der Schweiz, Brandrodungen im Amazonas, das Unglück des Supertankers »Exxon Valdez« vor Alaska, bei dem über zweihunderttausend Tonnen Rohöl auslaufen und einen riesigen Ölteppich bilden, in dem Millionen Robben, Fische und Vögel qualvoll zugrunde gehen.

Simmel hat hier ein brennendes, aber sperriges Thema aufgegriffen. Er verpackt es aufwendig in eine Rahmenhandlung, in der auch, in der Person von Linda Brenner, seine verstorbene Frau Lucie auftaucht, mit der die geliebte Lulu sogar den Mädchennamen teilt.

Linda Brenner ist die Ehefrau des Schriftstellers Philip Gilles, Simmels Alter Ego im Roman. Dieser wohnt in Le Forgeron, einem Weiler nahe von Château-d'Oex in der Westschweiz. Philip hatte Linda in Berlin kennengelernt, wo die Balletttänzerin, die fließend Französisch spricht, als Dolmetscherin im Amt des Französischen Stadtkommandanten arbeitete. Philip alias Mario denkt zurück an den Beginn ihrer Liebe, an Lindas Sinn für Humor, an ihren Mut. Und an die letzten beiden Jahre mit der kranken Linda, die unerschütterlich an die Zukunft glaubt und ihrem Philip eine Schallplatte mit Liedern der Streisand schenkt. *I'll never give up,* singt die unvergleichliche Barbra, und dies legt Linda auch ihrem Mann ans Herz. Das Lied soll ihn stark machen, soll sie selber auch stark machen trotz Krankheit und Schmerz. Dank der Romanfigur Linda erfahren wir Details über Lucies frühe Jahre. Auch sie war als junge Tänzerin mit Billy Wilder befreundet. Linda erzählt:

»Er hatte eine winzige Wohnung, und er war doch mein erster Mann, und ich liebte ihn so sehr, und wenn der Nachmittag vorüber war, sagte er oft: Jetzt gehen wir sofort runter ins Romanische Café – erzählen. Natürlich wurde nichts erzählt, doch in das Romanische Café gingen wir, und du weißt, da saßen viele berühmte Schauspieler und Zeitungsleute und Maler und Schriftsteller, und ich kleine Tänzerin war doch total überwältigt von allen diesen großen Leuten und gerade fünfzehn, ich konnte nur immer ganz still sein. Na ja, und eines Tages kam Erich Maria Remarque und setzte sich zu uns. Remarque war damals Chefredakteur der ›Dame‹, und das war für mich einfach ungeheuer. Und an diesem Abend sagte er, dass er bei der ›Dame‹ aufhören wolle, um einen Roman schreiben zu können. Und Billy sagte seinem Freund Remarque, er solle nicht verrückt sein und einen solchen Prachtposten hinschmeißen, und dann stritten sie eine Weile, und zuletzt sagte Billy zur mir: Nun rede du doch endlich mal mit dem Meschuggen, mein Stilles!«[21]

Man weiß, wie die Geschichte weitergeht: Remarque kündigt bei *Die Dame*, schreibt den Roman *Im Westen nichts Neues.* Solche und andere Geschichten aus dem Berlin der Zwanzigerjahre sind köstlich.

»Ach, Linda, Linda, Linda«: Wie ein Mantra erwähnt Philip den Namen und versucht so, seinen Schmerz in Worte zu fassen.

Im Roman wird Philip Gilles in einen Strudel von Ereignissen hineingezogen. Er lernt dabei Marvin kennen, den Vater mit der rebellischen Tochter, und andere Umweltaktivisten. Michael Braungart hat einen Auftritt, damals noch ein aufmüpfiger Chemiker und Verfahrenstechniker, der vor verwegenen Aktionen nicht zurückschreckt, um die Aufmerksamkeit auf seine Anliegen zu lenken. Er baute den Bereich Chemie bei Greenpeace auf. In einem Gespräch mit der Autorin 2017 erinnert sich Braungart mit Nostalgie an die Anfangszeiten der Umweltbewegung.[22] Im Gegensatz zu früher will Braungart die Industrie heute nicht mehr anprangern, sondern möchte sie dazu ermuntern, den Grundsatz der Kreislaufwirtschaft umzusetzen.

Eine erschütternde Bedrohung der Umwelt und der Biodiversität auf der einen Seite, leidenschaftlicher Einsatz von Umweltschützern auf der anderen. Am Ende des fast 600 Seiten dicken Romans halten sich Hoffnung und Verzweiflung die Waage. Der Klappentext formuliert es so: »Nimmt die Bedrohung der Umwelt auch apokalyptische Züge an, so fehlt doch in Simmels neuem Roman angesichts der Kraft der Vernunft und der Vernünftigen niemals die Hoffnung, dass die Erde ein helles Morgen erwartet, dass Zukunft kein leeres Wort bleibt und dass Clarisse Gonzalos, eine der bewegenden Gestalten des Buchs, ihr Kind in einer Welt gebären kann, in der die Lerche immer wieder ihr Lied singt.«

Dieser Hoffnung ist nichts hinzuzufügen. Heute wie vor dreißig Jahren ist die Umwelt massiv bedroht, nicht zuletzt durch die immer noch wachsende Weltbevölkerung, die im November 2022 die 8-Milliarden-Marke überschritten hat.[23] Mehr denn je gilt deshalb die Devise von Simmels Roman: »I'll never give up.«

Große und kleine Leinwand

Hannelore Elsners ebenmäßiges Gesicht ist makellos geschminkt. Sie steht aufrecht da, in einem paillettenbestickten Abendkleid. In der Hand hält sie ein Glas Champagner, am Handgelenk funkelt ein breites Diamantenarmband. Auch sie selber sprüht ... vor Wut.

Elsner verkörpert mit Verve Yvonne Duhamel, die zänkische, verwöhnte Ehefrau des Pariser Staranwalts Charles Duhamel. Die Verfilmung von *Bitte lasst die Blumen leben* von 1986 mit Regisseur Duccio Tessari wartet mit einem Staraufgebot auf: Klaus-Jürgen Wussow spielt Duhamel, Hans-Christian Blech ist als Opa Langenau zu sehen, und Radost Bokel, die unvergessliche Darstellerin der Momo im gleichnamigen Film, verkörpert Patty, das hinkende Mädchen.

Wir erinnern uns an die abenteuerliche Romanvorlage, in der der Anwalt Duhamel nach einem Flugzeugabsturz den eigenen Tod vortäuscht. Die Dramatik der Handlung schreit förmlich nach einer Verfilmung, und so finden zwischen Anfang April und Ende Juni 1986 in Hamburg, Wien, Paris, München und Umgebung Dreharbeiten statt. Der Schriftsteller besucht das Filmset häufiger. Denn er ist mit vielen der anwesenden Schauspielerinnen und Schauspieler befreundet, liebt die Atmosphäre in den Filmkulissen – und ist froh, wenn er seinem einsamen Zuhause in Zug für kurze Zeit entfliehen kann.

Während sich das Buch sehr gut verkauft hat und der Film viele Kinobesucher anzieht, fällt der Film bei der Kritik durch. Der *Spiegel* gießt ätzenden Spott aus: »Auch im Hain der schönen Künste gibt es den Super-GAU. (...) Luschig und lelouchig, boutiquenhaft und kindisch-heroisch schleppt sich das Ding dahin; der Komponist Frank Duval, die Zuckerrübe, presst sich aus und begießt die Misere: angesehene Schauspieler stehen Schmiere.«[24]

Diese kühle Kritik ist keine Ausnahme: Wenige der Filme, die auf Simmels Büchern aufbauen, finden Gnade in den Augen der Rezensenten. Vielleicht gerade deshalb, weil sie beim Publikum beliebt sind. Noch heute wird in Kinoforen und auf Film- und Literaturpodien stets aufs Neue darüber diskutiert, welche Romanadaption gelungen ist und welcher Film gefällt – oder auch nicht.

Im Edgar-Wallace-Internetforum[25], das deutschen Filmklassikern gewidmet ist, gehen die Meinungen zu den Filmen, die zwischen 1971 und 1976 gedreht wurden, auseinander. Sehr populär sind *Und Jimmy ging zum Regenbogen*, *Liebe ist nur ein Wort* und *Die Antwort kennt nur der Wind*. *Lieb Vaterland magst ruhig sein* wird als unterschätzt eingestuft. Er habe eine ungeheure Wirkung, meint ein Teilnehmer. Ein anderer zitiert das Hamburger Abendblatt: »Ehe der Wallace- und Simmel-Spezialist Alfred Vohrer in völliger Routine versank, hat er sich mit seinem jüngsten Simmel-Werk (Gott schützt die Liebenden) in einer Art künstlerischem Kraftakt zu neuem Ansehen verholfen. Der fünfte Film nach einem Buch des berühmten Bestseller-Fabrikanten geriet ihm am besten. Sorgsame Schauspieler- und Kameraführung, eine überschaubare Handlung, gut dosierte Spannung und der für Simmel so typische Duft nach Weite ergaben diesmal die richtige Mischung.«[26]

Beliebt bei den Forumsteilnehmern sind auch persönliche Hitparaden, zum Beispiel diese:

1. »Der Stoff, aus dem die Träume sind«
2. »Lieb Vaterland magst ruhig sein«
3. »Liebe ist nur ein Wort«
4. »Und Jimmy ging zum Regenbogen«
5. »Alle Menschen werden Brüder«
6. »Gott schützt die Liebenden«
7. »Die Antwort kennt nur der Wind«
8. »Bis zur bitteren Neige«

Eine Forumsteilnehmerin ist damit nicht einverstanden, ihrer Meinung nach ist *Alle Menschen werden Brüder* klarer Favorit, gefolgt von *Und Jimmy ging zum Regenbogen*, *Die Antwort kennt nur der Wind*, *Lieb Vaterland magst ruhig sein* und *Bis zur bitteren Neige*. Über Geschmack lässt sich streiten. Fest steht: Die Filme, die über Simmels Bücher gedreht wurden, zählen nicht zur Avantgarde des Kinos und streben dies auch gar nicht an. Sie wollen unterhalten im besten Sinne, mit einer dramatischen und anrührenden Handlung, mit solidem filmischen Handwerk, ausgewählten und beliebten Darstellerinnen und Darstellern und einer passenden Musik. François Truffaut, der Star der französischen Nouvelle Vague, hat für solche populären Werke einer älteren Regisseur-Generation den spöttischen Begriff »Papas Kino« geprägt. Auch progressive und jüngere Regisseure des Neuen Deutschen Kinos distanzieren sich von solchen Filmen, die beim Publikum jedoch unvermindert beliebt sind. Simmel selbst hat, nach eigenem Bekunden, kein enges Verhältnis zu den Jungfilmern. Hingegen ist die Liste von Regisseuren, die seine Werke fürs Kino oder Fernsehen adaptiert haben, eindrücklich: Robert Siodmak, Georg Marischka, Géza von Radványi, Alfred Vohrer, Roland Klick, Thomas Engel und Carlo Rola. Alfred Vohrer allein hat sechs von Marios Stoffen verfilmt. Er ist ein Meister der Adaption von populären literarischen Stoffen fürs Kino, hat er doch sämtliche Edgar-Wallace-Verfilmungen realisiert, die in den Sechzigerjahren wahre Straßenfeger sind. Vohrer inszeniert auch die Karl-May-Verfilmung von *Unter Geiern*, *Old Surehand* und *Winnetou und sein Freund Old Firehand*. Von 1975 an arbeitet Vohrer auch fürs Fernsehen und ist unter anderem für *Das Traumschiff* und die *Schwarzwaldklinik* verantwortlich. Ein enorm populärer Regisseur also, der auch den älteren Simmel-Filmen seinen Stempel aufgedrückt hat.

Ein Werk, das wie ein Solitär dasteht, ist *Der Schulfreund*, Simmels einziges vollendetes Theaterstück, das 1959 im Nationalthe-

Start der Kaviar-Serie in der Zeitschrift Quick, August 1959

Lucie, um 1965

Heirat von Johannes und Lucie Brenner, 1956

Lucie, um 1965

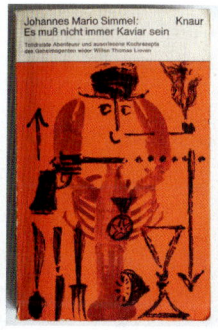

Oben: Cover der Erstausgaben von »Es muß nicht immer Kaviar sein«
Rechts oben: Aus der ersten Verfilmung mit O. W. Fischer und Senta Berger, 1961
Rechts unten: Aus der Serie fürs ZDF mit Siegfried Rauch und Nadja Tiller, 1977

links:
In Zürich, 1971

unten:
Lektor und Freund
Fritz Bolle, um 1970

Mit Helena, um 1972

Willy Droemer (links) und Felix Guggenheim, um 1960

Willy Droemer (links) und Simmel, um 1970

Vorstellung von »Hurra, wir leben noch« in Berlin, 1978

Empfang beim österreichischen Bundeskanzler Bruno Kreisky in Wien, 1976

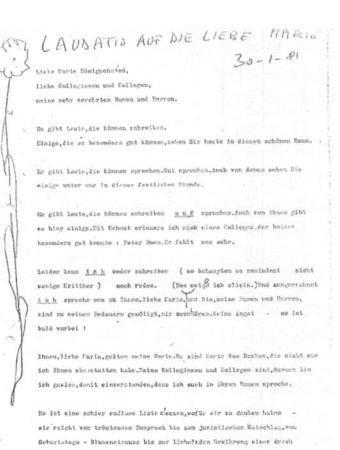

Mit Maria Hönigschmied, 1981

links: Laudatio mit der charakteristischen Blümchenverzierung für Maria Hönigschmied zu deren Verabschiedung, 1981

oben: Mit Helena, um 1975

Schreibmaschinen-Vorrat vom Typ Adler Gabriele für künftige Werke, um 1987

Signierstunde von
»Bitte laßt die Blumen leben«,
1983

Mit Hannelore Elsner auf der Weltpremiere des Films »Bitte laßt die Blumen leben« in Mainz, 1986

linke Seite
oben: Mit Nichte Lisa und Neffe Hannes, um 1984
Mitte: Mit Nichte Lisa in Zug, um 1989
unten: Mit Sunnyi Melles in Nizza während Dreharbeiten
zu »Mit den Clowns kamen die Tränen«, 1989

Bestattung von Lucie in Zug, Mai 1985

Mit Porträt von Lucie in Zug, 1985

Der honigfarbene Cadillac Seville, 1985

Gemeinsame Lesung mit Iris Berben in der Jüdischen Kultusgemeinde München, 2001

Arbeitszimmer, im Hintergrund das Foto mit Widmung von Marlene Dietrich, 1994

linke Seite:
oben: Im Gespräch mit Elke Heidenreich, 1996
Mitte: Mit Marcel Reich-Ranicki und Stefan Heym anlässlich dessen
85. Geburtstag in Berlin, 1998
unten: Jüdische Kultusgemeinde München, neben Israels Botschafter in Deutschland,
Shimon Stein, 2001

ater Mannheim uraufgeführt wird. Rund zehn Jahre später wird der Autor ein weiteres Stück verfassen, den Versuch aber abbrechen, weil der Stoff als Roman besser zur Geltung kommt. Er wird unter dem Titel *Lieb Vaterland magst ruhig sein* 1983 erscheinen. Anfang der Siebzigerjahre unternimmt der Autor einen weiteren Versuch. Er erzählt einem Journalisten, dass die Geschichte sich innerhalb weniger Stunden in einem Zimmer abspielt, in dem sich elf Menschen befinden, die den Raum nicht verlassen dürfen, weil ein Verbrechen geschehen ist. Mit der Zeit fallen die Masken dieser Menschen. Ein Psychiater in Wien habe ihm diese Geschichte erzählt (vermutlich Kornelius Kryspin-Exner), und sie hat Simmel fasziniert. Doch hat er die Idee für diesen klassischen *Huis clos*, ein Subgenre, das im angelsächsischen Kriminalroman auch als »Closed Room Mystery« bezeichnet wird, später wieder aufgegeben.

Der Schulfreund spielt in München im Jahr 1944. Der Briefträger Ludwig Fuchs hat bei den Bombenangriffen der Alliierten seine Wohnung verloren und muss mit ansehen, wie der Freund seiner Tochter bei einem Luftangriff stirbt. In seiner Verzweiflung entschließt er sich, seinem Schulfreund Hermann Göring einen Brief zu schreiben. Er fleht ihn an, den verlorenen Krieg zu beenden und so weiteres Blutvergießen zu vermeiden. Allerdings erreicht er damit das Gegenteil und wird nun seinerseits zum Ziel behördlicher Willkür: Fuchs wird verhaftet, psychiatrisch untersucht, ihm droht eine Anklage wegen Landesverrats. Alles, was sein früherer Schulfreund für ihn tun kann, ist, dass man ihn für unzurechnungsfähig erklärt.

Fuchs überlebt auf diese Weise zwar den Krieg, doch gilt er weiterhin als unzurechnungsfähig. Er muss beweisen, dass die falsche Diagnose während des Kriegs den Umständen geschuldet war und er in Wirklichkeit kerngesund ist. Da wichtige Zeugen den Krieg nicht überlebt haben, ist dies alles andere als einfach. Für den braven, idealistischen Postboten beginnt ein weiterer Kampf gegen die behördlichen Windmühlen. 1960 bringt Robert

Siodmak den Stoff mit einer Starbesetzung ins Kino: Heinz Rühmann, Mario Adorf, Wolfgang Reichmann und Fritz Wepper. Rühmann interpretiert die Rolle des Postboten Fuchs allerdings auf eine Weise, die Simmel in Rage versetzt. Ob auf Anweisung des Regisseurs oder aus eigenem Antrieb: Die beinharte Geschichte verliert ihre Schärfe und wird deutlich harmloser. Simmel nimmt Rühmann und Siodmak dies laut Aussagen von Freunden sehr übel.

Möglicherweise aufgrund der geschilderten Verharmlosung wird auch dieser Film von den Kritikern ungnädig aufgenommen. Der *Spiegel* befindet, dass der Inhalt gerade mal für einen Kabarett-Sketch ausgereicht hätte. Simmel und Regisseur Siodmak würden den Inhalt breitwalzen, indem sie der dünnen Fabel allerlei Randglossen über Psychopathen, Wirtschaftswundergrößen, amerikanische Einwanderungsbestimmungen und andere Zeitphänomene aufpropfen. Der Held erscheine weniger als Opfer der politischen Zeitläufte denn einer Kette dummer Zufälle. Immerhin, insgesamt betrachtet wären die ersten sechzig Minuten des Films besser als der Rest.[27]

Anlässlich des zehnten Todestags von Johannes Mario Simmel findet im Januar 2019 im Wiener Literaturmuseum eine Retrospektive statt. Dabei sollen die unterschiedlichen Facetten der filmischen Bearbeitung und des literarischen Schaffens beleuchtet werden. Gezeigt werden die Filme *Affäre Nina B., Bis zur bitteren Neige, Bitte lasst die Blumen leben, Der Stoff, aus dem die Träume sind, Die wilden Fünfziger, Es muss nicht immer Kaviar sein* (mit O. W. Fischer) und die Fortsetzung *Diesmal muss es Kaviar sein, Frühling auf dem Eis, Hotel Adlon, Lieb Vaterland magst ruhig sein, Liebe, die den Kopf verliert, Liebe ist nur ein Wort, Mit Himbeergeist geht alles besser, Nackt – wie Gott sie schuf, Und Jimmy ging zum Regenbogen* sowie das *Universum Simmel*. Zur Eröffnung diskutieren der Literaturwissenschaftler Prof. Michael Rohrwasser, der Filmhistoriker Christoph Huber und Kurator Florian Widegger über Bedeutung und Wirkung des Autors.

Michael Rohrwasser analysiert das Verhältnis zwischen Simmel und der Literaturwissenschaft. Kurz und nüchtern hält er fest: Es ist kein freundschaftliches Verhältnis. Zwar habe man, wenn man die herablassenden Kommentare über den Erfolgsschriftsteller lese, erst einmal den deutschen Sprachraum in Verdacht, »dessen Dünkel gegen Unterhaltungsliteratur bekannt oder berüchtigt ist. Die Grenzen zwischen E- und U-Literatur werden hier strenger beachtet als in England oder in den USA. Graham Greene, John le Carré, Eric Ambler, John Irving, Georges Simenon – ihnen allen erging es besser.« Allerdings, findet Rohrwasser fast bedauernd, sei Simmel leider auch nicht so gut wie le Carré und Co. Ein Hauptproblem sieht der Literaturwissenschaftler in Simmels Neigung, alles auszusprechen und uns stets in Kenntnis darüber zu setzen, was seine Figuren denken und vorhaben. Er belasse es nicht bei Andeutungen und Anspielungen, die zu entschlüsseln sind, sondern erkläre in »hingebungsvoller Ausführlichkeit«. Dies sei vielleicht auch der Grund dafür, weshalb seine Werke mit der Zeit immer dicker wurden: Der Schriftsteller habe stets sehr gründlich recherchiert und sein Wissen und seine Belesenheit unter Beweis stellen und ausbreiten wollen. Doch sei die Distanz der Literaturwissenschaft gegenüber Kriminalroman, Thriller, Unterhaltungsliteratur durchaus befremdlich. Das sei in etwa so, als würde ein praktizierender Mediziner erklären, er habe sich auf Tropenkrankheiten spezialisiert und sei an Migräne und Grippe nicht interessiert. Simmel sei ein Volksschriftsteller gewesen und gehöre mit einer Weltauflage von über 73 Millionen Büchern in die Gilde der erfolgreichsten Schriftsteller überhaupt. Sein Ehrgeiz war es, so anerkannt zu werden wie sein Kollege Hans Fallada. Das hat er nicht ganz erreicht, obwohl er 1983 auf Platz 2 der Liste der beliebtesten deutschsprachigen Schriftsteller rangierte, knapp hinter Heinrich Böll und deutlich vor Günter Grass.[28] Ungefähr ab den Achtzigerjahren habe ihn die Literaturkritik jedoch zum ehrenwerten Menschen erklärt, der sich verdienstvollen Themen widme und

Aufklärungsarbeit leiste. Gewissermaßen ein sozialdemokratischer Bestsellerautor, weit entfernt von seinem Kollegen Konsalik.[29]

Im Rahmen der Retrospektive wird auch der Film *Von Sex bis Simmel* von Hans Günther Pflaum und Peter H. Schröder[30] gezeigt. Dieser unterhaltsame Rückblick auf das aufregende Kinojahrzehnt der Siebzigerjahre stellt fest, dass damals zwar der Neue Deutsche Film im Ausland Respekt und Anerkennung fand, aber an den heimischen Kinokassen völlig andere Filme den Umsatz gebracht hätten. So sorgen Aufklärungsfilme, zum Beispiel der Schulmädchenreport, bei den Zuschauern für ungewohnte erotische Einblicke. Ebenso lassen die Verfilmungen von Simmel-Stoffen die Kassen klingeln. *Und Jimmy ging zum Regenbogen* wurde 1971 für das Überschreiten der Drei-Millionen-Zuschauer-Marke mit der Goldenen Leinwand prämiert. Im gleichen Jahr erhielt Malte Thorsten, der junge Hauptdarsteller in *Liebe ist nur ein Wort* den Deutschen Filmpreis als bester Nachwuchsdarsteller. Wie Marie Anderson 2015 in der *Kino-Zeit* zur Herausgabe einer Simmel-Edition auf DVD schreibt, dominieren die für seine Bestseller-Romane charakteristischen Elemente auch die filmischen Adaptionen. Die Filmplakate orientieren sich werbewirksam am Konzept der erfolgreichen Bücher. »Die von tragischen Umständen umwitterte Liebesgeschichte zweier Menschen aus extrem unterschiedlichen Milieus, umgeben von skurrilen unberechenbaren Figuren, schwelenden gesellschaftspolitischen Hintergründen sowie kriminalistische Konstellationen komplizierter Natur prägen die geschickt konstruierten Geschichten dieses Schriftstellers. Wer jenseits der klassisch-konservativen Literatur- und Filmkritik in die hier zudem musikalisch und visuell stark betonte Welt dieses Autors mit Flair der 1970er-Jahre eintauchen mag, dem seien die Johannes-Mario-Simmel-Filme als Anschauungsmaterial empfohlen.«[31]

Einer dieser Filme aus den Siebzigerjahren ist *Die Antwort kennt nur der Wind*. Ein Stoff, der dem Autor besonders am Herzen liegt, beschreibt er doch schlüsselromanartig seine persönliche Lebenssituation. Wir erinnern uns, dass der (unglücklich verheiratete) Versicherungsagent Robert Lucas an die Côte d'Azur geschickt wird, weil eine Luxusjacht explodiert ist, mit ihrem schwerreichen Besitzer an Bord. Lucas soll abklären, ob es sich um einen Unfall oder vielleicht doch um Mord handelt. Schnell erliegt der Ermittler dem Charme der attraktiven Malerin Angela.

Simmel wünscht sich für diese sechste Verfilmung eines seiner Werke eine Starbesetzung mit Yves Montand und Romy Schneider. Mit Enttäuschung erfährt er dann, dass dies unmöglich ist. Doch die junge Marthe Keller und Maurice Ronet werden dem von Regisseur Alfred Vohrer verfilmten Stoff ihren unverwechselbaren Stempel aufdrücken. Das Drehbuch, das Simmel gemäß Vertrag genehmigen muss, erweist sich als harte Nuss: Manfred Purzer ist zwar ein erfahrener Drehbuchautor, er kennt und verehrt den Schriftsteller, doch kann der Roman, obwohl er sich mit seiner anschaulichen Erzählweise und viel direkter Rede auf den ersten Blick prima anpassen lässt, wegen seiner zahlreichen Vor- und Rückblenden nicht ohne Weiteres auf Filmlänge gekürzt werden. Purzer muss stärker eingreifen, was wiederum den Autor betrübt, der Purzer durchaus schätzt. Die beiden Herren liefern sich im Frühsommer 1974 eine regelrechte Überzeugungsschlacht rund um das Drehbuch. Sie wird letztlich aber in Form von ausführlichen, maschinengeschriebenen Briefen und höflichen, oft auch witzigen Argumenten manierlich ausgetragen. Simmel achtet mit Argusaugen darauf, dass die Aussage seines Werks nicht verändert wird. Als negatives Beispiel erwähnt er seinen Lieblingsschriftsteller, Ernest Hemingway, der die Kinovorführung seines Romans *In einem anderen Land* nach einer Viertelstunde wutschnaubend verlassen habe, weil er sich und seinen Roman verraten fühlte.

Simmel erweist sich als detailversessen. So belehrt er Purzer, eine Szene sei »medizinisch unmöglich«, weil Robert Lucas an einer Herzschwäche leide, einer Claudicatio intermittens, also einem zeitweisen Hinken. Ein weiterer Streitpunkt sind die Küsse. Simmel moniert, dass in diesem Film nur ein einziges Mal geküsst werde. Daraufhin erwidert Purzer: »Richtig. Die Frage ist, ob man das als Fehler oder als Mangel ansehen kann. Ich hatte immer schon ein zwiespältiges Verhältnis zu Filmküssen und dem verkitschten Pathos, das sie auf der Leinwand erzeugen. Ich meine, dass die Kunst gerade hier im Weglassen besteht. Regisseure wie Lelouch, Bogdanovich oder Sautet sind in dieser Hinsicht, trotz aller Verschiedenartigkeit, spröde bis hin zur Trockenheit. Louis Malle fällt mir noch dazu ein. Angela ist eine gestandene Frau, bei Robert Lucas mit einem Mann, der das Leben doch eigentlich hinter sich hat. Von der Fragwürdigkeit der Filmküsserei einmal ganz abgesehen, wirken Intimitäten der genannten Altersgruppe auf die Leinwand gesetzt nicht gerade sehr attraktiv. Ich wage sogar zu behaupten: Sie haben einen geschmacklichen Totschlageffekt.«[32]

Simmel, der sich hier wohl persönlich angesprochen fühlt, muss es einen Stich ins Herz versetzt haben. Er erwidert denn auch etwas pikiert, dass Küsse zwischen einem Fünfzigjährigen und einer 36-Jährigen doch nicht unappetitlich seien. Schließlich sähen sie aus wie Montand und Romy Schneider und seien keine Zombies. Doch wird mit Marthe Keller eine frische, junge Interpretin für die Angela gefunden, und Maurice Ronet als Robert Lucas ist im besten Mannesalter und äußerst ansehnlich. Der berühmte Kuss ist damit für die beiden Autoren nicht nur akzeptabel, sondern wichtig und richtig. Purzer scheint Simmel überzeugt zu haben, dieser schreibt nämlich leicht resigniert: »Okay, you win.«

Ein Thema beschäftigt den Verantwortlichen des Drehbuchs besonders: die Wandlung, die Angela im Lauf der Geschichte durchmacht. Denn diese Frau ist nicht durch glücklichen Zufall bei der Explosion der Luxusjacht nicht verletzt worden, sondern sie hat einen Auftrag: »Angela ist jetzt, so glaube ich, in die Hand-

lung eingebaut. Sie hat Funktionen. Sie soll Robert aushorchen, stattdessen verbündet sie sich mit ihm. Weil sie ihn sympathisch findet, weil sie ihn liebt. Die Hinwendung zu Lucas wird auch in der Handlung sichtbar. She doesn't only nurse him anymore.«
Purzer schlägt vor:

»Nach Bild 55: Abblende wie gehabt. Wir ersparen uns jegliche Art von Koitus. Aufblende. Angelas Schlafzimmer, postkoital bzw. Intermission. Angela sitzt Lucas gegenüber, einen Skizzenblock auf den nackten Knien. Sie versucht sein Gesicht zu zeichnen. Dialogführung:
Sie: Komisch – ich kann dein Gesicht nicht zeichnen ...
Er: Wahrscheinlich hast du zu viele Millionärsköpfe porträtiert.
Sie: Wie viele Gesichter haben Sie, Monsieur Lucas?
Er: Ich müsste mal nachzählen.
Sie: Fällt es Ihnen leicht, sich zu verstellen?
Er: Wie kommst du darauf?
Sie: Ich hab dich den ganzen Abend beobachtet.
Er: Berufsschaden.
Sie: Du bist plötzlich anders.
Er: Wie anders.
Sie: Vorhin – da hatte ich einen Augenblick lang das Gefühl, ich sei die erste Frau in deinem Leben.
Er: Muss ich mich dafür entschuldigen?
Sie: Du weißt, wie ich es meine ...
Er (gespielt unernst): Vielleicht ist es so ...
Sie: Wie lange bist du schon verheiratet?
Er: Ist das eine faire Frage?
Sie: Du erzählst nichts von dir.
Er: Ist es notwendig, dass man sich Geschichten erzählt?
Sie: Keine Geschichten. Nur die Wahrheit. Oder ist das zu aufdringlich?
Er: Ich bin nicht verheiratet.«[33]

Mit dieser Lüge nimmt die Handlung mit ihren Verstrickungen eine neue, dramatische Wendung. Nach einigen weiteren Briefen zwischen München und Monte-Carlo gibt der Autor schließlich sein Einverständnis zum Drehbuch. Der Filmdreh erfolgt von August bis Oktober 1974 an der Côte d'Azur, in der Schweiz und Deutschland. Johannes Mario und Helena Simmel werden sogar, in hellem Frack mit dunkler Fliege bzw. einem ärmellosen Abendkleid mit einem prächtigen Diamant-Collier und passenden Anhängern, eine Statistenrolle spielen. Vermutlich hat sich die Gattin ihrem Idol Doris Day nie näher gefühlt als in diesen Stunden, auch wenn beide Schauspieler auf dem Pressefoto eher steif und unglücklich wirken.

Die Verfilmung von *Hurra, wir leben noch* wird in jeder Hinsicht zum Sonderfall. 1981 verfasst Rainer Werner Fassbinder ein Drehbuch. Doch schon bald zerstreiten sich Fassbinder und die Geschäftsleitung der Produktionsfirma, die Bavaria Film in München. Der Kultregisseur wirft das Handtuch, schlägt allerdings noch Peter Zadek als neuen Regisseur vor. Dieser übernimmt die Aufgabe, hält sich jedoch nicht an Fassbinders Drehbuch. Auch Simmel ist mit der Verfilmung nicht zufrieden und setzt durch, dass der Film umbenannt wird. Der Film kommt als *Die wilden Fünfziger* in die Kinos, und die Werbung enthält den Hinweis: »Sehr frei nach Motiven eines Romans von Johannes Mario Simmel«. Vom ursprünglichen Titel bleibt nur noch der von Klaus Doldinger komponierte und von Milva vorgetragene Song.

Die Handlung führt uns zurück ins Nachkriegsösterreich. Der Soldat Jakob Formann ist aus der Kriegsgefangenschaft entlassen worden. In Linz arbeitet er als Dolmetscher für die US-Armee und nutzt die neuen Kontakte, um mit dubios erworbenen 40 000 Eiern eine Hühnerzucht zu gründen – ausgerechnet auf dem Hof, der vorher Heinrich Himmler gehört hatte. Formann profitiert vom Wirtschaftswunder und wird ein reicher Mann, verliert aber sein Vermögen während der Ölkrise der Siebzigerjahre.

Im *Lexikon des internationalen Films* wird dem Film als »freche, revueartige Satire auf die Aufstiegsmentalität der Wirtschaftswunderjahre« eine gewisse Qualität attestiert. Allerdings sei trotz der immensen Produktionskosten und eines beachtlichen Aufgebots von Film-, Theater- und Fernsehprominenz nur hektisches Schmierentheater voll überdrehtem Klamauk entstanden. Vereinzelte Glanzlichter und treffsichere Pointen gingen in der allgemeinen dramaturgischen Konfusion unter.[34]

Szenenwechsel. Wir stehen in einer gutbürgerlichen Küche der Sechzigerjahre:

»Moment!«

Siegfried Rauch biegt schwungvoll um die Ecke und betritt die geräumige (Studio)-Küche. Er hat ein Küchentuch um die schlanken Hüften gebunden, die blauen Augen lächeln gewinnend.

»Wir haben noch ein paar Minuten Zeit, bevor wir uns für heute trennen müssen! Essen Sie gern? Vielleicht kochen Sie auch gern? Dann möchte ich noch ein bisschen aus der Küche plaudern: Was mir nämlich von den vielen Abenteuern am lebendigsten in Erinnerung geblieben ist, das ist der Geschmack auf der Zunge ...«

Nicht nur wegen der Kochszenen, damals ein Novum im Fernsehen, ist 1977 die zweite Verfilmung von *Es muss nicht immer Kaviar sein* für das ZDF ein immenser Erfolg und katapultiert die Serie in die Liga der Straßenfeger. Zur besten Sendezeit leeren sich die Straßen, weil die Nation vor den Fernsehgeräten sitzt. Der Begriff »Straßenfeger« wurde 1959 geprägt, als die legendären Durbridge-Krimifilme beinahe zu einem nationalen Notstand führten. Wie dem Booklet der Straßenfeger-Edition des »Kaviar« zu entnehmen ist, berichtete die *Welt* 1962 über die gesellschaftlichen Konsequenzen der letzten *Halstuch*-Folge der Reihe:

»Hamburg: Der horrende Ausfall in einem Erstaufführungstheater für amerikanische Filme betrug etwa 25 Prozent.

Berlin: Die gerade nicht auf Streife befindlichen Wachtposten an der Berliner Mauer saßen vor dem Fernseher. Gaststätten ohne Fernsehgeräte blieben leer.

Frankfurt: Die Taxifahrer ließen sich den Namen des Mörders über den Sprechfunk durchsagen. München: Die Polizei stellte fest, dass die Verkehrsdichte während der Sendung auffallend nachließ. Die Premierenfilmtheater meldeten einen Besucherrückgang um 30 Prozent.«[35]

Die dreizehn Folgen, in denen Regisseur Thomas Engel Simmels Stoff mit einer glitzernden Gilde von bekannten Schauspielerinnen und Schauspielern zum Leben erweckt, sind unterhaltsam, witzig und sorgfältig gedreht. Außenaufnahmen im spanischen Gerona sind dabei, was für eine Fernsehproduktion damals eher selten und sehr kostspielig ist. Alles stimmt bis ins letzte Detail, von den Telefonapparaten und Plakaten an den Wänden der einzelnen Schauplätze bis hin zu den Autos, Frisuren und Kostümen. Für Siegfried Rauch werden von einem tschechischen Herrenschneider nicht weniger als 67 verschiedene Maßanzüge angefertigt. Er trägt sie mit lockerer Eleganz und der Selbstverständlichkeit des englischen Bankers, den er darstellt.

Überhaupt erweist sich der Schauspieler als Idealbesetzung von Thomas Lieven: elegant, weltmännisch, charmant und doch nicht leichtfertig. Er meistert das Kunststück, die amourösen und geheimdienstlichen Abenteuer des »Agenten wider Willen« glaubwürdig darzustellen. Ob im weißen Smoking am Roulettetisch in Estoril, in der Gangster-Unterwelt von Marseille oder am Steuer des Mercedes 190 SL im biederen Nachkriegsdeutschland – sein Thomas Lieven bleibt bis heute mehrheitsfähig und beliebt. Auch Mario, der erst skeptisch war gegenüber der Verfilmung seines Stoffs durch das ZDF, ist schließlich sehr zufrieden. Martin Böttcher, der zuvor mit der Musik zu den Karl-May-Verfilmungen bekannt geworden ist, komponiert die Filmmelodie. Der Ohrwurm, gesungen vom Multitalent Siegfried Rauch, findet 1979 sogar Eingang in eine Langspielplatte mit Dirigent Böttcher und seinem Orchester.

In den aufwendig gedrehten Küchenszenen, die jede Folge

charmant abschließen, bereitet Siegfried Rauch mit leichter Hand und einer passenden Anekdote Champagnersauerkraut, Topfenstrudel oder eine Salatsauce zu und vergisst natürlich auch den Kaviar nicht. Was so locker und mühelos wirkt, wird an zwei aufeinanderfolgenden Tagen in harter Arbeit gedreht. Rezept nach Rezept wird vorbereitet, zubereitet, weggebracht (wir wissen nicht, was mit den Gerichten geschieht – ob sie in hungrigen Mägen der Filmcrew gelandet sind?), dann wird sauber gemacht und fürs nächste Rezept von vorne begonnen. Die passenden dreizehn Texte erhält Rauch sehr kurzfristig. Selbst für ihn, der nach eigenem Bekunden sieben Zeilen Text nach einmaligem Durchlesen auswendig kann, ist dies ein Kraftakt. Doch die Schinderei lohnt sich: Die Kochszenen sind beim Publikum enorm beliebt. Noch Jahre später werden Rauch (und auch Simmel) immer wieder gefragt, ob sie denn selber gut kochen könnten. Was bei beiden Männern nicht der Fall ist, wie sie mit Bedauern bekennen.

Das Ende der letzten Folge lässt alles offen: Wie sieht Thomas Lieven nach seiner Gesichtsoperation aus, die ihm endlich Ruhe vor den Geheimdiensten dieser Welt bringen soll? Wie erwähnt, beschäftigt das Thema die Öffentlichkeit eine ganze Weile. Die Entdeckung des wahren Agenten schlägt einige Jahre später keine großen Wellen mehr; das Thema ist passé.

Wie Siegfried Rauch dreißig Jahre nach dem Dreh, anlässlich der Herausgabe der Straßenfeger-Edition, im Interview erzählt, sei Simmel nach anfänglicher Skepsis über die Fernsehverfilmung sehr glücklich gewesen und hätte sie der früheren Adaption mit O. W. Fischer und der jungen Senta Berger vorgezogen.

Die Liste der Schauspielerinnen und Schauspieler, die in Filmen nach Simmels Romanen oder Drehbüchern mitgespielt haben, liest sich wie ein *Who's who* der deutschen und französischen Film- und Fernsehgeschichte: Heinz Rühmann, Hildegard Knef, Romy Schneider, Nadja Tiller, Pierre Brasseur, Klaus Schwarzkopf, Maurice Ronet, Marthe Keller, Karin Dor, Charlotte Kerr, Susanne Uhlen, O. W. Fischer, Senta Berger, Matthias Habich,

Wolfgang Reichmann, Siegfried Rauch, Sunnyi Melles, Catherine Allégret, Georg Marischka, Horst Tappert, Judy Winter, Christine Kaufmann, Willy Millowitsch, Eva Mattes ... Und ab den Neunzigerjahren kommt ein weiterer großer Name dazu, eine Frau, die für Mario sehr wichtig werden wird.

Iris Berben

Die schöne, vielseitig begabte und gesellschaftlich sehr engagierte Schauspielerin gibt ihr Debüt im Jahr 1968.[36] Von 1978 an beweist sie ihr komödiantisches Talent an der Seite von Ingrid Steeger in der *Klimbim*-Nachfolgeserie *Zwei himmlische Töchter*. Ab 1984 verleiht Berben der Comedy-Show *Sketchup* mit Dieter Krebs ihren eigenen, umwerfend komischen Touch. Die Auftritte als schielende, keifende Ehefrau mit hervorstehenden Schneidezähnen, dicken Stützstrümpfen und noch massiveren Brillengläsern, die auf einem Wohnzimmersessel mit einem langen Kochlöffel als Schalthebel und einem Telefon als Kupplung das Autofahren lernt, bleiben ebenso unvergessen wie die Hosenrollen oder die Szenen als Vamp.

Schlag auf Schlag folgen seit den Achtzigerjahren die Auftritte in Film- und Fernsehproduktionen, zum Beispiel *Das Erbe der Guldenburgs, Rosa Roth, Afrika, mon amour, Krupp – eine deutsche Familie, Der Wagner-Clan, Das Zeugenhaus* und viele mehr. 1996 gründet Sohn Oliver gemeinsam mit Regisseur Carlo Rola das Unternehmen »Moovie – the art of entertainment«, das später mit der Constantin-Film von Bernd Eichinger fusioniert. Rola ist es auch, der den Kontakt zwischen Iris Berben und Johannes Mario Simmel herstellt.

Die Idee ist bestechend: Die Buchvorlagen sollen neu verfilmt werden. Das Papa-Image soll abgestreift und der Film, frisch interpretiert, in einer moderneren Diktion mit zeitgenössischen filmischen Mitteln einem jüngeren Publikum vorgestellt werden. Bisher sind es, beide 2008 realisiert, zwei Filme, die in der neuen Konstellation entstanden sind, *Gott schützt die Liebenden* mit Iris Berben und Peter Simonischek in den Hauptrollen sowie *Und Jimmy ging zum Regenbogen* mit Heino Ferch, Dennenesch Zoudé und Judy Winter.

»Jimmy« wird 5,5 Millionen Zuschauerinnen und Zuschauer anziehen. Die Kritiken sind wohlwollender und differenzierter als bei den Romanverfilmungen gut dreißig Jahre zuvor. Dem Film wird attestiert, dass die zeitgemäße Interpretation gelungen sei *(Der Westen)*. Lobend wird die zurückhaltende Inszenierung erwähnt (»TPG« für kino.de). Es sei ein Spionagedrama der leisen Töne wider das Vergessen *(Der Westen)*. Doch die »FAZ« liefert einen Verriss: Der Film versuche die Quadratur des Kreises, die Dialoge seien kitschtriefend, hier werde eine ergraute Dame in sexy Glitzer-Hotpants gezwängt. Bei *Gott schützt die Liebenden* sind die Reaktionen noch verhaltener: *TV Spielfilm* bezeichnet den Film als verschwiemeltes Terror-Melodram, Rainer Tittelbach moniert, dass auch die Veredelungsmomente einer heutigen, verschachtelten Erzählweise nicht wirklich über die Banalität der Geschichte hinwegtäuschen könnten.[37]

Auch die Neuverfilmungen werden also eher kontrovers aufgenommen. Doch bleiben Simmels Romanvorlagen, zumindest deren Inhalte und Botschaften, aktuell: Umweltzerstörung, Ausländerfeindlichkeit, Antisemitismus, Verschwörungstheorien, Ängste vor dem wissenschaftlichen Fortschritt und neuer Kalter Krieg. Dazu das gesamte Spektrum menschlicher Emotionen, von Liebe über Misstrauen bis hin zu Furcht und Hass. Eine Fundgrube für Filmschaffende!

Aus der Zusammenarbeit für Verfilmungen entsteht eine Freundschaft und tiefe Verbundenheit zwischen Iris Berben und Johannes Mario Simmel, die sich beide gesellschaftlich engagieren. Elke Heidenreich hat die beiden miteinander bekannt gemacht. Sie hätten sich großartig verstanden, und von diesem Augenblick an, berichtet Heidenreich, sei sie bei Simmel »regelrecht abgemeldet gewesen«. Sie sei aber nicht eifersüchtig gewesen, denn er brauchte und forderte viel Nähe.

Die Schauspielerin und der Schriftsteller veranstalten zwei gemeinsame Lesungen, bei denen die Schauspielerin zum Beispiel aus dem Erzählungsband *Die Bienen sind verrückt geworden* liest. In seinen letzten Lebensjahren wird sie auch zu seiner Stütze, ein Fels. Oft klingelt bei Berben morgens um zwei, drei Uhr das Telefon, weil Mario verzweifelt ist und mit Selbstmordgedanken spielt. Weil er die Hoffnung auf eine Änderung der Umstände wieder einmal verloren hat, nachdem sie kurzfristig aufgekeimt war. Weil ihn seine Depression wieder zu übermannen droht und er selber nicht mehr aus der Abwärtsspirale herausfindet. Und weil er nicht versteht, weshalb Menschen nichts lernen aus ihren Fehlern und warum jede Generation wieder in dieselben Fallen tappt wie ihre Vorfahren.

Meist gelingt es der Schauspielerin, die richtigen Worte zu finden – es sind jene, die auch ihr selber Mut machen: Ihr Credo lautet: »Als Mitglied dieser Gesellschaft, als Demokratin, als Europäerin, ist es meine Pflicht, Haltung zu zeigen. Ich werde nicht nachlassen, Menschen davon zu überzeugen, für ein demokratisches Verständnis, für ein tolerantes und respektvolles Miteinander, einzutreten. Ich zeige Gesicht – für ein weltoffenes Deutschland. Jetzt erst recht.«[38]

Der Autor ist dankbar für die moralische Unterstützung. Er zeigt es auf seine Weise: Nach seinem Tod berichtet Iris Berben der *Frankfurter Allgemeinen Sonntagszeitung*, dass seit vielen Jahren in jedem Hotelzimmer, in das sie komme, ein großer Rosenstrauß oder eine Orchidee auf sie warte. Auf der beiliegenden Karte stehe immer: »Dein alter Mario«.[39]

Bis heute führt Iris Berben ihren unerschrockenen Einsatz weiter, bleibt wachsam und erhebt mahnend den Finger, wenn sie Unrecht wahrnimmt. Sie ist auch Botschafterin für den »Raum der Namen« im Holocaust-Denkmal Berlin. Denn jeder Mensch soll ein Recht haben auf seine Lebensgeschichte. Mit dem kontinuierlichen Aufbau des Raums werde eine Brücke geschlagen zwischen der Vergangenheit und der Zukunft.[40]

Sex sells

Wenn von den Romanen von Johannes Mario Simmel gesprochen wird, erscheint manchmal, auch heute noch, ein kleines Lächeln in den Gesichtern der Menschen. Sie erinnern sich schmunzelnd daran, dass gewisse Bücher des Autors ganz oben auf den Bücherregalen ihrer Eltern gestanden hätten, außer Reichweite von neugierigen Kinderaugen. Weshalb wohl? Bestimmt nicht wegen der Rezepte im »Kaviar«. Die verleihen dem Erfolgsroman Würze und Abwechslung, genauso wie die genüsslichen Schilderungen der schönen jungen Frauen, die den Weg des Agenten Thomas Lieven kreuzen. Doch sind die Beschreibungen ihrer körperlichen Reize noch recht zahm.

Und Jimmy ging zum Regenbogen wartet mit der ersten richtigen Sex-Szene auf. Sie spielt in einem Edelbordell, wie übrigens die meisten einschlägigen Momente in Simmels Büchern. Hier, so fühlt der Autor offenbar, kann er sich Freizügigkeiten erlauben, die bei den Liebesgeschichten der Protagonisten weitgehend fehlen. Der Zeitschrift *Playboy* erzählt er 1975, dass er ein besonderes Verhältnis zu leichten Mädchen habe. Eine Sympathie, die offenbar auf Gegenseitigkeit beruht. Das habe nichts mit Sex zu tun, sondern fuße auf einer menschlichen Basis. Die meisten der Prostituierten, die er kennengelernt habe, seien ehrlicher, freundlicher und hilfsbereiter als anständige Frauen. Zudem, setzt er selbstkritisch hinzu, habe er einen Beruf, der demjenigen leichter Mädchen ziemlich nahe komme.[41]

Folgt er hier der klassischen abendländischen Tradition, die Frauen in Madonnen und Huren unterteilt? Trennt er Liebe und Sex? Wie auch immer, die deftigen Szenen, die ab 1970 in seinen Romanen vorkommen, werden von den Lesern und Leserinnen begeistert aufgenommen. Sie werden Teil seiner »Verpackung«, dienen dazu, schwierige Passagen der Handlung aufzubrechen. Als gewiefter Meister seiner Zunft weiß Simmel auch, dass eine Prise Sex die Verkaufszahlen nach oben schnellen lässt. Beides kommt ihm nicht ungelegen.

Stimmt es, dass Mario der Erfinder der »chinesischen Schlittenfahrt« ist, einer sportlichen Disziplin, die garantiert nichts mit Schnee zu tun hat? Zumindest beschreibt er sie in seinem Roman *Hurra, wir leben noch* sehr plastisch. Als ihn seine Nichte Lisa als Teenager einmal auf die Stellung anspricht, weicht er, ganz Gentleman, der Frage aus, behauptet, dies sei ein Geheimnis, das nur er kenne, und lacht dazu. Erst in den späteren Werken verzichtet er wieder auf das Stilmittel, das er während seiner Zeit als Journalist bei der *Quick* als sehr effektvoll erkannt hat. Ob dies ein Grund ist, weshalb viele Menschen die frühen Werke bevorzugen? Möglicherweise. Aber wohl keineswegs nur wegen der nicht jugendfreien Szenen, sondern auch weil sie weniger anklägerisch, aufklärerisch und ernst sind als das Spätwerk.

Und weniger autobiografisch, könnte man hinzufügen. Nach Lucies Tod taucht die Verarbeitung von Verlust und Altern häufiger auf. Es mag eine Art Selbstreflexion gewesen sein. Für Leserinnen und Leser wird es manchmal fast zu persönlich und intim. Müssen wir denn so genau wissen, wie oft der Autor duscht und badet, sich eincremt und die Zehennägel schneidet, wie dies in dem Schlüsselroman *Träum den unmöglichen Traum* von 1996 der Fall ist? Und ist es notwendig, dass der Autor im gleichen Werk detailliert schildert, weshalb er sich mit seiner toten Frau immer noch verbunden fühlt, wie sie ihm Ratschläge erteilt, ihm hilft, zu ihm spricht? Er beruft sich dabei auf den erstmals von Galilei formulierten Satz über die Erhaltung der Energie: Gilt das

Platzierungen auf der Bestsellerliste

- *Lieb Vaterland magst ruhig sein*, Droemer Knaur: München, 1965. (Platz 1 der Spiegel-Bestsellerliste in den Jahren 1965 und 1966)
- *Alle Menschen werden Brüder*, Droemer Knaur: München 1967. (Platz 1 der Spiegel-Bestsellerliste vom 25. März bis zum 28. April 1968)
- *Und Jimmy ging zum Regenbogen*, Droemer Knaur: München, 1970. (Platz 1 der Spiegel-Bestsellerliste vom 16. März bis zum 19. Juli und vom 3. August bis zum 20. September 1970)
- *Der Stoff, aus dem die Träume sind*, Droemer Knaur: München, 1971. (Platz 1 der Spiegel-Bestsellerliste vom 25. Oktober 1971 bis zum 9. April 1972)
- *Die Antwort kennt nur der Wind*, Droemer Knaur: München, 1973. (Platz 1 der Spiegel-Bestsellerliste vom 20. August bis zum 21. Oktober 1973 und vom 7. bis zum 13. Januar 1974)
- *Niemand ist eine Insel*, Droemer Knaur: München 1975. (Platz 1 der Spiegel-Bestsellerliste vom 25. August 1975 bis zum 7. März 1976)
- *Hurra, wir leben noch*, Droemer Knaur: München, 1978. (Platz 1 der Spiegel-Bestsellerliste vom 24. April bis zum 10. September 1978)
- *Wir heißen euch hoffen*, Droemer Knaur: München, 1980. (Platz 1 der Spiegel-Bestsellerliste vom 1. September bis zum 30. November und vom 15. bis zum 21. Dezember 1980)

- *Bitte, lasst die Blumen leben*, Droemer Knaur: München, 1983. (Platz 1 der Spiegel-Bestsellerliste 1983)
- *Die im Dunkeln sieht man nicht*, Droemer Knaur: München, 1985. (Platzierung nicht mehr ermittelbar.)
- *Doch mit den Clowns kamen die Tränen*, Droemer Knaur: München, 1987. (Platz 1 der Spiegel-Bestsellerliste in den Jahren 1987 und 1988)
- *Im Frühling singt zum letztenmal die Lerche*, Droemer Knaur: München, 1990. (Platz 1 der Spiegel-Bestsellerliste vom 15. Oktober 1990 bis zum 20. Januar 1991 und vom 28. Januar bis zum 3. Februar 1991)

Weltall als abgeschlossenes System, dann ist die Gesamtenergie der Welt konstant. Nicht das kleinste Teilchen kann verloren gehen. Es gibt sehr viele Formen von Energie, und sie vermögen sich ineinander zu verwandeln. Das geschieht ununterbrochen. Mechanische Energie kann selbstverständlich in geistige Energie übergehen, insbesondere wenn ein Mensch stirbt, so Simmels Überzeugung.

Über den Sinn dieser nüchternen, fast klinischen Selbstbespiegelung kann man sich streiten. Viele Autorinnen und Autoren reflektieren ihr Leben in ihren Werken. Was *Träum den unmöglichen Traum* jedoch spannend macht, sind die Bezüge zu den frühen Werken, die der Autor hier, wie Brotkrumen, in die Handlung einstreut.

Die Hauptfigur des Romans, der Schriftsteller Robert Faber (wir erinnern uns, dass Simmel Anfang der Sechzigerjahre unter diesem Pseudonym in der Wiener Entzugsklinik eincheckte), kehrt nach Wien zurück, weil er einen Hilferuf erhalten hat. Er entdeckt, widerwillig, dass er nicht nur eine uneheliche Tochter aus einem früheren Verhältnis hat, sondern auch einen Enkel, der eben – kriegstraumatisiert und schwer krank – aus Sarajevo in

die Stadt an der Donau gebracht wurde. Faber entdeckt die Stadt wieder, die er so lange nicht mehr betreten hat, wird von Erinnerungen heimgesucht, kehrt an bestimmte Schauplätze zurück und wird mit der latent fremdenfeindlichen, aufgeheizten Stimmung konfrontiert. Ein unbequemer Aufenthalt, eine Auseinandersetzung mit der Vergangenheit und gleichzeitig eine Art Exorzismus. Als einer der ganz wenigen Romane Simmels endet dieser heiter und verhalten optimistisch.
Ob mit oder ohne Sex: Marios Bücher verkaufen sich prächtig.

Grüne Zuckerln

Johannes Mario Simmel, so sind sich Zeitzeugen und Freunde einig, ist ein ausgesprochen liebenswerter, warmherziger, großzügiger und treuer Mensch. Stets bereit, eine köstlich pointierte Geschichte beizusteuern, wenn für ein Jubiläum oder eine andere Gelegenheit eine spitze oder heitere Feder gewünscht wird.

1970 druckt das Wiener Hotel »Imperial« ein Interview mit dem Stammgast Simmel ab. Er interviewt sich darin selber – zumindest so lange, bis ihm der Geduldfaden reißt.

»SIMMEL II: Herr Simmel, Sie haben sich zu einem Interview darüber bereit erklärt, wie Sie sich als Gast des Hotels IMPERIAL fühlen.
SIMMEL I: Habe ich, ja. Großartig fühle ich mich! Durch meinen Beruf komme ich in viele Länder, und ich wohne stets in erstklassigen Hotels. Mit der Hand auf dem Herzen kann ich sagen: Keines von all diesen Hotels vermag dem IMPERIAL das Wasser zu reichen. Nur eine Frage hätte ich ...
SIMMEL II (pikiert): Die Fragen stelle eigentlich ich ... aber bitte. Also?

SIMMEL I: Wenn man im IMPERIAL von der Bar in den ersten Speisesaal kommt, passiert man zur Rechten einen Flügel. Auf diesem steht immer eine Schale mit grünen Zuckerln.
SIMMEL II: Ja. Und?
SIMMEL I: Was sollen die Zuckerln auf dem Klavier?
SIMMEL II: Die Zuckerln ... auf dem ... hm ... also, im Moment ...
SIMMEL I: Sie wissen es nicht?
SIMMEL II: Ich werde mich sofort erkundigen.
SIMMEL I: Jetzt pass mal auf, Simmel. Dieses Interview zwischen uns beiden ist doch Unsinn! Wir waren genau gleich oft und immer zur selben Zeit im IMPERIAL. Du weißt, was mir besonders gefallen hat, denn dir hat es auch besonders gefallen. Also frage mich nicht blöd aus, Lausbub, sondern erkundige dich nach den grünen Zuckerln. Inzwischen mache ich aus diesem Interview einen Monolog. Das ist vernünftiger.
SIMMEL II (wieder pikiert): Da hätte man einmal die Chance, dich schizophrenen Halunken aushorchen zu können, damit man ein bisschen weiß, wie man selber ist, aber nein, schon drehst du dich wieder heraus! Gut, gut, wenn du nicht willst ... Ich gehe ... Grüne Zuckerln ... (ab).
SIMMEL I: Gott sei Dank ist der Kerl draußen. Ich kann mich – eh, ihn meine ich natürlich, nämlich nicht leiden. Hrm! Also: Das IMPERIAL!«[42]

Hier folgt eine regelrechte Liebeserklärung ans Hotel. Schon die herzliche Begrüßung bei der Ankunft vermittle das Gefühl, zurück zu alten Freunden zu kommen. Im Zimmer – immer demselben – warten ein Blumenstrauß und eine Karaffe Orangensaft, eine Schreibmaschine, Papier, Schere, Klebstoff und Buntstifte. Auf dem Bett liegen zwei Kissen, weil Simmel gerne mit dem Kopf hoch liegt. Die Überdecke ist fortgenommen, damit der Autor nach dem Mittagessen ein Stündchen schlafen kann. Und das alles, ohne dass er es je verlangt oder erbeten hätte.

Immer am Montag wird Tafelspitz aufgetragen, vom Wagen. Der berühmte Gast freut sich jeweils wie ein Kind schon die ganze Woche darauf. Und danach gibt es Apfelstrudel, im Namen des Herzallerliebsten Herrn Jesulein, zwei Portionen bitte schön. Freimütig gibt Mario zu, dass er bei der Abreise stets zwei bis drei Kilo mehr gewogen habe. Wenn Schwester Eva mit ihren Kindern Lisa und Hannes zu Besuch ist, werden Canapés gereicht. Auch heute noch sind diese kleinen, liebevoll drapierten und mit Blüten verzierten Köstlichkeiten fast zu schade zum Essen.

Einmal wohnt Simmel gleichzeitig mit seinem Verleger Willy Droemer im Hotel. Der hat den sinnigen Einfall, die Herren des kleinen Orchesters zu bitten, für seinen Lieblingsautor »Wenn ich einmal reich wär'« aus dem Musical *Anatevka* zu spielen, und zwar immer wieder. Ein Spaßvogel sei er gewesen, dieser Verleger, und die Episode liege schon lange zurück. Doch noch Jahre später erklingt, wenn Mario den Saal betritt, nach einem kurzen Blick zu den Musikern die wohlbekannte Melodie. »Souvenirs, souvenirs ...«

Woher wohl das Hotel stets wisse, was seine Gäste sich insgeheim wünschen? Der Autor rätselt und tippt auf ein großes Buch, in dem die guten Geister des Hauses alle Vorlieben ihrer Gäste verzeichnen.

Nun, dieses Buch gibt es, wenn auch etwas prosaisch in Form von Kartonmappen mit Hinweisen und Kopien von Korrespondenzen mit den Gästen. Zu ihren Geburtstagen erhalten Stammkunden eine schöne Karte, und wenn sie Weihnachten im Hotel verbringen, gibt es eine »Imperial«-Torte. Diese schenkt Mario dann jeweils seiner Schwester Eva und ihrer Familie. Deren Kinder mögen die große Konkurrentin unter den Wiener Torten aus dem Hause Sacher eigentlich lieber, möchten jedoch den Onkel nicht enttäuschen. Alles wird natürlich mit der gebotenen Diskretion behandelt, denn das Hotel schützt die Privatsphäre eisern. Michael Moser, der langjährige Chef-Concierge und Archivar, der heute bisweilen auch Führungen durch das Traditionshaus veranstaltet, ist diese Gastgebertradition in Fleisch und Blut übergegangen.

Das traditionsreiche Haus am Kärntner Ring, das ursprünglich als Privatresidenz des Herzogs Philipp von Württemberg erbaut wurde, strotzt förmlich vor Geschichten. Viele sind köstlich: Der Musikverein und die Staatsoper liegen ganz in der Nähe, und so gehen berühmte und weniger berühmte Dirigenten hier ein und aus. Ein Gast im Café »Imperial« verwechselte z. B. Gustav Mahler wegen seines Fracks mit einem Ober und bestellte bei ihm einen Kaffee ... Herbert von Karajan wiederum besaß einen Schlüssel zu einem versteckten Hinterausgang, durch den er das Hotel unerkannt betreten und verlassen konnte. Hier wohnten Nikita Chruschtschow, Walt Disney, Alfred Hitchcock und die Königin Elisabeth II. von England, Michael Jackson schrieb den *Earth Song* in seinem Hotelzimmer. Der legendäre Weinkeller war so verlockend für die russischen Besatzungstruppen nach dem Krieg, dass sie ihn bis auf die letzte Flasche leerten – dafür jedoch das Hotel intakt hinterließen. Nur die Möbel nahmen sie mit.

Andere Geschichten sind hingegen weniger lustig. So gehörte das Hotel vor dem Zweiten Weltkrieg der jüdischen Familie von Samuel Schallinger. Dieser musste seinen Anteil beim Anschluss Österreichs verkaufen. Ob er noch mit ansehen musste, wie Adolf Hitler hier im März 1938 triumphierend übernachtete? Oder war er bereits deportiert? Vier Jahre später stirbt Schallinger in einem Konzentrationslager.

Doch genug der Geschichten. Wie ist eigentlich das Interview zwischen den beiden Simmels von 1970 zu Ende gegangen? Ist es völlig entgleist?

»SIMMEL II (kommt zurück): Also, ich habe mich erkundigt wegen der Zuckerln. Das sind solche mit Menthol. Viele Gäste trinken Alkohol beim Essen. Um den Geruch danach zum Verschwinden zu bringen, können sie, wenn sie das Restaurant

verlassen, ein Mentholzuckerl lutschen. Bist du nun zufrieden, Simmel?
SIMMEL I: Nein.
SIMMEL II: Was heißt nein? Warum nicht?
SIMMEL I: Weil ich immer wieder Gäste sehe, die in den Speisesaal kommen und solche Mentholzuckerln VOR dem Essen und Trinken lutschen!«

Bittersüße Aufenthalte in Wien

Die Gebäude der Alpenmilchzentrale an der Weyringergasse 36/1 im 4. Wiener Bezirk sind nüchtern und funktional. Bis 1990 befand sich hier tatsächlich eine Molkerei. Wo früher Butter, Käse und andere Milchprodukte hergestellt wurden, finden nach einem schrittweisen Umbau »legendäre Raves und Ausstellungen statt«. Gemäß dem hier angesiedelten Büro Bauer arbeiten heute Architekten, Designerinnen und Kunstschaffende auf dem Areal, auch eine Tischlerei sei im Haus. Besonders stolz ist das Büro auf »Das Lokal im Hof«, wo sich alle treffen.[43]

In der Österreichischen Alpenmilchzentrale wird am 19. Oktober 1995 eine Ausstellung eröffnet, die auch in Wien zu heftigen Kontroversen führt. »Vernichtungskrieg. Verbrechen der Wehrmacht 1941–1944« des Hamburger Instituts für Sozialforschung war am 23. April des Jahres erstmals in Deutschland gezeigt worden. An der Donau wird sofort dagegen protestiert: Hans Dichand, der Herausgeber der *Neuen Kronen Zeitung*, schreibt gegen die Forschungsergebnisse der Hamburger Ausstellungsmacher an. Ob er sie persönlich gesehen hat, ist fraglich. Aber er befindet, bei der Schau handle es sich um eine »satanische, kollektive Verleumdung der Wehrmachtssoldaten. Diese seien doch keine Mörder gewesen.« Die auflagenstärkste Tageszeitung Österreichs startet eine Artikelserie, die den Einsatz der österreichischen Wehrmachtssoldaten als passive Opfer eines »unentrinnbaren Schicksals« beschreibt.[44]

Diese einseitige Sichtweise wollen engagierte Menschen in Wien nicht auf sich beruhen lassen. Friedrun Huemer, die spätere grüne Landtagsabgeordnete und Stadträtin, war bereits fünf Jahre zuvor mit einem mobilen »Deserteursdenkmal« durch den ersten Wiener Stadtbezirk gezogen. Ziel sollte es sein, ein dauerhaftes Denkmal zu errichten, was die Bezirksverwaltung des zweiten Wiener Gemeindebezirks jedoch ablehnt. Doch wird damit eine Diskussion angestoßen, bei der eine jüngere Generation von Menschen die Frage der Rolle Österreichs objektiver erörtert. Selbst Bundeskanzler Franz Vranitzky hält am 8. Juli 1991 eine viel beachtete Rede. Es ist das Eingeständnis einer weitgehenden Mitverantwortung Österreichs am Holocaust und anderen während des Krieges begangenen Verbrechen. Wie das Portal »Deserteursdenkmal« lobend erwähnt, stellt er die Weichen für einen differenzierteren Umgang der Zweiten Republik mit Österreichs Rolle während der NS-Zeit.[45]

Heute steht das schwarze Mahnmal an prominenter Stelle, in der Nähe des Balkons des Kanzleramts, an dem einst die Hakenkreuzfahne hing. Prominente und weniger bekannte Soldaten der Wehrmacht schildern darauf die Beweggründe für ihre Fahnenflucht.

Die Hamburger Wanderausstellung über die Verbrechen der Wehrmacht soll nun auch in Wien gezeigt werden, doch ist es fast unmöglich, einen Ort dafür zu finden. Die Stadt an der Donau verfügt über unzählige Ausstellungslokale, doch den meisten Besitzern und Betreibern ist das Thema zu heikel. Deshalb werden die Exponate rund einen Monat lang in der Alpenmilchzentrale gezeigt. Zahlreiche Veranstaltungen begleiten die Ausstellung. In deren Rahmen wird auch die Frage gestellt, wie das Verhalten derer zu bewerten ist, die sich dem in der Ausstellung gezeigten verbrecherischen Krieg durch Ungehorsam entzogen.

Johannes Mario Simmel hatte Peter und Friedrun Huemer, die später enge Freunde werden sollen, Ende der Achtzigerjahre kennengelernt, als sich ihre Wege zuvor schon, auf der Frankfurter Buchmesse, gekreuzt hatten. Huemer ist Publizist, Journalist und Historiker. Der gebürtige Linzer ist fast zwanzig Jahre jünger als der Schriftsteller, der Huemer wegen seiner langjährigen Tätigkeit als Mitarbeiter des Österreichischen Rundfunks und vor allem als Leiter der Fernsehsendung »Club 2« kennt. Nach seinem Abschied von der Sendung moderiert Huemer vierzehn Jahre lang die erfolgreiche Hörfunksendung »Im Gespräch« im Programm Österreich 1.[46]

1993 gibt Huemer ein Buch des Kulturpolitikers und Schriftstellers Viktor Matejka heraus, *Das Buch Nr. 3*, mit einem Vorwort von Johannes Mario Simmel. Dieser lässt sich nicht lange bitten und widmet Matejka in warmen Worten einen leidenschaftlichen Text. Wir treffen darin auch auf einen Namen, der fünfzig Jahre früher eine wichtige Rolle in seinem Leben gespielt hat:

»Am Freitag, dem 2. April 1993, um 4 Uhr früh starb in Wien Viktor Matejka, 92 Jahre alt. Er starb, aber er ist nicht tot. Kein Toter ist tot, solange es nur einen gibt, der an ihn denkt, der ihn liebt. Dann ist dieser Tote weiter da für den, der noch lebt. Der Lebende wird ihn fühlen, er wird ihn spüren. Das Beste von einem, der stirbt, bleibt zurück bei dem Menschen, der ihn liebt. (…)
Unzählige Menschen haben Viktor Matejka gekannt, verehrt, bewundert, geliebt. (…) Er war nicht nur das Gewissen Österreichs. Sein Mut, sein Humanismus, sein unermüdlicher Kampf um Frieden, Freiheit und Gerechtigkeit, sie standen für das Gute an sich in so vielen Ländern – und aus so vielen Ländern kamen Menschen, um ihn zu sprechen, zu befragen, um über ihn zu schreiben, ihn, den Polyhistor, den unbestechlichen Moralisten.

Ich habe ihn im April 1945 kennengelernt, um Wien wurde noch gekämpft. Der Schriftsteller und Kulturhistoriker Leopold Rochowanski lebte zu jenem Zeitpunkt wie sehr viele Wiener im Keller seines Hauses in der Herrengasse, wo auch ich ein Versteck gefunden hatte. Eines Morgens erschien ein sowjetischer Offizier mit dem Auftrag, Rochowanski sofort ins Rathaus zu Doktor Viktor Matejka zu bringen. Rochowanskis Frau Katja bat mich, den Freund zu begleiten.
Im Rathaus sah es aus wie in der Dekoration eines Fellini-Films. Nazifahnen und weiße Kapitulationsbetttücher lagen da in Haufen, desgleichen hellbraune Uniformen sogenannter ›Goldfasane‹, also Ortsgruppen-, Block- und Gauleiter, Schaftstiefel, Tellerkappen und Parteiabzeichen. Sehr viele Herren hatten sich hier in sehr großer Eile umgezogen.
An der Stirnseite eines gewaltigen Raumes saß hinter einem gewaltigen Schreibtisch unter einem Hitlergemälde, von dem nur sehr wenig übriggeblieben war, weil Rotarmisten hier ausgiebig und treffsicher Schießübungen veranstaltet hatten, ein sehr magerer Mann mittlerer Größe mit runden Brillengläsern und blassem, aber vor Glück strahlenden Gesicht. Von meiner Mutter (die er später sehr verehrte) wusste ich, dass Doktor Viktor Matejka vor 1938 einer der führenden Männer beim Aufbau des Volksbildungswerkes gewesen war und die Nazis ihn mit dem ersten Transport verhafteter Österreicher sofort nach dem Anschluss in ein Konzentrationslager gebracht hatten. Nun (das wusste ich von dem sowjetischen Offizier) war er gerade zum Stadtrat für Kultur und Volksbildung bestimmt worden. Als ›Vorzeige-Katholik‹ (so meine Mutter) hatte er einst gegolten, als ›gläubiger Linker‹ (so Rochowanskis Frau Katja) hatte er das Konzentrationslager verlassen.
Seine Bitte, nein, sein Auftrag an den alten Freund ›Rochus‹: Dieser sollte, unter dem Schutz von Soldaten der Sowjetischen Armee, den Ring hinunter zu dem Haus fahren, in welchem sich noch heute das Burgkino befindet, und dort alle Kunst-

schätze sicherstellen, die der Foto-Hoffmann, Hitlers Leibfotograf, zusammengestohlen und in den Kellern jenes Hauses verborgen hatte.«

Viktor habe Mario dann gefragt, wer er sei. Und dieser habe erzählt, dass er in den vielen Nächten, in denen er im ausgelagerten und zerbombten Forschungslaboratorium von Kapsch habe »Luftschutzdienst« tun müssen, Novellen geschrieben habe.

»Bringen S' mir alles her«, sagte Viktor. »Aber schnell. Ich will die G'schichten lesen.«

Matejka liest die Texte und schickt sie umgehend an den Paul Zsolnay Verlag, mit einer eindringlichen Empfehlung. Der Rest ist Geschichte. Kein Wunder, dass Simmel Viktor zeit seines Lebens dankbar ist und ihn verehrt. Er besucht ihn in Wien, wenn er, nach eigenem Bekunden, nicht weiterweiß, Informationen über Zeitgeschichte benötigt, kleinmütig und ratlos ist. Und immer habe Matejka seine Fragen beantwortet, ihm geholfen, ihm Mut und Hoffnung gemacht. Und habe ihn davon überzeugt, dass er sein Leben lang zu kämpfen haben werde gegen jede Art der Lüge und Verhetzung, gegen Krieg, Rassismus und gegen die Nazis.

Am 2. Oktober 1992, wenige Monate vor Viktors Tod, zeichnet Peter Huemer in Matejkas Wohnung ein Radiogespräch mit ihm und Simmel auf. Es wird ein denkwürdiges Gespräch, wobei es offenbar eher ein Monolog ist: Der alte Mann lässt Huemer und den Autor fast nicht zu Wort kommen. Er redet, unterbricht seine beiden Freunde, spricht weiter. Fieberhaft und ohne Unterlass. Als ob er gewusst hätte, dass seine Zeit schwindet.

Viktor Matejka hat drei Bücher verfasst. Das letzte, eben dieses *Buch Nr. 3*, kann er nicht mehr vollenden. Freunde tun dies für ihn, und auch Mario trägt mit seinen Zeilen dazu bei, dass es, auf seine Art, vollkommen ist.[47]

Zwei Jahre später bittet ihn Huemer, an der erwähnten Eröffnung der Wehrmachtsausstellung teilzunehmen. Dies tut Simmel aus Überzeugung und auch aus Bewunderung für engagierte, liberale und weltoffene Menschen wie Peter Huemer. Zwar hat er den Glauben an sein Vaterland und dessen Bevölkerung weitgehend verloren. Peter und Friedrun Huemer versuchen jedoch, ihn davon zu überzeugen, dass nicht alle Menschen in Österreich Nazis waren, wie der Kabarettist Georg Kreisler gegenüber Peter Huemer einmal pauschal und undifferenziert behaupten wird. In *Träum den unmöglichen Traum* reflektiert dies der Autor, indem eine junge Frau dem alternden Schriftsteller und Alter Ego, Robert Faber, rhetorische Fragen stellt:

»Haben Sie all die guten Menschen vergessen, die Sie in dieser Stadt kannten? Ihren Freund Viktor Matejka, den Mann, den Sie anlässlich seines Todes das gute Gewissen dieses Landes nannten? Haben Sie Politiker – rote und schwarze – vergessen wie Figl, Kreisky, Raab, Pittermann, Schärf, den Kommunisten Ernst Fischer, Benja, Staribacher? Ihren Verleger Paul von Zsolnay? Ihren Freund Willi Forst, für den Sie Drehbücher schrieben? Die Psychiater, die Ihnen das Leben retteten nach Ihrem alkoholischen Zusammenbruch? Einer von ihnen und seine Frau wurden Ihre guten Freunde, wie Sie immer wieder erzählten. Haben Sie Paul Watzlawick und Professor Viktor Frankl vergessen? Ihren Freund Peter Huemer und seinen grandiosen ›Club 2‹ im Fernsehen? Den Historiker Friedrich Heer, Helmut Qualtinger, Oskar Werner? All die integren Schauspieler und Schriftsteller und Journalisten? Die anständigen Kirchenmänner?«[48]

Simmel setzt sich ganz offensichtlich bewusst wieder stärker mit seiner Beziehung zu Österreich auseinander, ist wieder öfter in Wien, schöpft beim Kontakt mit seinen neuen und alten Freunden Hoffnung für sein Vaterland und versucht, seine bittersüßen Erinnerungen mit der neuen Realität in Einklang zu bringen.

Er biegt in der Innenstadt um Häuserecken, sieht die vertrauten Durchgänge zwischen den Häuserzeilen, die uralten Cafés und Beisln, in denen er nach dem Krieg mit anderen jungen Männern nächtelang hitzig über Gott und die Welt debattierte. Das majestätische Haus an der Prinz-Eugen-Straße Nr. 30 steht noch, der Sitz des Paul-Zsolnay-Verlages, in dem die ersten Werke erscheinen. Sein Schulfreund Hans W. Polak leitet den Verlag nach Paul von Zsolnays Tod 1961 bis 1986. Wenn Mario sich in Wien aufhält, geht er bei Polaks ein und aus, wie sich Peter M. Polak, der Sohn, erinnert. Einige Stunden vor einem Essen bringt jeweils ein Bote fünfzig langstielige rote Rosen, was Hans Polak gehörig ärgert – nach Meinung seines Sohns könnte dies auch durchaus Marios Absicht gewesen sein. Die Beziehung zwischen den beiden Männern, die sich seit Jahrzehnten kennen, ist durchaus nicht konfliktfrei, doch hält ihre Freundschaft ein Leben lang.

Auch Hans Polak und seine Frau hatten nach 1938 Chemie studiert, weil sie jüdische Menschen in ihrer Familie hatten und sie sich so einigermaßen vor dem langen Arm der Nazis schützen konnten. Das Vertrauen ist groß: Als Peter als Teenager einen Sprachaufenthalt in Antibes absolviert, bittet Frau Polak den an der Côte d'Azur wohnenden Simmel, doch ein Auge auf ihren Sprössling zu haben. Das tut der Autor mit großer Hingabe und offensichtlicher Freude: Er lädt Peter in ein Fischrestaurant ein, in dem der Autor Stammgast ist und wo er vom Personal auf Händen getragen wird. Vor den staunenden Augen des jungen Mannes taucht ein riesiger Topf mit verschiedenen Fischen und Hummer auf, vermutlich eine Bouillabaisse oder ein *Pot au feu de la mer*. Er erinnert sich gerne an diesen heiteren mediterranen Abend, an dem er von Mario, den er sehr mochte, wie ein verlorener Sohn behandelt wurde.

Macht Simmel wohl bei seinen nostalgischen Spaziergängen durch Wien vor der Konditorei Demel halt und denkt an die jüdischen Kinder, die während der Nazizeit das begehrte Lokal nicht betreten durften? Sieht er sie vor sich, mit ihrem gelben

Stern am Ärmel, wie sie draußen stehen und sehnsüchtig die Vitrine betrachten? Woran denkt er, wenn er auf dem Weg nach Neustift an der Ecke Währinger- und Martinstraße vorbeifährt, wo einst ein Jeep rund um die Uhr Wache hielt? Wirft er einen Blick auf das Standesamt, das gleich nebenan liegt und in dem er zweimal ein Ehegelübde abgelegt hat?

Wir wissen aus seinen eigenen Schilderungen, dass er bisweilen über die Höhenstraße zum Aussichtsrestaurant Cobenzl fährt und dort anhält. Der Blick auf Wien ist spektakulär wie eh und je, jedoch versetzt ihm der Anblick des Rondell-Cafés einen Stich: Der Ort, der ihm so viel bedeutet hat, ist geschlossen und verlottert. Ob sich wohl die alte Wurlitzer-Musikbox noch darin befindet, in deren Nähe er um 1950 stundenlang saß, »Stormy Weather« wählte und dann eine Frau anrief, weit weg, sodass sie mithören konnte? Entmutigt fährt er weiter und wird die Renaissance des Rondells nicht mehr erleben. 2020 ist es wiedereröffnet worden, neu erbaut, aber im Flair der Fünfzigerjahre eingerichtet. Dafür hat sich die Nuss-Allee seiner Jugend nicht verändert. Er steht vor der Ottingerwiese, wo sie immer Schlitten gefahren sind, sieht sein früheres Elternhaus und besucht das Grab seiner Mutter Lisa auf dem nahen Friedhof.

Einige dieser Schauplätze kennt er nicht nur aus eigener Erfahrung, sondern hat sie in seinen Kindergeschichten und Sagen verewigt, die er als junger Mann zwischen 1950 und 1953 verfasste. Ihre Handlung spielt sich am Wiener Heumarkt ab, in der Kärnterstraße oder vor der Dominikanerkirche. Über seine damaligen Beweggründe ist wenig bekannt. Sind es schriftstellerische Fingerübungen, möchte er sich in einem neuen Genre betätigen oder hat er einfach Freude daran, für Kinder zu schreiben? Fest steht, dass sich die Jugendbücher auch heute noch gut lesen. Natürlich ist der Stil nicht modern, doch die Geschichten sind spannend, einfühlsam und so geschrieben, dass Kinder sich angesprochen fühlen, auch wenn sie bisweilen etwas moralisierend sind. Mit »Meine Mutter darf es nie erfahren. Ein aufregendes

Abenteuer rund um ein schlechtes Zeugnis« ist sogar ein Krimi für Kinder dabei. In anderen Geschichten werden Situationen geschildert, die heute mit Mobbing bezeichnet würden. Die Sagen, die Mario zusammengetragen hat, spielen im Wienerwald, in Mödling, am Neusiedler See, im Tal der heutigen Triesting, auf der Burg bei Greifenstein in der Nähe von Klosterneuburg, in Gastein im Salzburgischen und auf der Burg von Pernegg in der oberen Steiermark. In vielen dieser Gegenden war Simmel schon lange nicht mehr, doch in Wien trifft er fast bei jeder Straßenbiegung auf Erinnerungen.

1978 hat Mario diese widersprüchlichen Gefühle in der Geschichte *Wien, Wien und soviel Traurigkeit*[49] verarbeitet.

»Ich habe diese Sehnsucht. Immer, wenn ich nach Wien komme, erfüllt sie sich. Meine Mutter stellte, wenn ich als kleiner Junge einmal traurig war, eine Porzellantaube auf den Schrank meines Kinderzimmers. Am Sockel der Taube lief eine Schrift entlang, die lautete: ›Nur dem Fröhlichen blüht des Lebens Baum.‹ Und des Lebens Baum blühte dann auch mir stets gleich wieder. Damals war ich immer so fröhlich, sagen die Leute. Aber das war in einer anderen Zeit, die fern liegt, wie hinter einem Rauch. (...)
Ich gehe hinüber in den Wurstl-Prater, in dem ich vor einem Vierteljahrhundert zugesehen habe, wie Carol Reed den ›Dritten Mann‹ drehte. Es ist noch früh am Vormittag. Kein Mensch ist zu sehen. Die Geisterbahn, das Riesenrad, die Budenstraßen sind geschlossen. Ratten huschen vorbei. Kein Laut. Greller, kraftloser Wintersonnenschein. Kälte treibt mir Tränen in die Augen. (...)
Das schiefe Holzhäuschen, das in der Nähe der halbfertigen Totenstadt UNO-City liegt, gibt es nicht mehr. Die ganze Schrebergartenkolonie ist abgerissen worden. Trotzdem komme ich immer wieder hierher. Jahrzehnte später erst ist ›Das geheime Brot‹ berühmt geworden.«

Die aufkeimenden nostalgischen Gefühle werden jeweils rasch von Verzweiflung abgelöst. Denn bei einer Taxifahrt kann es vorkommen, dass sich ein Chauffeur lautstark darüber aufregt, dass so viele Fremde, gar Dunkelhäutige, unterwegs sind.

Vieles hat sich seit dem Krieg zum Guten verändert in Österreich, doch sind, fünfzig Jahre nach der Shoah, Ausländerfeindlichkeit und Antisemitismus wieder auf dem Vormarsch. Wie in anderen europäischen Ländern ist die Fremdenfeindlichkeit auch hier nach dem Fall der Berliner Mauer gestiegen, wie Günther Rathner von der Universität Innsbruck 2001 feststellt.[50] Er untersucht das Thema mit einer repräsentativen Stichprobe der österreichischen Bevölkerung: 2000 Österreicherinnen und Österreicher im Alter von 15 bis 75 Jahren werden persönlich interviewt. Dabei zeigt sich, dass zwar ein Viertel eindeutig nicht fremdenfeindlich ist, ein weiteres Viertel »neutral« – dass aber fast die Hälfte eine hohe oder sehr hohe Fremdenfeindlichkeit aufweist. Jede vierte Person kann gemäß der Studie als rechtsextrem oder sehr empfänglich für rechtsextreme Einstellungen bezeichnet werden. Dabei spielt Antisemitismus stets, mehr oder weniger offenkundig, eine Rolle. Rathner kommt zu dem Schluss, dass zwar fast die Hälfte der befragten Personen nicht oder nur leicht antisemitisch eingestellt ist, ein Drittel jedoch moderat, jeder fünfte Befragte sogar stark oder sehr stark antisemitisch eingestellt ist.

Wir wissen nicht, ob Simmel diese Studie gelesen hat. Doch kennt er eine andere Untersuchung von 1988 in Deutschland, die zu einem ähnlichen Schluss kommt. Er ist sich der Gefahr sehr bewusst und sieht, wie dieses unheilvolle Potenzial in der Bevölkerung auch durch Politiker wie Jörg Haider schamlos bewirtschaftet wird. Der stets braun gebrannte, joviale und leutselige Kärntner, der in seiner Freizeit gerne Volkslieder singt, spielt virtuos auf der Tonleiter des Nationalstolzes und sorgt dafür, dass rechtspopulistische Politiker des sogenannten Dritten Lagers einen Aufschwung erleben. Von 1986 bis 2000 ist Haider Vorsitzen-

der der Freiheitlichen Partei Österreichs (FPÖ) und bis zu seinem Tod 2008 Landeshauptmann von Kärnten.
1994 prallen Haider und Simmel frontal aufeinander. Der Schriftsteller prangert den Politiker öffentlich für seine »skrupellose und mörderische Hetze gegen Ausländer« an. Am 23. Januar 1994 hält er auf dem Stephansplatz eine seiner seltenen Reden. Das Thema liegt ihm am Herzen, sonst hätte er, der sich sonst lieber schriftlich äußert, sich diese Strapaze nicht zugemutet.

»Heute vor einem Jahr kam es mit dem ›Lichtermeer‹ zur größten politischen Demonstration der Zweiten Republik. Mehr als eine viertel Million Menschen bekannte sich damals leidenschaftlich gegen jede Art von Fremdenhass, dagegen, dass ›Ausländer‹ für Wohnungsnot, Schwarzarbeit und Schulprobleme verantwortlich gemacht wurden. (...)
Und was geschah danach?
In Deutschland brannten Nacht für Nacht Heime von Asylbewerbern, Ausländer wurden ermordet, kleine Kinder angezündet. Die Nazis sind auf dem Vormarsch wie noch nie seit 1945. Das gilt auch für Österreich, wo Briefbomben als vorläufiger Höhepunkt des Terrors Menschen schwer verletzt haben, die sich für die Rechte von Ausländern einsetzten.«

Als einen der Gründe, die zu dieser verhängnisvollen Entwicklung führten, betrachtet Simmel das Versagen der Politik, die es versäumt habe, entschieden gegen Arbeitslosigkeit vorzugehen und einen gesellschaftlichen Wandel voranzutreiben, der solchen Auswüchsen des Hasses den Boden entzieht.

»1994 ist Wahljahr. Wenn unsere Regierung fortfährt, derart unmoralisch zu handeln, arbeitet sie Nazis und Rechtsextremen direkt in die Hände. Dann wird sie bei der Wahl die Quittung bekommen, von Protestwählern und sehr vielen Nichtwählern.

Wenn ihr nun nicht reagiert, wenn ihr unsere Forderungen wiederum nicht erfüllt und so in der beschriebenen Weise unabsehbar Rechtsextreme und Nazis stärkt, dann seid ihr mitschuldig, dann seid ihr mitschuldig, dann seid ihr mitschuldig!«[51]

Jörg Haider, der sich in dieser Rede und auch bei anderen öffentlichen Äußerungen von Simmel an den Pranger gestellt fühlt, zeigt den Schriftsteller wegen übler Nachrede an. Die Gerichte weisen Haiders Klage 1996 allerdings ab und verweisen auf das Recht auf Äußerung einer politischen Wertung. Simmel wird den Tod Haiders noch erleben, doch ist fraglich, ob ihn dieser Umstand beruhigen konnte. Denn die Saat der Fremdenfeindlichkeit ist ausgebracht und gedeiht.

In seinem letzten Werk, *Die Bienen sind verrückt geworden*[52], greift Simmel dieses hochaktuelle Thema auf, neben anderen brennenden Anliegen. Er lässt seine ganze Wut, Betroffenheit und Sorge in dieses politische Vermächtnis einfließen. Die Rede auf dem Stephansplatz vom Januar 1994 ist ebenso abgedruckt wie eine flammende Hommage an Willy Brandt für seinen »Aufruf zum Frieden« vom 29. Mai 1987.

Bei dieser Veranstaltung lud der ehemalige Bundeskanzler fünfhundert Gäste nach Bonn ein: »Wissenschaftler, Schauspieler, Ärzte, Sänger, Politiker, Theologen, Historiker, Mediziner, Schriftsteller und Menschen aus vielen anderen Berufen. Er bat auch mich. (…) Es waren drei Stunden, die ich niemals vergessen werde. (…) ›Der Frieden ist der Ernstfall‹, so zitierte Willy Brandt Gustav Heinemann. Der Frieden ist es, wonach alle Menschen, auch die Deutschen, sich sehnen. Das hat Willy Brandt der Welt klargemacht am Vormittag des 29. Mai 1987 im Erich-Ollenhauer-Haus zu Bonn. Im Namen aller auf dieser Welt, die unendliche Furcht vor Kriegen und unendliches Verlangen nach Frieden haben, schreibe ich: Danke Willy Brandt, und noch mal danke.«

Im Vorwort schreibt Simmel:

»Zwischen 1945 und heute habe ich eine sehr große Anzahl politischer Aufsätze und Artikel geschrieben. Ich habe politische Predigten von Kirchenkanzeln und Reden in Funk und Fernsehen und an den verschiedensten Orten gehalten – vor verzweifelten Eltern krebskranker Kinder in Düsseldorf, im deutschen P.E.N.-Zentrum Darmstadt, vor Studenten der polnischen Universität Posen, vor den Mitgliedern der Vereinten Nationen im Dag-Hammarskjöld-Auditorium in New York, in Wien zur Eröffnung der Ausstellung ›Vernichtungskrieg – Verbrechen der Wehrmacht 1941 bis 1944‹ in den Räumen der Österreichischen Alpenmilchzentrale. (...) Der Verlag C. H. Beck ist 237 Jahre alt. Ich bin sehr froh darüber, dass gerade dieses ehrwürdige Haus nun eine Auswahl meiner Reden und Texte bringt.«

Weshalb trägt das Buch einen so seltsamen Namen? Simmel berichtet von einem Gespräch im ORF vom 3. Juli 1981. Dabei habe Franz Kreuzer mit Professor Paul Watzlawick gesprochen, einem bekannten, in den USA lebenden österreichischen Psychiater und Verhaltensforscher.

Dieser erzählt von der Erkenntnis des Nobelpreisträgers Karl von Frisch, dass zwei im Grunde genommen fast gleichartige Bienenarten verschiedene Sprachen sprächen. Die Bienen verständigen sich durch bestimmte Tanzformen – Schwänzeltanz, Rundtanz und so weiter. Ein und dasselbe Signal bedeutet aber bei der österreichischen Biene beispielsweise eine andere Entfernung vom Stock als bei der italienischen. Leider sei dieser wichtige Aspekt vergessen worden, als die Menschen begannen, Honigbienen zu kreuzen. Die Folge? Eine geradezu babylonische Sprachverwirrung unter den Bienen, mit recht gefährlichen Konsequenzen: Die Bienen hätten sich missverstanden und die Entfernungsangaben falsch interpretiert. Kurz: Bei den Insekten habe eine große

Sprachverwirrung geherrscht, die Bienen seien geradezu verrückt geworden.

Was können wir aus diesem biologischen Dilemma für die Spezies Mensch ableiten? Simmel nutzt die Analogie geschickt, um auf seine Anliegen hinzuweisen. Er betrachtet die Scheinheiligkeit und Feigheit, die er im politischen Diskurs seit dem Zweiten Weltkrieg wahrnimmt, durch die Brille des Bienenforschers. Er prangert die Affäre Kurt Waldheim an, als dieser Mann 1986 zum österreichischen Bundespräsidenten gewählt wird, ein Diplomat, der »kein Kriegsverbrecher gewesen ist und möglicherweise nicht einmal ein Nazi. Ganz gewiss aber ist er ein Lügner«, der viele Situationen und Ereignisse nicht erlebt haben will, die er aber unter allen Umständen erlebt haben muss. Er spricht vom Opfermythos, mit dem sich die Österreicher eingeredet hätten, sie seien die ersten Opfer der Hitler-Aggression gewesen. Und bei Kriegsende eine »befreite Nation«. Und er kommt nach einem weiten Bogen auf das Gespräch zwischen Watzlawick und Kreuzer zurück. Der Psychiater mutmaßt, dass ein Bienenvolk zugrunde gehen kann, wenn eine solche Sprachverwirrung herrscht. Kreuzer entgegnet, dass es Menschen nicht viel anders ergehe als den armen Bienen mit ihren verwirrten Genomen. Und Simmel endet mit dem leidenschaftlichen Appell, dass seine Landsleute endlich ihre Mitschuld an dem Jahrtausendverbrechen der Nazis eingestehen und sich nicht weiter durchschwindeln dürfen. Wenn dies nicht geschehe, dann könne man sich vorstellen, dass ein Volk zugrunde gehe.

Elke Heidenreich bespricht das Buch für die *Woche* mit warmen Worten:

»Simmel wäre mein Freund, auch wenn ich ihn nicht persönlich kennen würde. Jemand, der wie er sein Leben lang den Mund aufmacht und anschreibt und anredet gegen die Nazipest, die es ja wahrlich nicht nur bis 1945 gab, gegen die Missachtung der Menschenrechte, gegen die deutsche Leitkultur und ihre Apologeten, so jemand ist mein Freund. Ich bin die leisen und differenzierten Töne, die nichts bringen, längst leid. Simmel flucht und schimpft und nennt Namen und Adressen. Er hat das bei Brecht gelernt: ›Und die da reden von Vergessen / Und die da reden von Verzeihn / All denen schlage man die Fressen / Mit schweren Eisenhämmern ein.‹ (...) All das sind Simmels Themen. Er steht in der Tradition von Tucholsky, Kästner, Polgar, Kraus. Man kann es endlich nachlesen in seinen engagierten Reden und Aufsätzen aus rund zwanzig Jahren. Dass dieser Mann immer noch Humor hat, lässt auch mich nicht ganz verzweifeln. Es gibt sie leider nicht, die Allianz der Vernunft von links gegen die Internationale der Dummheit von rechts. Aber wenigstens gibt es Courage, Trotz, Wärme, dem Simmel sei Dank.«[53]

Für sein politisches und gesellschaftliches Engagement erhält Simmel in seinen letzten Lebensjahren von Österreich viel Anerkennung und Ehre. Natürlich nicht von allen politischen Strömungen, und selbstverständlich kritisieren ihn gewisse Kreise scharf für seine Haltung.

Auf Anregung des Verlegers von Droemer Knaur und gebürtigen Österreichers Hans-Peter Übleis wird 2004 *Das geheime Brot* von 1950 als Werk für die seit 2002 jährlich stattfindende Aktion »Eine Stadt, ein Buch« ausgewählt und neu herausgegeben. Innerhalb weniger Tage werden so 100 000 Exemplare verschenkt. Simmel freut sich sehr darüber, ebenso über die Verleihung des »großen silbernen Ehrenzeichens für Verdienste um die Republik Österreich«. Krankheitshalber kann er das Ehrenzeichen nicht selber in Empfang nehmen, auch hier wird sein Verleger Hans-Peter Übleis ihn vertreten und ihm die Auszeichnung persönlich nach Zug bringen. Dort ruht das neue Zeichen neben dem goldenen Ehrenzeichen der Stadt Wien, das Simmel 1984 erhalten hat, und dem österreichischen Ehrenkreuz für Wissenschaft und Kunst von 1992, der Auszeichnung des P.E.N.-Clubs und der Hermann-Kesten-Medaille. 2005 kommt noch das Bundesverdienstkreuz 1. Klasse des Verdienstordens der Bundesrepublik Deutschland hinzu.

Nach seinem Tod würdigt seine Heimatstadt den Schriftsteller noch auf besondere Weise und benennt 2011 in Wien-Florisdorf, im 21. Bezirk, eine Gasse nach Simmel. Sie ist übrigens ganz in der Nähe des Kishonwegs, was den Autor zweifelsohne amüsiert und gefreut hätte.

Ein Vermächtnis

Die letzte Brücke

So wenig Zeit. »Diese melancholische Erkenntnis, die Lucie in ihren letzten Monaten so schmerzhaft bewusst wurde, erklingt auch an einem heißen Hochsommertag in Genf. Philip Sorel, ein Computerfachmann und Spezialist für Virenschutz, steht mit der Kriegsfotografin Claude Falcon vor dem Sitz des Internationalen Roten Kreuzes. Das neue Werk von Mario führt uns in die Stadt, in der nicht nur viele wichtige internationale und humanitäre Organisationen präsent sind, sondern auch die Fäden der Diplomatie und der Finanzen zusammenlaufen. Das CERN, die europäische Organisation für Kernforschung, in der das Internet-Protokoll WWW geschaffen wurde, liegt in der Nähe der Rhone-Stadt. Der Schriftsteller hat seinen Schauplatz gut gewählt.

»So wenig Zeit hat der Mensch«, sagt nun Claude. »Jeder Tag, jede Stunde, jede Sekunde kann sein Leben beenden. Alles kann für uns beide aus sein in einem Moment.«

Im letzten Roman des Autors, *Liebe ist die letzte Brücke*, von 1999 ist der Tod allgegenwärtig. Man spürt ihn zwischen den Zeilen, manchmal bedrohlich, dann wieder diskret wie ein fernes Gewittergrollen. Doch sorgt diese Ahnung von Endlichkeit auch dafür, dass die Lebensfreude und Heiterkeit umso intensiver erlebt werden. Dieses Spätwerk ist ein sinnliches Lesevergnügen.

Als er 1997 im Hotel »Beau-Rivage« nahe des Seeufers eincheckt, hat der Autor eine klare Vorstellung von seinem Werk und dessen Handlung. Er will sechs Monate in Genf verbringen, um die Stadt und Umgebung sehr gut kennenzulernen. Offenbar war die Suche nach einer passenden Unterkunft nicht ganz einfach, wie er 1999 dem *Spiegel* [1] verrät. Er wollte natürlich wieder in einem Luxushotel wohnen, doch war ein Scheich zu einem wochenlangen Besuch in der Stadt, um sich operieren zu lassen. Er wurde von einem Gefolge mit 150 Lieblingssöhnen und einer Armee von Leibwächtern begleitet. Simmel befürchtete bereits, im Hospiz christlicher junger Männer wohnen zu müssen, und ist froh, im »Beau-Rivage« Platz zu finden. Es ist auch durchaus passend als Hintergrund für einen Kriminalroman, denn hier verstarb 1898 Kaiserin Sissi nach dem Attentat eines Anarchisten. Und 1987, zehn Jahre vor Simmels Rechercheaufenthalt, war hier der deutsche CDU-Politiker Uwe Barschel leblos in seiner Badewanne aufgefunden worden.

Das Haus hat also eine etwas morbide Geschichte, die den Schriftsteller sicherlich inspiriert. Bei seiner Ankunft fragt ihn die Hotelchefin: »Haben Sie etwa die Absicht, in Ihrem Roman jemanden im Beau-Rivage sterben zu lassen?« Simmel erzählt später, dass er ihren flehenden Blick nicht aushalten konnte und gestehen musste, dass er genau dies vorhabe. Im Stillen entscheidet er, aus Sympathie zum Hotel, in dem er sechs Monate verbringen und sich sehr wohlfühlen wird, dass sich die dramatische Szene außerhalb, auf der Verkehrsinsel in der Nähe des Monument Brunswick, abspielen wird. Und er hält sich an seinen Vorsatz.

Dieses letzte Werk ist erstaunlich, in jeder Hinsicht. Zum einen ist der Umschlag moderner gestaltet: Zwar wird der Name Johannes Mario Simmel im bekannten Schrifttyp aufgeführt, doch der Romantitel steht in schlichter Serifenschrift. Der Verlag möchte zeigen, dass sein wichtiger Autor wandlungsfähig und modern ist.

Zum anderen erstaunt, welche Schaffenskraft der mittlerweile 73-Jährige an den Tag legt. Er lebt nach Lucies Tod seit zwölf Jahren allein in Zug. Eigentlich müsste er nicht mehr schreiben. Seine Leistungsbilanz ist eindrücklich genug. Und auch das Feuilleton der deutschen Zeitungen zollt ihm seit den »Clowns« Respekt. Nicht unbedingt wegen seines Stils, doch selbst der notorisch anspruchsvolle Literaturkritiker Marcel Reich-Ranicki, der den populären Autor lange übersehen hatte, lobt Simmels »fabelhaften Blick für Themen, Probleme und Motive«. Joachim Kaiser nennt ihn einen »Meister des Albtraums« und beschreibt seine Werke als »Mischung aus Leitartikel und Märchen«. Noch 1976 hatte Kaiser mit spürbarer Skepsis über den Grund für Simmels phänomenalen Erfolg gerätselt und ihm fast wider Willen ein Kompliment gemacht:

»Man behauptet, der Simmelsche Erfolg wäre ein gemachter Erfolg, ein Werbeerfolg. Die Bücher seien genauso viel wert, wie ihr Verlag in die Reklame investiere. Gegenargument: Mit entsprechendem Reklameaufwand müsste demnach auch jeder andere quasi-realistische Romanautor zum Dauererfolg hochgejubelt werden können. Das wäre schön für steinreiche Leute oder Verleger. Sie könnten mit massivem finanziellem Erfolg Dauererfolge erkaufen – falls es auf dem freien Markt nicht eben doch jene Bereitwilligkeitsgrenze gäbe, an der noch so kompakte Werbung für Ungewolltes oder Ungeliebtes nach kurzem Überraschungseffekt scheitert.«[2]

Mario könnte sich zurücklehnen und seine Bekanntheit genießen. Und doch, erzählt er lächelnd Journalisten, ist er »noch kapabel«. Fähig für viele Dinge, darunter auch für die Mammutaufgabe eines neuen Romans. Und es bereitet ihm immer noch großes Vergnügen, brisante und aktuelle Zeitfragen zu erkennen und eine gute Geschichte daraus zu machen. Nun beweist er einmal mehr seine Wandlungsfähigkeit: Er wählt ein Thema, das ihm sehr fern liegt. Er, der seine Texte nur auf mechanischen Schreibmaschinen tippt und nicht einmal eine elektrische Maschine in Betracht zieht, er, der niemals einen Computer besitzen wird und beim einzigen Versuch auf dem Computer seines Freundes und, wie er ihn mittlerweile nennt, »spät gefundenen Bruders« Stefan Heym gleich etwas »kaputt kriegt«, wie er dem *Spiegel* im August 1999 verrät – dieser Traditionsmensch schreibt nun über Computerviren, Trojaner, Firewalls, Hacker-Angriffe auf Firmen, Organisationen und Armeen. Das Thema ist neu, doch die Vorgehensweise bleibt dieselbe: Auch hier überlässt er nichts dem Zufall. Er beauftragt einen jungen Computerspezialisten damit, ihn in alle

Details einzuweihen, macht sich mit Fachausdrücken vertraut, die heute jedes Kind kennt. Doch für den Schriftsteller ist es ein völlig neues Vokabular, das er sich mühsam aneignen muss.

Mit seinem untrüglichen Gespür nimmt Simmel die Angst vorweg, die Ende der Neunzigerjahre immer mehr um sich greift: die Furcht vor der Jahrtausendwende und den damit zusammenhängenden Computerpannen.

Liebe ist die letzte Brücke entführt die Leser in die vor Hitze flirrende Rhone-Metropole. Wir atmen an Philips Seite den betörenden Duft des Rosengartens im Parc de la Grange, sehen durch seine Augen die liebevoll mit Blüten und Topfpflanzen gestaltete Blumenuhr im Jardin Anglais, unternehmen eine sommerliche Schifffahrt ins pittoreske französische Städtchen Ivoire mit seinem betörenden »Garten der fünf Sinne«.[3] Claude, die Fotoreporterin mit traumatischer Vergangenheit, und der desillusionierte Philip kommen sich näher. Sehr behutsam. Beide haben ein amputiertes Leben, wie es Simmel ausdrückt, haben Verluste und Verletzungen erlebt. Sie sind sich bewusst, dass sie wenig Zeit haben, und machen aus jedem gemeinsamen Tag eine unvergessliche kleine Ewigkeit. Der Dritte im Bunde ist der Galerist Serge Moleron, der Claude seit vielen Jahren platonisch liebt und ihr engster Vertrauter ist.

Der Stil des Autors hat sich verändert, hat sich in gewisser Weise der Ausdrucksweise seiner frühen Romane angenähert. Hingetupfte Pastelltöne treten an die Stelle von grellen Farben, die Handlung entwickelt sich langsam, bevor die Dramatik schließlich rasant zunimmt. Mario schreibt milder, versöhnlicher, verständnisvoller. Zwar werden die Exzesse des Kapitalismus und die nie endenden Kriege auch in diesem Werk angeprangert, doch in einer abgeklärten, fast resignierten Weise. Auch der Glaube an den Journalismus als Vierte Gewalt hat gelitten, denn dem Schriftsteller ist nicht entgangen, dass die Menschen, permanent mit Informationen überflutet, gleichgültig geworden sind. Wo früher schockierende Kriegsbilder, wie zum Beispiel aus

Vietnam, ganze Regierungen in Bedrängnis gebracht hatten, werden sie heute bedauernd zur Kenntnis genommen – und sogleich vergessen.

Claude ist die Tochter von kommunistisch gesinnten Eltern und möchte es gerne selber werden. Doch sie wohnt in einem Luxusappartement direkt am Seeufer und wird als Salonkommunistin belächelt. Ein Vorwurf, den ihr Schöpfer gut kennt. Die junge Frau empört sich über Kriege und leidet darunter, doch lebt sie davon, von dem US-Nachrichtenmagazin *Newsweek* an Schauplätze von Rebellionen und Staatsstreichen entsandt zu werden. Philip Sorel ist dank seiner Informatikkenntnisse reich geworden und bedauert gleichzeitig die Exzesse der Marktwirtschaft. Simmel macht solche Brüche und Widersprüche sichtbar, ohne sie zu beurteilen. Und er verleiht seiner Handlung eine etwas melancholische Sinnlichkeit: Fast vierzig Jahre nach dem »Kaviar« verwöhnt er uns mit einer Mahlzeit, die einem das Wasser im Mund zusammenlaufen lässt:

»LA FAVOLA stand auf dem Querbalken über dem Eingang. Rechts und links Häuser mit gotischen Fenstern, Sonnenlicht fiel auf das Kopfsteinpflaster der Stadt. Die Tür des Restaurants war geöffnet. (...) Der Raum war voller Menschen, die bereits aßen. An den aprikosenfarbengestrichenen alten Mauern hingen kleine Spiegel und Wandleuchten aus Messing, die für Licht sorgten.
Ah, wie es hier riecht!
Ragout de homard et bolets, fondue de poireaux et artichauts.
Phantastisch, sagte Claude. (...)
Bei Hummerragout mit Steinpilzen, Lauch und Artischocken kommen sich die Protagonisten näher, vorher lassen sie sich einen Seeteufel, in Curry mariniert, sowie Linsensprossen mit Crevetten schmecken. Das Glas Champagner darf natürlich nicht fehlen.
Le chaim, sagte Claude und sah ihn ernst an.«[4]

Der hebräische Trinkspruch wird im Roman gleich mehrmals ausgesprochen, denn der Champagner macht bald einem frischen Meursault aus dem Burgund Platz, und einer der drei Menschen um den Tisch, Serge, ist Jude. »Ich bin kein frommer Jude und schon gar nicht ein guter. Aber ich gehe jeden Freitag und spreche die Gebete für meine Toten und Lebenden, und nun werde ich auch für Sie beten, Philip.«

Das Thema Israel kehrt wieder bei einem Besuch von Claude und Philip im Museum Petit Palais, das von dem Sammler Oscar Ghez gegründet wurde und Gemälde und Skulpturen ausstellt, die zwischen 1870 und 1940 entstanden sind. Neben Werken von Edouard Vuillard oder solchen der Pariser Schule hängen hier auch solche von Emmanuel Mané-Katz (*Die drei Rabbiner mit der Thora* und *Der Rabbi mit dem roten Bart und der Thora*) sowie Marc Chagalls *Ewiger Jude*. 1998, ein Jahr vor dem Erscheinen von Simmels Roman schließt das Kleinod in der Genfer Altstadt seine Pforten. Bis heute befindet es sich in einem seltsamen Dornröschenschlaf: Alle Bilder sind noch vor Ort, doch das Gebäude ist verwaist.

Aus heutiger Warte lesen sich die Befürchtungen vor dem Jahrtausendfehler beim Jahreswechsel 1999/2000 fast schon panikartig: Ein wahres Armageddon wurde wegen des *Millennium Bugs* befürchtet, mit massenweisen Zusammenbrüchen von computerbasierten Prozessen in der Industrie, im Energiesektor, im Finanzwesen und beim Militär. Tatsächlich zeigte sich, dass beispielsweise das englische Rapier Fliegerabwehr-Lenkwaffensystem ohne die Anpassung der Elektronik lahmgelegt werden würde. Man befürchtete, dass Armeen nicht mehr einsatzfähig wären oder sich, im Gegenteil, wie von Zauberhand verselbstständigten. 1997, als Simmel für sein Thema recherchiert und seinen Text verfasst, liegt dies alles gewissermaßen noch vor der Türe, bedrohlich und unfassbar.

Tatsächlich stellte der Wechsel von 1999 auf 2000 die Programmierer vor große Probleme: Da in den 1960er- und 1970er-Jahren der Speicherplatz knapp und teuer war, wurden häufig nur die beiden letzten Stellen von Jahreszahlen verwendet, also zum Beispiel 60 anstelle von 1960. Je näher die Jahrhundertwende rückte, desto deutlicher wurde, dass diese Programme die Jahreszahl 00 und dann 2001 etc. in vielen Fällen nicht korrekt verarbeiten konnten, weil sie den Wechsel von 1 auf 2 nicht berücksichtigten. In den Monaten vor dem Jahrtausendwechsel setzte eine frenetische Aufrüstung und Vorbereitung in der Industrie und in der Armee ein, um die Systeme vorzubereiten. Wie die britische Tageszeitung *Guardian*[5] schreibt, wurden weltweit Tausende von Personenjahren und Milliarden investiert. Mit Erfolg: Die erwartete Katastrophe am 1. Januar 2000 blieb aus, der *Millennium Bug* führte nur zu kleineren Pannen. Meist waren diese auf Überlastungen zurückzuführen, zum Beispiel, weil zu viele Menschen sich gleichzeitig Kurznachrichten schickten.[6] Die Ängste waren also zum Teil unbegründet, doch hat Simmel in seinem Werk die Cyberkriminalität und ihr Gefahrenpotenzial für Spionage und Sabotage bereits früh erkannt und beschrieben. Seine Aussage gegenüber der Zeitschrift *Focus* ist wirklich prophetisch: Verbrecher haben es am leichtesten über das Internet.[7]

Der Autor zeichnet die drei Hauptpersonen im Roman mit leichter Hand. Claude Falcon, die Fotografin, und ihre beiden Begleiter Philip und Serge bilden ein eigenartiges Dreigestirn, das an den Film *Jules et Jim* von François Truffaut mit Jeanne Moreau erinnert. Es wird geredet, geliebt, gestritten – und gegessen: Das Trio verbringt einen weiteren denkwürdigen Abend im Restaurant La Favola. Dieses Mal kredenzt der Wirt, Gabriel Martinoli, nach den *amuse bouche* mit *canard gelée*, also Ente in Aspik, warme Langusten, diverse Salate und Sprossen, zu dem wieder ein weißer Burgunder gereicht wird, ein Puligny-Montrachet. Ein Steinbutt in Kartoffelkruste und Milchlamm-Carré mit grünen Bohnen folgen, begleitet von einem Château Rauzan-Gassies 1988. Die Harmonie endet anschließend abrupt, doch wäre es schade, hier die Handlung zu verraten.

Sicher ist: Dieses Trio bedeutet Simmel viel. Er war seinen Romangeschöpfen stets nahe, war verliebt in sie. Zuneigung und Empathie sind in diesem letzten Roman mit Händen greifbar. Gerade weil die Harmonie so fragil ist, kostet der Autor jede Minute aus. Serge, der Jude, erzählt eine chassidische Geschichte, die den Titel des Romans geprägt hat.

»Martin Buber hat sie aufgeschrieben. Es gab einmal einen Rabbi Mosche Löb, und der berichtete: ›Wie man Menschen lieben soll, habe ich von einem Bauern gelernt. Er saß mit anderen Bauern in einer Schänke und trank. Lange schwieg er wie die anderen, und als sein Herz von Wein bewegt war, sprach er seinen Nachbarn an: Sag mir, liebst du mich oder liebst du mich nicht? Der andere sagte: Ich liebe dich sehr. Und der erste Bauer meinte: Du sagst, du liebst mich, und weißt doch nicht, was mir fehlt. Würdest du mich in Wahrheit lieben, so würdest du es wissen. Der andere vermochte kein Wort zu erwidern und auch der Bauer, der gefragt hatte, schwieg wie zuvor ... Ich aber‹, erzählte Rabbi Löb, ›verstand: Das ist die Liebe zu den Menschen – ihr Bedürfnis zu spüren und ihr Leid zu tragen.‹ Wir drei, Philip, müssen das so verstehen, wie es der Rabbi verstand, denn jeder von uns hat ein beschädigtes Leben, und Liebe ist für uns die letzte Brücke.«[8]

Wie fast immer fallen die Rezensionen in Deutschland durchwachsen aus. Man unterstellt Simmel Bienenfleiß und guten Willen, er sei ein »belletristischer Rufer in der Wüste«[9]. Die *Stuttgarter Zeitung* bezeichnet den Autor in ihrer Rezension als »Zola von heute«. In seiner ganzseitigen Rezension berichtet Andreas Wilink zwar ein wenig herablassend und spöttisch über den Plot. Doch gibt er fast widerwillig zu, dass der Moralist hier ein Vermächtnis hinterlasse, das ihn thematisch, wenn auch nicht formal-stilistisch, in die Reihe der Aufklärer der Bundesrepublik wie Böll und Fassbinder stelle.[10] Stefan Heym rezensiert für die *Ber-*

liner Zeitung, wobei er nicht ganz unvoreingenommen ist, wird doch sein Werk von seinem Freund Mario explizit erwähnt und gelobt: »Der neue Simmel mit dem Titel ›Liebe ist die letzte Brücke‹ reiht sich glänzend ein in das Lebenswerk des Mannes. Da ist wieder, wie in all seinen Romanen, die große Spannung, da sind die vielen einprägsamen Charaktere, da sind die dramatischen Konflikte. (…) Denn die dichterische Phantasie ist nur eines der Elemente, aus denen Simmel seine Stoffe schöpft; das andere ist die Realität, sind die Fakten, gründlich recherchiert.«[11]

Friedbert Aspetsberger widmet der »Brücke« eine ganze Seite und viel Zeit und Aufmerksamkeit: »Man hat mit Veränderungen des Simmelschen Stils rechnen können, seit ein sehr zurückhaltend erzählter Roman von nur gut hundert Seiten erschien, nämlich »Der Mann, der die Mandelbäumchen malte«. Dieses Simmelsche Kabinettstück machte schon – fast ohne stoffliche Belastung – die Strukturen seines späteren Erzählens programmatisch deutlich. (…) Der Blick (in der »Brücke«, Anm. der Autorin) gleitet vom Himmelslicht auf dem Schnee des Mont-Blanc herunter zu dem aus den Tiefen des Genfer Sees gepumpten Wasser, die als Hochstrahlbrunnen gewaltig aufschießen und so Himmel und Erde verbinden. Zumindest deuten sie, in der Schönheit und im glitzernden Perlenspiel der aufleuchtend aufsteigenden, still stehenden und zurückfallenden Tropfen, ein solches Verschmelzen an, die Möglichkeit eines vollkommenen Glücks. Dazu sommerliche Treibhaushitze und Kälte-Dunst der Klimaanlagen der Autos und Hotels. (…)« Immer wieder zieht der Journalist Parallelen zwischen dem »Mandelbäumchen« und der »Brücke«. Und er schließt mit dem Fazit: »Sicher ist, dass alles interessant und wichtig ist, was die Erhaltung der unterschiedlichen Genera der Kunst sichert. Und Simmel hat immer dazu beigetragen.«[12]

Wie wird die »Brücke« heute, von einer jüngeren Leserschaft, aufgenommen? Ist der Roman noch relevant, oder hat er Staub angesetzt? Um dies zu ergründen, haben wir zwei junge Frauen gebeten, das Buch kritisch zu lesen und rezensieren. Anna Spanblöchl ist Studentin der Rechtswissenschaften und der Philosophie in Wien. Die gleichaltrige Rosanna Wegenstein ist Studentin der Psychologie und Vergleichenden Literaturwissenschaften in Wien. Beide sind 1999 geboren, also just im Jahr der Erscheinung von Simmels letztem Roman. Als Großnichte von Johannes Mario Simmel hat Rosanna versucht, möglichst objektiv an das Werk heranzugehen. Die beiden jungen Frauen haben ihre Eindrücke bei einem Gespräch im Wiener »Topkino« am 18. August 2023 zusammengefasst und festgehalten.

»A: Es war ein Buch, in das ich sehr schnell hineingefunden habe und das ich zeitweise gar nicht aus der Hand legen wollte. Das habe ich nicht erwartet. Durch den Klappentext glaubte ich, es handelt sich um einen überstimulierenden Thriller. Tatsächlich hat sich das Buch auf eine gute Art und Weise langsam angefühlt. Die sehr bildhaften und detailreichen Beschreibungen machen das Buch sehr schön, ohne dass es langweilig ist.

R: Ja, das fand ich auch! Bezüglich der detailreichen Beschreibungen habe ich mich öfter gefragt, wie der Autor es wohl geschafft hat, so genau zu den einzelnen Themen zu recherchieren. Vor allem zu der Arbeit des Computer-Virologen und Hauptprotagonisten Philip Sorel. Meine Mama hat erzählt, dass Johannes Mario Simmel auch als Reporter arbeitete. Vielleicht kann das als Erklärung dienen. Jedenfalls hat mich das Buch auch sehr gefesselt. Besonders, als die Liebesgeschichte zwischen Philip und Claude begann. Wie ging es dir damit?

A: Im Vergleich zu den komplexen Themen fand ich die Liebesgeschichte fast schon trivial, weil sie so vollkommen ist. Selbst die Dreiecksbeziehung zwischen Serge, Claude und Philip, die existenzialistische Züge vermuten lässt, ist von Anfang an eine klassisch romantische Zweierbeziehung zwischen Claude und Philip. Serge stellt keine Bedrohung dar. Es wirkt so, als würde der Autor das sicherstellen wollen, indem Serge keinen Sex haben kann.

R: Ich weiß, was du meinst! Ich liebe zwar Romantik und die Liebesgeschichte hat mich sehr berührt – vor allem die Tatsache, dass sie Philip so viel neue Lebensfreude und Hoffnung gibt. Manchmal hat sie allerdings auch etwas zu kitschig für mich gewirkt, besonders die Art und Weise, wie Claude als die ›perfekte Frau‹ idealisiert wird.

A: Das hat mich gestört, weil kein Mensch perfekt ist, und ich mag es vor allem nicht, wenn Autoren eine perfekte Frau erfinden. Ich habe dann das Gefühl, es geht nicht um eine Frau, sondern um die Frauenrolle. Claudes Vollkommenheit wird im Gegensatz zu Philips Frau Irene hervorgehoben.

R: Die Beschreibungen von Philips Beziehung mit Irene waren die einzigen Stellen im Roman, wo ich die Handlungen des Hauptprotagonisten nicht gut nachvollziehen konnte. Zum Beispiel als Irene ihn anruft, um ihm von wegweisenden Entscheidungen in ihrem Leben zu erzählen, doch Philip wirkt nur erleichtert, als sie wieder auflegt, und damit verschwindet sie schnell wieder aus der Szenerie. Sie wirkt für mich ebenfalls wie eine Frauenfigur, die in der Geschichte nicht die Chance erhält, einen ganzheitlichen Charakter zu entwickeln. Sie wird nur als kühl und unnahbar dargestellt.

A: Das fand ich auch spannend, weil Philip in seiner Rolle als Irenes Ehemann und auch in seiner Rolle als Vater offensichtlich zu versagen scheint. Das erkennt auch Philip an. Er ist sonst ganz der strahlende Held, der von der Außenwelt respektiert und geschätzt wird.

Dies zu betonen scheint dem Autor sehr wichtig zu sein, sowie generell das Erscheinungsbild seiner Charaktere. Wenn sie schöne Kleidung tragen, dann wird das beschrieben. Wenn die Protagonist:innen glücklich sind, dann gibt es bewundernde Ausrufe, und die Mitmenschen erfreuen sich an ihnen.

Umso spannender sind nun Philips Unzulänglichkeiten im Vergleich zu seinem Sohn und Irene. Ich frage mich, ob für den Autor die Familie ein Bereich ist, indem ein Held versagen darf, oder handelt es sich dabei um eine wirkliche Schwäche, die ihn zu einem authentischen Menschen machen soll?

R: Diese Frage habe ich mir auch gestellt! Generell habe ich mich öfter gefragt, inwiefern der Roman auch als Brücke in das Leben des Autors gesehen werden kann. Vor allem als immer wieder der ›place of smiling peace‹ vorkam: In der Liebe zwischen den Protagonisten, in dem kleinen Örtchen Yvoire oder in dem Kriegsgebiet, in dem Claude als Fotografin arbeitet und eine Stelle im Wald findet, wo Menschen aus den verfeindeten Stämmen friedlich zusammenleben. Ich fragte mich, ob die träumerischen Beschreibungen dieser glücklichen Orte auch für die Friedenssehnsucht des Autors stehen können, der ja selbst einen Weltkrieg erlebt hat. Wo ich ebenfalls eine Brücke in sein Leben vermutete, war bei den Zitaten aus jüdischen Mythen und Weisheiten. Außerdem kommen jiddische Wörter wie ›Meschugger‹ vor. Sie erinnerten mich daran, wie meine Omi[13] gesprochen hat.

A: Aber ist der Roman nicht auch eine Brücke in die Zukunft? Mit den Themen, die er behandelt, ist er heute noch aktuell. Der Roman spielt in einer Zeit des Wandels (Zerfall der Sowjetunion, globaler Kapitalismus, Entwicklung neuer Technologien und deren Folgen), und er malt eine Endzeitstimmung: Industriegiganten übernehmen die Welt und schließen sich zu immer größeren Riesenriesen zusammen, Massenarbeitslosigkeit, Klimakrise, Computerviren und die Angst vor dem durch den Jahrtausendfehler bewirkten Zusammenbruch der Computersysteme. Ich frage mich, ob diese beschriebenen Ängste wahr geworden sind oder wir diesbezüglich abgestumpft sind.

R: Auf jeden Fall stehen auch wir wieder in einer Zeit des Wandels. Ich finde es gruselig, wie die beschriebene Endzeitstimmung auch heute bei vielen Themen spürbar ist; Pandemien, Krieg in Europa, Auswirkungen des Klimawandels, korrupte Regierungen, Angst vor Blackouts, neue Technologien und insbesondere die neuen Entwicklungen im Bereich der künstlichen Intelligenz.

Um noch einmal auf die Brücke zurückzukommen: Was bedeutet für dich der Titel ›Liebe ist die letzte Brücke‹ vor diesem Hintergrund?
A: Gute Frage! Serge wiederholt, dass Claude und Philip für ihn die letzte Brücke sind. Aber die Brücke wohin? Trotz der pessimistischen Aussichten ist Philip so glücklich wie noch nie zuvor. Führt die Liebe in die schöne Zukunft?
R: Oder ist sie vielleicht einfach der letzte Halt in einer Welt, die eh schon vor dem Abgrund steht? Ist die Liebe der letzte ›place of smiling peace‹, egal was die Zukunft bringt?«

Das letzte Werk von Simmel trägt seinen Namen also durchaus zu Recht, indem es eine Brücke zwischen seiner Gedankenwelt und derjenigen einer wesentlich jüngeren Leserschaft schlägt.

Refugium

Hoch über Zug, am Bohlgutsch, steht eine sehr luxuriöse Überbauung mit Mehrfamilienhäusern. Die Häuser wurden 2018 vollendet und stehen an der Stelle, an der Simmel nach Lucies Tod gelebt hat. Wir wissen nicht, weshalb er seinen Wohnsitz nochmals gewechselt hat. Ist die Wohnung im Bellevue-Quartier zu sehr von traurigen Erinnerungen erfüllt? Der Autor erzählt, er habe sich eine Wohnung mit direkter Sicht auf den St. Michaelsfriedhof gewünscht.
Simmel erwirbt einen Hausteil, die Nummer 3, und zieht am 1. April 1989 ein. Die Anlage ist in einem mediterranen Stil erbaut und bietet einen Swimmingpool und einen atemberaubenden Blick auf den See und die Alpen. Journalisten, die den Schriftsteller in seinem neuen Zuhause besuchen, berichten von Räumen, die sauber aufgeräumt und sehr ordentlich sind, aber weitgehend

unbewohnt wirken. Der einzige Impuls im Wohnzimmer geht von einem großen Ölgemälde von Lucie als junger Frau aus. Ein leichtes Lächeln umspielt ihre sinnlichen Lippen, und die dunklen, leicht amüsierten Augen scheinen einen überall hin im Raum zu folgen. Lucies Porträt ist eingebettet und umrahmt von den vierzehn geliebten Chagall-Lithografien. Der Raum hat die etwas unbehagliche Atmosphäre eines Schreins.

Das Arbeitszimmer hingegen lebt. Auf dem Schreibtisch türmen sich Bücher, Zeitungen, Zeitschriften und Notizblöcke, rücken der Gabriele-Schreibmaschine bedrohlich nahe. Die Thermoskanne mit Tee und die Tasse balancieren prekär auf den Bücherbergen. In Simmels Rücken wacht die Elefanten-Sammlung, die ihn zeitlebens begleitet, über seine Geschicke, alle kleinen Rüssel sind optimistisch nach oben gereckt.

Seitdem Mario allein lebt, muss er sich die Zeit für seine Arbeit nicht mehr abringen. Die aufwendige Pflege von Lucie entfällt, die Telefonate mit Marlene finden nicht mehr statt. Er geht nicht mehr oft aus dem Haus, selbst Bücher, die er in der Buchhandlung in Zug bestellt, lässt er abholen. Nun kann er sich ganz aufs Schreiben, Lesen und Denken konzentrieren. In trauter Zweisamkeit mit seinen Lieblingsautoren, die ihn seit Jahrzehnten wie treue Freunde begleiten: Ernest Hemingway, Graham Greene, Somerset Maugham, Heinrich Böll, Elfriede Jelinek, Erich Kästner, Erich Maria Remarque, Stefan Zweig, John Donne, die »klassischen Russen«, also Dostojewski, Tolstoi, Tschechow, Pasternak. Bruno Bettelheim, Bertrand Russell, Karl Jaspers, Arthur Schopenhauer, Hannah Arendt, Karl Popper, Spinoza, Voltaire, William Shakespeare, Ulrich Horstmann und Stefan Heym, um nur einige Namen aus der mittlerweile auf rund 18 000 Bände angewachsenen Bibliothek zu nennen.

Gleich nebenan, im Bohlgutsch 5, lebt der Zuger Anwalt Bruno F. Bitzi mit seiner Familie. Dieser kannte den Autor vorher nicht persönlich, hatte aber natürlich davon gehört, dass er in Zug lebt. Die beiden Herren lernen sich spontan kennen, in der

Tiefgarage oder im Lift, und was als berufliche Beziehung beginnt, wird eine zwanzigjährige Freundschaft. Von den übrigen Bewohnern der Anlage scheint Simmel nicht viel gehalten zu haben und gibt sich wohl auch keine große Mühe, ihre nähere Bekanntschaft zu machen. Seiner Schwester erzählt er, er wohne in einem Haus »voller Waffenhändler«. Dies ist ironisch zugespitzt, wohnen doch in Zug tatsächlich nicht nur berühmte Schriftsteller, sondern auch Industrielle aus Branchen, denen Simmel mit großem Misstrauen gegenübersteht. Seine Haltung zum Kapitalismus hat sich nicht geändert. Im Gegenteil, er nutzt jede Gelegenheit, um seine Abscheu vor gewissen Geschäftspraktiken deutlich zu machen. So spricht er in der Festrede zu Stefan Heyms 85. Geburtstag am 23. April 1998 in Berlin davon, dass er den Kapitalismus wieder einmal »in seiner ganzen Schönheit« erfahren habe, als er im Fernsehen von einem berühmten deutschen Industriegiganten gehört habe, der im vergangenen Jahr seinen Gewinn erneut mehr als verdoppeln konnte, 10 000 Arbeiter entlassen habe und daraufhin mit steigenden Aktienkursen belohnt worden sei.[14]

Offensichtlich hält ihn seine ambivalente Haltung zum Kapitalismus jedoch nicht davon ab, sich in Zug und in der Schweiz einigermaßen heimisch zu fühlen. Selbstverständlich ist keine Rede davon, dass er nun, als Witwer, hausfrauliche Eigenschaften entwickelt. Auch in der neuen Wohnung benötigt Simmel eine Haushälterin, die sich um die praktischen Belange seines Lebens kümmert. Es ist nicht mehr die mittlerweile verstorbene Frau Sieber, sondern eine andere Dame, die für das Wohl des Autors zuständig ist. Sie scheint ein Faible für Pflanzen zu haben und möchte Mario wohl auch etwas aufheitern, zumindest zeigt er Besuchern stolz die Balkonkisten, in die sie Frühlingsblüher gesetzt hat.

1999, nach der Veröffentlichung von *Liebe ist die letzte Brücke*, beginnt Simmel sein Alter von 75 Jahren erstmals zu spüren: Wohl für Werbezwecke wird er in Genf, am Originalschauplatz, gefilmt. Dabei klettert er bei 35 Grad Außentemperatur aufs Dach des Hotels Bristol. Von dort aus hat man einen guten Blick auf den Eingang des Hotels Beau-Rivage. Wie der Autor dem Wiener *Observer*[15] lakonisch mitteilt, habe diese Aktion für ihn mit einem doppelten Bypass geendet. Natürlich muss er seine PR-Tour abbrechen. Später werden auch Stents eingesetzt, um die Gefäßwände zu stützen.

Ob aus eigener Erfahrung oder nicht: Simmel kennt Herzbeschwerden und kann diese auf beklemmend realistische Weise schildern. Nicht wenige seiner Protagonisten verspüren bei Stress einen starken Druck und Schmerz im Brustbereich und greifen dann mit zitternden Händen nach dem Nitrolingual-Spray, das den Blutdruck senkt, die Gefäße erweitert und damit ihre Beschwerden vorübergehend lindert.

Ab dem Winter 2007/08 braucht der Schriftsteller noch weitaus mehr Unterstützung: Er rutscht vor seiner Haustür aus, stürzt und bricht sich die linke Hüfte und Schulter. Ausgerechnet die linke Seite, für einen Linkshänder doppeltes Pech. Es folgen eine Operation, bei der ein neues Hüftgelenk eingesetzt werden muss, und eine längere Phase der Rehabilitation mit Physiotherapie. Mit einem neuen Hüftgelenk wieder laufen zu lernen, ist deutlich schwieriger, wenn gleichzeitig die Schulter gebrochen ist, da man sich nicht auf einen Stock stützen kann.

Sein Freund Michael Moser, der Chefconcierge des Wiener Hotels »Imperial«, telefoniert oft mit Mario und fragt ihn scherzhaft, ob die Therapeutin denn wenigstens hübsch sei, wenn sie ihm denn schon wehtun müsse. Daraufhin antwortet Simmel, melancholisch, sie sei zwar nicht besonders hübsch, füge ihm aber auch keine Schmerzen zu.

Dieser Sturz wird zur Zäsur im Leben des Schriftstellers. Er ist zwar entschlossen, seinen neuesten Roman fertig zu schreiben. Eine Liebesgeschichte vor dem Hintergrund des Nahostkonfliktes soll es offenbar werden. Doch lässt es die verletzte Schulter nicht mehr zu, auf der mechanischen Schreibmaschine zu schreiben. Ilse Kryspin-Exner rät ihm dazu, seine Gedanken zu diktieren oder Tonbandaufnahmen zu machen. Doch dies kommt für ihn nicht infrage; er benötigt den direkten Kontakt zwischen Gedanken, Fingern und Papier. Eine Weile lang hofft er auf Besserung und verschiebt die Wiederaufnahme des Schreibens von einem Monat auf den nächsten. Doch wird immer deutlicher, dass die Kraft fehlt. Die Psychologin ruft uns und wohl auch ihm in Erinnerung, dass dieses allmähliche »Fading« aus dem alltäglichen Leben das Akzeptieren der Endlichkeit und des Lebensendes leichter mache.

Die Depressionen, die ihn schon früher schubweise befallen haben, meist im November, kehren verstärkt und nun auch zu anderen Jahreszeiten zurück. Die Abendnachrichten, die er im Fernsehen verfolgt, und die Zeitungen, die er liest, tragen nicht zum Frohmut bei. Er ist froh, dass er Iris Berben zu jeder Tages- und Nachtzeit anrufen kann. Auch sein alter Freund Arthur Cohn, der bekannte Filmproduzent, leiht ihm sein verständnisvolles Ohr. Die fast täglichen Telefonate mit Schwester Eva in Wien, die ihm von ihren Kindern Lisa und Hannes und von ihrem Alltag in Neustift erzählt, sind wichtig.

Auch die fast ebenso häufigen Gespräche mit Ilse Kryspin-Exner sind für Simmel seit vielen Jahren eine unverzichtbare moralische Stütze. Schon 1990 hat er sich bei ihr mit der Widmung in dem Buch *Im Frühling singt zum letztenmal die Lerche* bedankt: »Frau Universitätsdozent Dr. Ilse Kryspin-Exner gewidmet, voll Bewunderung für ihre Person und ihren Beruf, sich der Sorgen und Ängste von Menschen anzunehmen und in ihnen Hoffnung, Mut und Kraft zu wecken.«[16]

Die Journalistin Birgit Lahann vom *Stern* gehört ebenfalls zu Simmels regelmäßigen Gesprächspartnern. In ihrem Nachruf schreibt sie im Januar 2009: »Als er plötzlich nicht mehr angerufen werden wollte, wusste man: Das ist das Ende. Das Telefon war in den letzten Jahren doch seine Nabelschnur zur Welt. Auch wenn sein ›Jaaa bitte?‹ oft so ersterbend klang, dass man fragte:

›Mario, sind Sie tot?‹ Doch dann kam dieses kurze Lachen vor dem langen Gespräch. Er konnte Stunden telefonieren, war immer voller Witz und wüster Geschichten. Er war eben ein Komiker, und sein Weltbild war das eines Komikers – nämlich finster. Einmal sagte er: ›Ich wünschte, ich wäre ein bisschen blöder und vertrottelter. Warum? Weil ich nach den Abendnachrichten immer ganz kaputt bin.‹«[17]

In gewisser Weise ähnelt Simmels Alters-Refugium der Wohnung in Paris, in die Marlene Dietrich sich zurückgezogen hatte. Auch die vielen Telefonate mit Freunden und Bekannten passen ins Bild. Zwar ist es nicht angenehm, das Leben von der Seitenbank aus zu verfolgen, doch verhindern Anrufe, dass ein Mensch, auch wenn er sehr zurückgezogen lebt, ganz vereinsamt. Nach dem Sturz mit anschließendem Krankenhausaufenthalt und einem Erholungsaufenthalt im Kurhaus Ländli in Oberägeri bittet Mario seinen Nachbarn Bruno F. Bitzi, einen Pflegeplatz für ihn zu finden. Er vertraut dem Anwalt, denn dieser kümmert sich schon längst nicht mehr nur um berufliche Fragen. Bruno F. Bitzi wird nach intensiven Gesprächen in der Residenz Sonnmatt Luzern fündig, wo sich schon Lucie nach ihren Operationen erholt hatte. Hier fühlt Simmel sich aufgehoben und gut betreut. Und es spielt bestimmt eine Rolle, dass dieser Ort für ihn mit Lucie verbunden ist.

Der Kreis von Menschen um ihn wird kleiner, umfasst am Schluss nur noch die Haushälterin, Freund Bitzi, Schwester Eva und Freundin Iris Berben. Eva wacht mit Argusaugen darüber, wer Kontakt zu Mario haben darf. Seine Krankheit und die zunehmende Schwäche machen ihm zu schaffen. Die Gespräche mit Bitzi drehen sich zunehmend um große, letzte Fragen: Welches Schicksal erwartet uns, was bringt die Zukunft?

Der Anwalt erinnert sich, dass Mario ihn am 1. Januar 2009 zu sich nach Luzern rufen lässt. Er ist noch ansprechbar, aber sehr schwach. Seine Haushälterin und Bitzi sind anwesend, als ihn nach und nach die Kräfte verlassen und er um 15.18 Uhr friedlich einschläft. Noch heute ist Bitzi berührt beim Gedenken an diesen Moment und sagt, es sei für ihn ein unvergessliches Erlebnis gewesen, seinem Freund Mario auf diese Weise beizustehen und ihm die letzte Ehre zu erweisen.[18]

Dem Licht entgegen

Ein gutes Jahr zuvor, im Dezember 2007, spricht der Journalist Peer Teuwsen für die *Weltwoche* mit Simmel, der ihm eines seiner letzten Interviews gewährt.[19] Teuwsen ist bekannt für seine unkonventionelle, intuitive Interviewtechnik. Und tatsächlich wird es Mario, obwohl er viel Erfahrung mit Journalistenfragen hat, während dieses Gesprächs manchmal kurz die Sprache verschlagen.

»T: Wann haben Sie angefangen zu schreiben?

S: Ganz am Anfang habe ich Novellen geschrieben, *Begegnung im Nebel*. Da wollte ich so schön schreiben wie Verlaine und Rilke zusammen. Ich habe Sätze gefunden, die hinreißend waren. Aber als mich dann die gute alte *Quick* losschickte, und ich sah all das Elend, die Kriege, das Töten und die Lust am Töten, da sagte ich mir: Es ist nicht die Zeit, um wie Rilke zu schreiben. Ich sage – verzeihen Sie das harte Wort – den Menschen die Wahrheit, ganz nach dem Motto Ingeborg Bachmanns ›Die Wahrheit ist dem Menschen zumutbar‹. Und die Menschen wollen die Wahrheit hören. Mein erster Roman hieß *Mich wundert, dass ich so fröhlich bin*. Warum lachen Sie?

T: Ich frage mich gerade, ob Sie das immer noch sind.

S: Immer mehr. Johann Nestroy sagt: ›Auswendig bin ich ein lustiger Mensch.‹ Wissen Sie, zwischen Ihnen und mir besteht ein enormer Altersunterschied. Ich habe den Krieg erlebt und meine engsten Verwandten verloren. Und danach gab es bis heute 185 andere Kriege, darunter so ›kleine‹ wie in Vietnam und Afghanistan. Die Menschen haben nichts gelernt. Ich habe eine großartige Freundin, Iris Berben. Unsere Freundschaft begann mit unserem gemeinsamen Hass auf die Nazis. Einmal habe ich zu ihr gesagt: Warum bist du so jung und ich so alt? Sie antwortete: Du weißt doch, dass ich mit jungen Männern nichts anfangen kann. Das ist Charme. Ich kenne keine andere Schauspielerin, die seit Jahrzehnten in Theatern und Schulen liest – gegen Rassismus, Fremdenfeindlichkeit, Antisemitismus, die Verbrechen der Nazis und für Menschenrechte, ein gutes Verhältnis zwischen Juden und Deutschen. Sie präsentiert ausschließlich Tatsachenmaterial, zum Beispiel das Tagebuch der Anne Frank – und dem gegenüber Eintragungen in die Tagebücher des Joseph Goebbels. Sie ist besessen von der Überzeugung. Sie sagt: Was geschah, darf niemals vergessen werden. Die Erinnerung sind wir jedem einzelnen Toten schuldig. Und unserer Gesellschaft, denn es ist unsere Biografie. Ich bewundere und verehre Iris über alles.

(...)

T: Wann werden Sie sterben?

S: Hören Sie mal! Wann werden denn Sie sterben? Was soll diese Frage? Ich weiß nur: Wenn es ein Leben nach dem Tod geben sollte, dann sterbe ich einfach nicht.

T: Sie schreiben im Moment einen großen Liebesroman.

S: Mit dem ich schon lange fertig wäre, wenn ich da vorne beim Tor nicht gestürzt und die Schulter und die Hüfte gebrochen hätte. Schauen Sie, da drüben hängt die letzte Lithografie von Chagall: ›Dem anderen Licht entgegen‹[20]. Er sitzt vor der Staffelei, und aus den Wolken kommt Bella, seine Lebensliebe, um ihn zu holen. In meinem Roman ist der Tod, der den Mann holt, eine Frau, wie er spät erkennt.«

Simmel beschreibt Chagalls Tod in seinem Roman *Träum den unmöglichen Traum*[21] und zitiert aus einer Biografie über den

Künstler: ».. nachdem er ›Dem anderen Licht entgegen‹ vollendet hatte, ging Chagall in sein Schlafzimmer. Er starb, in einem Lehnstuhl sitzend, siebenundneunzig Jahre alt, am 28. März 1985. Freunde fanden in seiner Hand einen Zettel, auf den er geschrieben hatte: ›Mein Gott, die Nacht ist da. Du wirst meine Augen schließen, bevor es Tag wird. Und ich werde von Neuem malen – Bilder für Dich – von der Erde und vom Himmel!‹«

Epilog

Der schwere Sportwagen gleitet durch die laue Nacht. Noch immer ist das Verdeck geöffnet; die Frau am Steuer streift das Foulard ab, das sie um ihren Kopf geschlungen hatte. Es flattert kurz im Fahrtwind und wird in die Büsche am Wegrand getragen.

Die Hügel des Estérel-Gebirges kommen immer näher, ein hoher, klarer Nachthimmel wölbt sich über ihnen. Der Mann auf dem Beifahrersitz weiß nun, wohin die Fahrt geht. Er hat keine Angst, verspürt nur tiefen Frieden. Er denkt an Marc Chagall und möchte ihm zurufen: Genauso ist es, mein Freund. Du spürtest es, und ich erlebe es.

Das Bordradio spielt ein Lied, an das sich der Mann gut erinnert. Wie oft hat er im Aussichtsrondell des Cobenzl diese Melodie aus der Wurlitzer Jukebox ausgewählt, hat sie voller Wehmut gehört:

So weary all the time,
When you went away
The blues stepped up and met me
If he's gone to stay
That old rocking chair's going to get me
Every night I pray
That the Lord above will let me
Walk in the sunlight once more
Stormy Weather.[1]

Der Wind hat sich gelegt, und vielleicht wird auch das Sonnenlicht bald wieder erstrahlen. Zumindest hofft es der Mann. Warm liegt die Hand der Fahrerin auf seinem Bein. Der Tod ist kein finsterer Sensenmann, wie er uns stets beschrieben wird, denkt er. Es ist eine Frau, die uns holen kommt, genau wie Chagall es prophezeit hatte. Eine geliebte, vertraute Präsenz. Die Fahrt geht nun bergauf, ganz sachte. Der Mann hat die Augen geschlossen und lächelt.

* * *

Wir wissen nicht, welche Gedanken Johannes Mario Simmel in seinen letzten Minuten in der Residenz Sonnmatt in Luzern durch den Kopf gegangen sind. Es wäre ihm zu gönnen, nicht nur friedlich eingeschlafen zu sein, sondern seinen Frieden auch wirklich gefunden zu haben. Seit 2009 ruht nun seine Urne Seite an Seite mit derjenigen von Lucie auf dem St. Michaelsfriedhof in Zug.

Selbst der letzte Akt seines Lebens ist richtig dramatisch, wie die *Bild*-Zeitung schreibt:

»Nebel. Grauer, kühler, feuchter Nebel stülpt sich über das kleine verschneite Zug (bei Zürich).
30 traurige Menschen gehen einen letzten knirschenden Weg. Jeder hält eine rote Baccarat-Rose in seiner Hand. Es sind die engsten Freunde des großen Johannes Mario Simmel. Auf dem schlichten Holzkreuz stehen nur der Name und die Jahreszahlen 1924 und 2009.
Als die Welt Neujahr feierte, schloss ›JMS‹ (73 Millionen Bücher in 33 Sprachen) für immer seine klugen, aber müde gewordenen Augen. In München sitzt seine Lebens-Freundin Iris Berben in einem Lufthansa-Jet. 1½ Stunden lang am eisigen Boden.«

Iris Berben kann sich heute noch mit Schaudern an den schrecklichen Moment erinnern, als sie befürchtet, wegen eines heftigen Schneesturms in München nicht rechtzeitig zur Beerdigung kommen zu können. Dabei liegt ihr die Teilnahme so sehr am Herzen, sie will ihrem Freund Lebewohl sagen. Doch es schneit und schneit, die Passagiere sitzen im Flugzeug und warten. Als die Flugbegleiterin ihnen mitteilt, dass der Start ungewiss sei, kann die Schauspielerin die Tränen nicht zurückhalten. Höflich fragt die Stewardess sie, ob sie ihr helfen könne. Als sie den Grund des Kummers hört, sorgt sie dafür, dass der Flugkapitän informiert wird. Schließlich gelingt das heute wohl fast Undenkbare: Berben darf das Flugzeug verlassen und eine Swissair-Maschine nach Zürich besteigen, die trotz des Unwetters fliegt. Sie kommt zwar spät an, aber doch noch rechtzeitig vor dem Ende der Zeremonie in der Abdankungshalle des St. Michaelsfriedhofs. Dort steht Arthur Cohn, Simmels langjähriger Freund und sechsfacher Oscar-Preisträger, wie die Bild erwähnt, am Rednerpult: »Wer ihn gut kannte, weiß, dass es nur eine große Liebe in seinem Leben gab: Lulu, die ihm im Tod 20 Jahre vorausging. Er wählte sein Haus in Zug so, dass er einen freien Blick auf den Friedhof hatte, auf dem Lulu ruht. Jetzt ist er mit Lulu vereint.«

»Plötzlich«, so die *Bild* weiter, »öffnet sich die Tür. Iris Berben hat es geschafft. Sie eilt in einem schwarzen, eleganten Hosenanzug vor die Trauernden. Sie schlägt ein Buch von Simmel auf. Ihr Gesicht ist bleich und weiß wie das eines Engels. Sie liest drei Geschichten:

1. Dass Buchstaben die Welt verändern können.
2. Dass Bücher glücklich machen können.
3. Dass Herz und Seele das Wichtigste im Leben sind.

Tränen schwimmen über ihre Lesebrille. Ihre starke Stimme wird schwach und seufzend: ›Danke, Mario! Danke für deine Freundschaft.‹

Als es Nacht wird in Zug, wird die Urne im frostigen Boden versenkt.«[2]

Können Buchstaben die Welt verändern? Oder möchten wir nur daran glauben, weil uns sonst jede Hoffnung verlässt? Sicher ist, dass Worte den Lauf der Dinge zwar nicht aufhalten können, doch ohne sie wäre wohl vieles noch schlimmer, düsterer und vor allem ungehört und damit vergessen. Mutige Journalisten und Autoren, nicht zuletzt die Frauen unter ihnen, haben Komplotte aufgedeckt, Missstände angeprangert, Regierungen gestürzt, Fehlentwicklungen aufgezeigt, Machenschaften durchkreuzt. Nicht selten haben sie dafür einen hohen Preis bezahlt. Simmel trägt diesem Umstand Rechnung, indem er eine Schenkung zugunsten des »P.E.N. Writers in Prison Committee« veranlasst. Er hofft, mit dieser Unterstützung der Schriftsteller-Vereinigung Menschen Mut zu machen, die sich nicht zum Schweigen bringen lassen. Nicht einmal durch ein autokratisches oder totalitäres Regime, das unbequeme Stimmen unterdrückt.

Und er zollt damit auch einer Institution seinen Respekt, die ihm 1993 den Hermann-Kesten-Preis für besondere Verdienste um verfolgte Autoren im Sinn der Charta des Internationalen P.E.N. verliehen hat. Simmel befindet sich damit in der würdigen Gesellschaft von Kollegen wie Harold Pinter, Günter Grass und Anna Politkowskaja.[3] Sieben Jahre zuvor hat ihm die Society of Writers der Vereinten Nationen den *Award of Excellence* verliehen. Simmel erinnert sich in *Träum den unmöglichen Traum* an den Festakt im Dag-Hammarskjöld-Auditorium im Glashochhaus am East River:

»Vertreter vieler Nationen waren gekommen, um die Laudatio auf ihn (Robert Faber alias Johannes Mario Simmel, Anm. der Autorin) und seine Rede ›The Writer and Politics‹ zu hören, und in seinem Traum sah er wieder den großen Raum mit den steil ansteigenden Sitzreihen, den getäfelten Wänden und den Menschen aller Hautfarbe in zum Teil phantastischen Gewändern und Kopfbedeckungen. Sein Verleger hatte ihn begleitet. Er saß in der ersten Reihe und stand dann mit den Vertretern der Vereinten Nationen, der Society of Writers und verschiedenen Botschaftern auf der Bühne, als ihm der Präsident der Society das blaue Band mit der Medaille über den Kopf streifte.«[4]

Nach dem Essen fährt Simmel mit einem Taxi zum Times Square und über den Broadway in eine Gegend, die immer trister wird. Er ist mit Gloria Jenkins verabredet, der Leiterin des New Yorker P.E.N.-Büros. Sie hatte ihn gebeten, sie nach der Preisverleihung aufzusuchen; er kennt den Grund für die Einladung allerdings nicht. Nach dem glamourösen Auftritt bei den Vereinten Nationen ist diese Episode allerdings eher ernüchternd. Das Taxi bringt ihn in eine verkommene Straße, die Ninth Avenue markiert in den Achtzigerjahren den Beginn des ehemals berüchtigten Viertels Hell's Kitchen. Hier tobten einst Bandenkriege, und in den Schlachthäusern und Fabriken schufteten die Armen.

Als er nach langem Suchen in dem verwahrlosten Gebäude das Büro des P.E.N.-Clubs findet, trifft er auf eine blasse junge Frau, die auf einer alten Maschine tippt:

»Ihr Haar reichte weit über die Schultern hinab, ihr Gesicht wirkte unnatürlich aufgedunsen, und sie hatte eine Brille mit sehr starken Gläsern. (…)
›Hallo‹, sagte er.
Die Frau sah lähmend langsam zu ihm auf.
›Mein Name ist Robert Faber.‹
Sie antwortete nicht. Ihr Blick war leer.
›Ich bin Robert Faber aus der Schweiz.‹
›Ich bin Jeannette Kowalski.‹
›Freut mich. Ich habe eine Verabredung mit Miss Gloria Jenkins.‹
›Gloria musste weggehen. Sie waren um drei Uhr verabredet. Jetzt ist es fast halb vier. Tut Gloria sehr leid. Konnte nicht länger warten. Viele Grüße, und Sie sollen am Montag anrufen.‹«

Der unfreundliche und lapidare Dialog, der direkt einem Drehbuch von Woody Allen entstammen könnte, geht weiter. Faber alias Simmel beginnt sich zu ärgern. Als er nach längeren Erklärungen realisiert, dass er hier gegen eine Wand spricht, tritt er den geordneten Rückzug an, muss allerdings – als letzte Demütigung – nochmals mit Jeannette Kowalski sprechen, um sie nach dem Ausgang zu fragen.

Dieser Besuch im P.E.N.-Büro in New York hinterlässt beim Autor eine zwiespältige Erinnerung, wenn es auch seiner Bewunderung für die Institution keinen Abbruch tut.

Simmel zweifelt gegen Ende seines Lebens immer mehr, ob er etwas bewirkt hat mit seinen Büchern. Ich habe in den Wind geschrieben, wird er mehrfach, traurig und resigniert, sagen. Doch ist dem wirklich so?

Allein mit den 73 Millionen Büchern, die er verkauft hat, hat er mehr Menschen angesprochen als die meisten seiner Kolleginnen und Kollegen. Selbst wenn diese Leser nur im Buch geblättert haben (was Mario ihnen durch seinen packenden Stil so schwer wie möglich macht), weiß er oder sie dennoch, worum es geht. Wenn ein neuer Simmel erschien, ist er meist mit Spannung erwartet worden und erregt Aufsehen. Man hört davon, liest eine Buchrezension, sieht die Anzeigen. Oft nimmt der Autor Themen vorweg, die Jahre oder gar Jahrzehnte später zum Mainstream werden. Er macht auf Missstände aufmerksam und sorgt dafür, dass gewisse Dinge laut ausgesprochen werden. Seine Romane konfrontieren uns wirksamer mit Ausländerfeindlichkeit, als es bloße Schlagzeilen über Anschläge auf Unterkünfte für Flüchtlinge vermögen. Denn er schreibt über Schicksale, seine Opfer haben Namen. Und die Täter auch. Er spricht über Menschen, die Naziparolen wieder salonfähig machen wollen und jüdische Friedhöfe schänden, über zerstörte Wälder, verseuchte Böden und Wasser, das krank macht. Er warnt vor den Exzessen der Forschung und der Wirtschaft, vor Korruption und Machtmissbrauch. Er spricht vom Schicksal behinderter Kinder in Deutschland und von deren

Eltern, die sich manchmal so alleingelassen fühlen. Indirekt mag sein Engagement gar dazu führen, dass die Institutionen, die sich um ihr Wohl kümmern, mehr Mittel erhalten. Er unterstützt die Nonprofitorganisationen, die ab den Achtzigerjahren entstehen, finanziell und ideell. Heute politisieren sie auf Augenhöhe mit Staatsführungen und üben Einfluss aus. Natürlich kann ein Autor nur einen Funken zünden. Doch transportiert der Wind ja bekanntlich nicht nur Glut und Worte, sondern auch Gedanken und Ideen. Und Inspiration: Günter Prinz, ein langjähriger Kollege aus den *Quick*-Tagen, erinnert sich nach dem Tod des Autors für die *Bild am Sonntag*.

»Jeden Donnerstag war bei der *Quick* Simmel-Tag, damals in den frühen 60er-Jahren. Dann kam Johannes Mario Simmel nachmittags gegen fünf in die Redaktion mit einer Flasche Whisky (immer VAT 69) und schrieb die Fortsetzung von *Es muss nicht immer Kaviar sein*. (…) Es wurde viel getrunken, viel gelacht, über alte und neue Nazis geschimpft und über die Liebe geredet. (…) Manchmal kam er zu mir rüber, ich saß in einem kleinen Nebenraum und schrieb an einer Fortsetzungsserie. Er sah sich um, bemerkte die vielen halb leeren Seiten auf dem Fußboden und fragte:
›Probleme?‹
›Ja.‹
›Der Anfang?‹
›Ja‹, sagte ich.
Er hob die Seiten auf, las sie, zerknüllte alle bis auf zwei und sagte: ›Hier hast du zwei fabelhafte Anfänge. Nimm den hier, der ist toll. Und der nächste Satz muss dann heißen: …‹
Wie befreit begann ich zu schreiben. Plötzlich lief es.

Die schönen Donnerstage nahmen ein plötzliches Ende. Mario wurde von der Steuerfahndung gesucht und flüchtete über die österreichische Grenze nach Salzburg. Nun schrieb er von dort weiter am ›Kaviar‹, und jeden Donnertag fuhr ein Redakteur zur Grenze. Dann stand Johannes Mario Simmel um 11 Uhr am Schlagbaum, übergab die neue Fortsetzung und bekam ein Kuvert mit 1500 DM, sein Honorar. Irgendwann löste Mario dann seinen Streit mit der Steuer. Und die lustigen Donnerstage in der Redaktion lebten wieder auf.«[5]

Günter Prinz erinnert sich in seinem Nachruf dankbar an den Mann, der ihn beim Einstieg in den Journalismus unterstützt hat. Der junge Kollege wird erst Chefredakteur bei der *Quick*, später bei der *Bild*-Zeitung und schafft es bis in den Vorstand des Springer-Verlags. Die Jahre mit Mario scheinen ihn zeitlebens geprägt zu haben.

Auch die *Welt* fragt sich in ihrem Nachruf (von Holger Kreitling), was bleibt vom Schaffen des Autors:

»So ein Anfang reicht für den lobenden Eintrag ins Buch der Ewigkeit: ›Wir Deutschen, liebe Kitty, können ein Wirtschaftswunder machen, aber keinen Salat‹, sagt Thomas Lieven zu dem schwarzhaarigen Mädchen mit den angenehmen Formen. Wer da nicht vergnügt weiterliest, ist für die Literatur verloren. Und womöglich für das Kochen auch. (…)
Simmel war ein Kind der Aufklärung durch und durch, er wollte für das Gute streiten, in seinen Büchern und im Leben. Unermüdlich kämpfte er gegen Neonazis, Rechtsradikalismus und Jörg Haider, er warnte vor Umweltzerstörung, Klimakatastrophe und Gentechnik. Moralische Verzweiflung und melodramatische Attitüde mischte er zu seiner spezifischen Melange. Ich komme mir oft vor wie Don Quichotte, sagte er noch im vergangenen Jahr. Ein trauriger Ritter. Ein unbedingter Krieger des Pazifismus. Aber voller Würde.«[6]

Die *Frankfurter Allgemeine Sonntagszeitung* wird geradezu lyrisch, als sie zu Simmels Tod schreibt: »Man soll ihn hochjubeln! Er war ein fröhlicher Apokalyptiker, ein großer Liebender und der populärste Autor der Bundesrepublik.« Zwar endet der Nachruf mit den Worten: »Johannes Mario Simmels Bücher sind wie Gespenster aus den Regalen der Buchhandlungen verschwunden. Keiner liest heute mehr Simmel. Nichts altert so schnell wie die Angst vor der Zukunft.«[7] Ist dies wirklich so? Oder verblasst die Furcht nur, wird verdrängt durch die tausend anderen Dinge, die uns durch den Kopf gehen – um dann plötzlich wieder aufzuflackern, womöglich bewusst geschürt durch Menschen, die sie sich zunutze machen wollen?

Birgit Lahann vom *Stern* wiederum, deren Bericht über die Telefonate mit dem Autor wir bereits gelesen haben, erinnert sich nur zu gut an den »Anfang vom Ende« seiner Kräfte: 2007 sei Simmel, nach eigener Aussage, »so richtig auf die Fresse geflogen«, direkt vor der Haustür. »Er hat sich die linke Hüfte und Schulter gebrochen, bekam eine Kugelprothese, und mit der konnte er dann nicht mehr tippen. Da lag der begonnene Liebesroman nun auf seinem gewaltigen Schreibtisch – verwaist. Da wurde aus dem fröhlichen Apokalyptiker ein verzweifelter Melancholiker. Dabei hätte er auch als Gesunder keine Woche ohne fremde Hilfe überleben können, sagte er. Konnte nicht kochen, kriegte ohne Blutvergießen keine Dose auf, machte auch am Elektroherd mit Sicherheit die falsche Platte an und stützte sich dann auf der heißen ab. Ja, er pflegte seine Neurosen. Und mit dem Stadtneurotiker Woody Allen, den er (und Lulu, Anm. der Autorin) über alle Massen verehrte, konnte er allemal Schritt halten.«

Die Journalistin erinnert sich noch gut an die Zeit, als Mario für den Roman *Doch mit den Clowns kamen die Tränen* recherchierte. Er hielt sie ganz schön auf Trab. »Anruf: Birgit, können Sie mir sagen, wie weit es von Ihrer Wohnung nach Teufelsbrück ist? Eineinhalb Kilometer etwa. Das Wort ›etwa‹ gab es bei ihm ja nun gar nicht. Er müsse das genau wissen. Wann? Am liebsten gleich. Anruf: Was war das gleich noch für ein Teppich bei Ihnen? Warum? Also der Tote fliegt bei mir gerade durchs Glasdach und genau auf Ihren ... Halt! Nicht auf den Sarough! Lieber aufs Bett! Unterstehen Sie sich! Gut, gut, sagte er vergnügt, lass ich ihn eben auf den Balkon plumpsen.«[8]

Herbert Ohrlinger, Verlagsleiter von Zsolnay, dem Verlag, dem der Autor zeit seines Lebens verbunden bleibt, blickt mit Bedauern zurück: »Simmel ist 2009 gestorben, vor nicht einmal eineinhalb Jahrzehnten, eine kurze Zeitspanne, und dennoch habe ich den Eindruck, als sei er schon viel länger nicht mehr unter uns. Er, dessen Romane während meiner Kindheit und Jugend die Auslagen der Buchhandlungen dominiert haben und die von Lehrern und Kritikern immer wieder aufs Neue verdammt wurden, hat sich sehr still verabschiedet. Zweifelsfrei hat er ein Werk hinterlassen, ob es freilich irgendwann wieder gelesen werden wird, wage ich zu bezweifeln.«[9]

Die *Frankfurter Allgemeine Zeitung* ist sich da nicht so sicher. Hannes Hintermeier widmet dem Autor einen ganzseitigen Nachruf und erinnert daran, dass Marios Bücher in keinem deutschen Haushalt fehlen durften. Dabei seien seine Hauptfiguren selten Helden gewesen, eher gehetzte Verlierer oder träumende Wiedergänger ihres Erfinders.

»Aber Simmels Leser wussten, was sie an ihm hatten, und er wusste, wie seine Leser bei der Stange zu halten waren, auch wenn ihn gegen Ende seiner langen Laufbahn allzu oft die Sentimentalität überwältigte. Die Kritik hatte Simmel zunächst hartnäckig ignoriert, um ihn dann Ende der achtziger Jahre als ›Gebrauchsschriftsteller‹ umso heftiger zu umarmen. Der ins schweizerische Zug übersiedelte Autor war klug genug, dieser Aufwallung nicht zu trauen, genossen hat er sie dennoch. Schließlich war er sich immer sicher, kein Vertreter des Genres Trivialliteratur zu sein: Er verstand sich als Geschichtenerzähler.«

Hintermeier lässt die wichtigsten Werke Revue passieren. Er meint, dass die Romane nach *Wir heißen euch hoffen* wütender, verzweifelter wurden, »rührend trotzig in ihrem Glauben, dass die Menschheit dennoch zum Besseren bekehrbar sei«.

»Das eine tun – ein angenehmes Leben in Reichtum zu führen –, ohne das andere zu lassen – sich jederzeit publizistisch, juristisch oder als Geldgeber gegen Unrecht einzusetzen –, diese Übung hat er wie wenige andere beherrscht, auch wenn er sich selbst als unglücklichen Menschen beschrieben hat. Als seinen größten Fehler führte er einst im Fragebogen dieser Zeitung an, er könne niemals einem Menschen ganz misstrauen. Das hat ihm emotionale Achterbahnfahrten sondergleichen beschert, aber es hat ihn nicht davon abgehalten seinen Einspruch gegen die Umtriebe seiner Zeitgenossen geltend zu machen. Am Ende war er desillusioniert, glaubte, nichts erreicht zu haben. Sein Publikum weiß es besser, und es erinnert sich seiner mit Dankbarkeit und Respekt.«[10]

Das schlichte Grab in Zug wird hoffentlich noch lange bestehen, damit wir uns daran erinnern können, wer hier ruht. Von Zeit zu Zeit prangt ein Rosenstrauß in einer Vase, leuchten die Lieblingsblumen des Autors, Sonnenblumen, brennt eine Kerze oder zwei. Und solange dies so ist, leben Mario und Lulu in uns weiter.

Nachwort von Lisa Wegenstein

Canapés sind bequeme Sitzmöbel, Canapés sind aber auch mundgerecht geschnittene Appetit-Häppchen, und Canapés sind meine eindrücklichste Erinnerung an Onkel Hannes – die Häppchen, nicht die Sofas.

Wenn er uns besuchte, wurde er von uns, vor allem von meiner Mutter, seiner Schwester, verwöhnt, meistens mit Hühnersalat und Sachertorte. Haben wir den berühmten Onkel, den wir auch gern O.H. genannt haben, getroffen, wurden wir von ihm verwöhnt.

Im Wiener Hotel »Imperial« mit Canapés, diesen sehr kleinen, runden, weichen Weißbrotscheibchen, belegt mit Räucherlachs auf Oberskren und Brunnenkresse, französischem Brie mit frischen Feigen, Prosciutto an geeister Zuckermelone, Cocktailshrimps mit getrockneten Kirschtomaten und Basilikumpesto sowie Entenleber mit kandierten Preiselbeeren.

Es musste nicht immer Kaviar sein, aber fein musste es sein und elegant. Elegant wie Simmels Anzüge und der Duft seines Rasierwassers.

So schmeckt der Himmel, habe ich als glücklich mampfendes Kind gedacht, das Gleiche fühlte ich auch als 18-jährige Revoluzzerin, die am Tag nach der Wiener Opernballdemo den Onkel im Luxushotel am Ring besucht hat. So links konnte ich nicht sein, dass ich mir die Canapés verkniffen hätte.

Weich, hell und flaumig wie die krustenlosen Minibrötchen war O.H.s Leben nach außen hin, glamourös und sexy hat sein durch die Regenbogenpresse verzerrtes Liebesleben gewirkt. Beinhart war sein Kampfgeist, sobald es um Antisemitismus, Rassismus und soziale Missstände ging. Klar und deutlich war auch sein Schreibstil, der heute in der Kritik steht, wie derjenige vieler, vor allem männlicher Autoren seiner Zeit. Besonders dann, wenn es um die Beschreibung von weiblichen Vorzügen geht. *Sie hatte kleine, feste Brüste und schmale Hüften,* für diesen von meinem Onkel permanent geschriebenen Satz musste ich mich bald fremdschämen und habe das ihm gegenüber auch zum Ausdruck gebracht. Er hat gelacht.

Die Simmel-Romane, die ich als 12-, 13-Jährige heimlich gelesen habe, hatten für mich den verruchten, fast pornografischen Beigeschmack der *Playboy*-Hefte der 70er-Jahre. Die Liebesgeschichten inklusive der »Chinesischen Schlittenfahrt« waren meine Aufklärungsseiten, zu denen ich immer vor- und zurückgeblättert habe. *Hurra, wir leben noch* war besser als jedes *Bravo*-Heft.

Die Inhalte der Romane, die politischen Botschaften, Simmels ewiger Kampf gegen die Nazis und gegen gesellschaftliche Ungerechtigkeiten, seine wirklichen Anliegen sind mir erst später aufgefallen und bewusst geworden und haben meinen Sinn für eine gerechte Welt schon in sehr jungen Jahren geweckt und nachhaltig geprägt.

Mein reicher, berühmter und sehr großzügiger Onkel, der mich zu allen Anlässen, vom Geburtstag über Ostern bis Weihnachten und immer wieder auch zwischendurch, mit üppigen Geschenken bedacht hat, bekam einen zusätzlichen Wert. Dieser machte mich stolz und ließ meinen gymnasialen Deutschunterricht nicht nur einmal ordentlich crashen, wenn ich den Onkel gegen die Meinung meiner Deutschlehrer:innen verteidigen musste.

»Goethe, Grass und Kafka, das ist Weltliteratur, Konsalik und Simmel sind die besten Beispiele für Trivialliteratur«, sprachen die studierten Germanist(inn)en, ganz im Sinne des Feuilletons der Wiener 80er-Jahre, und mussten mit meinem Aufschrei rechnen. Er war sehr laut und engagiert, aber noch nicht sehr fundiert erklärbar: J. M. Simmel ist alles andere als trivial. Er ist mein Onkel, und er kämpft gegen die Nazis.

Die Germanist(inn)en haben sich gewunden, mich belächelt, und über die Nazis hat in meiner Wiener Gymnasiumzeit sowieso niemand gesprochen. Nicht einmal im Geschichtsunterricht, dort waren wir jahrelang mit der Steinzeit beschäftigt, und bei Napoleon war es dann ganz aus mit der Geschichte der Geschichte.

Was die Nazizeit, was die Nazis, was die Shoah in der Familie meiner Mutter, meiner Ursprungsfamilie, angerichtet hatte, wusste ich damals noch nicht.

Über persönliche Erfahrungen wurde nicht gesprochen, zu groß waren die Traumata, die Schmerz, Angst und eisernes Schweigen hinterlassen haben. Meine Fragen blieben über Jahrzehnte unbeantwortet, man ist ihnen ausgewichen. Dass es jüdische Wurzeln gab, sollte ein Geheimnis bleiben, denn wer weiß, die Nazis könnten wiederkommen.

Irgendwann steht man dann vor den Gräbern der Befragten, und es wird klar, dass sie auch die Antworten in die fest verschlossenen Urnen und Särge mitgenommen haben.

Als ich 2022 die wunderbare Claudia Graf-Grossmann, die dieses Buch geschrieben hat, kennenlernen durfte, hatte ich die Chance, mich noch mal in die Geschichte meiner Ahnen zu vertiefen. Da war nun jemand, der der wahren Geschichte der Familie Simmel auf den Grund gehen wollte, und ich bin sehr gerne mitgegangen.

So wurde die Tatsache, dass ich dieses Buch in seiner Entstehung ein bisschen begleiten durfte, für mich nicht nur zu einer Ehre, sondern zu einem therapeutischen und für mich persönlich sehr wichtigen Weg. Dokumente und Staatsarchive beinhalten nicht nur einen Hauch von Geschichte; der Windstoß, der einem dort entgegenkommt, kann zum Orkan werden, und das historische Gewicht der Fundstücke ist erdrückend und befreiend zugleich.

Dass meinem Onkel J. M. Simmel nun, zu seinem 100. Geburtstag, mit dieser Biografie ein Denkmal gesetzt wird, macht mich glücklich, und niemand hätte dieses Denkmal besser bauen können als Claudia Graf-Grossmann. Dafür bedanke ich mich herzlich.

Vielen Dank auch an den Droemer Knaur Verlag, besonders an Frau Margit Ketterle, die das Buchprojekt von Anfang an mit so viel Interesse begleitet hat.

Nicht unerwähnt lassen möchte ich hier auch Frau Prof. Dr. Ilse Kryspin-Exner, die viele ihrer Erinnerungen geteilt hat, ohne ihre ärztliche Schweigepflicht zu verletzen, und Claudia Graf-Grossmann damit professionell unterstützt hat. Unsere Treffen unter dem Lindenbaum im Garten, wo wir Dokumente, Bilder, alte Zeitungsartikel, Pressefotos und Manuskripte gesichtet haben, bleiben mir ewig in guter Erinnerung. Danke, liebe Ilse. Dass wir uns nach so vielen Jahren endlich persönlich kennengelernt haben, freut mich besonders und hat mich unendlich bereichert.

Zum Abschluss der Recherchearbeit habe ich Canapés aus dem Hotel »Imperial« geholt. Sauteuer, unglaublich lecker, genau wie damals, und sie haben irgendwie nach Simmel im Himmel geschmeckt.

Happy Birthday zum 100sten, lieber O.H.

Ich bin froh und stolz, mit dir verwandt zu sein, und ich hoffe, du freust dich und bist einverstanden mit diesem Buch, für das genauso gewissenhaft recherchiert wurde, wie du es für deine Romane getan hast. Dein Leben war spannend. Danke.

Deine Nichte Lisa

Danksagung

Die Idee zu dieser Biografie entstand in einer Silvesternacht. Mit Genuss verfolgten mein Mann und ich wieder einmal die Abenteuer des Agenten Thomas Lieven in der ZDF-Version mit Siegfried Rauch. Einige Gläser Champagner später schlug mein Mann vor, die Biografie des geistigen Vaters dieser Geschichte zu kaufen. Am Neujahrsmorgen stellten wir erstaunt fest, dass eine solche noch nicht geschrieben war. So keimte die Idee, diese unverzeihliche Lücke anlässlich des 100. Geburtstages von Simmel zu schließen.

Deshalb geht mein Dank zuerst an Christoph Graf, der die Initialzündung zu einem Werk gab, das während der folgenden zwei Jahre einen beachtlichen Teil meiner Zeit beanspruchen würde. Die Recherchen führten mich nicht nur nach München und Wien, sondern auch ins glamouröse Monaco und an die Orte an der mondänen Côte d'Azur, die noch heute die Nonchalance und den Luxus längst vergangener Tage ausstrahlen. Es ist sehr angenehm, solche Orte zu besuchen und sich vorzustellen, wie Simmel hier gelebt und gearbeitet hat. Dass er dies jeweils nach der Rückkehr aus einem Krisengebiet tat oder nach Recherchen über entsetzliche Missstände und Verbrechen, macht das Ganze fast surreal.

Orte sind das eine, doch durfte ich auf die Unterstützung von vielen Menschen zählen, die zu diesem Werk beigetragen haben.

In München traf ich auf große Unterstützung bei den Mitarbeitern des Verlags Droemer Knaur. Margit Ketterle, Editor-at-Large Nonfiction, half mir mit ihrem Fachwissen und untrüglichen Sinn für Stil und Inhalt. Ihr persönliches Interesse an Johannes Mario Simmel, seinem Leben und Werk waren für mich sehr wichtig. Hans-Peter Übleis erinnerte sich für mich an die Zeit, in der er als Verleger den Kontakt zum Hausgott Simmel hielt. Der Lektor Herbert Neumaier blickte mit einem Schmunzeln zurück auf die intensive Zusammenarbeit mit dem erfolgsverwöhnten Schriftsteller und verfolgte auch die Entstehung der Biografie mit wohlwollendem Interesse, was die Lektorin Denise Schweida, Außenlektor Peter Hammans und mich noch mehr anspornte, dem Manuskript einen Simmel-würdigen Feinschliff zu verpassen. Die Archivarin Elena Ratner half mir dabei, mich im Verlagsarchiv zurechtzufinden und dort viele Laufmeter Quellen auszuwerten. Sie sorgt auch dafür, dass die umfangreichen Materialien über Simmel in München übersichtlich geordnet sind. Die Herstellerin Sibylle Dietzel und der Bildredakteur Markus Röleke haben wesentlich zur Gestaltung des Buches beigetragen.

In Wien haben mir Simmels Freundinnen und Freunde Peter und Friedrun Huemer, Ilse Kryspin-Exner und Michael Moser dabei geholfen, sein Leben in der Stadt nachzuzeichnen. Gerhard Strassgschwandtner vom »Third Man Museum« fand in seinem fabelhaften, sehr empfehlenswerten Fotoarchiv über das Wien der Kriegsjahre das Bild der MP Station mit dem Jeep. Herbert Ohrlinger und Annette Lechner vom Zsolnay-Verlag erlaubten mir, die dortige Korrespondenz mit dem Autor zu konsultieren. Die Historikerinnen Linda Erker und Michaela Raggam-Blesch unterstützten mich beim Zurechtfinden im Dschungel der Archive und halfen mir dabei, das Schicksal jüdischer Menschen in Österreich während des Krieges zu verstehen. Peter M. Polak teilte seine Erinnerungen an die Besuche von Simmel bei seinen Eltern und an eine ganz besondere Fisch-Mahlzeit in Südfrankreich mit mir.

Ein besonders herzlicher Dank geht an die Erben des Schriftstellers, Lisa Wegenstein und ihren Bruder Hannes Angerer, sowie an seine Großnichte, Rosanna Wegenstein. Diese hat gemeinsam mit Anna Spanblöchl Simmels letztes Werk kritisch rezensiert.

Die beiden jungen Frauen kamen zu dem Schluss, dass Mario auch für jüngere Lesende durchaus relevant und gar poetisch inspirierend sein kann: *Ist die Liebe der letzte ›place of smiling peace‹, egal was die Zukunft bringt?* Das Händchen fürs Schreiben und ein ausgeprägter Sinn für soziale Gerechtigkeit sind in der Familie immer noch sehr präsent. Das Vertrauen der Nachfahren war für mich unerlässlich, um ein behutsames, ausgewogenes und doch möglichst objektives Bild der Familie zu zeichnen.

In Berlin war Iris Berben bereit, sich viel Zeit zu nehmen für einen ergreifenden letzten Brief an ihren Freund Mario und für zwei ausgiebige Telefonate mit mir. Dank dieser Gespräche konnte ich mich viel besser in den Autor des letzten Lebensjahrzehnts, seine Gedanken, Sorgen und Freuden einfühlen. Inge Heym erlaubte mir freundlicherweise den Abdruck eines Fotos von Stefan Heym und unserem Protagonisten.

In Köln durchforstete Elke Heidenreich ihr privates Archiv und ließ mir einen munteren Artikel und Fotos zukommen, die ein erhellendes Licht auf die Freundschaft mit Simmel werfen. Zwei Buchkritiken zeigen, dass der Blick der Literaturkritikerin auf das Werk trotz aller Nähe zum Menschen scharf und objektiv blieb.

In Berlin half mir die Filmemacherin Beate Kunath bei der Recherche im Stefan-Heym-Archiv in Cambridge. Dadurch konnte ich die Freundschaft zwischen dem Autor und Heym, die für den Autor sehr wichtig war, besser verstehen. Claudia Junk vom Erich-Maria-Remarque-Friedenszentrum an der Universität Osnabrück lieferte mir wertvolle Informationen zur Freundschaft und Zusammenarbeit von Simmel und dem in Osnabrück geborenen Autor von *Im Westen nichts Neues*.

In Brighton gab mir Prof. David Hendy von der *University of Sussex* wertvolle Hinweise auf die Geschichte der BBC und ihres deutschsprachigen Programms während des Zweiten Weltkriegs.

In Monaco sprachen Karl H. und Nina Vanis über ihre Beziehung zu dem Schriftsteller und über die Entstehung des *Club Al-*

lemand International. Sie halfen mir dabei, meine Lücken über Simmels Zeit im Fürstentum zu füllen und mir sein dortiges Leben im Penthouse des *Sun Tower* vorzustellen.

In Zug war der Anwalt und Freund Bruno F. Bitzi bereit, mich an seinen Erinnerungen an die Beziehung zum Autor teilhaben zu lassen. Eva Barbara Uttinger, eine erfahrene Pädagogin und Kindergarten-Expertin, begutachtete Simmels Kinderbücher. Sie wirft bisweilen auch ein Auge auf das Grab von Lulu und Mario und bereitet der Familie im fernen Wien damit eine große Freude.

In Zürich erinnerte sich Peer Teuwsen, Kulturchef der *NZZ am Sonntag*, an sein letztes Interview mit Simmel. Ein mit mir befreundeter Molekularbiologe beurteilte den Roman *Doch mit den Clowns kamen die Tränen* aus fachlicher Sicht und erlaubte mir, das Werk in einem heutigen kritischen Kontext zu lesen. Liz Robinson unterstützte mich bei den Recherchen über die Jahre im Exil von Vater Walter Simmel und lüftete namentlich ein Geheimnis in Bezug auf seinen Sterbeort Worcester. Und meine Zürcher Verlegerin Anne Rüffer unterstützte mich bei der Suche nach einem Verlag, der dem Giganten der deutschen Literatur angemessen ist. Sie trug auch wesentlich dazu bei, dass die Biografie in Simmels Hausverlag Droemer Knaur erscheinen konnte.

In Basel überprüfte Martin Kropik meine Wiedergabe des tschechischen Akzentes von Mila Blehova, der treuen Seele im Elternhaus von Mario und Eva.

In Bad Ragaz war Sabine Loop, die Inhaberin des dortigen Buchladens, eine unschätzbare Hilfe, indem sie mir den Zugang zur Simmel-Literatur verschaffte, oft auf abenteuerlichen antiquarischen Wegen. Ob frühe, späte oder seltene Werke des Autors, englische und französische Fachliteratur oder Bücher über Zeitgenossen, Frau Loop fand Mittel und Wege, um mir diese vitalen Quellen zu erschließen. Ihre Begeisterung für das Projekt motivierte mich stets von Neuem, den Verästelungen dieses langen Lebens nachzuspüren.

Und schließlich gilt mein Dank Johannes Mario Simmel selber. Er ließ mich eine Weile in seinem Kopf wohnen und seinen Spuren folgen, auch wenn ich ihn dafür leider nicht um Erlaubnis bitten konnte. Von Zeit zu Zeit bildete ich mir ein, dass er mir wohlwollend über die Schulter blickte. So stimmte die Sängerin der Band in der stilvollen *Bar Américain* des Hôtel de Paris in Monte-Carlo just in dem Moment, als meine Begleiterin und ich den Raum verlassen wollten, »At Last!« an, einen der Lieblingssongs des Autors.

Allerdings hat er mir und anderen Personen, die sich für den literarischen Nachlass interessieren, das Leben auch schwer gemacht: Durch seine testamentarische Verfügung sind Tagebücher, Korrespondenz, Manuskripte und weitere Unterlagen im Simmel-Archiv in Boston erst ab 2079 zugänglich. Was mag ihn zu dieser langen Sperrfrist bewogen haben? Hat der Meister des Cliffhangers hier vielleicht seinen letzten Trumpf ausgespielt, indem er uns im Ungewissen lässt? Zum Beispiel darüber, ob die Korrespondenz mit Marlene Dietrich wirklich so anstößig war oder uns heute nur mehr ein müdes Lächeln entlocken würde? Die Antwort ... werden unsere Nachfahren kennen.

Wegen des fehlenden Zugriffs auf das Simmel-Archiv war ich darauf angewiesen, andere Quellen zu verwenden. Die oben erwähnten Gespräche mit Zeitzeugen und Experten vom Fach und die verschiedenen Archive halfen sehr.

Der Autor sprach oft und gerne mit Medienschaffenden. Auch enthalten seine Werke viele autobiografische Elemente, wenngleich diese vermeintlichen Schlüsselromane mit Vorsicht zu genießen sind. Autofiktion hat ihre Tücken, wenn sie als Grundlage für eine Biografie dienen soll.

Simmel selber schien sich köstlich darüber zu amüsieren, Geschichten über sein Leben stets ein wenig zu ändern und jedes Mal anders zu erzählen. *I just want to tell a good story* galt bei ihm auch für Privates. Oder, wie er Ilse Kryspin-Exner einmal anvertraute: »Eine Geschichte ist nicht nur dann wahr, wenn sie so erzählt wird, wie sie sich ereignet hat, sondern auch dann, wenn sie sich so hätte ereignen können.«

Zwar habe ich viel Zeit aufgewendet, um die Fakten zu checken und mit anderen Aussagen und Quellen zu vergleichen. Doch bin ich mit Sicherheit in die eine oder andere Falle getappt. Für sämtliche Fehler übernehme ich die Verantwortung und bitte um Nachsicht für die Biografin.

Anhang

Anmerkungen

Diese Publikation enthält Links auf Webseiten Dritter. Wir übernehmen für deren Inhalt keine Haftung, da wir uns diese nicht zu eigen machen, sondern lediglich auf deren Stand zum Zeitpunkt der Erstveröffentlichung bzw. des Seitenaufrufs verweisen. Die Seitenzahlen beziehen sich auf die genannte Ausgabe einer Publikation.

Motto

1 Stefan Heym: *Nachruf*, Penguin-Verlag / C. Bertelsmann Verlag: München, 2018, S. 876.

Prolog

1 The Rolling Stones: *Angie* (Textauszug, aus dem Album *Goats Head Soup*), 1973.

Frühe Jahre

1 Johannes Mario Simmel, *Affäre Nina B.*, Rowohlt Taschenbuch Verlag: Reinbek bei Hamburg, 1960, S. 18 ff.
2 Auskunft Universität Hamburg, Fachbereich Chemie, Prof. Dr. Volkmar Vill, vom 14.11.2022.
3 https://www.chemie.de/lexikon/Royal_Dutch_Shell.html#Anf.C3.A4nge (aufgerufen 6.10.2023).
4 Johannes Mario Simmel, *Träum den unmöglichen Traum*, Droemersche Verlagsanstalt Th. Knaur Nachf.: München, 1996, S. 252.

5   Johannes Mario Simmel, *Zweiundzwanzig Zentimeter Zärtlichkeit*, vollständige Taschenbuchausgabe, Droemersche Verlagsanstalt Th. Knaur Nachf.: München, ©Copyright by Verlag Schoeller & Co.: Locarno, 1979, S. 20.
6   https://www.oeaw.ac.at/tuerkengedaechtnis/denkmaeler/ort/kahlenberg-schwarze-madonna-von-tschenstochau (aufgerufen 6.10.2023).
7   Johannes Mario Simmel, *Träum den unmöglichen Traum*, Droemersche Verlagsanstalt Th. Knaur Nachf.: München, 1996, S. 266.
8   Manfred Flügge, *Stadt ohne Seele: Wien 1938*, Aufbau Verlag: Berlin, 2019, S. 20 ff.
9   Johannes Mario Simmel, *Und Jimmy ging zum Regenbogen*, Droemersche Verlagsanstalt Th. Knaur Nachf.: München/Zürich, 1970, S. 11.
10 Dr.in Michaela Raggam-Blesch: *Alltag unter prekärem Schutz*, Zeitgeschichte 5, 2016.
11 Kurt Bauer, *Die dunklen Jahre*, S. Fischer Verlag: Frankfurt am Main, 2017, S. 113.
12 https://de.wikipedia.org/wiki/Hotel_Metropole (aufgerufen 6.10.2023).
13 Johannes Mario Simmel, *Träum den unmöglichen Traum*, Droemersche Verlagsanstalt Th. Knaur Nachf.: München, 1996, S. 38.
14 https://de.wikipedia.org/wiki/Wien-Film (aufgerufen 6.10.2023).
15 Kurt Bauer, *Die dunklen Jahre*, S. Fischer Verlag: Frankfurt am Main, 2017, S. 143.
16 Vike Martina Plock, *The BBC German Service During The Second World War*, Palgrave Macmillan (Springer Nature Switzerland AG), 2021.
17 Asa Briggs: *The History of Broadcasting in the United Kingdom*, Volume III, *The War of Words*, Oxford University Press, London, 1970, S. 10 ff.
18 David Hendy, *The BBC: A People's History*, Profile Books: London, 2022.
19 Asa Briggs, *The History of Broadcasting in the United Kingdom*, Volume III: *The War of Words*, Oxford University Press: London, 1970, S. 430.
20 Auskunft von Hugh Williams, MRATHS Archivist, vom 19. Januar 2023.

Der Hölle entronnen

1   Marlene Dietrich, *Nachtgedanken*, C. Bertelsmann Verlag: München, 2005, S. 89.
2   Johannes Mario Simmel, *Und Jimmy ging zum Regenbogen*, mit einer durch die Autorin leicht veränderten Passage. Zitate aus dem Interview mit *Der Standard* vom 1. Mai 2001 hinzugefügt.
3   Archiv Familie Wegenstein-Angerer, Wien.
4   https://www.kapsch.net/ueber-kapsch-trafficcom/geschichte (aufgerufen 6.10.2023).
5   Artikel in der Firmenzeitschrift *Blick auf Hoechst*, November 1973.

6 Kurt Bauer, *Die dunklen Jahre*, S. Fischer Verlag: Frankfurt am Main, 2017, S. 219.
7 https://www.vr-elibrary.de/doi/pdf/10.7767/boehlau.9783205793021.277b, Seite 354 und https://chemie.univie.ac.at/fileadmin/user_upload/f_chemie/ueber_uns/Gegen_das_Vergessen/Zu_den_Geschehnissen_am_5_April_1945.pdf (aufgerufen 6.10.2023).
8 Johannes Mario Simmel, *Wir heißen euch hoffen*, Droemersche Verlagsanstalt Th. Knaur Nachf.: München, 1980, S. 147.
9 Johannes Mario Simmel, *Wir heißen euch hoffen*, Droemersche Verlagsanstalt Th. Knaur Nachf.: München, 1980, S. 149.
10 Dr.in Michaela Raggam-Blesch, *Alltag unter prekärem Schutz*, Zeitgeschichte 5, 2016.
11 Dr.in Michaela Raggam-Blesch, *Privileged under Nazi Rules: The Fate of Three Intermarried Families in Vienna*, Journal of Genocide Research, 2019.
12 Kurt Bauer, *Die dunklen Jahre*, S. Fischer Verlag: Frankfurt am Main, 2017.
13 Dr.in Michaela Raggam-Blesch, *Privileged under Nazi Rules: The Fate of Three Intermarried Families in Vienna*, Journal of Genocide Research, 2019.
14 Johannes Mario Simmel, *Mich wundert, dass ich so fröhlich bin*, Droemersche Verlagsanstalt Th. Knaur Nachf.: München, 1996. Erstmals erschienen 1948 im Verlag Paul Zsolnay, Wien.
15 Ebenda, S. 7.
16 Johannes Mario Simmel, *Träum den unmöglichen Traum*, Droemersche Verlagsanstalt Th. Knaur Nachf.: München, 1996, S. 256 ff.
17 Dr.in Michaela Raggam-Blesch: *Privileged under Nazi Rules: The Fate of Three Intermarried Families in Vienna*, Journal of Genocide Research, 2019.
18 Auskunft von Dr.in Linda Erker, Institut für Zeitgeschichte, Universität Wien.
19 Jüdisches Museum Wien, Ausstellung »Schuld«, 2023.
20 Ian Kershaw, *Hitler 1936–1945*, Deutsche Verlags-Anstalt GmbH: Stuttgart, 2000, S. 1081
21 Andrea Rudorff, Arbeit und Vernichtung reconsidered: Die Arbeit der Organisation Schmelt für polnische Jüdinnen und Juden aus dem annektierten Teil Oberschlesiens, *Sozialgeschichte Online* 7, 2012.
22 Johannes Mario Simmel, *Hurra, wir leben noch*, Droemersche Verlagsanstalt Th. Knaur Nachf.: München, 1978.
23 Erinnerungen von Robert E. Farley, erhalten vom Third Man Museum Wien.
24 Johannes Mario Simmel, *Träum den unmöglichen Traum*, Droemersche Verlagsanstalt Th. Knaur Nachf.: München, 1996, S. 155 ff.
25 Johannes Mario Simmel, in: *Neues Österreich* vom 19. Oktober 1947 (Österreichische Nationalbibliothek).
26 Johannes Mario Simmel, in: *Welt am Abend* vom 30. September 1948 (Österreichische Nationalbibliothek).

27 Lisa Simmel, in: *Mein Film* von 1948 (Österreichische Nationalbibliothek).
28 Johannes Mario Simmel, *Zweiundzwanzig Zentimeter Zärtlichkeit*, vollständige Taschenbuchausgabe, Droemersche Verlagsanstalt Th. Knaur Nachf.: München, ©Copyright by Verlag Schoeller & Co: Locarno, 1979, S. 23.
29 Johannes Mario Simmel, *Das geheime Brot*, Droemersche Verlagsanstalt Th. Knaur Nachf.: München, 1996 (erstmals erschienen 1950 im Verlag Paul Zsolnay, Wien), S. 311 ff.
30 *Bild am Sonntag*, 11. Juli 1999.
31 https://www.faz.net/aktuell/feuilleton/buecher/johannes-mario-simmel-in-den-wind-geschrieben-1435040-p3.html (aufgerufen 6. 10. 2023).
32 Johannes Mario Simmel, *Liebe ist nur ein Wort*, Droemersche Verlagsanstalt Th. Knaur Nachf.: München, 1963, S. 46.
33 Das Telegramm-Magazin in der *Wiener Zeitung* vom 24. August 1949.
34 Wikipedia über *Life*.
35 Zum Beispiel in der Bibliothek des Deutschen Museums München, Signatur ZC 1920.
36 *Merian*, Heft 4/1991.
37 Johannes Mario Simmel, *Es muss nicht immer Kaviar sein*, Schweizer Druck- und Verlagshaus: Zürich, 1960, S. 7.
38 *Playboy*, Heft 7/1975.
39 Jacques Abtey und Dr. Fritz Unterberg-Gibhardt: *2ème Bureau contre Abwehr*, La Table Ronde, 1967, S. 9 ff. (Übersetzung der Zitate durch Claudia Graf-Grossmann).
40 Ebenda, S. 143 ff. (Übersetzung der Zitate durch Claudia Graf-Grossmann).
41 Charles Onana, *Joséphine Baker contre Hitler*, Editions Duboiris: Paris, 2006.
42 Johannes Mario Simmel, *Niemand ist eine Insel*, Droemer Knaur und Schoeller & Co.: Locarno, 1976, S. 98 ff.
43 Johannes Mario Simmel, *Bis zur bitteren Neige*, Droemersche Verlagsanstalt Th. Knaur Nachf.: München, 1961; S. 201 ff.
44 Johannes Mario Simmel, *Der Stoff, aus dem die Träume sind*, Droemersche Verlagsanstalt Th. Knaur Nachf.: München, 1971, S. 32.
45 Elke Heidenreich im Gespräch mit Johannes Mario Simmel, Zeitschrift *Du* vom Dezember 1994.
46 Johannes Mario Simmel, *Die Bienen sind verrückt geworden*, Verlag C.H. Beck: München, 2001, S. 175 ff.
47 Johannes Mario Simmel, *Bis zur bitteren Neige*, Droemersche Verlagsanstalt Th. Knaur Nachf.: München, 1961.
48 *Die offene Anstalt für Alkoholkranke in Wien-Kalksburg*, herausgegeben von K. Kryspin-Exner, Genesungsheim Kalksburg, 1967.
49 https://www.api.or.at/anton-proksch-institut/geschichte/ (aufgerufen 6. 10. 2023).

50 https://www.anonyme-alkoholiker.ch/ (aufgerufen 6.10.2023).
51 *Die offene Anstalt für Alkoholkranke in Wien-Kalksburg*, herausgegeben von K. Kryspin-Exner, Genesungsheim Kalksburg, 1967.
52 https://gedankenwelt.de/tiefschlaftherapie-was-ist-das-und-warum-wird-sie-nicht-mehr-angewandt/ (aufgerufen 6.10.2023).
53 https://opus.bibliothek.uni-wuerzburg.de/opus4-wuerzburg/frontdoor/deliver/index/docId/20908/file/Neupert_Dissertation_Megaphen.pdf (aufgerufen 6.10.2023).
54 Elke Heidenreich im Gespräch mit Johannes Mario Simmel, Zeitschrift *Du* vom Dezember 1994.
55 Rezeptabdruck mit freundlicher Genehmigung von Prof. Ilse Kryspin-Exner, Wien.
56 *Playboy*, Heft 7/1975.
57 Johannes Mario Simmel, *Lieb Vaterland magst ruhig sein*, Droemersche Verlagsanstalt Th. Knaur Nachf.: München/Zürich, 1965.
58 *Savoir Vivre*, 1978.
59 *Playboy*, Heft 7/1975.
60 Herbert Ohrlinger gegenüber der Autorin, Februar 2023.
61 https://www.lbi.org/exhibitions/publishing-exile/pazifische-presse/ sowie https:// www.immigrantentrepreneurship.org/entries/felix-guggenheim/ (aufgerufen 6.10.2023).
62 Lt. Auskunft des Erich Maria Remarque-Friedenszentrums, Osnabrück.
63 Günther Fetzer, *Droemer Knaur, die Verlagsgeschichte 1846–2017*, Droemer Verlag: München, 2017.
64 Ebenda, S. 324 ff.
65 *Bild*, 7.2.1979.
66 *Augsburger Allgemeine*, 1.7.1978.
67 Günther Fetzer, *Droemer Knaur, die Verlagsgeschichte 1846–2017*, Droemer Verlag: München, 2017.
68 Johannes Mario Simmel, *Wie das ist, wenn Willy einen aufbaut*, in: *Festschrift zum sechzigsten Geburtstag von Willy Droemer am 18. Juli 1971 und zum fünfundzwanzigjährigen Bestehen der Droemerschen Verlagsanstalt*, herausgegeben von Johannes Mario Simmel, Droemersche Verlagsanstalt Th. Knaur Nachf.: München/Zürich, 1971, S. 202–212.
69 *Spiegel*, 3.1.2009.
70 https://www.deutschlandfunk.de/60-jahre-schwabinger-krawalle-100.html (aufgerufen 6.10.2023).

Grenzen und Geschöpfe

1. Johannes Mario Simmel, *Lieb Vaterland magst ruhig sein*, Droemersche Verlagsanstalt Th. Knaur Nachf.: München/Zürich, 1965, S. 8 ff.
2. Alexandra Campbell, *Hôtel du Cap-Eden-Roc*, Editions Flammarion: Paris, 2020, S. 214 ff.
3. https://www.faz.net/aktuell/feuilleton/buecher/johannes-mario-simmel-in-den-wind-geschrieben-1435040-p3.html (aufgerufen 6.10.2023).
4. https://www.morgenpost.de/printarchiv/wwbm/article104415064/Ich-habe-ein-Leben-lang-Glueck-gehabt.html.
5. Leider war es nicht möglich, Kontakt zu Michaela Treuberg herzustellen und sie zu ihren Erinnerungen zu befragen.
6. https://www.srf.ch/play/tv/musik--gaeste/video/kurzportraet-helga-feddersen-und-johannes-mario-simmel?urn=urn:srf:video:e01ede46-122d-40d4-9906-c49384aa2b3f (aufgerufen 6.10.2023).
7. Wiener Stadt- und Landesarchiv (WStLA).
8. Wiener Stadt- und Landesarchiv (WStLA).
9. Beschluss VII 174/44, Berlin Document Center. Gerichtsakte beim Wiener Stadt- und Landesarchiv (Quelle: WStLA).
10. Auskunft Dr.in Michaela Raggam-Blesch, Institut für Zeitgeschichte, Universität Wien, Februar 2023.
11. Johannes Mario Simmel, *Und Jimmy ging zum Regenbogen*, Droemersche Verlagsanstalt Th. Knaur Nachf.: München/Zürich, 1970.
12. Johannes Mario Simmel, *Und Jimmy ging zum Regenbogen*, Droemersche Verlagsanstalt Th. Knaur Nachf.: München/Zürich, 1970, S. 186 ff.
13. *Epoca*, Heft 6/1970.
14. »Heut' Abend zu Gast«, TV-Sendung mit Joachim Fuchsberger, 1982, https://www.youtube.com/watch?v=Y-7qIyPTA7 s (aufgerufen 6.10.2023).
15. Johannes Mario Simmel, *Die Antwort kennt nur der Wind*, Droemersche Verlagsanstalt Th. Knaur Nachf.: München/Zürich, 1975, S. 201.
16. Johannes Mario Simmel, *Es muss nicht immer Kaviar sein*, Schweizer Druck- und Verlagshaus: Zürich, 1960, S. 127.
17. Hannelore Elsner, *Im Überschwang*, Goldmann: München, 2011.
18. Auskunft Elke Heidenreich gegenüber der Autorin, Mai 2023.
19. Angelika Schrobsdorff, *Die Herren*, Albert Langen/Georg Müller Verlag: München, 1961.
20. *Salz und Pfeffer*, Heft 5/1977.
21. Auskunft Iris Berben gegenüber der Autorin, Februar 2023.
22. *Spiegel*, Heft 8/1999.
23. Albrecht Weber, *Das Phänomen Simmel*, Herder: Freiburg im Breisgau, 1977.

24 Johannes Mario Simmel, *Niemand ist eine Insel*, Droemer Knaur und Schoeller & Co.: Locarno, 1976, S. 248.
25 *Abendzeitung*, 7.3.1979.
26 Johannes Mario Simmel, *Träum den unmöglichen Traum*, Droemersche Verlagsanstalt Th. Knaur Nachf.: München, 1996.
27 Karl H. Vanis, *Monte-Carlo et ma vie*, Autobiografie, 1998.
28 Johannes Mario Simmel, *Der Stoff, aus dem die Träume sind*, Droemersche Verlagsanstalt Th. Knaur Nachf.: München, 1971, S. 150.
29 Johannes Mario Simmel, *Hurra, wir leben noch*, Droemersche Verlagsanstalt Th. Knaur Nachf.: München, 1978, S. 16 ff.
30 Johannes Mario Simmel, *Und Jimmy ging zum Regenbogen*, Droemersche Verlagsanstalt Th. Knaur Nachf.: München/Zürich, 1970, S. 45.
31 Johannes Mario Simmel, *Und Jimmy ging zum Regenbogen*, Droemersche Verlagsanstalt Th. Knaur Nachf.: München/Zürich, 1970, S. 47.

Leidenschaften

1 TV-Sender FS 1: *Empfindsame Reise von Rose Kern*, 28.9.1990.
2 Johannes Mario Simmel, *Liebe ist die letzte Brücke*, Droemersche Verlagsanstalt Th. Knaur Nachf.: München, 1999, S. 89.
3 Johannes Mario Simmel, *Niemand ist eine Insel*, Droemer Knaur und Verlag Schoeller & Co.: Locarno, 1976, S. 92.
4 »Heut' Abend zu Gast«, TV-Sendung mit Joachim Fuchsberger, 1982, https://www.youtube.com/watch?v=Y-7qIyPTA7 s (aufgerufen 6.10.2023), Information Verlag Droemer Knaur 2023.
5 *Die Bunte*, 1978.
6 *Stern*, 13.4.1978.
7 *Das Goldene Blatt*, 11.10.1978.
8 *Bild*-Zeitung, 16.12.1978.
9 *Stern*, 13.4.1978.
10 *Abendzeitung*, 5.3.1983.
11 *Quick*, 22.9.1983.
12 *Bild der Frau*, 14.3.1983.
13 Auskunft Peter M. Polak vom 13.9.2023.
14 https://www.bz-berlin.de/archiv-artikel/marlene-dietrich-pillen-fuer-romy-pruegel-von-gabin (aufgerufen 6.10.2023).
15 https://www.spiegel.de/kultur/kino/ikone-romy-schneider-sie-hat-sich-vergiftet-bis-ihr-herz-stehen-blieb-a-485491.html (aufgerufen 6.10.2023).
16 Marlene Dietrich, *Nachtgedanken*, C. Bertelsmann: München, 2005.

17 Alexandra Campbell, *Hôtel du Cap-Eden-Roc*, Editions Flammarion: Paris, 2020, S. 242.
18 https://www.schirn.de
19 Marlene Dietrich, *Nachtgedanken*, C. Bertelsmann: München, 2005, S. 12 ff.
20 Ebenda, S. 102.
21 Ebenda, S. 100 ff.
22 Erich Maria Remarque, *Der Himmel kennt keine Günstlinge*, Kiepenheuer & Witsch: Köln, 2012.
23 Ebenda. Siehe dazu auch: Werner Fuld, *Ein Treffen mit alten Bekannten. Zur Vorgeschichte des Romans »Der Himmel kennt keine Günstlinge«*, in: *Text+Kritik*, Heft 149, Januar 2001, S. 65–68 (Remarque-Archiv 8, 16.3.005)
24 Marlene Dietrich, *Nachtgedanken*, C. Bertelsmann: München, 2005, S. 182.
25 https://www.welt.de/print-welt/article257634/Hier-ist-Marlene-Dietrich.html (aufgerufen 6.10.2023). Christine Fischer-Defoy, *Marlene Dietrichs Adressbuch*, Transit: Berlin, 2003.
26 Marlene Dietrich, *Nachtgedanken*, C. Bertelsmann: München, 2005, S. 142 ff.
27 Kulturpreis deutscher Freimaurer 1981, Laudatio von Jens Oberheide.
28 *Berliner Zeitung*, 6.8.1998.
29 Elke Heidenreich: Rezension *Mandelbäumchen*, 2009 (zur Verfügung gestellt von der Autorin, Privatarchiv Elke Heidenreich).
30 Marcel Reich-Ranicki, *Mein Leben*, Deutsche Verlags-Anstalt: Stuttgart, 1999, S. 264.
31 https://literaturkritik.de/id/11917 (aufgerufen 6.10.2023).
32 Saul Friedländer, *Den Holocaust beschreiben. Auf dem Weg zu einer integrierten Geschichte*, Wallstein Verlag: Göttingen, 2007.
33 Fabian Kettner, *literaturkritik.de* 5/2008.

Anerkennung und Wehmut

1 *Welt am Sonntag*, Juli 1999.
2 Marlene Dietrich, *Nachtgedanken*, C. Bertelsmann: München, 2005, S. 142.
3 *Frau im Spiegel*, 1.10.1987.
4 Johannes Mario Simmel, *Doch mit den Clowns kamen die Tränen*, Droemersche Verlagsanstalt Th. Knaur Nachf.: München, 1987, S. 11 ff.
5 Ebenda, S. 78.
6 Ebenda, S. 78.
7 https://de.wikipedia.org/wiki/Erwin_Chargaff (aufgerufen 6.10.2023).
8 Erwin Chargaff, *Das Feuer des Heraklit*, Klett-Cotta: Stuttgart, 1981.
9 Edda Grabar / Dr. Ulrich Bahnsen, *Das Ende aller Leiden*, Quadriga/Bastei Lübbe, Köln, 2022, S. 222 ff.

10 Ernst Peter Fischer, Rezension zu *Clowns* in *Weltwoche*, August 1987.
11 Sabine Sütterlin, Rezension zu *Clowns* , *Basler Zeitung*, 11.8.1987.
12 Frank Schirrmacher, Rezension zu *Clowns*, *Frankfurter Allgemeine Zeitung*, 29.8. 1987.
13 Mathias Greffrath, Rezension zu *Clowns*, *Zeit*, 30.10.1987.
14 Ulrich Greiner, Rezension zu *Clowns*, *Zeit*, 6.11.1987.
15 *Stuttgarter Allgemeine Zeitung*, 10.10.1987.
16 Albrecht Weber, *Das Phänomen Simmel*, Herder: Freiburg im Breisgau, 1977.
17 Cambridge University Library, Stefan Heym Archive.
18 Johannes Mario Simmel, *Doch mit den Clowns kamen die Tränen*, Droemersche Verlagsanstalt Th. Knaur Nachf.: München, 1987, S. 33.
19 Ebenda, S. 169.
20 Johannes Mario Simmel, *Im Frühling singt zum letztenmal die Lerche*, Droemersche Verlagsanstalt Th. Knaur Nachf.: München, 1990, S. 11.
21 Ebenda, S. 77.
22 Claudia Graf-Grossmann, *Über Reste und zu Taten*, rüffer & rub: Zürich, 2018. Michael Braungart ist mittlerweile Professor, wissenschaftlicher Geschäftsführer der 1987 von Greenpeace gegründeten EPEA Internationale Umweltforschung GmbH in Hamburg und Mitbegründer und wissenschaftlicher Leiter von McDonough Braungart Design Chemistry, Charlottesville, USA.
23 United Nations Fund for Population Activities.
24 *Spiegel*, Nr. 39, 22.9.1986.
25 http://1686.homepagemodules.de/t61275 f2290151-Johannes-Mario-Simmel-Die-Verfilmungen-von-bis-7.html (aufgerufen 6.10.2023).
26 Ebenda.
27 https://de.wikipedia.org/wiki/Mein_Schulfreund (aufgerufen 6.10.2023).
28 *Börsenblatt*, Nr. 40, 20.5.1983.
29 Auszüge aus Script Prof. Michael Rohrwasser, Januar 2019, mit freundlicher Genehmigung des Autors.
30 »Von Sex bis Simmel«, Film von Hans Günther Pflaum und Peter H. Schröder, 2005.
31 https://www.kino-zeit.de/film-kritiken-trailer/johannes-mario-simmel-edition (aufgerufen 6.10.2023).
32 Briefwechsel im Verlagsarchiv Droemer Knaur.
33 Ebenda.
34 https://de.wikipedia.org/wiki/Lexikon_des_internationalen_Films (aufgerufen 6.10.2023).
35 Straßenfeger-Edition, Auszüge aus dem Buch: *Der deutsche Fernsehkrimi*, J.B. Metzler: Stuttgart.
36 www.irisberben.de (aufgerufen 6.10.2023).

37 https://de.wikipedia.org/wiki/Gott_schützt_die_Liebenden_(2008) (aufgerufen 6.10.2023).
38 https://www.irisberben.de/engagement/ (aufgerufen 6.10.2023).
39 *Frankfurter Allgemeine Sonntagszeitung*, 4.1.2009.
40 https://www.irisberben.de/engagement/holocaust-denkmal-berlin/ (aufgerufen 6.10.2023).
41 *Playboy*, Heft 7/1975.
42 Hauszeitung Hotel Imperial 1970, mit freundlicher Genehmigung des Hotels.
43 https://buerobauer.com/kontakt/ (aufgerufen 6.10.2023).
44 https://deserteursdenkmal.at/wordpress/nachkrieg/chronik_rehabilitierung/.
45 Ebenda.
46 https://de.wikipedia.org/wiki/Peter_Huemer_(Journalist) (aufgerufen 6.10.2023) sowie Gespräch mit Peter und Friedrun Huemer.
47 Viktor Matejka, *Das Buch Nr. 3*, herausgegeben von Peter Huemer, mit einem Vorwort von Johannes Mario Simmel,. Verlag Löcker: Wien, 1993.
48 Johannes Mario Simmel, *Träum den unmöglichen Traum*, Droemersche Verlagsanstalt Th. Knaur Nachf.: München, 1996, S. 166.
49 Johannes Mario Simmel, *Zweiundzwanzig Zentimeter Zärtlichkeit*, vollständige Taschenbuchausgabe, Droemersche Verlagsanstalt Th. Knaur Nachf.: München, ©Copyright by Verlag Schoeller & Co.: Locarno, 1979.
50 https://www.ots.at/presseaussendung/OTS_20011109_OTS0006/ursachen-der-fremdenfeindlichkeit-in-oesterreich-autoritarismus-und-antisemitismus (aufgerufen 6.10.2023). Studie realisiert durch Ass. Prof. Günther Rathner, Leopold-Franzens-Universität Innsbruck, 2001.
51 Johannes Mario Simmel, *Die Bienen sind verrückt geworden*, C.H. Beck: München, 2001, S. 33.
52 Ebenda.
53 Elke Heidenreich, Rezension von *Die Bienen sind verrückt geworden*, 2004 (zur Verfügung gestellt von der Autorin, Privatarchiv Elke Heidenreich).

Ein Vermächtnis

1 *Spiegel*, 8/1999.
2 Joachim Kaiser, *Süddeutsche Zeitung*, 31.1. und 1.2.1976.
3 https://jardin5sens.net/ (aufgerufen 6.10.2023).
4 Restaurant La Favola: https://lafavola.ch/ (aufgerufen 6.10.2023).
5 https://www.theguardian.com/commentisfree/2019/dec/31/millennium-bug-face-fears-y2k-it-systems (aufgerufen 6.10.2023).
6 https://de.wikipedia.org/wiki/Jahr-2000-Problem (aufgerufen 6.10.2023).
7 *Focus*, 26.7.1999.

8 Johannes Mario Simmel, *Liebe ist die letzte Brücke*, Droemersche Verlagsanstalt Th. Knaur Nachf., München, 1999, S. 319.
9 *Spectrum*, 14.8.1999.
10 *Stuttgarter Zeitung*, 5.8.1999.
11 *Berliner Zeitung*, August 1999.
12 *Album*, 23.10.1999.
13 Der Begriff Omi bezieht sich auf Eva Wegenstein-Simmel, die Großmutter von Rosanna Wegenstein.
14 Johannes Mario Simmel, *Die Bienen sind verrückt geworden*, C.H. Beck: München, 2001, S. 181 ff.
15 *Observer Wien*, 21.7.1999.
16 Johannes Mario Simmel, *Im Frühling singt zum letztenmal die Lerche*, Droemersche Verlagsanstalt Th. Knaur Nachf.: München, 1990.
17 *Stern*, 3/2009.
18 Bruno F. Bitzi, Auskunft via Mail vom 16.2.2023.
19 *Weltwoche* vom 20.12.2007, https://weltwoche.ch/story/das-war-saeuisch-von-mir/ (aufgerufen 6.10.2023).
20 Der Titel des Werks lautet: *Dem anderen Licht zu*, https://www.galerie-boisseree.com/de/artists/marc-chagall.html (aufgerufen 6.10.2023).
21 Johannes Mario Simmel, *Träum den unmöglichen Traum*, Droemersche Verlagsanstalt Th. Knaur Nachf.: München, 1996, S. 422.

Epilog

1 Etta James, Auszug aus Lyrics von »Stormy Weather (At Last!)«, 1960.
2 *Bild*, 17./18.1.2009.
3 https://www.boell.de/sites/default/files/assets/boell.de/images/download_de/democracy/PEN_Broschuere_65.pdf (aufgerufen 6.10.2023).
4 Johannes Mario Simmel, *Träum den unmöglichen Traum*, Droemersche Verlagsanstalt Th. Knaur Nachf.: München, 1996.
5 *Bild am Sonntag*, 4.1.2009.
6 *Die Welt*, 5.1.2009.
7 *Frankfurter Allgemeine Sonntagszeitung*, 4.1.2009.
8 *Stern*, 3/2009.
9 Herbert Ohrlinger gegenüber der Autorin, 11.2.2023.
10 *Frankfurter Allgemeine Zeitung*, Januar 2009.

Werkverzeichnis
Johannes Mario Simmel

Romane

Mich wundert, daß ich so fröhlich bin, Zsolnay: Wien, 1949.
Das geheime Brot, Zsolnay: Wien, 1950; als rororo-Taschenbuch: Rowohlt Taschenbuch Verlag: Reinbek bei Hamburg, 1966.
Der Mörder trinkt keine Milch. Ein Kriminalroman, Demokratische Druck- und Verlags-Gesellschaft (Bären-Bücher 19): Linz, 1950.
Man lebt nur zweimal, Demokratische Druck- und Verlags-Gesellschaft (Bären-Bücher 21): Linz: 1950.
Ich gestehe alles, Zsolnay: Wien, 1953.
Der Hochstapler. Immer, wenn er Kuchen aß ... (mit Hans Hartmann), Südverlag: München/Konstanz, 1954.
Gott schützt die Liebenden, Zsolnay: Wien, 1957.
Affäre Nina B., Zsolnay: Wien, 1958.
Es muß nicht immer Kaviar sein, Schweizer Druck- und Verlagshaus: Zürich, 1960.
Bis zur bitteren Neige, Droemer Knaur: München, 1962.
Liebe ist nur ein Wort, Droemer Knaur: München 1963.
Lieb Vaterland magst ruhig sein, Droemer Knaur: München, 1965.
Alle Menschen werden Brüder, Droemer Knaur: München 1967.
Und Jimmy ging zum Regenbogen, Droemer Knaur: München, 1970.
Der Stoff, aus dem die Träume sind, Droemer Knaur: München, 1971.
Die Antwort kennt nur der Wind, Droemer Knaur: München, 1973.
Niemand ist eine Insel, Droemer Knaur: München 1975.
Hurra, wir leben noch, Droemer Knaur: München, 1978.
Wir heißen euch hoffen, Droemer Knaur: München, 1980.

Bitte, laßt die Blumen leben, Droemer Knaur: München, 1983.
Die im Dunkeln sieht man nicht, Droemer Knaur: München, 1985.
Doch mit den Clowns kamen die Tränen, Droemer Knaur: München, 1987.
Im Frühling singt zum letztenmal die Lerche, Droemer Knaur: München, 1990.
Auch wenn ich lache, muß ich weinen, Droemer Knaur: München, 1993.
Träum den unmöglichen Traum, Droemer Knaur: München, 1996.
Der Mann, der die Mandelbäumchen malte, Droemer Knaur: München, 1983 und 1998.
Liebe ist die letzte Brücke, Droemer Knaur: München, 1999.

Erzählungen

Begegnung im Nebel. Erzählungen, Zsolnay: Wien, 1947.
Niemand ist eine Insel. Erzählungen (mit Zeichnungen von Eugen Ledebur), Zsolnay: Wien 1948.
Zweiundzwanzig Zentimeter Zärtlichkeit und andere Geschichten aus dreiunddreißig Jahren, Droemer Knaur: München, 1979.
Die Erde bleibt noch lange jung und andere Geschichten aus fünfunddreißig Jahren, Droemer Knaur: München, 1981.

Dramen

Der Schulfreund. Ein Schauspiel in 12 Bildern, Rowohlt Verlag: Reinbek bei Hamburg, 1959 (Uraufführung Nationaltheater Mannheim, 26. Februar 1959; *Mein Schulfreund*, Filmuraufführung: 22. Juli 1960)

Essays

Die Bienen sind verrückt geworden. Reden und Aufsätze über unsere wahnsinnige Welt, Beck: München 2001.

Kinder- und Jugendbücher

Von Drachen, Königskindern und guten Geistern. Für die Jugend zusammengestellt von Johannes Simmel, Leuen (Sagen unserer Heimat): Wien, 1950.

Weinen ist streng verboten! Eine Geschichte für kleine und große Mädchen, Leuen: Wien, 1950 (Neuausgabe als: *Weinen streng verboten*, Droemer Knaur: München, 1977).

Ein Autobus, groß wie die Welt. Ein Reiseerlebnis voll Spannung für Buben und Mädel, Jungbrunnen: Wien, 1951.

Meine Mutter darf es nie erfahren. Ein aufregendes Abenteuer rund um ein schlechtes Zeugnis, Jungbrunnen: Wien, 1952.

Wenn das nur gut geht, Paul. Ein aufregendes Abenteuer, Weiß: München/Berlin, 1953.

In der Johannes Mario Simmel Collection der Universität Boston sind Manuskripte, Fragmente von Manuskripten, Hintergrundmaterial sowie Korrespondenz gelagert. Eine testamentarische Verfügung des Autors untersagt den Zugang zum Archiv bis 2079.

Filmografie

Drehbücher

1951: *Frühling auf dem Eis*
1951: *Verträumte Tage* (Drehbuch mit Erich Kröhnke, Emil-Edwin Reinert)
1951: *Das Herz einer Frau* (Drehbuch mit Friedrich Schreyvogl)
1951: *Es geschehen noch Wunder* (Drehbuch mit Willi Forst)
1952: *Verlorene Melodie* (Drehbuch mit Eduard von Borsody)
1953: *Tagebuch einer Verliebten* (Drehbuch mit Emil Burri)
1954: *Der Raub der Sabinerinnen* (Drehbuch mit Emil Burri)
1954: *Dieses Lied bleibt bei dir* (Drehbuch mit Willi Forst)
1954: *Die Hexe* (Drehbuch mit Emil Burri, Gustav Ucicky)
1954: *Weg in die Vergangenheit* (Drehbuch mit Emil Burri)
1955: *Hotel Adlon* (Drehbuch mit Emil Burri)
1955: *Dunja* (Drehbuch mit Emil Burri)
1956: *Liebe, die den Kopf verliert* (Drehbuch mit Emil Burri)
1956: *Kitty und die große Welt* (Drehbuch mit Herbert Reinecker, Emil Burri)
1957: *Robinson soll nicht sterben* (Drehbuch mit Emil Burri)
1957: *Unter Achtzehn* (Drehbuch mit Emil Burri, Georg Tressler)
1958: *Madeleine und der Legionär* (Drehbuch mit Emil Burri, Werner Jörg Lüddecke)
1958: *Stefanie*
1958: *Nackt wie Gott sie schuf*
1959: *Marili* (Drehbuch mit Emil Burri)
1960: *Gerichtet bei Nacht* (Drehbuch mit Günter Kaltofen, Hans-Joachim Kasprzik)

Filme nach Werken von Johannes Mario Simmel

1960: *Mein Schulfreund*
1960: *Mit Himbeergeist geht alles besser*
1961: *Affäre Nina B.*
1961: *Es muß nicht immer Kaviar sein*
1961: *Diesmal muß es Kaviar sein*
1963: *Der Schulfreund* (TV-Film)
1971: *Und Jimmy ging zum Regenbogen*
1971: *Liebe ist nur ein Wort*
1972: *Der Stoff, aus dem die Träume sind*
1973: *Alle Menschen werden Brüder*
1973: *Gott schützt die Liebenden*
1974: *Die Antwort kennt nur der Wind*
1975: *Bis zur bitteren Neige*
1976: *Begegnung im Nebel* (TV-Film)
1976: *Lieb Vaterland magst ruhig sein*
1977: *Es muß nicht immer Kaviar sein* (Fernsehserie)
1983: *Die wilden Fünfziger*
1983: *Mich wundert, daß ich so fröhlich bin* (TV-Film)
1986: *Bitte laßt die Blumen leben*
1990: *Mit den Clowns kamen die Tränen*
2008: *Und Jimmy ging zum Regenbogen* (TV-Film)
2008: *Gott schützt die Liebenden* (TV-Film)
2010: *Liebe ist nur ein Wort* (TV-Film)
2011: *Niemand ist eine Insel* (TV-Film)

Ausgewählte Sekundärliteratur zu Johannes Mario Simmel

Albrecht Weber: *Das Phänomen Simmel: Zur Rezeption eines Bestseller-Autors unter Schülern und im Literaturunterricht.* Verlag Herder: Freiburg im Breisgau, 1977.

Richard Albrecht: *Ein Bestsellerroman in den Medien. Literatursoziologische Fallstudie zur Verbreitung des Romanbestsellers* »Die Antwort kennt nur der Wind« *(1973)*, in: Sociologia Internationalis, 23 (1985) 1, S. 49–77.

Wlodzimierz Bialik, *Johannes Mario Simmel oder der unvermeidliche Erfolg. Erzähl- und Verkaufsstrategien des Unterhaltungsromans in der Bundesrepublik Deutschland*, Wydawnictwo Naukowe Uniwersytetu im. Adama Mickiewicza w Poznaniu: Poznań, 1987.

Friedbert Aspetsberger (Hrsg.), *Johannes Mario Simmel lächelt*, Studien Verlag: Wien, 1999.

Gerhard Teuscher, *Perry Rhodan, Jerry Cotton und Johannes Mario Simmel. Eine Darstellung zu Theorie, Geschichte und Vertretern der Trivialliteratur*, Ibidem: Stuttgart, 1999.

Jacek Rzeszotnik, *Literarische Kommunikationsstrategien. Zum Bestsellerroman und dessen Autoren in der zweiten Hälfte des 19. und 20. Jahrhunderts am Beispiel von* Karl May *und* Johannes Mario Simmel, Corian: Meitingen, 2000.

Christian Heger, *Der Stoff, aus dem die Träume sind. Zum Journalistenbild bei Johannes Mario Simmel*, in: ders., Im Schattenreich der Fiktionen: Studien zur phantastischen Motivgeschichte und zur unwirtlichen (Medien-)Moderne, AVM: München, 2010., S. 204–226.

Andrea Hamburg, *Zwischen Verriss und Bestsellertum. Die Rezeption von Johannes Mario Simmel*, Lang: Frankfurt am Main, 2012.

Johannes Mario Simmel Playlist

Musik zieht sich wie ein roter Faden durch Simmels Werk: Der Autor verleiht seinen Protagonisten nicht nur einen Körper, eine Seele und ein Schicksal, sondern zeichnet ihre Geschichte auch anhand von Klängen nach.
Siehe dazu die Johannes Mario Simmel Playlist auf Spotify©. Sie enthält Songs, die eine Handlung untermalen oder den Autor persönlich berührten.

Angie, The Rolling Stones, *Goats Head Soup* (Remastered)
Sag mir wo die Blumen sind, Marlene Dietrich, *Der Blonde Engel – Marlene Dietrich*
At Last, Etta James, *At Last!**
Générique, Miles Davis, Soundtrack zum Film *Fahrstuhl zum Schafott* (Ascenseur pour l'échafaud) von Louis Malle, 1958
Le sud, Nino Ferrer, *Nino Ferrer*
Til the End of Time, Perry Como, *The Essential Perry Como*
Never Give Up, Barbra Streisand, *Guilty*
Main Title, Irma La Douce, André Previn, *Billy Wilder's Irma La Douce*
The Third Man Theme, Anton Karas, *Anton Karas plays The Third Man*
Es muss nicht immer Kaviar sein, Martin Böttcher und sein Orchester, *Kaviar und andere Spezialitäten*
Let's Be Happy, Giora Feidman, *Yiddish Soul*
Diamonds Are a Girl's Best Friends, Marilyn Monroe, *Diamonds Are a Girl's Best Friends*
Merci Dieu merci (I'm so glad Jesus lifted to me), John William, *Double d'or: John William*

---

* Der schmachtende Song, den der junge Johannes Mario Simmel der Wurlitzer-Musikbox im Wiener Café Cobenzl entlockte und der fernen Angebeteten am Telefon vorspielte, war »Stormy Weather« mit Lena Horne. Auch die Coverversion von Etta James von 1961 dürfte dem Autor Gänsehaut beschert haben.

Rhapsody in Blue, George Gershwin
My Romance, Doris Day, *Doris Day – Her Greatest Songs*
The Second Time Around, Shirley Horn, *Magic – Just in Time*
Moonlight Serenade, *The Essential Glenn Miller*
Strangers in the Night, Frank Sinatra, *Nothing But The Best* (Remastered)
Kavierkonzert No. 2, op.18, in c-Moll, Sergej Rachmaninow
These Foolish Things (Remind me of You), Nat King Cole, *Love Songs*
Prologue / Tradition, John Williams, Chaim Topol, *Fiddler on the Roof*
C'est si bon, Yves Montand, *Le Paris De ... Montand*
Pennies from Heaven, Frank Sinatra, *Songs for Swingin' Lovers* (Remastered)
Petite Fleur, Sidney Bechet, *Les Années Bechet*
J'ai Deux Amours, Joséphine Baker, *J'ai Deux Amours*
Stormy Weather, Lena Horne, *Planet Jazz*
Les feuilles mortes, Yves Montand, *Chante Prévert*
Theme From Schindler's List, John Williams, Itzhak Perlman, Boston Symphony Orchestra, *Schindler's List*
Ich bin von Kopf bis Fuß auf Liebe eingestellt, Marlene Dietrich, *The Essential Marlene Dietrich*

Bildnachweis

Bildteil 1:
Alle Fotos aus dem Archiv Lisa Wegenstein außer
S. 1 Verlagsgruppe Droemer Knaur, Typographie Fritz Blankenhorn; S. 12 Bundesarchiv; S. 15 unten mit freundlicher Genehmigung des Third Man Museums, Wien Transkription des Englischen Textes auf S. 10: »My Dear Boy, I have received very good news from London just now. Hope to be in England in the course of a fortnight. Hope to have news from you tomorrow. What may be the matter with you? Anybody ill? It seems that the 2nd Catalogue got lost otherwise you would have confirmed it. What a pity. Good night T.«; S.11: »My dear boy, thanks for your letter. Hope you have received mine which ought to have arrived there last Sunday or Monday latest. I wished I could help you all in a substantial way but my fortune is now reduced to about three Brl (britische Pfund, Anmerkung der Autorin)* and no earthly chance of getting something. I shall at once send you something if I can. Bussies your T.«

Bildteil 2:
Alle Fotos aus dem Archiv Lisa Wegenstein außer
S. 1 Cover Quick, Jahrgang 12, Nr. 35, München, 29. August 1959; S. 3 Cover »Es muss nicht immer Kaviar sein«, von oben nach unten: Schweizer Druck- und Verlagshaus AG, Zürich, 1960 – Lizenzausgabe des Deutschen Bücherbundes GmbH & Co., Stuttgart München mit Genehmigung der Schweizer Verlagshaus AG, Zürich – Lizenzausgabe der Droemerschen Verlagsanstalt Th. Knaur Nachf. München/Zürich, 1960 by Schweizer Druck- und Verlagshaus AG, Zürich, Graphische Ausstattung Hermann Rastorfer; S. 3 oben picture alliance; S. 3 unten picture alliance/United Archives/United Archives/kpa/Grimm; S. 4 oben picture alliance/ullstein bild; S. 4 unten Archiv Verlagsgruppe Droemer Knaur; S. 5 oben rechts und unten Archiv Verlagsgruppe Droemer Knaur; S. 6 picture alliance/Sammlung Richter; S. 7 oben picture alliance/brandstaetter images/Votava; S. 7 unten Archiv Verlagsgruppe Droemer Knaur; S. 8 oben links picture-alliance/dpa/Horst Ossinger; S. 8/9 picture alliance/ullstein bild/Sobli; S. 10 unten picture-alliance/dpa/Morvan Remy Le; S. 11 oben picture alliance; S. 11 unten picture-alliance/dpa/Jörg Schmitt; S. 12 oben picture alliance/ullstein bild/Josef Ritler; S. 12 unten picture-alliance/dpa/Ossinger; S. 13 oben picture alliance/ullstein bild/Hansruedi Walthart; S. 13 unten picture-alliance/Sueddeutsche Zeitung Photo/Stephan Rumpf; S. 14 oben IMAGO/teutopress; S. 14 Mitte picture-alliance/dpa/Andreas Altwein; S. 14 unten picture alliance/ZB/Klaus Morgenstern; S. 15 picture-alliance/dpa/Istvan Bajzat; S. 16 ROBA Images

Personenregister

Abel, Heidi 124
Abtey, Jacques 85–89
Adenauer, Konrad 46, 85
Adorf, Mario 226, 236
Affäre Nina B. 18, 82, 159, 171, 173, 226
Albert, Prinz von Monaco 161
Alle Menschen werden Brüder 139, 223 f., 241
Allégret, Catherine 236
Allen, Woody 204, 295
Alltag unter prekärem Schutz 129
Aly, Götz 110
Ambler, Eric 227
Anatevka 245
Andersch, Alfred 214
Anderson, Marie 228
Angerer, Eva Susanne (Schwester; alias Eva Sylt) 17 f., 24, 28, 33, 35, 37 ff., 62, 99 f., 119 f., 124, 126 ff., 164, 196, 203, 208, 245, 279, 281 f.
Angerer, Hannes (Neffe) 203, 245, 281
Angerer, Rudolf 119, 203
Antwort kennt nur der Wind, Die 133, 163, 223 f., 228, 241
Aspetsberger, Friedbert 273

Bachmann, Ingeborg 283
Bahnsen, Ulrich 209
Baker, Joséphine 89 ff.
Báky, Josef von 172
Bamm, Peter 107
Barschel, Uwe 266
Bauer, Kurt 39
Bechet, Sidney 89
Begegnung im Nebel 71, 73, 283

Beinhorn, Elly 80
Bela Namenlos 81
Bender, Axel J. 161
Berben, Iris 140, 236 ff., 281 f., 284, 288 f.
Berben, Oliver 236
Berger, Senta 235
Bienen sind verrückt geworden, Die 196, 238, 258
Bis zur bitteren Neige 92, 96, 108, 111, 223 f., 226
Bismarck, Ann-Marie Prinzessin von 169
Bitte, lasst die Blumen leben 184, 188, 222, 226, 242
Bitzi, Bruno f. 278, 282 f.
Blankenhorn, Fritz 112
blaue Engel, Der 170 f.
Blech, Hans-Christian 222
Blehova, Mila 17 ff., 23, 25, 28, 37, 52, 82, 113, 127
Bobby Deerfield 178
Böhm, Karl 149
Bokel, Radost 222
Böll, Heinrich 214, 227, 272, 278
Bolle, Fritz 109 ff., 182, 190, 204
Bosquet, Norma 172
Böttcher, Martin 234
Brandt, Willy 258
Brasseur, Pierre 173, 235
Brauner, Artur 76
Braungart, Michael 221
Brecht, Bertolt 183, 192, 261
Brenner, Luise Margot Martha siehe Treuberg, Lucie bzw. »Lulu«
Brialy, Jean-Claude 173
Briggs, Asa 43

Buber, Martin 272
Buch Nr. 3, Das 249, 251
Buchholz, Horst 172
Burri, Emil 75, 172

Café Elektrik 74
Canaris, Wilhelm 85, 132, 192
Caroline, Prinzessin von Monaco 81, 161
Carrell, Paul 176
Cars, Guy des 80
Carstairs, Marion Barbara »Joe« 122
Chagall, Marc 167 ff., 174 f., 202, 270, 278, 284 f., 287 f.
Chagall, Valentina 167
Chamberlain, Neville 41 f., 122
Chargaff, Erwin 207 f., 210 f., 213
Chirac, Jacques 174
Chruschtschow, Nikita 246
Churchill, Winston 43 f., 122, 192
Clark, Mark Wayne 65 f.
Clique, Die 108
Cohn, Arthur 281, 289
Cooper, Gary 171
Crick, Francis 207 f.
Curtis, Tony 162, 171

Day, Doris 155, 159, 232
Dem anderen Licht entgegen 284 f.
Demel, Ilse siehe Kryspin-Exner, Ilse
Den Holocaust beschreiben. Auf dem Weg zu einer integrierten Geschichte 195
Destry reitet wieder bzw. Der große Bluff (Destry Rides Again) 184
Dichand, Hans 247
Die im Dunkeln sieht man nicht 184, 191, 242
Dieses Lied bleibt bei dir 75
Diesmal muss es Kaviar sein 226
Dietrich, Marlene 49 f., 53, 57, 68, 75 f., 80, 95, 104, 121 ff., 170–175, 177 ff., 184, 278, 282
Disney, Walt 246
Doch mit den Clowns kamen die Tränen 108, 184, 204 f., 208, 211, 215 f., 242, 266, 295, 306
Doldinger, Klaus 232
Dollfuß, Engelbert 25, 27, 30
Dor, Karin 235
Dreher, Ingeborg 54
Drei Kameraden 80
Dreigroschenoper 192
dritte Mann, Der (The Third Man) 67, 255
Dritte Reich und die Juden, Das 195
Droemer, Willy 108–113, 161, 245
Durbridge, Francis 233
Duval, Frank 222

Ebert, Friedrich 27
Eden, Anthony 86
Ehrenzweig, Robert 41 f.
Eichinger, Bernd 236
Eisterer, Klaus 54
Elisabeth II., Königin von England 246
Elsner, Hannelore 137, 222
Ende aller Leiden, Das 209
Engel, Thomas 224, 234
Erde bleibt noch lange jung, Die 169, 183
Erker, Linda 61
Es geschehen noch Wunder 75
Es muss nicht immer Kaviar sein 82 f., 86, 88, 90 f., 105, 108, 124, 140, 145, 173, 226, 233, 239, 269, 293 f.
ewige Jude, Der 270

Fallada, Hans 183, 227
Farley, Robert E. 65 f.
Fassbinder, Rainer Werner 232, 272
Ferch, Heino 237
Fetzer, Günther 108

Feuer des Heraklit, Das 208
Fischer, Ernst Peter 211
Fischer, O. W. 173, 226, 235
Flügge, Manfred 26
Forst, Willi 38, 74 f., 94, 96, 170, 252
Frank, Anne 284
Freud, Sigmund 26
Frick, Hans 162
Friedländer, Saul 195
Frisch, Karl von 259
Fuchsberger, Joachim 133

Gabin, Jean 95, 175
Gaigg, Hermann 167
Galilei, Galileo 240
Garnier, Charles 158
Gaulle, Charles de 89
Geborgtes Leben. Roman einer Liebe 176
geheime Brot, Das 73, 78, 188, 255, 261
Ghez, Oscar 270
Giehse, Therese 171
Gilot, Françoise 174
Goddard, Paulette 178
Goebbels, Joseph 38, 41, 46, 81, 99, 284
Goethe, Johann Wolfgang von 150 f., 182
Golden Earrings 69
Göring, Hermann 31, 225
Gott schützt die Liebenden 214, 223, 237
Grabar, Edda 209
Gracia Patricia, Fürstin von Monaco 91, 144, 161
Grant, Cary 171, 174
Grass, Günter 214, 227, 290
Greene, Graham 68, 227, 278
Greffrath, Matthias 213 f.
Greiner, Ulrich 214
große Bluff, Der bzw. *Destry reitet wieder (Destry Rides Again)* 49
Guggenheim, Felix 106 ff., 112

Habich, Matthias 235
Haider, Jörg 256 ff., 294
Harrison, Rex 171
Hartel, Klaus D. 105
Hartl, Karl 75
Hass, Hans 80
Hass, Lotte 80
Hayworth, Rita 174
He Jiankui 209
Heidenreich, Elke 92, 94, 99, 138, 188, 237 f., 260
Heine, Heinrich 173
Heinemann, Gustav 258
Hemingway, Ernest 67, 72, 229, 278
Hendy, David 44
Hepburn, Audrey 174
Hermant, André 167
Herren, Die 138
Heydrich, Reinhard 36
Heym, Stefan 163, 186, 215, 267, 272, 278 f.
Himmel kennt keine Günstlinge, Der 176
Himmler, Heinrich 51, 232
Hintermeier, Hannes 296 f.
Hitchcock, Alfred 174, 246
Hitler, Adolf 28, 30 f., 41, 45, 50, 53, 56, 63, 86, 89, 99, 122, 170, 192, 246, 250 f., 260
Hoff, Hans 94, 96
Hoffmann, Heinrich 251
Holtzbrinck, Georg von 113, 157
Hönigschmied, Maria 113
Hörbiger, Attila 75
Horeischy, Kurt 54 f.
Horne, Lena 155
Huber, Christoph 226
Hubmann, Hanns 81
Huemer, Friedrun 248 f., 252
Huemer, Peter 40, 140, 148, 249, 251 f.

Hurra, wir leben noch 65, 104, 149 f., 161 f., 165, 232, 240 f.

Ich gestehe alles 92
Im Frühling singt zum letztenmal die Lerche 217, 242, 281
Im Westen nichts Neues 176, 220
In einem anderen Land (A Farewell to Arms) 72, 229
Irgendwo in Europa 70
Irving, John 227

Jackson, Michael 246
Jan III. Sobieski, König 25
Janiczek, Luise von 23
Jedermann 119
Jelinek, Elfriede 98, 278
Jenkins, Gloria 291
Joséphine Baker contre Hitler 89
Jouve, Pierre Jean 216
Jules et Jim 271

Kaiser, Joachim 266 f.
Kaltenegger, Paul 126
Karajan, Herbert von 246
Kaufmann, Christine 236
Keller, Marthe 178, 229 f., 235
Kelly, Grace 174
Kennedy, Jackie 100
Kennedy, Joseph P. 121 f., 174
Kennedy, Rose 121 f.
Kern, Rose 155
Kerr, Charlotte 235
Kettner, Fabian 195
Khan, Ali 174
Kipling, Rudyard 183
Kishon, Ephraim 203
Klaesi, Jakob 98
Klemperer, Victor 129
Klick, Roland 224

Knef, Hildegard 75, 172, 235
Kollwitz, Käthe 35
Konsalik, Heinz G. 228
Kooperation statt Intervention und die Folgen für die Entnazifizierung 54
Kowalski, Jeannette 291 f.
Kraus, Karl 35, 261
Krebs, Dieter 236
Kreisler, Georg 252
Kreitling, Holger 294
Kreuzer, Franz 259 f.
Krüger, Sabine 103
Kryspin-Exner, Helene 102
Kryspin-Exner, Ilse (geb. Demel) 98, 100 ff., 111, 281
Kryspin-Exner, Kornelius 97, 99 f., 102 ff., 111, 204, 225

Lahann, Birgit 281, 295
Lange, Jörn 54 f.
Lanz, Peter 105
Lanzmann, Claude 194
le Carré, John 227
Le Message Biblique 168
leere Welt, Die 216
Leiden des jungen Werthers, Die 183
Lessing, Gotthold Ephraim 183
Lieb Vaterland magst ruhig sein 103, 106, 117, 223 ff., 241
Liebe ist die letzte Brücke 112, 139 f., 265, 268, 273, 277, 279
Liebe ist nur ein Wort 78, 108, 223, 226, 228
Lindtberg, Leopold 64, 171
Lyon, Jean 89

Mädchen Irma la Douce, Das 204
Mahler, Gustav 246
Malraux, André 168
Manche mögen's heiß 204

Mané-Katz, Emmanuel 270
*Mann, der die Mandelbäumchen malte,
Der* 185, 187, 273
Mann, Thomas 43
Marischka, Georg 224, 236
Marshall, George 49
Martinus von Biberach 60
Matejka, Viktor 249 ff.
Mattes, Eva 236
Matul, Tami 121
May, Karl 224, 234
McCarthy, Mary 108
Medard 82
Meier, Armin 105 f.
Mein Freund Harvey 204
Meine Mutter darf es nie erfahren. Ein aufregendes Abenteuer rund um ein schlechtes Zeugnis 254 f.
Melles, Sunnyi 236
Mich wundert, dass ich so fröhlich bin 57 f., 60, 283
Millowitsch, Willy 236
Milva 232
Mit Himbeergeist geht alles besser 81, 226
Montand, Yves 174, 229 f.
Monte-Carlo et ma vie 147
Moreau, Jeanne 271
Moser, Michael 139, 145, 245, 280
Müssig, Hans Friedrich 86 ff.
Mussolini, Benito 28

Nachtgedanken 49, 176, 179
Nestroy, Johann 283
Neumaier, Herbert 111, 172, 178, 187, 190
Neumann, Nicolaus 160
Niemand ist eine Insel 90, 108, 137, 141, 144, 157, 241

Oberheide, Jens 182 f.
Ohrlinger, Herbert 106, 296
Old Surehand 224
Onana, Charles 89

Pabel, Hilmar 80
Pabst, Joachim Pierre 176
Pacino, Al 178
Palmer, Lilli 171, 190
Paretti, Sandra 190
Pflaum, Hans Günther 228
Phänomen Simmel, Das 141, 214
Philipp, Herzog von Württemberg 246
Picasso, Pablo 174
Pinter, Harold 290
Plock, Vike Martina 41
Poe, Edgar Allan 185
Polak, Hans W. 105, 148, 163, 196, 253
Polak, Peter M. 148, 163, 167, 196, 253
Politkowskaja, Anna 290
Pollack, Sydney 178, 204
Pompidou, Georges 174
Poszvek, Helena, »Lämmlein« 72, 107, 133 f., 144, 148 f., 151, 155–169, 180, 184, 191, 202, 232
Prather, E. S. 20 f.
Prinz, Günter 293 f.
Purzer, Manfred 229 ff.

Qualtinger, Helmut 67, 203, 252
Quemard, Jean 135, 139
Quemard, Monique 139

Radványi, Géza von 70, 224
Raggam-Blesch, Michaela 56, 61, 129 f.
Rainier, Fürst von Monaco 161
Rathner, Günther 256
Rauch, Siegfried 145, 173, 233 ff.,
Reagan, Ronald 174
Reed, Carol 68, 255

333

Reichmann, Wolfgang 226, 236
Reich-Ranicki, Marcel 35, 194 f., 266
Remarque, Erich Maria 80, 106, 121, 173, 175 ff., 220, 278
Renoir, Auguste 185
Ribbentrop, Joachim von 176, 192
Rilke, Rainer Maria 283
Riva, Maria 49, 80, 95
Robinson soll nicht sterben 172
Rochowanski, Katja 250
Rochowanski, Leopold 126 ff., 250
Rohrwasser, Michael 226 f.
Rola, Carlo 224, 236
Ronet, Maurice 229 f., 235
Roosevelt, Franklin D. 122, 192
Rühmann, Heinz 92, 226, 235

Schachnovelle 36
Schallinger, Samuel 246
Schell, Maria 170
Schell, Maximilian 170
Schirrmacher, Frank 213
Schneider, Elise Martha *siehe* Simmel, Lisa
Schneider, Romy 172 f., 229 f., 235
Schneider, Thomas f. 176 f.
Schönfeldt, Christl Gräfin 149
Schrobsdorff, Angelika 138, 194
Schröder, Peter H. 228
Schulfreund, Der 92, 171, 224 f.
Schuschnigg, Kurt 27, 30 f.
Schwarzkopf, Klaus 235
Shoah 194 f.
Sieber 179, 202 f., 279
Sieber, Rudolf 121
Simenon, Georges 227
Simmel, Christa (Ehefrau) 74
Simmel, Eva Susanne *siehe* Angerer, Eva Susanne
Simmel, Lisa (Mutter) 17, 19, 21 ff., 26, 28, 33 f., 36 ff., 40, 45, 50, 52, 59, 61 ff., 71 f., 74, 99, 119 f., 125–130, 196, 254
Simmel, Reinhold (Großvater) 20
Simmel, Rosa (Großmutter) 20
Simmel, Walter Adolf, »Tommy« (Vater) 17, 19–28, 32 ff., 36, 40 f., 44 ff., 62 f., 126 f., 130, 132, 136
Simonischek, Peter 237
Siodmak, Bebbs 171
Siodmak, Robert 171, 224 ff.
Sissi, Kaiserin von Österreich 266
Sketchup 236
Slama, Maximilian 54
Spanblöchl, Anna 273 f.
Spaun, Erwin Ritter von 126
Stadt ohne Seele: Wien 1938 26
Stalin, Josef 80, 192
Steeger, Ingrid 236
Steinmetz, Ludwig 129
Stéphanie, Prinzessin von Monaco 161
Sternberg, Josef von 171
Stewart, James 49, 171, 204
Stoff, aus dem die Träume sind, Der 93, 108, 148, 223, 226, 241
Stormy Weather 155, 166, 254
Streisand, Barbra 220
Strobl, Hanns-Rainer 110
Sünderin, Die 75
Sütterlin, Sabine 212

Tappert, Horst 236
Tessari, Duccio 222
Teuwsen, Peer 283
The BBC German Service During The Second World War 41
The BBC: A People's History 44
Thorsten, Malte 228
Thorwald, Jürgen 80
Tiller, Nadja 173, 235
Tittelbach, Rainer 237

Tootsie 204
Touch of Evil (Im Zeichen des Bösen) 69
Träum den unmöglichen Traum 25, 37, 58 f., 146, 202, 240, 242, 252, 284, 290
Treuberg, Franz-Friedrich Graf von 77
Treuberg, Lucie Gräfin von, »Lulu« 76 ff., 94, 103, 107, 109, 111, 117, 123 ff., 133, 135 f., 155 f., 163 ff., 170, 179, 190 f., 196, 201 ff., 215, 219 f., 240, 265 f., 277 f., 282, 288 f., 295, 297
Treuberg, Michaela von 77, 109, 123
Truffaut, François 224, 271
Twain, Mark 36

Über den Dächern von Nizza 174
Übleis, Hans-Peter 261
Uhlen, Susanne 235
Und Jimmy ging zum Regenbogen 32, 108, 125, 130, 133, 141, 150, 223 f., 226, 228, 237, 239, 241
Unmensch und die Schöne, Der 80
Unter Geiern 224
Unterberg Gibhardt, Fritz 85

Vanis, Karl H. 147, 161, 169, 216
Vanis, Nina 216
Verlaine, Paul 283
Vier im Jeep, Die 64
Vohrer, Alfred 133, 223 f., 229
Vollmar, Hans 54 f.
Von Sex bis Simmel 228
Vranitzky, Franz 248
Vuillard, Edouard 270

Waldheim, Kurt 260
Wallace, Edgar 223 f.
Walther von der Vogelweide 60
Watson, James 207 f.
Watzlawick, Paul 259 f.
Weber, Albrecht 141, 214
Weg in die Vergangenheit 75
Wegenstein, Lisa (Nichte) 72, 124, 148, 196, 203, 240, 245, 281
Wegenstein, Rosanna (Großnichte) 274
Weidermann, Volker 78
Weinstein, Harvey 137
Welles, Orson 68 ff., 171
Wepper, Fritz 226
Wessely, Paula 75
West-östlicher Divan 150 f.
Widegger, Florian 226
Wien, Wien und soviel Traurigkeit 255
wilden Fünfziger, Die 226, 232
Wilder, Billy (Samuel) 77 f., 170, 204, 220
Wilink, Andreas 272
Winnetou und sein Freund Old Firehand 224
Winnie the Pooh (Pu der Bär) 29
Winter, Judy 236 f.
Wir heißen euch hoffen 54, 182, 241, 297
Wolter, Udo 80
Wussow, Klaus-Jürgen 222

Yahil, Leni 195

Zadek, Peter 232
Zemann, Hilde 133
Zoudé, Dennenesch 237
Zsolnay, Paul 105 f., 252 f.
Zwei himmlische Töchter 236
Zweig, Stefan 36, 173, 278
Zweiundzwanzig Zentimeter Zärtlichkeit 71, 107, 169, 183

Johannes Mario Simmel

Es muss nicht immer Kaviar sein

*Neuausgabe des legendären Klassikers
zum 100. Geburtstag
von Johannes Mario Simmel*

Thomas Lieven ist alles, was sich eine Frau wünschen kann: gutaussehend, im besten Alter, charmant und ein begnadeter Koch. Aber der Mann ist noch viel mehr – Geheimagent wider Willen. Seine Abenteuer führen ihn quer durch das Europa des Kalten Krieges, durch eine Zeit voller Hass und Fanatismus, Lügen und Verrat. Trotzdem geht er, dessen einzige Schwächen die Frauen und das Kochen sind, unbeirrt und unbesiegt durch jede Gefahr, denn nicht umsonst trägt er eine philosophische Erkenntnis im Herzen: Es muss nicht immer Kaviar sein!